KB146689

최승후 쌤의

면접,
진로진학
특강

자신만의
이야기가 있는
야심찬 면접
면/접/전/략/집

최승후 쌤의

면접,
진로진학
특강

최승후 지음

도서출판대가

추천사

●● 요즘 입시가 복잡해 내로라하는 입시전문가들도 끊임없이 공부를 해야 하고 다른 사람의 강의도 들어야 합니다. 그렇지만 스스로 입시 전문가라는 분들이 대놓고 남의 책으로 공부하기란 여간 어려운 것이 아닙니다. 그때 전문가인 제가 주저하지 않고 참고하는 것이 최승후 선생님의 글과 강의입니다. 이번 면접서도 그런 교재임에 틀림없습니다.

– 이만기(Uway 교육평가연구소장)

●● 면접은 얼굴을 맞대고 서로를 알아 가는 과정입니다. 짧은 시간이지만 많은 정보를 주고받을 수 있습니다. 표현과 이해라는 가장 기본적인 교류 방법이지만 인간 생활에서 매우 중요합니다. 최근 대학 입시에서도 이 면접은 큰 힘을 발휘하고 있습니다. 최승후 선생님은 공교육 관점에서 대입을 바라보는 몇 안 되는 분입니다. 풍부한 사례와 정확한 정보를 바탕으로 면접에 대한 본질에 가장 접근하고 있는 분이죠. 이 책은 면접에 대한 오해를 씻어 내고 새 길을 열어 줄 것입니다.

– 김덕년(인창고등학교 교장)

●● 　면접은 대학 입시의 화룡점정이라 할 수 있습니다. 면접고사는 자신의 역량을 평가자인 대학의 입학사정관이나 교수님들에게 드러낼 수 있는 가장 중요한 마지막 관문입니다. 최승후 선생님은 교사로서 대한민국의 모든 학생들을 자신의 제자로 여기고 인생의 앞길을 축복하기 위해 부단히 노력하는 분입니다. 그런 최 선생님의 열정과 헌신이 녹아 있는 책이 바로 이 『면접, 진로진학특강』입니다. 모쪼록 대한민국의 많은 학생들이 이 책을 통해 면접의 알파부터 오메가까지 명확하게 이해하고 자신의 인생 진로의 나침반으로 삼아 마음에 품은 목표를 이루기를 간절히 소망합니다.

　　　　　　　　　　　　　　　　　 – 김재호(전국진학지도협의회 연구운영위원장(前))

●● 　최승후 선생님은 진로의 관점에서 진학지도를 하는 탁월한 분이십니다. 오랜 시간 동안 진로·진학지도를 해 온 경험을 바탕으로 면접에서 핵심이 되는 내용만을 『면접, 진로진학특강』에 담았습니다. 교사·학생·학부모님 모두에게 매우 유용한 책이 되리라 확신합니다.

　　　　　　　　　　　　　　　　　 – 박정근(전국진로진학상담교사협의회 회장(前))

●● 　대입 전형요소에서 면접은 매우 큰 비중을 차지합니다. 특히 학생부종합전형에서는 합·불을 좌우할 정도로 매우 중요하지요. 마침 이 분야에서 깊이 연구해 온 최승후 선생님이 역작을 출간했습니다. 이 책은 전국 대학의 면접 형태를 서류 기반 면접, 제시문 기반 면접, 상황 기반 면접, 그 밖의 면접으로 분류하고, 말하기 기법까지 담고 있습니다. 수험생들은 이 책을 통해 자신의 처지에 맞게 면접 대비를 할 수 있을 것입니다. 아무쪼록 전국의 수험생들이 이 책을 잘 읽고 면접 관문을 무사히 통과하여 원하는 대학에 합격하기를 진심으로 기원합니다.

　　　　　　　　　　　　　　　　　 – 안연근(한국전문대학교육협의회 진학지원센터장)

주입식 학교 공부는 학생들로 하여금 공부를 싫어하게 만듭니다. 전공 공부를 하는 대학에 입학하기 위해 공부가 싫어지는 경험을 해야 하는 모순이 발생합니다. 그런데 면접 준비를 했던 제자들은 면접 준비 과정을 재미있고 신선한 체험으로 기억하고 있었습니다. 자신에 대해서 한 번도 진지하게 생각해보지 못했고 자신만의 목소리를 말로 해본 적이 없었기 때문입니다.

자소서는 글쓰기고 면접은 말하기입니다. 자기 생각을 적으면 글이 되고, 발화하면 말이 됩니다. 자소서와 면접은 함께 준비하고 연습해야 합니다. 자소서를 쓰면서 면접을 고민해야 하고, 면접 연습을 하면서 자소서의 내용을 고민해야 합니다. 그런데 의외로 학생들이 자소서와 달리 면접을 쉽게 생각하고 준비를 소홀히 하거나 상위권 대학 면접은 사교육에 전적으로 의존하는 극단적인 모습을 보입니다. 이런 연유로 자소서 책을 출간한 후 곧바로 후속편인 면접 책 집필을 준비했습니다.

진로·진학 활동을 하면서 대학별고사인 논술, 면접, 자소서의 마땅한 기본서가 없는 것이 안타까웠고 부끄러웠습니다. 그래서 자소서가 사교육의 전유물이던 때 학교활동과 연계한 자소서 기본서인 『자기소개서 전략집』을 출간했습니다. 그 일련의 집필 '버킷리스트' 목록에 있는 책이 『면접, 진로진학특강』입니다.

이 책은 면접을 준비하려는 학생, 교사, 학부모를 위해 집필됐습니다. 면접의 영역을 '서류 기반 면접', '제시문 기반 면접', '상황 기반 면접', '그 밖의 면접'으로 분류하고, '말하기 기법'도 실어 체계적인 공부를 가능하게 했습니다. 면접 준비에 별 도움이 안 되는 대학모집요강 요약본이 아닌 혼자서도 면접 준비가 가능한 '면접 기본서' 기능에 충실하려고 역량을 집중했습니다.

자존감이 담뿍 묻어나는 논리적인 말 한마디는 주머니 속의 송곳이 드러나게 해 줄 것입니다. 아무쪼록 이 책이 면접을 준비하고 지도하려는 독자에게 희망의 마중물이 되기를 희망합니다. 원고를 읽고 조언해 주신 김성기, 양상욱, 오수석, 임대환, 임병훈, 한지아, 한충렬, 한혜진 선생님께 감사한 마음을 전합니다.

끝으로 하늘에서 응원하고 계실 보고 싶은 아버지, 항상 아들 걱정만 하시는 어머니, 든든한 조력자인 아내, 믿음직한 맏이 세영, 귀염둥이 막내 세린 그리고 책 감옥을 드디어 탈출한 나에게 이 책을 바칩니다.

저자 최승후

목차

PART 1 서류 기반 면접

PART 2 말하기 기법(이론)

PART 3 제시문 기반 면접

PART 4 상황 기반 면접

그 밖의 면접

부록 모의 면접 양식

서류 기반 면접

01
제출 서류를 꼼꼼히 읽고 준비하자

학생부종합전형(이하 학종)에서는 주로 지원자 1명에 입학사정관과 학과 교수 등 2~3명의 면접관이 평가하는 '다대일 면접[1]'이 일반적인데 10분 내외가 소요된다. 다대일 면접은 여러 명으로부터 질문을 받기 때문에 긴장감과 압박

---

1   면접 유형을 면접관 수와 지원자 수에 의해 분류하면, 다대일(多對一) 면접과 다대다(多對多) 면접으로 나눌 수 있다. 다대다 면접은 교대와 전문대 등에서 볼 수 있다. 일대일(一對一) 면접은 의대 등의 다중미니면접에서 볼 수 있다.

감이 크다. 따라서 본인이 제출한 서류를 꼼꼼히 읽고 숙지해야 한다. 전임입학사정관과 위촉입학사정관들은 지원자들의 서류를 철저히 검토하고 면접에 들어오는데 오히려 지원자가 자신의 학교생활기록부(이하 학생부)와 자기소개서(이하 자소서)를 숙지하지 못하고 들어온다면 좋은 평가를 받기는 어렵다.

'지피지기(知彼知己)' 즉 상대방을 알고 자기를 알면, 백 번 싸워도 위태롭지 않다고 했다. 면접 전 가장 중요한 준비 사항은 역시 제출 서류를 꼼꼼히 살피고 또 살피는 일이다. 제출 서류를 통해 본인을 확인하는 '지기(知己)' 작업을 반드시 선행해야 한다. 서류 기반 면접에서는 기본적으로 학생의 제출 서류(학생부, 자소서)에 기초한 서류 진위 여부 확인과 기본적인 학업소양 확인이 이루어지기 때문이다. 서류에 기재돼 있는 내용 중 지원자에게 궁금한 사항을 묻거나 학생의 학업역량과 인성을 대화를 통해 확인한다. 이를 통해 지원 모집단위에 대한 관심과 열정이 있는지 발전가능성이 있는지를 판단한다.

서류 기반 면접을 사례를 통해 살펴보면, '사회적 기업이나 윤리적 소비에 관한 보고서 작성'이 학생부에 기재돼 있는 경우 보고서 작성의 동기나 과정을 질문해서 지원자의 윤리의식을 확인할 수 있다. '생명, 인공 지능에 관한 독서'가 자소서에 기재된 경우 독서 내용과 연관 지어 내용에 대한 학생의 분명한 생각을 알아볼 수 있다. '교내 장애우 학생의 도우미 역할' 내용이 자소서에 기재된 경우, 활동에서 느낀 점을 통해 공동체의식이나 책임의식을 평가할 수 있다.

면접을 준비하는 가장 좋은 방법은 제출 서류에 기재돼 있는 내용을 면밀히 살펴보고 본인의 경험과 활동에 어떤 의미가 있었는지 되짚어 보는 것이다. 별도의 비용을 들이기보다는 틈이 날 때마다 자신이 어떤 사람인지, 고등학교 때는 어떠했고, 대학에 가서는 무엇을 하고 싶은지 고민해 보자. 그리고 친구들이나 선생님 앞에서 자신의 생각을 논리적으로 표현하는 모의 면접 연습을 꾸준히 하면 된다. 기본적인 전공 관련 질문의 빈도가 잦아지고 있으므로 지원 전공에 대해서도 자세히 알아보자.

면접은 대학별로 구술면접, 일반면접, 인성면접, 개별면접, 집단면접, 발표면접, 심층면접, 상황면접 등 다양한 명칭으로 사용되고 있다. 또한, 대학들이 같은 명칭의 면접을 한다고 하더라도 그 질문의 범위나 면접의 방법 등은 서로 다르므로 면접 유의사항을 꼼꼼히 읽고 준비해야 한다. 특히, 심층면접이라고 해서 모두 전공 심화형 문제를 출제하는 것은 아니므로 주의가 필요하다.

서류 기반 면접(학생부 기반 면접[2]) 예시

항목		내용
학생부 근거	A학생	- 독서 감상문 쓰기 대회 - 드림캐처 포트폴리오대회 (2회) - 친구사랑주간 작품공모전 (2회)
	4번 수상경력	- 영어 에세이 쓰기, 수학 경시 대회 - 스포츠클럽 (2회), 인문교양 경시대회 - 창의력 펼치기 대회
질문		1. 교내 대회 중 많이 노력하고 인상 깊었던 대회는 무엇인가요? 2. 가장 노력했던 이유나 동기를 설명하고 노력한 과정과 수상의 과정을 통해 무엇을 성취하였는지 설명해 보세요.

항목		내용
학생부 근거	A학생	- 지도자함양과정에 참가하여 체험 중심의 리더십 함양 교육을 통하여…
	7번 자율활동	- 국궁 실습, 다도의 세계… 확고한 역사의식을 갖는 계기가 되었음
질문		1. 자율활동에서 국궁과 다도 등 다양한 체험을 했군요. 학생이 했던 자율활동 중에서 학생이 역사의식을 갖는 데 가장 영향을 준 프로그램은 무엇인가요? 2. 그 이유가 무엇인가요?

항목		내용
학생부 근거	A학생	- 1학년 민간외교동아리 [반크] - 2학년 민간외교동아리 [Let's]
	7번 동아리 활동	
질문		1. 1학년 때 가입한 동아리가 2학년 때는 단순히 이름만 바뀐 것인가요? 2. 1, 2학년 동아리 활동 내용이 일관성 있는 성격을 가지고 있는데 그 동아리 활동에서 지원자의 역할과 노력, 그리고 얻은 것은 무엇인가요? 3. 3학년 때 동아리를 바꾸었는데 바꾼 이유는 무엇인가요?

---

2   서울대학교 『학교생활기록부 기반 면접 및 구술고사 연구』(2017. 2. 1.) 자료 인용.

	항목	내용
학생부 근거	A학생	– 한국잡월드 외국인 관람객 영어통역 및 안내
	7번 봉사활동	
질문	1. 외국인 관람객 통역 및 안내를 하였는데 외국인에게 많이 받은 질문은 무엇이고 어떻게 답하였나요? 2. 실제 외국인이 앞에 있다 생각하고 안내해 주세요.	

	항목	내용
학생부 근거	A학생	– 드림데이트에서 변리사 '000'의 인터뷰를 통하여 특허권과 같은 지식재산권 취득에 관한 일체의 절차 대리, 관련 분쟁 상담을 하며 지식재산권(상표, 의장, 저작 등)을 보호하고 이들 권리가 유용하게 사용될 수 있도록 도와주는 특허전문가로서의 변리사의 역할을 알게 됨
	7번 진로활동	
질문	1. 지식재산권이란 무엇인가요? 2. 많은 직업인 중에서 왜 변리사와 인터뷰를 했나요? 3. 변리사의 역할은 무엇인가요? 4. 인터뷰를 통해 새롭게 알게 된 사실은 무엇인가요?	

	항목	내용
학생부 근거	A학생	– 1학기 비전 스쿨 방과 후 교육활동 일환으로 실시한 독서토론교육활동(『군주론』, 『디케의 눈』, 『불편해도 괜찮아』, 『청춘을 반납한다』)에서 토론할 거리를 찾아내어 발제문을 작성한 후 발표 및 상호토론 이후 소감문 작성하여 자료집 제작
	8번 세부능력 및 특기사항	
질문	1. 방과 후 교육에서 독서토론을 선택한 이유는 무엇인가요? 2. 『군주론』 등의 책을 읽었는데, 어떤 책에서 토론거리를 찾아 발제했나요? 3. 학생은 어떤 질문거리를 갖고 있었나요? 4. 토론하는 과정에서 어떠한 점을 새롭게 알게 되었나요?	
질문의도	평소 학생의 관심 영역과 독서 기록에 대한 사실 여부를 파악하고자 함. 학생의 발제 내용을 알아봄으로써 학생의 가치관과 사고의 깊이를 확인하고자 함	

	항목	내용
학생부 근거	A학생	– 청소년의 저작권법 위반에 대한 실태분석과 해결방안 논문 작성
	8번 세부능력 및 특기사항	
질문	1. 논문을 쓰게 된 계기는 무엇인가요? 2. 저작권 위반을 주제로 선택한 이유는 무엇인가요? 3. 설문조사하였는데 통계 처리할 때 어려움은 없었나요? 4. 설문을 위해 어떤 질문들을 제시했나요? 그렇게 제시한 이유를 간략히 설명해 보세요.	
질문의도	논문을 쓰게 된 계기와 주제 선정 이유를 알아봄으로써 탐구에 대한 자발성, 관심사 등을 알아보고 통계처리와 설문 내용에 대한 질문을 통해 학생이 논문 작성에 실제로 얼마나 깊이 관여하여 활동하였는지 파악하고자 함. 대리 작성이나 무임승차 여부 확인 가능	

	항목	내용
학생부 근거	A학생	– 2학년 생명과학I
	8번 세부능력 및 특기사항	
질문	우주선에 산소 공급이 제대로 되지 않는 비상사태가 발생했다. 산소는 3시간을 버틸 수 있는 양이 있지만 실제 우주인은 1시간 반밖에 버티지 못한다. 왜 그런지 호흡계의 기체교환 원리로 설명해 보세요.	

	항목	내용
학생부 근거	A학생	– 『한국의 CSI』, 『디케의 눈』, 『세상을 바꾼 법정』, 『판사 유감』, 『확신의 함정』, 『헌법의 풍경』, 『숨겨진 심리학』, 『화형법정』, 『법은 왜 부조리한가』 등 읽음
	9번 독서활동상황	
질문	1. 법률과 관련된 독서와 학교에서 배운 교과공부를 바탕으로 법의 필요성과 한계에 대해 말해 보세요. 2. 법의 한계를 극복하려면 어떤 노력이 필요한지 말해 보세요.	

	항목	내용
학생부 근거	A학생	– 1학년: 학급단합대회에서 부반장으로 리더십을 발휘하여 모든 학생들이 다양한 활동에 참여하도록 함 – 2학년: 출전하지 않는 경기일 경우에는 출전한 친구들의 사기를 높이기 위해서 열심히 응원하는 등 급우들과 함께 협동하여 무언가를 이루어 내는 것을 즐기는 학생임
	10번 행동특성 및 종합의견	
질문	1. 학급단합대회에서 리더십을 발휘했다는 기록이 있습니다. 그때 어떤 역할을 수행했나요? 2. 리더십을 발휘할 때 반장과 부반장은 어떤 역할 구분이 있을까요?	

02
지원한 모집단위와 연계한
활동 중심으로 준비하자

제출 서류에서 본인이 부각하고 싶은 부분이 있다면, 지원한 학과와 연계해서 어떤 역량이 있는지를 학생부를 통해 확인하고 이와 관련한 대답을 사전에 준비한다.

지원한 학교와 학과 그리고 지원전형의 인재상, 교육목표, 평가기준을 살피고, 본인의 교내 활동을 통해 발휘된 역량과 일치하는 부분이 있는지 확인하고 지원자의 역량을 강조해야 한다. 즉 지원한 대학과 학과의 세부 내용을 꼼꼼히 살피는 '지피(知彼)' 작업을 반드시 선행해야 한다. 학교 홈페이지는 물론 학과 홈페이지도 샅샅이 들여다봐야 하는 점 명심하자. 또한, 서류 기반 면접이라고 해도 학생부만 보고 가서는 안 된다. 요즘에는 전공 관련 기본개념과 원리를 물어보는 대학이 늘고 있다. 예를 들어 사회복지학과에 지원했다면 통합사회, 사회문화, 정치와 법 등의 교과서를 공부하고 가면 도움이 된다.

서류 기반 면접

서류 기반 면접에서는 학생들이 고등학교 생활 동안 경험했던 내용을 바탕으로 면접이 진행된다. 제출한 서류를 바탕으로 학생의 경험을 확인하고 기본적인 학업소양을 평가하기 위한 면접이므로 면접을 위한 별도의 준비가 필요하지 않다. 단지 답변하는 기술과 태도를 측정하는 면접이 아니므로 말투나 태도를 단기간 연습하기보다는 평소에 학교생활을 충실히 하여 깊고 다양한 경험을 쌓는 것이 더 중요하다.

학생부나 자소서에 담겨 있는 본인의 경험을 되돌아보고 어떤 의미가 있었는지 생각해 보는 것이 가장 좋은 면접 대비 방법이다. 그리고 10분 내외로 면접위원 앞에서 본인의 생각을 이야기해야 하므로 평소 학교에서 토론이나 발표 시간에 자신의 생각을 조리 있게 이야기하는 경험을 하는 것이 도움이 된다. 또는 부모님이나 선생님 앞에서 본인의 경험을 이야기해 보는 연습이 면접 당일의 부담을 줄일 수 있는 방법이 될 수 있다.

_ 서울대 학생부종합전형 안내 책자 중에서

모의 면접을 통해 실전처럼 준비하자

수시모집 면접고사는 크게 두 가지로 나뉜다. 학생부, 자소서, 추천서 등 서류를 심사하는 '서류 기반 면접'과 논술처럼 제시문이 주어지는 '제시문 기반 면접'이다. 최근에는 대부분 대학이 '서류 기반 면접'을 치르기 때문에 사교육 도움 없이 학교에서도 충분히 준비가 가능하다. 국어, 수학, 영어, 사회, 과학 등 교과와 관련된 제시문이 주어지고 문제를 푸는 것이 아니기 때문에 출제범위와 난이도에 대해 고민할 필요가 없다. 지원자들이 면접에서 실수를 하고 지나치게 긴장하는 것은 지원자에게 면접의 과정과 평가방법이 익숙지 않아서다. 모의 면접을 통해 실전연습을 해야 하는 이유다. 책 맨 뒤에 있는 모의 면접 양식을 참고하길 권한다.

서류 기반 면접 구조화

도입 질문	지원자의 긴장 완화를 위한 질문(Ice Breaking) 예) 학교소개, 최근에 본 영화/책, 식사, 기분, 소감 ☞ 2021학년도 블라인드 서류평가 이후 Ice Breaking 보다는 유의사항 　전달에 치중함
본 질문	• 학업역량/전공적합성/인성/발전가능성을 발휘한 사례 • 리더십을 발휘한 사례 • 인상 깊었던 교내 활동(자율/동아리/봉사/진로) • 본인의 장단점 • 지원동기와 노력한 과정 • 학업계획과 졸업 후 진로계획 • 독서활동
마무리 질문	지원자에게 마지막 발언 기회 제공 예) 자기소개, 마지막으로 하고 싶은 말

서류 기반 면접 진행 순서 예시

합격자 안내문 확인
(면접일 등)

도우미 학생의 안내를 따라
면접대기실로 이동/신분 확인

면접대기실에서
대기

도우미 학생의
안내를 따라 귀가

면접 평가장 내
면접위원과 면접

도우미 학생의 안내를 따라
면접고사장으로 이동

서류 기반 면접 평가항목 예시

• 광운대학교_광운참빛인재, 고른기회, 사회배려대상자, 특성화고졸업자, 농어촌학생 •

평가항목	비율	배점	세부 평가요소	평가 점수						
				A	B	C	D	E	F	G
발전가능성	40%	40	• 학업계획 및 진로계획의 타당성 • 전공에 대한 관심과 이해도 • 목표의식 및 자기개발능력	40	36.4	33.6	30.8	28	24.4	20
논리적 사고력	40%	40	• 종합적 사고력 • 논리적 의사소통능력	40	36.4	33.6	30.8	28	24.4	20
인성	20%	20	• 면접태도 • 평가 서류 내용의 진실성	20	19.2	16.8	14.4	12	11.2	10
합계	100%	100	합 계	100	92	84	76	68	60	50

• 동국대학교_DO Dream, 불교추천인재, 고른기회 •

평가항목	점수배점	최고점수	기본점수	주요사항
전형취지적합성	20	20	12	• 전형별 인재상 부합도 평가 – DO Dream: 주도적인 고교생활 – 불교추천인재: 건학이념 수행 – 고른기회: 주어진 환경 극복
전공적합성	30	30	18	• 고교 교육과정의 충실한 이수를 통한 기초 학업능력 및 전공 관련 분야에 대한 관심도, 이해도
발전가능성	20	20	12	• 문제해결능력, 목표에 대한 의지 및 열정, 진로계획
인성·사회성	30	30	18	• 면접태도, 공감능력, 의사소통능력, 수용능력
합계	100	100	60	

서류 기반 면접 기출 문항 유형 예시

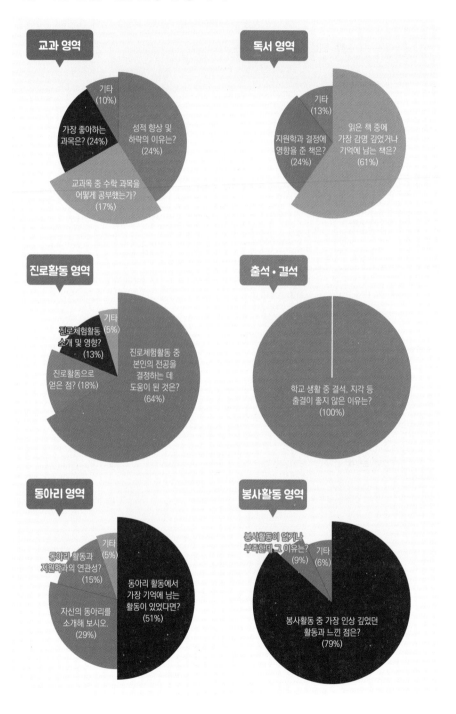

교과 영역

- 기타 (10%)
- 가장 좋아하는 과목은? (24%)
- 성적 향상 및 하락의 이유는? (24%)
- 교과목 중 수학 과목을 어떻게 공부했는가? (17%)

독서 영역

- 기타 (13%)
- 지원학과 결정에 영향을 준 책은? (24%)
- 읽은 책 중에 가장 감명 깊었거나 기억에 남는 책은? (61%)

진로활동 영역

- 기타 (5%)
- 진로체험활동 소개 및 영향? (13%)
- 진로활동으로 얻은 점? (18%)
- 진로체험활동 중 본인의 전공을 결정하는 데 도움이 된 것은? (64%)

출석·결석

- 학교 생활 중 결석, 지각 등 출결이 좋지 않은 이유는? (100%)

동아리 영역

- 기타 (5%)
- 동아리 활동과 지원학과의 연관성? (15%)
- 자신의 동아리를 소개해 보시오. (29%)
- 동아리 활동에서 가장 기억에 남는 활동이 있었다면? (51%)

봉사활동 영역

- 봉사활동이 없거나 부족한데 그 이유는? (9%)
- 기타 (6%)
- 봉사활동 중 가장 인상 깊었던 활동과 느낀 점은? (79%)

04
서류 기반 면접 기출 문항 예시

서류 기반 면접과 제시문 기반 면접 대학별 면접 유형
[2022학년도]

서류 기반 면접

서류 기반
(학생부, 자소서)
서류 내용 진위 확인
기본적인 학업역량, 전공적합성,
인성(사회성), 발전가능성 확인

가톨릭대[잠재능력우수자], 경기대, 건국대, 광운대, 명지대, 서울대[지역균형/기회균형], 성신여대, 서울여대, 경희대[약학과 포함], 덕성여대, 동국대, 동덕여대, 서울시립대, 숙명여대, 숭실대, 아주대, 이화여대, 인하대, 중앙대[다빈치형], 한국외대, GIST 등

제시문 기반 면접

제시문 기반
(말로 하는 논술)
제시문 기반으로 한 질의응답 과정에서
심화된 학업역량, 전공적합성,
발전가능성 확인

가톨릭대[학교장추천-의예과], 연세대[추천형/활동우수형/국제형], 경희대[네오르네상스-의학계열], 고려대[계열적합형/학업우수형], 서울대[일반전형], 서울교대, 경인교대, KAIST, DGIST, UNIST, KENTECH

기출문제

2020학년도 숭실대 수시모집 SSU미래인재전형

- ○○활동이 가장 활발해 보이는데, 이 활동은 무엇인가요?
- ○○동아리 활동에서 본인이 가장 주도적으로 수행한 역할은 무엇인가요?
- 과학실험 동아리에서 ○○에 대한 실험을 진행했는데, ○○에 대하여 어느 정도 알고 있나요?
- 교내 프로그래밍 경험이 많은데, ○○ 알고리즘에 대해 설명해보세요.
- ○○학과에서 가장 기본이 되는 과목은 무엇이라고 생각하는지, 그 과목과 관련하여 ○○의 개념에 대해 설명해보세요.
- ○○분야에 관심이 많은데 이 학과에서 배울 수 있는 과목을 알고 있나요?
- 지원 전공 분야에 대해 알고 있는 현재 이슈가 있나요? 특히 관심이 있는 분야는 무엇인가요?

05
서류 기반 면접 기출 문항 예시

기출문제

2019학년도 경희대 수시모집 네오르네상스 전형 (인문계열)

※ 제시문을 읽고 문제에 답하시오.

■ 문제

독일 연방의회는 2017년 명백한 혐오 발언에 대한 신고가 접수된 지 24시간 안에 혐오 발언을 삭제하지 않은 소셜네트워크서비스(SNS) 사업자에게 최대 5천만 유로(약 640억 원)의 벌금을 부과하는 내용의 법안을 통과시켰다.

독일 정부는 혐오적 언동과 테러위협이 커지고, 소셜미디어의 파급력이 커지면서 규제가 필요하다는 입법취지를 설명한 바 있다. 반면에 일부 전문가들은 이 법안이 개인과 기업의 권리에 부정적인 영향을 미칠 수 있어서 위헌소지가 있다는 견해를 제시하였다. 이 법안 통과에 대해 찬성 또는 반대하는지 본인의 의견을 선택하고 그 이유를 말하시오.

■ 추가질문

(법안 통과에 대하여 찬성하는 입장에 대한 추가질문)

• 법안 통과는 개인과 기업의 기본권에 부정적 영향을 미칠 수 있다는 견해가 있다. 이에 대한 자신의 의견을 말하시오.

(법안 통과에 대하여 반대하는 입장에 대한 추가질문)

• 개인과 기업이 누릴 수 있는 자유에는 한계가 있다는 견해가 있다. 이에 대한 자신의 의견을 말하시오.

📝 예시 모범답안

(법안 통과에 대하여 찬성하는 입장)

- 개인의 '표현의 자유'와 기업의 '영업의 자유'와 같은 기본권에 대한 허용은 한계가 존재함. 예를 들어 타인의 자유를 심각하게 침해하지 않는 범위 내에서 개인이 누릴 수 있는 자유의 한계를 규정할 수 있을 것임. 소셜네트워크 공간도 다양한 구원이 참여하는 사회적 공간이므로 공익을 고려하면 규제가 필요한 경우가 있음.
- 정보기술의 발전 속도와 사회인식 및 법률과 같은 규범은 조화되기 어려운 부분이 있어서 규제의 공백이 생길 수 있음. 규제를 현상에 맞게 강화할 필요성도 있음.
- 공익을 고려하여 소셜네트워크서비스 기업도 현상에 대해 적절한 책임을 질 필요가 있음.

(법안 통과에 대하여 반대하는 입장)

- 법안 통과는 개인의 '표현의 자유'에 대한 심각한 제한이 될 수 있음. 법안통과로 소셜네트워크상에서 다양한 콘텐츠에 대한 삭제가 이어지면 민주주의 초석이 될수 있는 다양한 견해의 표현이 제약될 수 있다는 점에서 궁극적으로 민주주의를 위협하게 되는 결과를 초래할 수도 있을 것임.
- 법안 통과는 소셜네트워크 상에서 어떤 콘텐츠가 혐오 발언인지를 소셜네트워크서 비스 기업이 스스로 판단하여야 하므로 법원이 내려야 마땅한 '무엇이 명백한 혐오 발언인가'에 대한 판단을 민간 사업자에게 넘기는 측면이 있음.
- 법안 통과는 소셜네트워크서비스 기업에게 헌법상 보장된 기본권인 '영업의 자유'를 심각하게 제약할 수 있는 측면이 있음.
- 법안 통과는 소셜네트워크서비스 이용자의 권익을 침해할 가능성이 있으며, 서비스 제공자인 기업에 무거운 책임을 부과하여 혁신 서비스 및 효율성을 제약함으로써 산업 성장에도 부정적인 영향을 미칠 수 있는 측면이 있음.

☑ 추가질문 및 예시 모범답안

1) 법안 통과에 대하여 찬성하는 입장에 대한 추가질문

법안 통과는 개인과 기업의 기본권에 부정적 영향을 미칠 수 있다는 견해가 있다. 이에 대한 자신의 의견을 말하시오.

[예시 모범답안]

법안 통과는 규제를 통해 개인의 '표현의 자유'와 기업의 '영업의 자유'를 제약할 수 있는 가능성은 있으나 소셜네트워크 공간도 다양한 사회 구성원이 참여하는 사회적 공간이므로 공익을 위하여 규제가 필요한 경우가 있음. 표현의 자유와 영업의 자유와 같은 자유권적 기본권은 타인의 자유를 심각하게 침해하지 않는 범위 내에서 인정될 수 있음. 또한 공익을 고려하여 혐오 발언에 대하여 소셜네트워크서비스 기업도 일부분 책임을 질 필요가 있음.

2) 법안 통과에 대하여 반대하는 입장에 대한 추가질문

개인과 기업이 누릴 수 있는 자유에는 한계가 있다는 견해가 있다. 이에 대한 자신의 의견을 말하시오.

[예시 모범답안]

소셜네트워크 공간에서 누릴 수 있는 표현의 자유에도 일정한 한계가 있을 수 있으며, 영업의 자유도 한계는 있을 수 있음. 그러나 표현의 자유에 대한 과도한 규제는 장기적으로 민주주의의 기초가 될 수 있는 다양한 견해의 표명을 제약할 수 있는 문제가 큼. 또한 기업의 자의적 판단에 의한 콘텐츠 삭제가 이어지면 장기적으로 표현의 자유가 제약될 가능성도 있음. 공익적 관점에서 비교했을 때 소셜네트워크 공간에서의 표현의 자유와 관련 기업의 영업의 자유 보호를 통한 이익은 혐오 표현에 대한 규제를 통한 이익보다 더 클 수 있음. 따라서 규제를 통한 개인의 이익과 표현의 자유와 영업의 자유 보호를 통한 이익을 균형 있게 고려할 필요가 있음.

☑ 채점기준

(법안 통과에 대하여 찬성하는 입장이라고 답한 경우)

[탁월] 아래의 [매우 우수]에 나온 내용을 아주 논리적으로 설명할 뿐만 아니라, 추가질문에 대한 답변도 논리적으로 충실하게 설명한 경우.

[매우 우수] 예시 답변에서 제시된 내용을 논리적으로 충실히 설명한 경우. 그러나 추가 질문에서 답변이 충실하지 못한 경우.

[우수] 위의 [매우 우수]에 비해 답변의 근거로 제시하는 논거의 내용이 논리성과 설득력에서 다소 떨어지는 경우.

[보통] 논거의 내용이 단편적이거나 주관적 느낌이나 편견만으로 답변하는 경우.

[다소 미흡] 문제를 제대로 이해하지 못하고 답변하는 경우 또는 답변이 질문과 맞지 않는 경우.

[미흡] 답변을 하지 못하는 경우.

02
면접 시
삼가야 할 표현

01
피동 표현은 삼가고 능동 표현을 사용하자

수정 전 예시 ①

-라고 느껴진다

수정 전 예시 ②

-라고 생각된다

　수시모집 대세 시대다. 특히 학종의 경쟁률은 논술전형 경쟁률을 따라잡을 태세다. 그렇다면 평가자는 학종 지원자의 면접과 자소서의 어떤 점에 주목하여 점수를 줄까? 4년 이상을 가르쳐야 한다면 말과 글에 자존감이 담뿍 묻어나는 지원자를 선택할 확률이 높다.

고양이가 아닌 호랑이처럼 자신을 드러내고 싶다면 '피동³' 말과 글을 삼가야 한다. 피동은 말 그대로 당하다는 뜻이다. 영어는 물주(物主) 구문 즉 사물 주어가 있어서 피동문이 가능하다. 하지만 우리말은 피동문을 쓰면 책임 회피성 말과 글로 읽힌다. 자신이 한 말과 행동에 책임지지 않고 본인 이야기가 아닌 사돈 남말 하는 식으로 말이다. 이런 피동형 글은 기업의 사과문에서 자주 볼 수 있다. 예컨대 '책임 있는 해결책이 요구됩니다'라는 문장에는 누가 책임 있는 해결책을 내놓아야 하는지 주어가 없이 피동형으로 쓰였다. 여기에 이중 피동인 '~요구되어집니다'로 표현하면 더욱 곤란하다. 즉 책임회피성 글과 말에는 주어가 없는 피동형 구성이 많다. '제기된 문제들은 추후 시시비비가 가려질 것입니다'라는 사과문은 주어 없이 피동형으로 쓰여 책임을 회피하는 물타기식 표현이 되고 말았다.

다시 강조한다. 피동 표현은 삼가고 능동 표현으로 말하고 쓰자. 그러면 말과 글에 '본인'이 보이기 시작한다. '성적이 떨어져 우울해졌다'가 아닌 '성적이 떨어져 우울했다'라고 하자. 느끼고 생각하는 주체는 본인 아닌가?

수정 후 예시 **1**

-라고 느꼈다

수정 후 예시 **2**

-라고 생각한다

---

3   주어가 자신의 힘으로 동작을 하는 것을 능동이라고 하고, 반대로 주어가 다른 주체에 의해서 동작을 당하는 것을 피동이라고 한다.

02
자신 없는 표현은 삼가고 주장은 분명하게 하자

수정 전 예시 1

배가 부른 것 같아요. 그래서 기분이 좋은 것 같아요

수정 전 예시 1

합격할 거라는 생각이 든다

삼가할 표현

-라는 생각이 든다

-인 것 같다

-인 것 같아요

-인 것 같습니다

-인 것처럼 보인다

-인 듯하다

-인지 모르겠다

-일 것이다

-일지(도) 모른다

-일 수(도) 있다고 생각한다

-하지 않을까 한다

-할 것 같다

위 표현은 주장이 분명하지 않고 자신 없는 대표적인 표현들이다. '-라고 생각된다', '-라고 생각이 든다', '-일 수(도) 있다고 생각한다'는 표현보다는 '-라고 생각한다'라고 표현하는 것이 자신을 드러내는 데 적합하다. 본인이 먹고 느끼는 거라면 '배가 부른 것 같아요. 그래서 기분이 좋은 것 같아요'가 아닌 '배가 부릅니다. 그래서 기분이 좋습니다'로 말하고 쓰자. 그래야 면접관의 좋은 평가를 얻을 수 있다.

수정 후 예시 ❶

배가 불렀다. 그래서 기분이 좋다

수정 후 예시 ❷

합격한다고 생각한다

03
지시어를 삼가라

지시어 남용 예시 **1**

그러면 거기에 지원을 하면 워낙 우리나라 그런 문화적인 역량이나 소질이 뛰어나니까 확 그냥 세계로 뻗어나갈 수 있고 그럼으로써 한류도 더 힘을 받을 수 있고 또 정부 시책도 관에서만 이렇게 하는 것이 아니라 민이 합쳐짐으로써 지금 시대에는 더 창의성으로 나아갈 수 있고 그렇게 하다 보면 국가브랜드도 높아지고 그렇게 하다 보면 그런 국가 브랜드를 가지고 또 기업도 더 그 나라에서 호의적인 분위기 속에서 활동할 수 있다는 여러 가지의 공감을 해 가지고 참여를 하고 동참을 그분들이 해 준 것인데 압수수색까지 받고 여러 가지 어려움을 많이 겪는 것을 보면서 정말 그것도 제가 굉장히 미안스럽고 그래서 마음 편할 날이 없습니다.

2017년 1월 1일 ○○○ 대통령 신년 기자 간담회 중 발췌

지시어 남용 예시 **2**

저는 부동산 시장의 변화와 주변지역을 파악하는 능력이 필요하다고 생각했습니다. 이러한 능력을 기르기 위해서 '알뜨르 비행장, 강병대, 그리고 ○○사람들'이라는 주제로 주변 지역 군사시설이 미친 영향을 조사하는 R&E 활동에 참여하거나 제주도 해외자본 유입의 그 배경인 제주 부동산투자이민제에 대해서 탐구했습니다. 이러한 탐구활동들을 통해 부동산이 초래하는 변화의 다양성과 부동산 정책과 환경문제와의 연관성을 알 수 있었고 그런 부동산 시장의 변화를 파악하는 안목을 키움으로써 정책과 시장에 더욱 관심을 가지게 되었습니다. 뿐만 아니라 이를 위해 수원화성의 축조과정을 탐구하면서 토지의 개별성을 느꼈습니다.

위 사례와 마찬가지로 학생들은 쓸데없이 지시어를 남발하는 경우가 많다. 물론 문장 간의 매끄러운 연결을 위해 앞에 나온 구절이나 문장을 지시어를 사용해서 반복을 피하고자 할 때는 사용해도 된다. 하지만 지시어의 특성상 앞 내용을 다시 떠올려야 하는 번거로움이 있기 때문에 평가자는 말을 쉽게 한 번에 이해하기 어렵다. 많은 면접자를 평가해야 하는 면접관 입장에서 본다면 지시어를 남발하는 면접자에게 좋은 점수를 주기는 어렵다. 지시어를 줄이고 구체적으로 답변하는 것이 합격 포인트다.

04

1인칭 대명사를 삼가라

1인칭 대명사 남용 예시 1

먼저 제 위치를 파악하기 위해 11월에 치러진 수능 문제를 풀어 봤습니다. 저는 영어를 제외하고는 결과가 그리 좋지 않았습니다. 수많은 영어 시험을 봤지만 그때 타국의 언어로 돼 있는 문제들의 답을 논리적으로 고른다는 사실이 저에게 새삼 굉장히 재밌고 흥미롭게 느껴졌습니다. 평소에도 영어를 좋아했지만 이를 계기로 저는 영어에 대한 흥미가 더욱 높아져서 EBS 영어강의를 직접 수강하여 영어 공부를 본격적으로 하기 시작했습니다. 그에 따라 영어 성적도 향상됐습니다. 그런데 문제는 공간개념을 요구하는 기하와 벡터였습니다. 저는 영어 성적이 향상된 것처럼 수학 또한 공부한다면 반드시 성적이 오를 것이라 생각했습니다. 그래서 저는 공간단원의 개념 문제들을 풀어 보기 전에 제가 임의로 공간좌표들을 만들어 내 직접 좌표공간에 표시해 보면서 평면 속의 공간에 익숙해지려고 노력했습니다.

1인칭 대명사 남용 예시 2

저는 고등학교를 3년 동안 다니면서 적지 않은 활동을 해 왔습니다. 제가 3년 동안 해 온 활동 중에서 그래도 제가 제일 열심히 배우고 느낀 3가지를 말하려 합니다. 일단 첫 번째는 영어입니다. 요즘은 글로벌시대입니다. 교통도 발달하고 정보도 발달한 요즘은 외국인들도 한국에 많이 오고 한국인들도 외국에 많이 가는 추세입니다. 따라서 저는 영어는 잘해야 한다고 생각합니다. 그래서 저는 학교에서 영어 에세이를 쓰고 상을 준다는 행사를 연다는 소식을 듣고 참가하여 아버지를 존경한다는 내용의 에세이와 영어를 왜 배워야 하는가의 내용의 에세이를 썼습니다.

위 사례처럼 1인칭 대명사 '저, 저희, 제가'의 습관적인 사용은 바람직하지 않다. 학생들이 면접과 자소서에서 1인칭 대명사를 자주 쓰는 것은 자기를 표현하려는 욕구가 강하고 평가자에게 자기 말과 글을 중계하려 하기 때문이다. 본인이 면접자라는 것을 면접관이 아는데도 반복적으로 쓴다면 지루하고 딱딱한 인상을 준다. 두운(頭韻)처럼 같은 단어가 반복되면 글의 외관도 좋지 않다. 첫 문장에 자신을 주어로 밝혔다면 다음부터는 굳이 1인칭 대명사를 반복할 필요는 없다.

05

부사를 삼가라

가끔	거의	그냥	글쎄
딱히	자주	빨리	참, 정말, 진짜
너무, 매우, 아주		무조건적으로, 절대적으로	

　위에 열거한 단어는 모두 품사가 '부사'다. 부사는 말과 문장을 애매모호하게 만든다. 손에 꽉 잡히지 않는다. 예컨대 '자주'는 몇 회부터 자주인가? '조용한'으로 충분하다면 굳이 '진짜 조용한, 참 조용한'으로 말할 필요 없다. 세상에는 '무조건적, 절대적'으로 설명 가능한 것이 많지 않다. 부사를 남용할 경우 말이 무성의하고 주관적이게 된다. 오죽하면 미국의 소설가 스티븐 킹은 '지옥으로 가는 길은 수많은 부사들로 뒤덮여 있다'라고 했을까? 평가와 관련된 말과 글에서는 가급적 부사를 삼가는 것이 좋다.

06
상투적인 어구, 논증을 무시하는 어구를 삼가라

요즘	최근
현대사회	어릴 때부터
4차 산업혁명	노력은 배신하지 않는다
로마는 하루 아침에 이루어지지 않았다	

누구나 알고 있는 상투적인 어구는 엇비슷한 실력의 학생들을 평가해야 하는 평가자의 주목을 끌기 어렵다. 아울러 흔한 명언명구, 속담, 사자성어 등도 식상할 수 있다. 면접 시 첫 문장은 평가자의 호기심을 유발하거나 전공적합성과 관련된 어구로 시작하면 좋다.

어차피	여하간(하여간)	아무렇든지
어쨌든	좌우당간	

실컷 말을 잘해 놓고 위와 같은 어구로 끝맺음을 해서 점수가 깎이는 것에 유의해야 한다. 자신감 있고 소신 있는 학생을 평가자는 좋아한다. 자신의 논증을 무시하고 깎아내리는 어구를 삼가자.

삼갈 표현

-인데요, -같아요
죄송하지만, 미안하지만, 부족하지만
저기요, 그러니까, 뭐라구요, 있잖아요
수고하셨습니다

그냥 한번 해봤어요
음-, 아-, 쩝-, 헐-
질문 좋은데요, 질문 바꿔주세요
개강/강의 때 뵙겠습니다

무심코 쓰는 이런 상투적인 표현이나 버릇을 삼가자.

08

제발 하지마세요

사자성어!!!

삼행시!!!

큰 절 · 경례!!!

합격 구걸!!!

속담!!!

노래 · 랩 · 춤!!!

구호 · 만세!!!

09

면접은

✓ 짧게 말하면 자신만 손해다. 답변을 최대화하자!!!

✓ 지원한 대학에 반드시 입학할 것이라는 인상을 주자!!!

✓ 제한된 시간 내에 자신의 우수성을 효과적으로 표현하자!!!

✓ 면접관은 지원자가 입학하지 않을까 두렵다. 지원자가 갑이다. 지나치게 긴장하지 말자!!!

                                  – 최승후 교사의 말

 면접은…

✓ 교과세특, 독서, 창체활동, 자소서 등 서류에 기반해 예상 질문을 준비하자

✓ 학과(학부)의 수업들과 본인의 희망 진로를 연결해보자

✓ 암기한 것을 녹음기 틀 듯, 외운 것처럼 말하지 말자

✓ 본인도 모르는 어려운 어른의 말투와 용어를 피하자

-친구와 동생도 이해할 수 있게, 본인 생각을 쉽게 표현하자

✓ 교수님들의 관심사를 강의과목과 연구업적을 통해 조사하자

                                  – 최승후 교사의 말

 면접은…

03
면접 화법
10계명

01
두괄식으로 결론부터 간결하게 대답하자

두괄식 말하기 예시 **1**

독도는 우리 땅입니다. 그냥 우리 땅이 아니라 40년 통한의 역사가 뚜렷하게 새겨져 있는 역사의 땅입니다. 독도는 일본의 한반도 침탈 과정에서 가장 먼저 병탄되었던 우리 땅입니다. 일본이 러일전쟁 중에 전쟁 수행을 목적으로 편입하고 점령했던 땅입니다.   – 2006년 4월 25일 ○○○ 대통령 '한일관계에 대한 특별담화문' 중

두괄식 말하기 예시 2

저의 가장 큰 강점은 학원을 다녀 본 적 없이 자기주도적 학습이 습관화돼 있다는 점입니다. 저는 특히 과학 과목에 관심이 많아 과학 과목에서만큼은 완벽을 추구했습니다. 관련 교과를 공부할 때에는 생소한 개념들을 포스트잇에 적어 제 주변에 붙이며 자주 봤고, 또한 공부하며 생기는 질문들은 인덱스 스티커에 적고 교과서 옆면에 붙여서 과학 교과서를 스티커로 도배했습니다. 이런 방식으로 중요한 것과 질문할 것을 분류하여 저만의 과학 교과서를 만들었습니다. 그리고 쉬는 시간에는 선생님들께 이해가 될 때까지 계속 질문을 했습니다.

두괄식 말하기 예시 3

학교 내 쓰레기 문제 해결을 위한 '○○○○' 프로젝트를 진행하며 협력과 소통의 중요성을 느꼈습니다. 또한 학생에게 스스로 문제를 해결하는 기회를 주며 학생의 잠재력과 도전정신을 키우는 교사가 되겠다고 결심했습니다. 사회적 기업의 청소년 기업가 정신 교육의 일환인 '○○○의 도전 프로젝트'에 참여하여 직접 우리 주위의 문제를 포착하고 해결을 도모하는 기회를 가졌습니다. 저희 조는 교내에 쓰레기가 함부로 버려져 있는 것을 문제로 설정하고 교내에 쓰레기통을 설치하는 '○○○○' 프로젝트를 시작했습니다.

예시 1 '독도는 우리 땅입니다'는 말에는 독도는 우리 땅이라는 정보 이외는 다른 정보가 없어서 쉽게 읽을 수 있고, 뒷받침문장이 근거로 이어질 것으로 쉽게 예측할 수 있다. 이렇듯 두괄식으로 결론(주장, 요지)을 간결하게 대답하는 방식은 평가자를 배려하는 친절한 말하기 방법이다. 핵심 내용이 말머리에 있어서 평가자가 다음 내용을 쉽게 추론할 수 있기 때문이다. 두괄식으로 말할 때는 질문의 의도를 정확하게 이해하고 핵심을 자신감 있는 어조로 또박또박 명료하게 대답하면 된다. 이때 인터넷 유행어, 비속어, 은어 사용은 피해야 한다. 또한 질문의 의도를 파악하지 못하면, 설명이 장황하고 산만하게 되며 동문서답이 된다. 말끝을 흐리지 말고 끝까지 마무리하며 중심문장을 간결하게 말하고 뒷받침문장으로 부연 설명한다.

두괄식 말하기 예시 4

획일화는 3년간 다양한 시각에서 바라보고 해결하고 싶던 사회 현상이었습니다. 저는 획일화된 현대인의 모습을 그린 '대리사회'라는 소설을 읽은 후 인문학 캠프에 참가해 저자의 강연을 들었습니다. 이 강연을 통해 타인의 모습으로 살지 않기 위해서는 주체성을 가진 개인이 되어야 하며 주체성을 가진 개인이 되기 위해서는 끊임없이 자신과 사회에 질문하고 사유해야 한다는 점을 깨달았습니다.

두괄식 말하기 예시 5

저의 호기심은 단편적인 지식 사이를 연결하는 길이었고, 지적 탐구는 그 길을 걸으며 큰 종이에 지도를 그려나가는 과정이었습니다. 먼저, 경제 수업 시간에 물류 회사의 창업계획서를 만들어 가상으로 판매활동을 했습니다. 탄력적인 물류시장에서는 마케팅이 중요하기에 '스탬프 쿠폰'같은 전략에 대한 급우들의 선호도를 조사했지만 반응은 시큰둥했고 결국 해답은 가격유인을 통한 눈앞의 이익과 같은 실질적 이익이라고 생각했습니다.

두괄식 글쓰기는 평가자 위주의 글쓰기 전략이다. 두괄식이야말로 상대(평가자)를 배려하는 말하기 전략이다.

02

활동 나열보다는 역량 중심으로
구체적으로 대답하자

기존 면접이 학생부에 기록된 활동을 확인하는 수준의 면접이었다면 최근 학생부위주전형 면접은 구체적인 사례를 들어 본인의 역할을 설명해야 하는 역량 중심 면접이다. 활동의 결과는 학생부에 다 나와 있다. 결과의 이면, 즉 본인의 역량을 드러내야 한다.

면접 시 추상적이고 막연한 대답 그리고 상투적인 대답은 좋은 평가를 받기 어렵다. 30초 이내로 짧게 말하고 면접장을 벗어나겠다는 생각은 버려야 한다. 면접의 핵심은 질문의 요구사항을 또박또박 모두 말하고 해결하는 데 있다. 주장을 두괄식으로 말해야 하는 건 맞지만 그렇다고 답변을 짧게 하라는 것은 아니다. 한 문항당 답변 시간은 1분 30초 내외가 적당하다. 면접 합격은 첫 질문에 대한 짧고 빠른 답변이 아니라 후속 질문에 대한 명료한 답변에 달려 있다. 앞으로 수없이 뵐 교수님들과 'Baby Talk'가 아닌 'Small Talk' 즉, 수다를 떤다고 긍정적으로 생각하고 면접에 임하자.

구체적 답변 예시

면접관: 우선 지원동기부터 말해 보세요.

지원자: 2학년 때 비행기에 대한 동경으로 물리 동아리에 들어갔습니다. 거기서 에어 사이언스 프로젝트를 진행하며 비행기에 대해 구체적으로 알게 됐습니다. 비행기에 대한 관심은 전투기에 대한 관심으로 이어졌고 성능 좋은 전투기를 만드는 연구원이 돼야겠다는 생각에 지원했습니다.

면접관: 그래요. 에어 사이언스 프로젝트는 뭔가요?

지원자: 풍동 실험 장치를 제작해 모형 비행기를 만드는 겁니다.

면접관: 풍동 실험 장치는 어떻게 만들었나요?

지원자: 관련 서적을 찾고 동영상을 보며 여러 번 시행착오를 겪으며 완성했습니다.

면접관: 좀 더 구체적으로 말해 주시구요, 풍동 실험 장치로 진행한 실험은 또 없었나요?

지원자: 풍동 실험은 공기가 흐르는 현상이나 공기의 흐름이 물체에 미치는 힘 또는 흐름 속에 있는 물체의 운동 등을 조사하기 위해 인공적으로 공기가 흐르도록 만든 장치인 풍동을 가지고 하는 실험입니다. 대학 풍동실을 사용하기가 너무 어려워서(시간, 비용) 간단한 송풍기를 물리 선생님의 도움을 받아 만들었습니다. 그리고 양력과 항력의 차이를 풍동 실험 장치를 통해 지나가는 속도에 의해 무게의 변화를 기록하여 풍속의 가감에 의해 하중이 증가하는 모습을 실험했습니다.

03

'NB(Not~Because)'보다는
'YB(Yes~But~)'로 대답하자

집요하게 약점을 파고드는 압박면접에는 일단 평가자의 말을 긍정하고, 자신의 주장을 펼치는 'YB 화법(Yes~ But~)'이 유용하다. 하지만 모의 면접을 하다 보면 학생들은 부정적인 'NB 화법(No~ Because~)'을 주로 사용한다. 예를 들어 평가자가 "화학 성적이 좋지 않네요?"라고 질문했다면, "네, 제가 화학 성적이 부족한 게 사실입니다"라고 인정한 뒤, "하지만 학교 화학 선택반이 한 반뿐이라 상위권 등급을 받는 게 어려웠습니다"라고 대답을 하면 좋다. 평가자에게 거부감을 주지 않고 '노(No)'라고 말할 수 있는 세련된 화법이다. 인정할 건 인정하자.

NB 답변 예시

면접관: 화학공학과를 지원했는데 화학 성적이 좋지 않네요?

지원자: 아닙니다. 성적이 낮은 편은 아닙니다. 왜냐하면 저희 고등학교 자연계 화학 선택 인원이 워낙 적었기 때문입니다.

YB 답변 예시

면접관: 화학공학과를 지원했는데 화학 성적이 좋지 않네요?

지원자: 네, 제가 화학 성적이 부족한 게 사실입니다. 하지만 학교 화학Ⅱ 선택반이 한 반뿐이라 상위권 등급을 받는 게 어려웠습니다. 대학 합격 후에는 화학Ⅱ 공부를 다시 시작할 계획입니다. 수능에서 화학Ⅱ를 선택 안 해서 듣지 못한 EBSi 수업도 듣고 연계 교재도 풀어 보려고 합니다.

04
나열 병렬형 대답은 중요도 순으로 대답하자

'나열 병렬형' 대답이 필요할 때는 가장 중요한 답을 먼저 말하는 게 좋다. 예를 들어 지원한 동기를 첫째…, 둘째…, 셋째… 순으로 말하고, 가장 중요한 내용을 첫째에 대답해야 평가자가 임팩트 있게 기억한다. 인간은 먼저 들어온 정보를 중요하게 생각하기 때문이다.

나열 병렬형 답변 예시

면접관: 심리학과에 지원한 동기가 무엇인가요?

지원자: 제가 심리학과에 지원한 동기는

첫째, 심리학자 알프레트 아들러의 책을 읽고 그분의 생각과 생각에 매료됐고 심리학에 자연스럽게 관심을 갖게 됐습니다.

둘째, 알프레트 아들러에 대한 관심은 심리학 동아리로 이어졌습니다. 동아리에서 자신이 좋아하는 심리학자의 사상과 생애에 대해서 발표하는 기회를 가졌는데 저는 아들러가 주장한 열등감에 대해서 심층적으로 조사해서 발표할 수 있었습니다. 발표한 자료는 보고서로 정리했습니다.

셋째, '멘토-멘티' 활동을 하면서 멘티 친구의 성적 향상을 위해서는 학습 방법도 중요하지만 심리적인 요인이 크다는 걸 깨달았습니다. 친구 내면의 열등감이 걸림돌이었습니다. 이후 저는 관련 책과 자료를 뒤져 보면서 심리학이 의사소통 능력 등의 언어적 능력뿐만 아니라 통계학 등 사회과학이 총동원되는 종합적인 학문이라는 사실을 알게 됐습니다.

05
설명형 대답은 문제의 핵심을 짧게 대답하자

지식을 측정하는 '설명형' 문제는 정의나 개념 등 문제의 핵심을 단답형으로 짧게 대답한다. 그리고 나서 추가 질문이 들어오면 구체적으로 사례를 들거나 부연 설명, 상세화(상술)한다.

설명형 답변 예시

질문 1: 브렉시트가 무엇인가요?
답변 1: 영국이 유럽연합에서 탈퇴하는 것을 뜻합니다.

질문 2: 브렉시트가 영국에는 어떤 영향을 끼칠까요?
답변 2: 영국의 브렉시트는 영국 경제가 고립되면서 부정적 영향을 미칠 것으로 생각합니다.

질문 3: 그런데도 영국이 브렉시트를 선택한 이유가 뭔가요?
답변 3: 영국이 유럽연합(EU) 탈퇴를 결정한 주요 이유 중 하나는 엄청난 이민자 유입 때문입니다. 유럽연합 확대 등과 맞물려 유럽 대륙 내 중동·아프리카계 불법 이민자까지 몰려 영국의 이민자는 30만 명이 넘어서 영국인들의 원성은 극에 달했습니다.

06
의견 주장형 대답은 주장의 근거를 제시하자

의견 주장형' 질문에는 주장을 정확하게 먼저 밝히고 주장의 근거를 제시해야 한다. '저는 …라고 생각합니다. 또는 저는 …를 찬성(반대)합니다. 그 이유는(또는 왜냐하면) …입니다.' 식으로 답변하면 된다. 그리고 '왜(Why)'로 물으면 '왜냐하면(Because)'으로 대답하면 된다.

근거는 '-은/-는 …것 같습니다'와 같이 추측하는 표현 대신 '-은/-는 …입니다'와 같은 확실한 표현을 사용하는 것이 더욱 설득력을 얻는다. 어떤 주장을 선택하든 평가자는 반대 의견에 서서 지원자의 논리를 공박할 것이다. 이때 당황하지 말고 차근차근 평가자 논리의 문제점을 반박하거나, 자신의 주장을 옹호해야 한다. 특히 시사 이슈는 지원자의 가치 판단인 주장을 평가하지 않고 근거의 정합성을 따진다. 예를 들어 '저는 원자력발전소를 이용하는 것에 반대합니다. 왜냐하면, 전력을 얻고 나서 생기는 핵폐기물의 처리문제 때문입니다'라고 주장을 편 경우 감점을 주고, 그 반대의 경우에 가점을 주지는 않는다. 여기에 더하여 '원자력 발전소는 환경 문제로 독일 등 선진국에서 감소하고 있습니다'와 같이 사례를 제시하면 더욱 설득력을 얻는다. 즉, '주장 - 근거 - 사례' 말하기 방식은 논리적으로 길게 말하는 매우 유용한 면접 화법이므로 외워서 숙달할 것을 강력히 추천한다.

의견 주장형 답변 예시 1

질문: 원자력발전소 건설에 대한 본인의 생각을 말해 보세요.

주장: 저는 원자력발전소를 이용하는 것에 반대합니다.

근거: 왜냐하면 전력을 얻고 나서 생기는 핵폐기물의 처리문제 때문입니다.

사례: 원자력발전소는 환경 문제로 독일 등 선진국에서 감소하고 있습니다.

의견 주장형 답변 예시 2

질문: 인공지능의 확대에 대한 본인의 생각을 말해 보세요.

주장: 저는 인공지능의 확대에 찬성합니다.

근거: 왜냐하면 기술발전은 인간의 삶을 나은 쪽으로 변화시키기 때문입니다.

사례: 최근 인공지능은 의료 서비스, 법률 서비스 등 다양한 분야에서 데이터베이스를 활용해 최적의 방안을 소비자에게 제공하고 있습니다.

07
자신의 생각을 분명하게 대답하자

　평가자는 생각이 분명한 소신 있는 학생을 선호한다. '어디서/누구에게 들었는데요' 식으로 무책임하게 말하면 안 된다. 학종 면접 평가에서는 질문에 대한 정답만을 기대하는 게 아니다. 수험생의 논리적 사고력이 어떻게 전개되고 있는지 과정 중심적인 평가를 중시한다. 양비론·양시론이나 절충형 대답은 주의해야 한다.

　다만 토론 면접 또는 제시문 기반 면접에서는 본인의 처음 주장을 끝까지 고수하는 것도 중요하지만, 상대방의 합리적 의견을 받아들여 생각을 확장하는 유연한 사고도 중요하다.

08

자신감 있게 큰 소리로 대답하자

목소리가 너무 낮으면 지루하고, 목소리가 너무 높으면 듣기 불편하다. 끝까지 큰 소리로 말하면 소음일 수도 있지만 자신감 있게 큰 소리로 말할 것을 권한다. 말끝을 흐리면서 작아지는 목소리는 좋지 않다. 목소리의 고저는 계이름 '미' 톤이 좋다고 하지만 강조해야 할 내용이라면 '솔' 톤도 좋다. 사실, 면접 평가에서 목소리가 낮아서 손해를 보는 경우는 있어도 그 반대의 경우는 거의 없다.

꾸미거나 거짓말을 하기보다는 솔직하게 대답하자

면접자들이 쉽게 빠지는 오류는 면접관들이 본인을 모르니 거짓으로 꾸며도 된다는 생각이다. 누구나 아는 말이나 상투적이고 식상한 어구 그리고 미사여구 등으로 자신을 포장하면 좋을 것 같지만 평가자 입장에서는 자신을 솔직히 사실대로 드러내는 학생에게 신뢰가 더 간다. 주저리주저리 말하는 것은 정말 알맹이가 없다는 반증이다. 꾸미거나 거짓으로 대답하기보다는 질문 의도와 요지를 파악하는 데 집중하고 진솔하게 대답하자. 학종 서류평가시스템에서 동일교 지원자를 확인할 수 있는 기능이 있고 의심되면 학교에 직접 전화하거나 실사를 나오는 경우가 있다는 점 명심하자.

10
상대방의 질문을 주어로 삼아 대답하자

　　면접에서 최고의 답변은 질문의 요지와 의도를 정확히 파악하고 명료하게 답변하는 것이다. 평가자의 질문을 '주어'로 삼아 대답하면 질문의 요지를 놓치지 않게 된다. 예를 들어 '경영학과에 지원한 동기가 무엇인가요?'라고 질문을 받은 경우 '제가 경영학과에 지원한 동기는 …때문입니다.'라고 질문을 주어로 삼아 대답하는 방식이다. 지원자는 질문을 되새기며 말할 수 있고, 평가자는 지원자의 말하는 방식이 논리적이라고 판단한다. 간단하지만 유용한 면접 화법이다.

질문을 주어로 삼는 답변 예시 1

질문 1: 경영학과에 지원한 동기가 무엇인가요?

답변 1: 제가 경영학과에 지원한 동기는 … 때문입니다.

질문을 주어로 삼는 답변 예시 2

질문 2: 간호사에게 가장 중요한 자질은 무엇이라고 생각하나요?

답변 2: 간호사에게 가장 중요한 자질은 전문성이라고 생각합니다.

유사한 질문과 의도

질문 내용	질문 의도
지원자의 장점은?	우리 대학과 학과(학부)에서 찾고 있는 인재상에 얼마나 근접한 지원자인가?
우리 대학이 지원자를 선발해야 하는 이유는?	
지원자가 합격하면 우리 대학에 어떤 기여를 할 수 있나?	
지원자의 10년 후의 진로계획은 무엇인가?	
지원자가 이 학과(학부)에 적합한 이유는?	
지원자가 우리 대학 추천전형에 추천된 이유는?	
지원자를 사물에 비유해 본다면?	
지원동기가 뭔가?	우리 대학과 우리 학과(학부)에 얼마나 관심을 갖고 연구했나?
그 많은 대학 중에서 왜 우리 대학, 우리 학과(학부)를 지원했나?	
우리 대학을, 우리 학과(학부)를 어떻게 생각하나?	
지원자의 단점은 무엇인가?	자신에 대해 얼마나 솔직한가?
지원자가 고쳐야 할 점은 무엇인가?	
가장 어려웠던 역경은 무엇인가?	
지원자가 가장 후회하는 경험은 무엇인가?	

04
면접의
비언어적 표현

사람의 첫인상을 결정짓는 데 필요한 3초를 좌우하는 가장 중요한 요소는 무엇일까? UCLA 교수 앨버트 머레이비언(Albert Mehrabian)은 의사소통할 때의 목소리, 얼굴 표정 같은 비언어적 요소가 중요하다고 주장한다. 면접에서의 화법은 언어적 요소와 비언어적[4] 요소로 나뉜다. 첫인상에 대한 평가는 비언어적 요소인 시각적 요소 55%(표정 35%, 태도 20%), 청각적 요소(목소리 38%), 그리고 언어적 요소(말의 내용 7%)로 결정된다는 것이다. 즉, 면접 시 비언어적 요소들에 의해 대화의 내용이 93% 전달되는 것이다. 비언어 행위의 권위자인 레이 버드휘스텔(Ray Birdwhistell) 박사 역

---

4 비언어적(非言語的) 표현은 음성 이외의 동작 언어다. 자세, 손짓, 몸짓, 표정 등을 통해 의미를 전달하는 것을 말한다.

시 의사소통에서 비언어적 요소가 전달하는 정보의 양이 65~75퍼센트이며, 음성은 30~35퍼센트 정도라고 주장했다. 면접에서 언어적 요소도 중요하지만 자세, 손짓이나 몸짓, 표정 등의 비언어적 요소도 중요하다는 이야기다. 언어로는 제한된 표현밖에 할 수 없지만 비언어를 사용하면 다양한 의미를 전달할 수 있기 때문이다. 면접은 본인의 생각을 표현하고 의사를 전달하는 능력과 면접에 임하는 태도와 자세까지를 포함하여 평가한다. 지원 모집단위에서 학업을 수행하고 싶다는 열의, 자신감 있는 말투와 최선을 다하려는 자세, 공손한 태도와 밝은 표정은 면접관들에게 좋은 평가를 받을 수 있는 비결이다. 면접 준비를 열심히 한 학생들에게는 맥이 빠질 수 있는 얘기지만 웃는 모습과 부드러운 눈빛 등이 당락을 결정하는 중요 요소임을 명심해야 한다. 언어적 요소인 화법과 마찬가지로 비언어적·반언어적[5] 요소도 준비와 교정 가능하니 실망할 필요는 없다. 태도가 말을 한다는 점 명심하자.

---

5   반언어적(半言語的) 표현은 언어에 동반되는 표현, 즉 어조, 속도, 고저, 음색, 장단, 강약 등을 통해 전달하고자 하는 의미를 좀 더 분명하게 나타내는 것을 말한다.

01
시선 처리

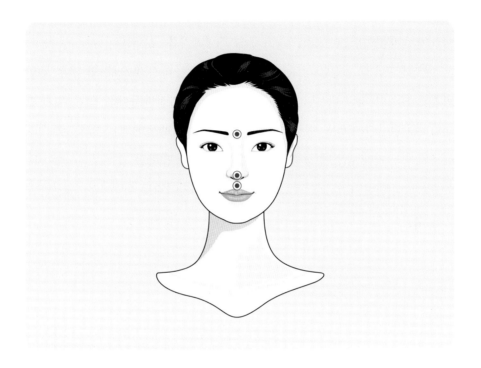

학생들이 면접에서 쉽게 범하는 실수가 시선 처리다. 면접을 보다 보면 자기도 모르게 시선을 땅에 떨구거나 다른 곳으로 돌리는 경우가 있다. 자신감이나 예의가 없는 사람으로 비칠 수 있다. 다대일 면접의 경우 보통 두세 명의 면접관이 면접장에 들어온다. 이때 본인에게 질문한 면접관에게 눈맞춤(EYE CONTACT 아이 콘택트)을 유지하되 지나치게 응시하는 것은 삼가야 한다. 면접관 이외의 곳에 시선을 분산하면 안 된다. 서양에서는 두 눈을 마주 보고 말을 하라고 하지만 우리나라에서는 사람을 똑바로 쳐다보는 것은 실례다. 자연스럽고 부드러운 눈빛으로 쳐다보되 지나치게 응시하지 말자. 면접관을 계속 쳐다보는 것이 부담스러우면 면접관의 눈을 한 눈씩 교대로 보거나 미간, 코, 인중을 보는 것도 요령이다. 그래도 부담스러우면 가끔씩 시선을 면접관의 넥타이 매듭 정도로 내려 주는 것은 괜찮다. 모의 면접 때 한 명에 대한 아이 콘택트가 익숙해지면 두세 명을 번갈아 보는 연습을 하면 좋다.

그래도 면접관과 눈맞춤을 권하고 싶다. 눈을 마주치는 것부터가 만남의 시작이기 때문이다.

비대면 면접(동영상 업로드 면접, 현장 녹화 면접, 실시간 화상 면접)의 경우 대면 면접과는 시선 처리 방식이 다름을 유의해야 한다. 비대면 면접의 경우 대면 면접처럼 면접관의 눈을 번갈아 보면 매우 산만해 보인다. 시선처리는 카메라 렌즈의 상단이나 중앙에 집중하고 연습할 것을 권한다.

02
앉는 자세

면접장에 들어와서는 인사를 한 다음 허리를 펴고 당당하게 걸어서 지정된 자리에 앉으면 된다. 앉는 자세는 의자 등받이에 등을 대지 말고 허리, 가슴, 머리로 이어지는 중심 라인을 당당하게 곧추세운 바른 자세로 앉는 것이 좋다. 두 손은 팔짱을 끼어서는 안 되고 힘을 뺀 상태로 손바닥을 아래쪽으로 해서 무릎 위에 놓는다. 다리는 편하게 모으되 반드시 붙일 필요는 없지만 많이 벌어지지 않도록 주의한다.

03

표정

먼저 부드러운 첫인상을 만드는 연습을 지속해서 하자. 부드러운 표정과 입가의 가벼운 미소가 좋다. 자연스럽게 웃어 보이며 말을 하면 밝고 긍정적인 인상을 줄 뿐만 아니라 여유가 있어 보인다. 그렇다고 억지 미소는 오히려 더 어색할 수 있다. 미소를 지을 때는 이가 살짝 보이게 그리고 눈도 같이 환하게 웃는 것이 좋다. 몸을 흔들면서 지나치게 웃을 필요는 없지만 편안한 표정은 꼭 유지해야 한다. 얼굴이 굳은 것 같을 때는 중간 중간에 고개를 끄덕이는 행동을 보여 면접관의 말에 귀를 기울이고 있다는 것을 보여 주는 것도 좋다.

〈입꼬리 근육을 단련시키는 방법〉

*눈 주위의 근육을 풀어 주고 입 주위를 비롯한 얼굴 전체 근육을 긴장시킨 후 이완시킨다.

❶ 눈썹을 올리고 윙크~ 윙크~ 윙크~

❷ 오른쪽, 왼쪽, 위, 아래, 얼굴 쭉 빼고, 바람 가득, 입꼬리 올리고, 개구리 뒷다리

04
용모와 복장

단정한 용모와 복장은 면접관에게 좋은 초두효과(初頭效果)[6]를 준다. 따라서 헤어스타일은 얼굴을 가리지 않고 깨끗하게 잘 정리돼 있어야 하며, 면접관과의 거리가 가깝기 때문에 세수와 양치도 신경 써야 한다. 외모에서 가장 중요한 부분은 청결이다. 당연한 이야기지만, 색조 화장은 안 되며, 수염과 손톱은 깔끔하게 깎아야 한다. 깨끗하고 다림질이 잘되어 있는 의상에 잘 닦인 신발은 필수조건이다. 화려한 원색에 장식구가 달린 옷보다는 면접관이 면접자의 표정에 집중할 수 있는 차분한 복장을 권한다.

블라인드 면접이 원칙이므로 학교를 유추할 수 있는 교복과 표지는 착용 불가다. 시계는 가능하지만 자주 시계를 보는 건 불안해 보인다. 귀고리, 팔찌, 목걸이, 반지 등은 가급적 착용하지 않는 것이 좋다. 특히 특정 종교를 상징하는 액세서리는 피하자.

첫인상에서 복장이 상대방에게 주는 신뢰감과 설득력을 무시해서는 안 된다. 튀어 보이는 개성적인 복장보다는 보수적인 스타일을 권한다.

---

6   한 가지 좋은 점이 다른 모든 부분을 좋아 보이게 작용한다는 이론

05
제스처

    면접 시 질문 내용을 효과적으로 전달하려면 몸짓이나 손짓 같은 자연스런 제스처가 중요하다. 제스처를 사용하면 느낌이 더 생생해진다. 손동작을 할 때는 배꼽 위에서 눈썹 사이에서 하는 것이 적당하다. 제스처는 팔 전체로 하고 손과 팔을 여러 각도로 움직여 주면 된다. 면접 과정 중간 중간에 고개를 끄덕이는 등의 제스처는 면접관의 말에 귀 기울이고 있음을 보여 주는 좋은 경우다.

    하지만 강조할 내용에서의 제스처는 좋지만 불필요한 제스처는 다소 과해 보이고 평가자를 불편하게 만들 수 있다. 즉, 한숨 쉬기, 코 훌쩍이기, 손이나 머리 만지기, 다리 떨기, 시계 보기 등 불필요한 제스처는 절대로 삼가야 한다.

06
억양, 속도, 강약, 발음

　면접 대화 때는 억양, 속도, 강약, 발음이 명확하게 전달되도록 노력해야 한다. 특히, 말꼬리를 흐리거나 부정확하게 끝맺지 말고 의사표현을 정확히 하도록 한다. 면접이 끝날 때까지 발음을 정확히 해야 한다. 어미 부분, 끝부분을 높여서 말하지 않도록 유의해야 한다. 친구들과 모의 면접을 하며 정확한 발음과 끊어 읽기 등을 지속해서 연습하면 큰 도움이 된다.

　내용이나 주제가 바뀔 때, 쉼표와 마침표가 있을 때, 이어 주는 말 뒤에(그리고, 그러나 등), 순서를 나타내는 말 뒤에(첫째, 둘째, 셋째, 끝으로 등), 중심 단어와 강조할 내용 앞에서, 내용상 의미 묶음 단위(주어와 서술어, 부사어와 서술어, 관형어와 체언 등) 앞에서 끊어 읽는 연습을 계속 해야 한다. 강조할 부분은 천천히 크고 강하게 말하고 강조할 부분 바로 앞에서 멈추는 즉 포즈(Pause) 연습을 계속 해야 한다. 강조하려는 지점에서 평가자와 눈을 맞추고 천천히 감정을 실어 말하면 전달 효과가 크다.

　반면, 남학생의 경우 이어서 말하지 못하고 툭툭 끊어서 말하는 경우가 많다. 말하기 호흡 연습이 안 돼서 나타나는 현상이다. 안정적 호흡은 1회 호흡으로 40음절 정도를 소화해야 한다. 시조가 45자 내외이므로 시조 한 수를 1회 호흡으로 연습하면 도움이 많이 된다.

　말을 할 때 긴장하면 말이 빨라지게 된다. 말이 빨라지면 발음이 부정확해지고 듣는 사람도 알아듣기가 힘들어진다. 그렇다고 항상 똑같은 속도로 말하라는 것이 아니다. 중요한 부분이나 어려운 내용은 천천히 말하고, 중요하지 않은 내용이나 누구나 아는 내용은 빠르게 말하는 것이 원칙이다.

호흡 연습 시조 예시

이방원 〈하여가(何如歌)〉 (46음절)

이런들 어떠하리 저런들 어떠하리
만수산 드렁칡이 얽혀진들 어떠하리
우리도 이같이 얽혀져 백년까지 누리리라

정몽주 〈단심가(丹心歌)〉 (45음절)

이 몸이 죽고 죽어 일백 번 고쳐 죽어
백골이 진토되어 넋이라도 있고 없고
임 향한 일편단심이야 가실 줄이 있으랴

발음 연습 예시

1. 서울특별시 특허허가과 업무과과장 허과장.

2. 간장 공장 공장장은 강 공장장이고,
   된장 공장 공장장은 장 공장장이다.

3. 저기 계신 저분이 박 법학박사이시고,
   여기 계신 이분이 백 법학박사이시다.

4. 내가 그린 기린 그림은 잘 그린 기린 그림이고,
   네가 그린 기린 그림은 잘못 그린 기린 그림이다.

5. 들의 콩깍지는 깐 콩깍지인가 안 깐 콩깍지인가.
   깐 콩깍지면 어떻고 안 깐 콩깍지면 어떠냐.
   깐 콩까지나 안 깐 콩깍지나 콩깍지는 다 콩깍지인데.

6. 저기 저 뜀틀이 내가 뛸 뜀틀인가 내가 안 뛸 뜀틀인가.

7. 옆집 팥죽은 붉은 팥 팥죽이고, 뒷집 콩죽은 검은콩 콩죽이다.

8. 앞집 팥죽은 붉은 팥 풋팥죽이고, 뒷집 콩죽은 해콩단콩 콩죽이다.

9. 멍멍이네 꿀꿀이는 멍멍해도 꿀꿀하고, 꿀꿀이네 멍멍이는 꿀꿀해도 멍멍하네.

10. 앞뜰에 있는 말뚝이 말 맬 말뚝이냐 말 안 맬 말뚝이냐.

11. 경찰청 쇠창살 외철창살, 검찰청 쇠창살 쌍철창살.

12. 검찰청 쇠철창상은 새 쇠철창살이냐 헌 쇠철창살이냐.

어디서 숨 쉬어야 돼요?

1. 내용이나 주제가 바뀔 때

2. 쉼표나 마침표가 있을 때, 한 문장이 끝날 때

3. 이어 주는 말 뒤(그리고, 그러나 등)

4. 순서를 나타내는 말 뒤(첫째, 둘째, 셋째, 끝으로 등)

5. 중심 단어와 강조할 내용 앞, 중요한 내용 앞

6. 내용상 의미 묶음 단위(주어와 서술어, 부사어와 서술어, 관형어와 체언 등) 앞

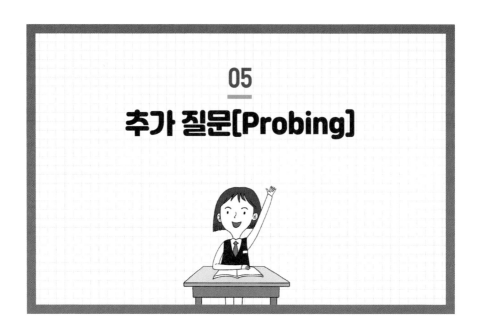

05
추가 질문(Probing)

　　서류 기반 면접의 성패는 첫 질문에 대한 빠른 답변에 달려 있기보다는 추가 질문(꼬리 질문, 후속 질문, 단계별 질문, 세부 질문)에 대한 논리적이고 명료한 답변에 달려 있다. 첫 질문에 대한 답변은 누구나 유창하게 한다. 서류 내용의 진위를 확인하는 수준의 쉬운 질문이기 때문이다. 하지만 문제는 이후 예리하게 들어오는 추가 질문에 있다. 이 질문에 머뭇거릴 경우 활동의 진정성이 의심받게 된다. 따라서 모의 면접을 준비할 때 활동을 소개하는 첫 질문만을 만들지 말고 그 활동에 대해서 물어볼 수 있는 '추가 질문과 답변'을 만들어 준비하는 것이 서류 기반 면접에서 합격의 관건이 된다. 학생부와 자소서를 텍스트라고 생각하고 시험 내듯이 실제 면접에서 예상되는 질문을 만들고, 이를 바탕으로 꼬리 질문과 답변을 만들어 보자.

이때 추가 질문을 구체적 상황으로 물어보면 그 상황을 일반화, 추상화해서 대답하는 것이 좋다. 문제가 구체적일수록 구체적인 대답을 해 버리면 그 문제가 요구하는 요구 조건을 헤아리지 못하게 된다. 반면 너무 추상적인 질문을 받았을 경우 구체적인 예를 들어서 설명하면 좋은 인상을 주게 된다. 추상적인 질문에 추상적인 대답으로 일관하면 문제의 핵심을 잡지 못하게 되고 문제 속에서 스스로 빠져 우왕좌왕하는 경우가 많다.

쉽지 않겠지만 면접 질문에 대한 가장 우수한 답변은 추상성과 구체성이 균형을 이룰 때다.

추상성과 구체성이 균형을 이룬 답변 예시

질문: 고등학교 때 의사소통의 중요성을 깨달은 경험을 말해 보세요.

답변: 집단 따돌림을 당하는 친구를 위로하는 과정에서 의사소통의 중요성을 느꼈습니다. [추상성] 그 친구를 연민하기보다 그냥 있는 그대로 받아들이고 학급 일기에 동참하게 했습니다. [구체성]

추가 질문 형태 예시 **1**

면접관: 지원한 전공을 통해 이루고자 하는 목표나 방향에 대해 이야기하고, 이를 위해 어떠한 준비와 노력을 해 왔는지 구체적인 사례를 들어 이야기해 보세요.

✚ 추가 질문

Q1. 지원한 전공에 관심을 가지게 된 계기는 무엇인가요?

Q2. 지원하고자 하는 전공을 위하여 어떤 준비와 노력을 기울였나요?

Q3. 이러한 노력의 과정에서 스스로 느낀 본인의 부족한 점은 무엇이었으며 어떻게 해결하려 하였나요?

Q4. 본교의 지원학과가 자신의 진로목표를 달성하는 데 어떤 도움을 줄 수 있다고 생각하나요?

추가 질문 형태 예시 **2**

면접관: 고등학교 시절 자신이 속한 공동체의 발전을 위하여 함께 노력한 경험이 있으면 이에 대해 이야기해 주세요.

✚ 추가 질문

Q1. 구체적으로 어떤 일이었으며 본인의 역할은 무엇이었나요?

Q2. 그 일을 수행하는 과정에서 생긴 어려움은 무엇이었으며 어떻게 해결했나요?

추가 질문 형태 예시 **3**

면접관: ○○○씨가 자신의 단점을 극복하기 위해 가장 공들여 노력했던 사례를 얘기해 주세요.

➕ 추가 질문

Q1. 왜 그렇게 꼭 극복해야겠다고 생각했나요?

Q2. 그 과정에서도 가장 힘들었던 상황은 어떤 상황이었나요?

Q3. 그 상황을 구체적으로 어떻게 해결해 나갔나요?

Q4. 왜 그런 방식을 선택했나요?

Q5. 그 방식을 실행하는 과정에서 가장 어려웠던 점은 뭔가요?

Q6. 그런 어려움이나 장애를 어떻게 이겨 나갔나요?

Q7. 그 방식을 써서 나타난 가장 중요한 변화는 뭔가요?

Q8. 그 방식의 부정적인 효과는 어떤 것들이었나요?

Q9. 지금 다시 겪는다면 그 방식을 어떻게 바꿀 것 같은가요?

추가 질문 형태 예시 **4**

면접관: 영어교육과에 지원하게 된 계기가 무엇인가요?

➕ 추가 질문

Q 1. 영어 과목에 대한 특별한 학습경험이 있다면?

Q 2. 영어 교사로서 수업에 적용하고 싶은 나만의 영어 학습법이 있나요?

Q 3. 영어를 포기하는 학생이 많은데 그 이유는 무엇일까요?

Q 4. 영어교육과에 진학한 후 학업계획에 대해 말해 보세요.

Q 5. 수능 영어 절대평가 시행의 배경에 대해 말해 보세요.

추가 질문 형태 예시 5

면접관: 봉사활동을 한 경험이 있나요?

✚ 추가 질문

Q 1. 봉사활동 경험에 대해 구체적으로 말해 보세요.

Q 2. 어떤 계기로 봉사활동을 하게 되었나요?

Q 3. 가장 어려웠던 점은 무엇이었나요? 특별히 기억나는 점(사람)에 대해 구체적으로 말해 주세요.

Q 4. 봉사활동을 통해 무엇을 배웠나요? 무엇을 느꼈나요?

Q 5. 이후에 또 봉사활동을 할 계획이 있나요? 있다면, 어떤 봉사활동을 하고자 하나요?

추가 질문과 답변 예시 1

면접관: 우선 지원동기부터 말해 보세요.

지원자: 2학년 때 비행기에 대한 동경으로 물리 동아리에 들어갔습니다. 거기서 에어 사이언스 프로젝트를 진행하며 비행기에 대해 구체적으로 알게 됐습니다. 비행기에 대한 관심은 전투기에 대한 관심으로 이어졌고 성능 좋은 전투기를 만드는 연구원이 돼야겠다는 생각에 지원했습니다.

면접관: 그래요. 에어 사이언스 프로젝트는 뭔가요?

지원자: 풍동 실험 장치를 제작해 모형 비행기를 만드는 겁니다.

면접관: 풍동 실험 장치는 어떻게 만들었나요?

지원자: 관련 서적을 찾고 동영상을 보며 여러 번 시행착오를 겪으며 완성했습니다.

면접관: 좀 더 구체적으로 말해 주시구요, 풍동 실험 장치로 진행한 실험은 또 없었나요?

지원자: 풍동 실험은 공기가 흐르는 현상이나 공기의 흐름이 물체에 미치는 힘 또는 흐름 속에 있는 물체의 운동 등을 조사하기 위해 인공적으로 공기가 흐르도록 만든 장치인 풍동을 가지고 하는 실험입니다. 대학 풍동실을 사용

하기가 너무 어려워서(시간, 비용) 간단한 송풍기를 물리 선생님의 도움을 받아 만들었습니다. 그리고 양력과 항력의 차이를 풍동 실험 장치를 통해 지나가는 속도에 의해 무게의 변화를 기록하여 풍속의 가감에 의해 하중이 증감하는 모습을 실험했습니다.

추가 질문과 답변 예시 2

면접관: 본인이 읽은 책 중 가장 기억에 남는 책은 무엇입니까?

지원자: 『에밀』이 가장 기억에 남습니다. 『에밀』을 읽고 교사가 되겠다고 다짐했기 때문입니다.

면접관: 『에밀』이 교육계에서 아주 중요한 책인 것 아시죠? 이 책을 읽고 교사가 되겠다고 다짐하게 된 부분이 있다면 말해 보시겠어요?

지원자: 자연을 따르라고 역설한 부분입니다.

면접관: 문명 이전의 원시 상태의 자연으로 돌아갈 수는 없지 않나요?

지원자: 물론입니다. 루소는 자연이라는 개념을 활용하여 자유롭고 순수했던 인간의 참모습으로 돌아가자는 뜻으로 썼습니다. 루소는 교육이 인간이 지닌 본래의 순수성을 찾을 수 있다고 봤습니다. 루소는 인간에게 주어진 자연성을 그대로 드러나게 하고 그것을 실현하려는 교육을 추구했고 이것이 교사의 역할이라고 역설했습니다. 이 점이 『에밀』이 제게 영향을 끼친 부분입니다.

추가 질문과 답변 예시 **3**

면접관: 고등학교 생활 중 가장 기억에 남는 활동은 무엇입니까?

지원자: 학교 축제 때 합창대회가 가장 기억에 남습니다.

면접관: 그 이유가 무엇입니까?

지원자: 학교 축제에서 반별 프로그램으로 저희 반은 합창을 하자는 의견이 나왔지만, 일부 학생들은 학원 수업 등을 이유로 반대가 심했습니다. 양쪽 모두 한 치의 양보도 없었지만, 결국엔 제가 반장으로서 합창을 하는 것에 학생들의 합의를 이끌어 내는 데 성공했습니다.

면접관: 반 동의를 얻기 위해 본인이 했던 구체적인 노력은 무엇입니까?

지원자: 반대하는 친구들에게 우리 반이 음악을 좋아하는 공통점이 있고 노래를 썩 잘하는 친구들도 많다는 점 그리고 반 화합에 좋은 기회라는 점을 강조하며 설득해 나갔습니다. 학원 수업은 주말로 조정하도록 하니 원만하게 이견을 좁힐 수 있었습니다.

면접관: 합창대회 참가에 대한 합의를 이끌어 낸 후, 합창대회 준비 과정 중 본인이 수행했던 역할은 무엇입니까?

지원자: 저는 지휘를 맡았습니다. 최선을 다해 준비했지만, 첫 전체연습 때 친구들은 예선 탈락할 것을 지레짐작하고 지휘를 보지 않았습니다. 속상한 마음을 뒤로하고 친구들이 왜 참여하지 않을까를 고민했습니다. 그 결과 친구들에게 필요한 것은 연습보다도 자신감 회복임을 느꼈습니다. 반주를 맡은 친구와 음정을 조정하고 곡을 직접 편곡하자, 부르기 편해진 노래에 자신감이 붙으며 참여율이 점점 높아졌습니다. 함께 지휘를 보고, 박자를 지키는 과정에서 어색했던 사이에 하나라는 의식이 생겨났습니다. 마침내 축제날 저희 반은 가장 뜨거운 환호 속에서 무대를 마쳤고, 3위로 입상하는 영광도 누렸습니다.

추가 질문과 답변 예시 ④

면접관: 브렉시트가 무엇입니까?

지원자: 영국이 유럽연합에서 탈퇴하는 것을 뜻합니다.

면접관: 브렉시트가 영국에는 어떤 영향을 끼칠까요?

지원자: 영국의 브렉시트는 영국 경제가 고립되면서 부정적 영향을 미칠 것으로 생각합니다.

면접관: 그런데도 영국이 브렉시트를 선택한 이유가 무엇입니까?

지원자: 영국이 유럽연합(EU) 탈퇴를 결정한 주요 이유 중 하나는 엄청난 이민자 유입 때문입니다. 유럽연합 확대 등과 맞물려 유럽 대륙 내 중동·아프리카계 불법 이민자까지 몰려 영국의 이민자는 30만 명이 넘어서 영국인들의 원성은 극에 달했습니다.

추가 질문과 답변 예시 ⑤

면접관: 수학 과목을 좋아하나 봐요?

지원자: 네. 그렇습니다.

면접관: 수학이 왜 좋아요?

지원자: 수학은 다른 과목들과 달리 답을 구할 때의 성취감이 크고 언어로만 이루어진 과목이 아니기 때문에 더 오랜 시간 공부를 할 수 있었습니다. 그랬더니 자연스럽게 수학을 하는 시간이 늘어났고 수학 실력이 늘면서 수학을 좋아하게 됐습니다.

면접관: 보통 수리 쪽을 잘하는 사람들이 언어 쪽을 잘 못하는데 본인도 그렇나요?

지원자: 수리 쪽보다 언어 쪽이 약한 것은 사실이지만 그런 부분은 노력을 통해 충분히 메꿀 수 있다고 생각합니다.

면접관: 회계사는 어떻게 알게 됐나요?

지원자: 부모님께서 사업장을 가지고 계셔서 평소에 회계사라는 직업에 대해 많이 들어 왔습니다. 진로를 결정할 때 회계사라는 직업에 대해 찾아보았더

니 저의 성향이나 적성에 잘 맞을 것 같았고, 고등학교 1학년 때 나의 꿈 발표대
회를 준비하면서 회계사를 잘 알게 되었고 진로를 결정하게 됐습니다.

면접관: 회계사가 높은 보수와 자유로운 직업 환경을 가지고 있다고 자기소개서에
써 있는데 잘못된 정보 아닌가요?

지원자: 인터넷에서 진로 탐색을 하다 보니 그런 정보들이 많이 나와 있었습니다.

면접관: 3년 동안 계속 회계사가 꿈인데 거꾸로 말하면 다른 분야에는 관심이 없
다는 말 아닌가요?

지원자: 다른 분야에 비해 회계 쪽에 관심이 많은 것뿐이지 다른 분야에 관심이 없
는 것은 아닙니다.

면접관: 그럼 어떤 분야에 관심이 있나요?

지원자: 국내나 해외 가리지 않고 봉사 쪽에 관심이 많습니다.

면접관: 해외봉사도 하셨어요?

지원자: 네, 교회에서 캄보디아 봉사를 다녀왔습니다.

■ 추가질문(Probing)
- 서류 기반 면접 합격은 첫 질문에 대한 빠른 답변이 아니라, 추가질문에 대한 명
료한 답변이 중요
- 첫 질문에 정답은 없으며, 추가질문하면서 분석력을 살펴보기 위한 도입부로 활용
- 지원자가 어떻게 답을 이끌어내는지 살펴서, 개념을 분석하고 주장을 지지하는
근거를 제시하는 능력, 반대의견에 반론하는 능력 평가로 활용

06
면접장
7계명

01
학생답지 않은 복장과 액세서리는 삼가라

학생답지 않은 복장과 액세서리는 삼가자. 학교를 유추할 수 있는 교복과 표지는 착용 불가다. 면접관이 면접자의 표정에 집중할 수 있는 차분한 복장을 권한다. 깨끗하고 다림질이 잘되어 있는 의상에 잘 닦인 신발이 기본이다. 시계는 가능하지만 귀고리, 팔찌, 목걸이 등은 피해야 한다. 색조 화장은 안 되며 헤어스타일은 얼굴을 가리지 않고 잘 정리돼 있어야 하며, 수염과 손톱은 깨끗하게 깎아야 한다. 급히 나오느라 헝클어진 머리로 면접에 임하거나, 잠을 충분히 자지 못해 피곤해 보이는 일이 없도록 해야 한다.

02

블라인드 면접에 벗어나는 언행은 삼가라

    대부분 대학에서 블라인드 면접을 시행하므로 학교명과 이름, 부모님의 직업이나 이름을 밝혀서는 안 된다. 개인 정보가 노출될 수 있는 답변은 하지 않아야 한다. 학생부위주전형의 공정성 강화를 위해 대학은 블라인드 면접을 철저하게 준수하고 있다. 블라인드 면접에 저해되는 답변 시 감점 처리되므로 유의해야 한다.

1. 면접 시 지원자의 출신 고교, 지역 등을 유추할 수 있는 복장, 특히 교복은 착용하지 않는다.
2. 성명, 수험번호, 출신 고교명을 말하지 않는다.
3. 부모 및 친인척의 사회·경제적 지위(직종, 직업, 직장명, 직위 등)를 말하지 않는다.
4. 해외 유학 경험, 공인어학성적, 수학·과학·외국어 교외 수상실적을 말하지 않는다.

03

성의 없는 인사는 삼가라

문 열기

걸어 들어가
인사하기

의자에 앉기

질문에 답하기

마무리 인사하기

뒤돌아서
걸어 나가기

인사는 예의 바른 태도의 기본이고, 면접관이 면접자에게 느끼는 첫인상을 좌우한다. 망설임이 느껴지는 인사, 귀찮아하며 건네는 성의 없는 인사, 말로만 하는 인사, 고개만 까딱하는 인사, 무표정한 인사, 눈을 마주치지 않고 하는 인사. 이런 인사는 하지 말자. 인사는 공손하고 바르게 하고 면접이 끝나고 나갈 때도 반드시 인사를 하고 나가야 한다. 인사말은 끝을 흐리지 말고 명료하게 말해야 한다. 아래 인사 순서를 익혀 두면 좋다.

인사하는 순서

아이 콘택트
(EYE CONTACT) &
스마일(SMILE)

인사말을 한 후 상체를
45도 정도 숙여 인사하기
(인사와 인사말을 동시에
하지 말고 상체를 숙인 후
1초 정도 잠시 멈춤)

아이 콘택트
(EYE CONTACT) &
스마일(SMILE)

천천히 일어나면서
다시 한번 인사한다.

04
너무 짧은 답변을 삼가라

학종에서는 주로 지원자 1명에 입학사정관과 학과 교수 등 2~3명의 면접관이 평가하는 다대일 면접이 일반적인데 10분 내외가 소요된다. 지원자 1명에 5~7개 정도의 질문이 주어지기 때문에 한 문항당 답변 시간은 1분 30초 내외가 적당하다. 면접에서 학생들이 숱하게 범하는 오류는 너무 짧게 답변한다는 것이다.

또한, 질문에 대해 말문이 막히는 현상은 준비 부족이 원인이다. 콘텐츠가 있어야 길게 답변할 수 있는 것이다. 대학·학과 홈페이지의 내용을 숙지하고 '선행학습 영향평가 보고서'의 기출문제를 참고하여 모의 면접을 반복하는 것이 면접 고득점의 비결임을 명심하자.

05
불필요한 몸짓은 삼가라

안정되고 바른 자세로 앉는 것이 면접의 기본이다. 지나친 긴장으로 불필요한 몸짓은 피해야 한다. 다리는 편하게 모으고 두 손은 무릎 위에 힘을 뺀 상태로 손바닥을 아래쪽으로 둔다. 허리는 의자 등받이에서 약간 띄워 주는 것이 좋다. 등을 곧게 세우고 머리는 몸통과 일직선이 되도록 한다. 두 발이 평행이 되도록 하고 많이 벌어지지 않도록 주의한다.

한숨 쉬기, 코 훌쩍이기, 손이나 머리 만지기, 다리 떨기, 몸 흔들거리기, 넥타이·옷 만지기, 팔짱 끼기, 허리에 손 얹기 등 산만한 인상을 주는 불필요한 행동으로 평가자의 시선을 분산해서는 안 된다. 다만, 중간 중간에 고개를 끄덕이는 등의 행동을 보여 관심을 표현하여 평가자의 말에 귀 기울이고 있음을 보여 주는 것은 좋다.

06
면접장 규칙에 벗어나는 언행을 삼가라

　　면접 대기장도 면접장이라고 생각하고 자신의 순서가 올 때까지 정숙하게 대기해야 한다. 면접장에 들어가서 지원자가 임의대로 할 수 있는 일은 거의 없다. 정해진 면접 규칙을 준수해야 하는 일만 남는다. 면접 일자, 시간, 순서를 변경할 수 없으며, 질문을 선택할 수 있는 권한도 없다. 즉, 제한된 시간이나 조건을 잘 지켜야 합격할 수 있다.

　　다만, 예상하지 못한 질문에 당황하지 말고, 이해가 되지 않는 질문은 다시 질문하자. "질문을 다시 한번만 말씀해 주십시오.", "저는 질문을 이렇게 이해했는데 이에 대하여 말씀드리면 되겠습니까?"와 같이 자신의 의사를 정확하게 이야기해야 한다. 질문을 잘못 이해하고 잘못된 답변을 한다면 좋은 점수를 기대할 수 없기 때문이다. 이처럼 질문을 올바로 이해하고자 하는 행동들은 일반적으로 감점의 요인이 되지 않는다.

　　평소 생각해 보지 않은 질문일 경우, 당황하지 말고 본인이 답변을 찾아내기 위해 동원한 사고과정, 접근방법 등을 소개하는 것도 대안일 수 있다. 제시문이 있는 경우 출제자가 묻고자 하는 것이 무엇인지 고민해 보자.

07
외운 것을 그대로 말하는 것을 삼가라

학종의 면접 평가는 질문에 대한 정답만을 기대하지 않으며, 지원자의 논리적 사고력이 어떻게 전개되고 있는가에 대한 과정중심 평가를 중시한다. 특히, 자소서와 학생부 등 서류를 확인하는 '서류 기반 면접'에서는 정답이 없다. 이 때문에 외운 것을 그대로 말할 이유가 없다. 외워서 말하는 것처럼 보이면 좋은 평가를 받기 어렵다. 문장을 통째로 외워서 말하기보다는 '키워드와 개념어' 중심으로 자연스럽게 말하는 연습을 하면 도움이 된다.

자신이 제출한 서류를 면접 전에 검토하고 예상 질문을 준비해 보자. 내가 작성한 서류지만 꼼꼼히 공부하자. 학생부, 자소서를 충분히 검토하고 예상 질문과 답변을 작성해 보자. 자신이 작성한 서류의 내용은 알고 있어야 한다. 기억나지 않는다거나, 전혀 다른 답변을 한다면 좋은 평가를 받을 수 없다.

다시 한번 강조한다. 암기한 것을 녹음기 틀 듯, 외운 것처럼 말하지 말자. 또한, 본인도 모르는 어려운 어른의 말투와 용어를 피하자. 친구와 동생도 이해할 수 있게, 본인 생각을 쉽게 표현해야 한다.

07

면접,
핵심 질문들

01

지원동기

　자소서에서 지원동기는 핵심 내용이다. 우리 대학, 우리 학과(학부)에 들어오려는 이유는 평가자가 가장 궁금해하는 내용이기 때문이다. 마찬가지로 면접에서도 핵심 질문은 '어쩌다'가 아닌 '왜'가 명확하게 언급된 지원동기다. 이때 자신의 적성이나 흥미가 지망하는 전공 분야와 어떤 연관이 있는지, 자신이 대학에서 필요로 하는 인재상과 부합되는지를 분명히 드러내면 좋다. 특히 전공 분야에 대한 관심과 열정을 구체적으로 서술해 주는 것이 좋다. 지원동기는 지원한 전공을 위해 노력한 과정을 연계해서 작성해야 하며, 대학 입학 후의 학업계획을 염두에 두고 쓰는 것이 좋다.

지원동기 결론의 전형적인 루틴은 '~하기로 했습니다. ~하겠습니다. ~할 것입니다'와 같은 일명 '다짐체, 선언체' 방식이다. 평가자 입장에서는 지원자의 일방적인 다짐과 선언을 평가하기는 어렵다. 이보다는 구체적으로 어떻게 하겠다는 'How'를 언급해야 한다. 다만, 고등학교 때 자원한 학과와 관련해 노력한 과정을 구체적으로 말한 후 이러한 열정을 대학 입학 후에도 적용하겠다는 다짐은 괜찮다. 또한 교내 활동을 통해 느낀 점을 어떻게 대학에서 펼치겠다는 다짐도 좋다. 두 가지 사례 모두 구체적인 활동 후의 느낀 점을 행동과 실천으로 적용하겠다는 다짐이기 때문이다. 하지만 앞에 구체적인 'How' 없이 뜬금없이 다짐하고 선언하는 것은 생뚱맞다.

지원동기는 대학 지원동기와 모집단위 지원동기를 포함한다. 서울대 미학과, 연세대 천문우주학과, 고려대 사이버국방학과, 성균관대 반도체시스템공학과, 서강대 아트&테크놀로지전공, 한양대 미래자동차공학과와 같은 다른 대학에는 없는 특화된 모집단위를 지원한 경우는 고민을 덜 해도 된다. 하지만 왜 이 '학교'인가의 답변이 궁색한 학생이 많다. 가령 경희대 물리과라면, 왜 '물리학과'인지와 함께 왜 '경희대'에서 물리학을 공부해야 하는지 말해야 한다. 물리학과는 웬만한 4년제 대학에 다 있기 때문이다. 사실 경희대학교 물리학과와 중앙대 물리학과의 학과 지원동기는 별 차이가 없다. 성적에 맞춰서 지원했다는 불편한 진실을 면접관 앞에서 말하기 어렵다면, 다음 다섯 가지 방법을 권한다.

① 그 대학만의 특징·장점: 경희대는 자연계 학생들도 '후마니타스 칼리지'에서 인문학 강좌를 필수로 수강해야 한다. 또한 '이과대학 졸업능력인증제'를 통해 영어 공부를 유도한 점도 매력적이었다.

② 전공 관심도: 경희대 물리학과 소식을 전해 주는 '물레방아'를 통해 경희대 물리학과는 함께 소통하며 공부를 할 수 있는 곳이라는 것을 알게 됐다.

③ 세부 전공: 물리학 중 양자역학을 공부하고 싶은데, 경희대 물리학과에는 양자역학1,2, 양자역학연습1,2 등의 전공 수업이 있다. 또한 교사라는 꿈도 갖고 있는데 교직이수과목이 개설돼 있어서 좋았다.

④ 롤 모델: '알쓸신잡' 방송을 통해 알고 존경하게 된 양자역학 전문가이신 김상욱 교수님이 경희대 물리학과에 근무하신다.

⑤ 외부기관 평가: 2007년 중앙일보 물리학과 평가 교수 연구부분 전국 1위, 2009년 한국대학교육협의회 물리학과 평가 최우수 선정, 2009년 물리학과 BK 사업팀 3차년도 연차 평가 전국 1위.

지원동기 작성 방법

1. 지원동기를 명확히 한다. 추상적이고 막연하게 쓰지 말자. 대학 및 모집단위 선택 이유를 막연히 대학과 학과(학부)가 좋아서라기보다 지속해서 대학과 학과(학부)에 관심을 갖고 있었음을 언급하고, 참신하고 구체적으로 표현한다.

2. 지원한 뚜렷한 동기를 설득력 있게 구체적으로 전달하되, 신변잡기나 일상에 많은 의미를 부여하여 말하지 말자. 요컨대 작은 경험에 큰 의미를 부여하지 않는다.

3. 상투적인 지원동기는 지양한다. 예를 들어 공학계열에 지원하는 학생들이 어릴 적에 레고나 과학상자를 조립해 보며 공학자의 꿈을 키웠다거나 부모나 친지의 지병을 계기로 의대를 지원했다는 이야기는 흔한 소재다. 식상하고 상투적인 지원동기는 평가자의 주목을 끌기 어렵기 때문이다. 같은 원리로 『정의란 무엇인가』, 『이기적 유전자』, 『과학콘서트』, 『지도 밖으로 행군하라』 등의 스테디셀러

에 영향을 받아 지원했다는 스토리는 논지 이탈은 아니지만 그동안 지원자들이 숱하게 언급한 책이어서 신선한 글감은 아니다.

4. 거창한 지원동기는 지양한다. 예를 들어 '세계 평화, 민주주의 발전, 의학 발전, 노벨상 수상'을 위해 지원했다는 이야기는 추상적일 뿐만 아니라 평가하기 어렵다. 학교 수업시간, 독서, 매체 등을 통해서 영감을 받았다면 그 내용을 구체화하여 말하는 것이 설득력이 있다.

5. 지원대학에 대한 지원동기도 준비하고, 지원대학 '전형유형'에 대한 완벽한 이해를 바탕으로 지원동기를 언급하는 것도 괜찮다.

6. 전공에 대한 애정과 열정을 적극적으로 표현하자. 전공에 미친 사람임을 증명하라!

7. 지원대학 및 지원학과의 홈페이지를 숙지하여 최근 소식을 알아보자.

8. 학생부의 1, 2, 3학년 진로희망 내용을 꼭 확인하고 가자. 진로희망이 바뀌는 것은 상관없지만, 바뀐 이유를 준비해야 한다. 학년이 올라갈수록 진로희망은 구체적으로 말해야 한다. 예) 의사 – 외과의사 – 흉부외과의사

9. 지원대학에서 요구하는 '인재상'과 연계한 지원동기를 언급한다. 지원동기가 모집단위와 융화가 되는지, 모집단위와 연계가 되는지, 모집단위에 지속적으로 관심을 가지고 그와 관련된 활동을 했는지를 중심으로 말한다.

10. 학부를 지원했어도 학과를 정하고 면접에 임한다.

11. 지망 모집단위에서 수학하기 위해 준비한 과정을 중심으로 말하자.

12. 지원대학과 모집단위와 관련된 언론 보도, 통계 수치, 전공 용어, 시사 이슈를 언급하자.

'동기 - 과정 - 결과'로 지원동기 말하는 방법

⇒ 동기(계기, 배경, 이유): 과거 → 과정(활동): 현재 → 결과(의미, 변화): 미래

사례 1 ▸ 사회복지학과

1. 동기(계기, 배경, 이유): 과거

고2 때 다녀온 충북 음성 꽃동네 봉사활동을 통해 사회복지학과에 대한 진로 설계를 시작할 수 있었습니다.

2. 과정(활동): 현재

이후 저는 봉사활동에 뜻 있는 친구들을 모아 자율동아리를 만들었습니다. 우선, 교내에서 할 수 있는 의미 있는 봉사활동을 찾았고, 현재까지 장애우 도우미 봉사를 하고 있습니다. 이동 수업 때 그 친구들을 부축하여 이동을 돕는 일과 교내 합창대회 준비 과정에서 장애가 있는 친구가 함께할 수 있도록 배려했습니다. 개인 봉사로는 요양원 봉사가 기억에 남습니다. 처음에는 청소와 요리 보조일이 번거로울 때가 많았고 주기적으로 가는 것이 귀찮을 때도 있었습니다. 하지만 거동이 불편한 할머니, 할아버지와 친해지고 말벗이 되면서 제가 그분들의 손자가 된 것처럼 편해졌습니다. 한 달에 한 번 뵐 때가 절로 기다려졌고 어른과의 대화와 소통이 부족했던 제게 세상을 보는 또 하나의 통로 역할을 해 줬습니다.

3. 결과(의미, 변화): 미래

저는 이 경험을 통해 우리 사회의 약자와 소외된 사람들을 도울 수 있는 사회복지사가 되고 싶어서 지원했습니다.

1. 동기(계기, 배경, 이유): 과거

첫 해외여행 때 비행기에서 본 창공은 신세계를 보는 듯한 느낌이었습니다. 푸른 하늘을 가로질러 질주하는 비행기의 역동성은 단박에 저를 사로잡았습니다.

2. 과정(활동): 현재

고등학교 입학 후에는 구체적으로 비행기 조종사의 꿈을 키워나갔습니다. 운 좋게도 조종사 한 분을 알게 돼 매달 'Pilot Club House'에 가서 다양한 또래 친구, 현직 조종사들을 만날 수 있었습니다. 또한, 항공 분야에 관심이 많은 친구들과 교내 항공 동아리에 가입하여 대학 정보와 관련 정보를 공유했습니다. 비록 수상은 못 했지만 한국항공대가 주관하는 무선 항공기 대회에도 출전했고 항공박물관도 방문했습니다. 특히, 『파일럿의 특별한 비행일지』의 저자 한고희 조종사를 만나 많은 조언을 들은 것이 진로 결정에 큰 도움이 됐습니다.

3. 결과(의미, 변화): 미래

남자라면 누구나 한번쯤 파일럿을 꿈꿔 봤겠지만 극소수만이 이 꿈을 누릴 수 있다는 점이 매력적이었습니다. 저는 하늘이 받아 주는 극소수의 꿈을 누리는 사람이 되기 위해 한국항공대학교 항공운항학과에 지원했습니다.

02 지원 전공 관련 노력한 과정

　지원동기와 노력한 과정은 학교활동과 연계해서 구체적으로 설득력 있게 말해야 한다. 지원동기가 'WHY'라면, 노력한 과정은 'HOW'나 'HOW MUCH'에 해당한다. 즉, 지원동기가 '왜' 우리 대학인지라면 노력한 과정은 그래서 '어떻게' 준비했고, '얼마나' 노력했는지를 묻는 것이다. 교사를 지원하는 학생이라면 평가하기 힘든 다짐과 선언보다는 고등학교 시절 어떻게 교사가 되기 위해 준비했고, 얼마나 노력했는지가 구체적으로 드러나도록 말해야 한다.

　면접관은 시간의 흐름에 따라 고등학생의 진로 희망이 변경될 수 있다는 점을 충분히 이해한다. 하지만 최종적으로 지원한 전공을 왜 선택했는지, 자신이 어떤 의미에서 해당 전공에 적합한 인재인지, 앞으로 자신이 가려 하는 진로에 해당 전공이 어떤 영향을 미칠 것이라 기대하는지 등에 대해 알고 싶어 한다. 만약 진로 희망이 변경되어 자신의 활동 경험과 지원 전공이 일치하지 않는 경우라면 '왜 이 전공을 선택했는지' 듣는 사람이 충분히 이해할 수 있을 만큼 구체적으로 말해야 한다.

　고교 시절 진로를 위해 노력한 부분을 솔직히 말하면 된다. 지원 전공 관련 진로 설계와 탐색 과정이 그것이다. 직업체험, 현장체험, 체험학습, 전문가 진로·직업 특강, 졸업생 멘토와의 대화, 전공과 관련된 봉사활동·동아리 활동, 진로검사, 학과·대학 탐방 등이 해당된다. 교과수업과 교과연계활동에도 지원전공과 관련한 내용이 있다면 전공과 연계해서 설명하면 된다.

03
학업계획과 진로계획

　입학 후 학업계획과 졸업 후 진로계획을 둘 다 묻는 대학도 있고, 하나만 요구하는 대학도 있다. 둘 다 지원 모집단위에 대한 이해나 열정을 바탕으로 구체적으로 답변하면 된다.

　먼저 학업계획은 교육과정을 그대로 나열하면 안 된다. 1학년 때는 경영학 원론을 공부할 것이고, 2학년 때는 마케팅을, 3학년 때는 재정학을, 4학년 때는 회계학을 배우겠다는 식으로 단순 나열하는 식이다. 학과 홈페이지를 찾아 배우고 싶은 전공 2~3개를 골라 그 과목의 특징과 배우고 싶은 이유를 지원동기와 연계해서 구체적으로 말하면 된다. 이때 유의할 점은 지원한 모집단위의 학업이 아니라 다른 공부를 강조하면 안 된다는 것이다. 교직이수, 전공과 연관된 자격증, 부전공, 복수전공, 심화전공, 연계전공 등을 전공보다 더 힘주어 말하는 것은 주객이 전도된 상황이고 전공 교수에게 결례를 저지르는 일이다.

　대학 입학 후의 학업계획은 진로목표, 지원동기와 일관성이 있어야 하며, 지원 모집단위에서 배우는 내용에 대한 내용을 정확하게 이해하고 답변해야 한다. 학업목표를 언급하려면 이를 실현하기 위해 구체적인 실천 기간 및 방법도 제시해야 한다. 지원분야의 직업세계와 관련된 능력 함양에 기반한 계획, 실현 가능한 계획이 구체적으로 드러나야 한다.

모집단위에서 배우는 내용에 대한 이해가 기반하지 않은 계획, 진로목표와 관련 없는 계획, 지원동기와 관련 없는 계획, 실현가능성이 없거나 막연한 계획은 좋은 평가를 받기 어렵다. 미팅이나 사교 활동 등 비학업적인 계획은 부적절하다.

교과와 관련된 교직이수, 전공과 연관된 자격증, 부전공, 복수전공, 심화전공, 연계전공, 교환학생, 외국어 공부는 학과 홈페이지를 통해 가능 여부와 실제 운영 과정을 확인해야 한다. 동아리, 봉사, 인턴십 등 비교과 활동도 학과 홈페이지를 통해 실현 가능성을 검토하고 답변해야 한다.

졸업 후의 진로계획도 마찬가지다. 전공 관련한 학업이 중심이 되지 않고 졸업 후 다른 분야 진로계획을 강조하면 안 된다. 예컨대 이화여대 국문학과를 졸업해서 국어교사의 꿈을 이루고 싶다고 말하는 식이다. 국문학과는 국문학을 배우는 게 핵심이고 그 과정의 결과물로 국어교사가 될 수도 있는 것이다. 국어교사를 양성하는 학과가 아니다. 주객이 전도된 답변이다. 대학원 진학의 경우에는 관련 희망하는 전공이 개설돼 있는지 대학원 홈페이지를 통해 확인해야 한다. 교환학생과 인턴십도 마찬가지다. 지원 대학이 해당 대학교와 직장에 협정이 체결돼 있는지 확인 후 답변해야 한다.

진로계획은 '-하기로 했다', '-가 되겠다'는 다짐과 선언보다는 'HOW' 즉, 어떻게 하겠다는 구체적인 내용이 뒷받침돼야 한다. 예를 들어 도서관 사서가 되겠다는 다짐과 더불어 사서가 돼서 어떻게, 어떤 활동을 할 것인지 생동감 있고 깊이 있게 보여 줘야 한다.

04
독서활동

학생부 '독서활동'에 느낀 점을 제외하고 저자와 제목만 기재하기 때문에 중요하지 않다고 판단할 수 있다. 하지만 자소서와 면접에서 독서역량은 여전히 단골 질문 문항이므로 자신에게 가장 큰 영향을 준 책 3권 정도는 정리해 두는 것이 좋다. 자소서에 독서 활동을 기재할 때 전공과 관련된 교양도서와 심화도서 그리고 융·복합적 능력이 돋보이는 다양한 분야의 지적 호기심과 관련된 도서로 채워지는 경우가 많다. 면접도 이 방식이 무난하다. 아니면 '전공, 호기심, 다양성', '전공, 진로, 선호'의 유형으로 분류가 가능하다. 단순한 내용 요약이나 감상이 아니라, 읽게 된 계기, 책에 대한 평가, 자신에게 끼친 영향을 중심으로 준비하면 된다. 가장 인상적인 부분과 이에 대한 평가는 저자의 주장에 대해 본인의 찬성, 반대를 소신껏 밝히고 그 근거를 논리적으로 말하면 된다. 주장은 본인의 취향과 감상일 뿐이어서 근거의 정합성만을 평가하니 두려워할 필요 없다.

독서활동에서는 자기주도적 도서선별 능력이 중요하다. 예를 들어, 『새빨간 거짓말, 통계』를 읽고 어떤 점을 느꼈다고 쓰기보다는, 메르스 관련 신문기사를 읽은 후 통계의 오류에 호기심이 생겨 이 책을 읽었다고 말하면 자기주도적 도서선별 능력이 더 돋보인다. 그다음엔 관련 독서 이력을 확장하는 것이 좋다. 『새빨간 거짓말, 통계』를 읽은 뒤 『통계의 미학』, 『괴짜 통계학』과 같은 책으로 관련 분야에 대한 끊임없는 독서활동을 한 후에 대학 새내기들이 많이 보는 기초 통계학 분야 책으로 독서 이력이 점프하는 식이다. 도서

위계 수준은 맞춰서 답변하는 것이 중요하다. 제대로 된 독서활동을 한 지원자를 싫어하는 대학은 거의 없다. 다만, 읽지 않은 책과 제대로 이해하지 못한 책은 면접관들이 면접을 통해 검증한다는 사실을 명심하자.

면접에서 유용한 책을 선별하는 건 우습지만 피했으면 하는 책에는 두 종류가 있다. 첫째, 베스트셀러, 스테디셀러 유의 유명한 책이다. 자연계 학생들이 『이기적 유전자』를 말하는 일은 이기적이고, 인문계 학생들이 『정의란 무엇인가』를 말하는 건 정의롭지 못하다는 우스갯소리가 있다. 이런 책들의 영향을 받아 지원했다는 스토리텔링은 지원자들이 숱하게 언급해서 식상하다. 둘째, 마르크스의 『자본론』, 사마천의 『사기 완역본』 등의 어려운 책이다. 학생 수준에서 완독하거나 이해했다고 믿기 어렵기 때문이다.

장점과 단점은
관념의 차이다.
어떻게 의미를
부여하느냐에 달렸다.

- 알프레트 아들러

장점과 단점은 시대와 상황에 따라 다르게 해석되는 경우가 종종 있다. 강점과 약점으로 바꾸어 쓰는 것이 옳다. 자소서와 면접에서 약점을 물을 때는 자신의 강점에 비해 부족한 부분이 무엇인지 말하고 자신에 대한 긍정적인 자각을 바탕으로 발전계획 또는 개선계획을 제시해야 한다.

면접에서 약점 말하기 첫째 유형은 사소한 약점을 언급하고 고치려고 노력 중이라고 말하는 방식이다. 둘째, '개선된 약점' 즉, 이전의 약점을 개선, 보완했다는 점을 강조하면 된다. 셋째, '강점 같은 약점'을 언급하면 된다. 성격이 너무 꼼꼼해서 일처리는 확실하지만 주변 사람을 힘들게 한다거나 한 가지에 집중하면 주변을 못 살핀다는 식이면 된다.

유의할 점은 솔직함이 지나쳐 치명적인 약점을 굳이 말할 필요가 없다는 점이다. 특히, 전공과 관련한 치명적인 약점은 지양하자. 예를 들어 생명과학 분야 과학자를 꿈꾸는 지원자가 집중력과 끈기가 부족하다고 말하는 경우다. 다혈질이라 분노조절이 가끔 안 된다거나 가출경험을 지나치게 강조하는 등 단점을 장황하게 말하는 것은 과유불급이다. 솔직한 것도 좋지만 용어를 가려서 말하자. 10분 내외의 짧은 면접시간 안에 지원자의 치명적인 약점에 공감할 평가자는 그리 많지 않다.

너무 흔한 장점의 경우도 차별화가 되지 않는다. "저는 근면과 성실이 장점입니다", "저의 장점은 인내심입니다"라는 식의 답변은 면접관이 지겹도록 듣기 때문이다.

역경 극복 사례
지원자의 교육 환경(가정, 학교, 지역 등)이
성장에 미친 영향

'역경 극복 사례와 지원자의 교육 환경이 성장에 미친 영향'은 지원자가 겪은 경험의 어려움 정도를 평가하는 것이 아니라 그 극복 과정과 노력을 보려고 하는 데 방점이 있다. 하지만 학생들은 자신이 경험한 만큼 보기 마련이다. 성적이 떨어졌다거나 특목고에 불합격해서 힘들었다는 식의 역경을 말하곤 한다. 면접관 입장에서는 공감되지도 않고 진부한 스토리텔링일 뿐이다.

이 질문 항목의 핵심은 지원자의 성장과정과 역경을 통해서 지원자가 어떤 사람인지 보고 싶어 하는 데 있다. 면접관은 지원자의 가족 환경(정서적인 관계)과 교육 환경(부모의 교육적 지지, 학교 분위기), 주변 환경(지역적 특징)이 지원자의 공동체 의식, 타인에 대한 이해와 배려, 문제 해결 능력, 의사소통능력, 자존감에 어떤 영향을 미쳤는지를 알고 싶어 한다. 즉, 역경과 성장 과정의 어려움 그 자체의 단순 나열이 아니라 이를 통해 지원자가 어떻게 생각과 행동이 변했고 성장했는지가 궁금한 것이다. 즉, 역경 이전의 자신과 이후의 자신을 비교해서 변하고 나아진 점을 힘주어 말하면 된다.

07

지원자를 선발해야 하는 이유

지원자의 특성과 장점, 학생부에 기재된 내용만으로 충분하지 않다고 생각되는 활동 등에 대해 자유롭게 말하면 된다. 지원대학의 전통과 역사나 지원자와 지원대학과의 인연은 별 도움이 안 된다. 지원자를 선발해야 할 만큼 어떤 면에서 지원자가 우수한 인재인지를 드러내야 한다. 특히, 인재상의 단순 나열보다는 인재상에 해당하는 실제 사례를 말하는 것이 설득력이 있다. 예를 들어 고려대를 지원한다면 '저는 고려대의 인재상 중에 하나인 '정의로운 리더'에 걸맞은 인재이기 때문에 선발돼야 합니다'라고 인재상 문구를 직접 드러내는 것은 평가하기 어려운 선언에 불과하다. 오히려 학생회장을 맡아서 임원 선발할 때 후배의 청탁을 거절한 사례로 리더의 중요한 덕목인 공정성을 간접적으로 드러내는 것이 돋보이는 화법이다.

절대적 강점을 말하는 것도 한 방법이다. 동일 모집단위와 동일 전형에 지원한 경쟁자를 압도할 만한 본인의 스펙을 말하면 된다. 국문학과 지원자가 신춘문예에 당선됐거나 특기자전형인 소프트웨어우수인재전형에 지원을 했는데 전국 규모 소프트웨어 대회에서 1등을 한 경우 등이다. 사실 이런 사례는 매우 드물다.

상대적 강점을 어필하는 것도 괜찮다. 동일 모집단위, 동일 전형의 지원자들에게 없는 본인의 장점을 강조하는 방식이다. 예컨대 교내 수학경시대회에서 금상을 받았다면, 통계 수치 해석이 중요하고 통계학을 배우는 심리학과에서 경쟁력이 있다. 영어 내신이 줄곧 1등급이라면 영어 원서를 많이 보는 경영학과에서 눈에 띄는 지원자다. 일반적으로 지원자들의 내신과 스펙이 엇비슷하기 때문에 본인만의 상대적 강점은 더욱더 유용하다.

08
자기소개

먼저 간략히 두세 가지 정도의 자존감이 묻어나는 자기소개를 한다. 이때 하나의 장점은 전공과 연계해서 답변하면 좋다. 그리고 '왜' 이 대학과 학과(학부)에 지원했는지 그리고 입학하기 위해 '어떻게' 노력했는지 지원동기와 입증할 수 있는 노력한 과정을 고등학생이 생각할 수 있는 범위 내에서 구체적으로 답변하면 된다. 진로가 교사라면 좋은 교사가 되겠다는 다짐보다는 고등학교 때 교과서 구성이 산만하다고 생각돼 편집을 새롭게 해 봤다는 경험을 말하는 것이 면접관의 고개를 들게 만들 것이다. 여러 활동을 나열하기보다는 지원한 전공과 관련하여 고교 3년 동안 지적호기심이 생겨 머리에 전구가 들어오는 지적희열의 경험을 담박하게 말해 보자.

외운 티가 팍팍 나는 자기소개, 1분 30초가 넘는 긴 내용, 사자성어, 명언·명구, 속담, 삼행시, 자신을 동물에 비유하기 등은 식상하다. 학생부에 없는 내용을 거짓으로 말하거나 과대포장하는 것은 오히려 역효과가 난다.

마지막으로 하고 싶은 말

  서류 기반 면접의 마지막 질문은 '마지막으로 하고 싶은 말을 해 보세요' 가 될 가능성이 높다. 앞 질문에서 자기소개, 지원동기, 장단점을 물어보지 않았다면 이 내용을 조합해서 답변할 마지막 기회다. 지원대학과 전공에 대한 애정과 열정을 적극적으로 표현하면 된다. 그렇다고 '입학시켜 주세요', '대학 홍보 전도사가 되겠습니다' 같은 아무 말 대잔치는 하지 말자. '삼행시', '명언, 명구, 속담, 사자성어' 등도 진부하다.

  고등학교 3년 동안 전공 공부 때문에 심장이 뛰었고, 그래서 몰입했다고 담대하게 말해 보자. 전공에 미친 사람임을 증명하면 된다. 다른 대학에 합격해도, 꼭 이 대학에 입학하겠다는 적극적인 의지를 밝히면 된다. 대학과 학과(학부) 관련한 언론 보도, 통계 수치, 전공 용어, 시사 이슈 등을 언급하는 것도 좋은 방법이다.

08

블라인드 면접

01
도입 이유

대입전형에서 블라인드 평가가 전면적으로 도입됐다. 면접 평가에서 주요 정보를 블라인드 처리하던 데서 2021학년도부터는(2020년) 서류종합평가에서도 지원자의 주요 정보를 블라인드 처리한다.

면접 시 불합리한 차별을 일으킬 수 있는 편견요소인 지원자의 이름, 수험번호, 출신고교, 부모(친인척 포함)의 실명 및 직업명, 직장명, 직위명 등 사회·경제적 배경을 배제하고 지원자 역량에 기반한 평가를 통해 학생선발의 공정성을 높이기 위해서다.

- 지원자 성명, 출신고교, 수험번호, 사진 등 자료 블라인드 처리 후 면접

  (학교생활　기록부, 자기소개서, 교사 추천서, 서류평가 근거 등)

- 면접 시 교복 착용 금지 의무화

- 이름, 수험번호, 고교명 대신 가번호로 면접 진행

- 부모, 친척의 사회 경제적인 우월적인 지위를 말하면 감점

■ 블라인드 면접 유의점 (2020년 블라인드 서류 평가 이후)

- '자기소개해 보세요', '마지막으로 하고 싶은 말'을 할 때 블라인드 면접 금지사
  항 답변 금지

- 특정 과목 및 학교 활동 답변 시 출신 고교를 유추할 수 있는 답변 금지

- 지원자 성명, 수험번호, 출신고교, 부모(친인척 포함)의 실명 및 사회·경제적 지
  위(직종명, 직업명, 직장명, 직위명) 답변 금지

- 지원자 성명, 출신지역과 고교명을 활용해 만든 활동, 수상명, 프로그램 등 답변
  금지

- 고의적 위반이거나 반복적으로 답변 시 평가에 불이익

02

진행 절차

면접절차

1

유의사항 확인

사전공지 확인하기

각 대학의 입학처 홈페이지,
모집요강 등을 찾아봅니다.

2

사전 준비

신분증 및 복장 확인하기

규정에 맞는 복장을 착용합니다.
신분증 확인 후 입실합니다.

3

대기실 입실

가번호 확인하기

대기실 도착 후 본인에게 주어진 가번호를
확인하고 『면접 시 유의사항』 설명에 집중합니다.

(신분증 확인, 소지품 제출, 가번호 스티커 부착 혹은 명찰 패용 등)

4

고사실

이동	가번호가 호명되면 진행위원의 안내에 따라 고사실 앞으로 이동합니다.
면접 시작	진행위원이 입실하라고 안내하면 고사실로 들어가 가볍게 목례를 하고 자리에 앉습니다. 진행위원이 "가번호 ~번입니다"라고 안내를 해주므로 본인은 조용히 앉아 면접 질문을 기다립니다.
블라인드 면접	고사가 시작된 후에는 마음을 가다듬고 차분히 면접위원의 질의에 응답합니다. 답변이 금지된 본인 이름과 수험번호, 출신고교명 및 부모(친인척 포함)의 신상정보에 대해 언급하지 않아야 합니다.

5

고사 종료

면접고사가 종료된 후에는 자리에서
일어나 인사를 하고 퇴실 후 진행위원의
안내에 따라 이동합니다. 대기실 입실
전에 제출한 본인의 소지품을 받아
귀가합니다.

* 「수험생을 위한 블라인드 면접 매뉴얼」–단국대, 명지대, 서울여대, 공동연구 중에서 발췌

03
유의사항

1 사전 준비

- 대학 입학처 홈페이지와 모집요강에 공지된 내용을 미리 확인한다.
- 신분증을 준비한다.

  (신분증 인정 범위 : 주민등록증, 운전면허증, 기간이 만료되지 않은 여권, 학생증, 지방자치단체장 발행 청소년증, 주민등록증 발급 신청확인서 등)

- 복장 규정을 확인한다.

2 면접 대기 시

- 면접 장소 및 시간을 철저히 확인하여 면접 당일 지정된 시간까지 지정된 대기실에 입실한다.
- 교복 및 군복을 착용한 경우, 해당 대학에서 제공하는 스티커를 부착하거나 가운 혹은 별도의 상의를 착용하여야 한다(이에 따른 불이익은 없다).
- 면접 시 유의사항에 대한 사전교육 내용을 귀 기울여 듣는다.

3 면접 중

- 면접 진행위원의 안내에 따라 면접을 치른다.
- 면접 중 "자기소개" 혹은 "하고 싶은 말"에 대해 질문 받을 경우, 답변 금지사항에 유의해서 답변한다.

- 특정 과목 및 비교과 프로그램에 대해 질문 받을 경우, 출신고교를 유추할 수 있으므로 이에 유의해서 답변한다.

※ 답변 금지 사항

① 지원자의 이름, 수험번호, 출신고교명, 부모(친인척 포함)의 실명 및 사회·경제적 지위를 나타낼 수 있는 직업명, 직장명, 직위명 등 (추상적 직종명 포함)
② 자신의 이름, 출신고교명을 활용해 만든 활동, 프로그램, 수상명 등

※ 블라인드 면접 위반자 처리 예시

수험생이 반복적으로 실수하거나 고의적으로 위반하였다고 면접위원이 판단할 경우 평가에 불이익을 받을 수 있다.
① ○○학과 교수이신 어머니가~
② 선박회사에 다니시는 큰아버지를 방문하여~

4 면접 종료 후

- 출구에 대기 중인 진행위원에게 소지품을 받고 귀가한다.

04

수험생 체크리스트

자기소개서 작성 시 참고사항	YES	NO
이름이나 출신고교명이 포함되었나요?	☐	☐
이름이나 출신고교명을 활용한 단어가 사용되었나요?	☐	☐
'0'점 처리 항목이 포함되었나요?	☐	☐
학교생활기록부에 기재할 수 없는 항목이 기재되었나요?	☐	☐
부모(친인척 포함)의 실명을 포함한 사회·경제적 지위를 암시하는 내용이 기재되었나요?	☐	☐

면접 시 점검내용	YES	NO
블라인드 면접 유의사항을 숙지했나요?	☐	☐
면접 시 착용 복장 규정을 확인하였나요?	☐	☐
준비한 자기소개에 이름, 수험번호, 출신고교명을 제외했나요?	☐	☐

09
비대면 면접

01
동영상 업로드 면접

대학이 사전 공개한 질문에 대한 답변을 지원자가 동영상으로 녹화해 온라인으로 업로드하는 방식이다. 시간과 업로드 용량만 준수하면 'P/F'이지만, 지원자 성명, 출신지역과 고교명 등을 말하는 경우 불합격 처리됨을 유의해야 한다.

면접관이 아닌 카메라를 보고 답변을 해야 하기 때문에 촬영에 익숙하지 않은 지원자는 부담이 될 수 있다. 다른 비대면 면접에서도 역시 카메라 촬영이 기본이므로, 사전에 면접 연습할 때는 반드시 동영상 촬영하며 실전에 대비하는 것이 좋다.

동영상 면접과 대면 면접이 다른 점은 또 있다. 대면 면접에서는 면접관이 지원자의 전체 모습을 볼 수 있지만, 동영상 촬영은 얼굴을 중심으로 하기 때문에 표정 관리가 무엇보다 중요하다. 자신감 있고 확신에 찬 표정과 안정적인 시선 처리가 면접관에게 긍정적인 이미지를 심어줄 수 있다.

대면 면접에서는 면접관의 눈을 바라보고 답변하는 것이 일반적이다. 동영상 촬영 때는 카메라 렌즈의 상단이나 중앙에 약간 위쪽에 표시를 해두고 그것을 바라보며 답변하는 연습을 해보자.

2021학년도 고려대학교
학교추천 · 일반전형-학업우수형

면접질문:

"모집단위에 지원한 이유를 본인의 진로희망과 연관 지어 이야기해보세요."

30초 이상 ~ 1분 이하의 답변 영상 제한시간을 엄수하시기 바랍니다.

02
현장 녹화 면접

지원자가 면접고사일에 직접 대학교 면접고사실을 찾아 감독자의 안내에 따라 지원자에게 주어진 컴퓨터 기기에서(태블릿 PC 등) 제시된 질문에 답하면, 그 과정을 동영상으로 녹화해 평가하는 방식이다.

대면 면접은 지원자와 면접관이 질문과 답변을 주고받으며 대화하는 형식으로 실시된다. 반면 현장 녹화 면접은 오직 지원자 혼자만이 말하게 돼 있어, 문답을 이어가는 순발력이 떨어지거나 낯가림 있는 수험생에게는 오히려 유리한 방식일 수 있다.

하지만 지원자와 면접관의 소통이 없다는 점이 불리하게 작용할 수도 있다. 대면 면접에서는 질문에 대한 첫 답변을 명료하게 하지 않았어도, 면접관의 추가질문에 답할 때 오류를 정정할 수 있는 기회가 주어진다. 녹화 면접에서는 이런 과정이 생략되고, 한두 번의 연습 후에 바로 답변을 해야 한다. 태블릿 PC를 보고 답변을 해야 하기 때문에 집중하지 못하고 당황할 수 있다. 연습을 꾸준히 해야 하는 이유다.

03
실시간 화상 면접

　지원자가 면접고사일에 직접 대학교 면접고사실을 찾아 화상회의 프로그램을 이용해 실시간으로 면접관이 제시한 질문에 화상으로 답변하면 이를 평가하는 방식이다. 면접관과 지원자가 머무는 방이 다르다.

　화상회의 프로그램을 통해 면접관과 실시간으로 질문과 답변을 주고받기 때문에 대면면접과 별 차이가 없다. 따라서 실시간 화상 면접은 대면 면접과 같은 방식으로 준비하면 된다.

　즉, 첫 질문에 물론 답변을 똑 부러지게 해야겠지만, 추가질문에 대한 명료한 답변이 중요하므로 모의 면접을 통해서 면접 실제 과정 연습을 반복하면 된다.

04

비대면 면접 비중 순

동영상 업로드 면접 ▶ 현장 녹화 면접 ▶ 실시간 화상 면접

05

비대면 면접 대본(면접) 활용도 순

06
비디오 촬영 TIP

- 일반적으로 조명이 머리 위에 있는 환경에서 영상을 촬영하면 얼굴, 특히 눈 아래 등 움푹 들어간 부분에 그늘이 지게 됨. 따라서 출연자 얼굴 아래에 뭔가를 받치는 건 효과가 있음.

- 반사판은 A4용지 한 장으로는 효과를 보기 어려움. 최소 5장 정도는 넓게 펼쳐서 깔아야 함. 또 종이보다는 쿠킹호일 등 반짝거리는 재질이 반사판으로는 더 효과가 있음.

- 반사판을 쓸 때도 주의사항이 있음. 손을 위로 뻗었을 때, 조명이 손보다 뒤에 있는 환경에선 효과가 없음. 이런 환경에선 반사판을 쓰든 안 쓰든 인물이 잘 나오지 않음. 손을 위로 뻗었을 때, 조명이 바로 위에 있는 환경에서 반사판 효과가 좋음.

- 카메라보다 조금 뒤쪽에(출연자 시선에서는 카메라 앞쪽에) 스탠드 등 조명을 함께 켜 주면 효과가 더 좋을 수 있음. 스탠드가 없다면 핸드폰 조명만 놓아도 상당히 효과가 좋음. 단 조명과 얼굴의 거리가 너무 가까우면 얼굴이 하얗게 날아가는 경우도 있으니 주의.

10 모의 면접

01 학생부 항목과 학생부종합전형 평가요소 매칭

평가 요소	평가항목	3. 수상경력	5. 창의적 체험활동상황 (자·동·봉·진)	6. 교과학습 발달상황 (성적&세특)	7. 독서 활동상황	8. 행동특성 및 종합의견
학업역량	학업성취도					
	학업태도 및 의지					
	탐구역량					
전공적합성	전공 관련 교과목 이수 및 성취도					
	전공에 대한 관심과 이해도					
	전공 관련 활동과 경험					
인성 / 사회성	협업능력 / 소통능력					
	나눔과 배려 / 소통능력					
	리더십					
	상실성 / 학교생활충실도					
발전가능성	자기주도성					
	문제해결력					
	경험의 다양성					

02
학생부종합전형 평가요소를 매칭한 면접 문항

1 학업역량

- 학교생활 중 가장 열정적으로 임했던 교과활동은 무엇이며 이를 통해 어떤 점을 배웠나요?

- 고등학교 재학 중 좋은 성적을 유지한 자신만의 공부 방법은 무엇입니까?

- 성적이 많이 향상 되었다고 하였는데, 그 계기는 무엇이며 성적 향상을 위해 어떠한 노력을 하였습니까? 특별한 전략이나 방법이 있었습니까?

- (학생회장, 동아리 등) 다양한 활동을 하면서 좋은 성적을 유지하기는 쉽지 않았을 텐데 어떻게 시간 관리를 했습니까?

- 성과 또는 결과물과 관계없이, 본인이 고교생활 중 가장 열정적으로 참여(공부)한 활동(과목)은 무엇이었고, 구체적으로 어떠한 활동을(공부를) 했는지 말해보세요.

- OOOO대회에 입상한 기록이 있다. 대회 준비과정부터 결과물(발표내용)을 구체적으로 설명해보세요.

- 교실 멘토 활동을 했는데, 어떤 과목을 가르쳤는가? 어떠한 방법으로 친구들과 공부를 했는지 간단히 설명해보세요.

- OO 탐구보고서를 작성했는데 이 보고서의 내용과 결론을 간단하게 설명해보세요.

- 사교육의 도움 없이 공교육과 자기주도학습을 통해서 학력을 신장시킨 것으로 평가되어 있습니다. 자기 주도학습에서 가장 어려웠던 점은 무엇이고 어떻게 극복하였나요?
- 성적과 상관없이 자신이 좋아하는 교과목은 무엇이며 그 이유는 무엇인가요?
- 고등학교 시절 가장 좋아한 교과목과 가장 싫어한 교과목은 무엇이며, 그 과목을 왜 좋아하게 됐고 싫어하게 되었는지 말해보세요.
- 과학실험대회에서 최우수상을 탔는데, 어떤 실험이었나요? 결과는 어땠나요?

2 전공적합성

- 1학년 수학 수업에서 발표를 하여 친구들의 좋은 호응을 받았다고 했는데, 어떤 점을 인정받은 것이며 그 활동을 통해서 얻은 점을 말해보세요.
- 과학탐구보고서 발표로 최우수상을 수상했는데, 본인이 다른 경쟁자들보다 좋은 평가를 받았던 가장 큰 이유는 무엇인가요? 지금 다시 그 활동을 한다면 어떤 점을 보완하고 싶은 지 말해보세요.
- 본인이 반드시 지금의 전공을 선택해야 하는 이유는 무엇인가요?
- 지원자는 자연과학을 전공하기 위해서는 인문학적 소양이 중요하다고 했는데, 그렇게 생각하게 된 계기는 무엇이며, 인문학적 소양을 쌓기 위해 구체적으로 어떤 노력을 하였는지 말해보세요.
- 지원 모집단위에 지원한 동기는 무엇인가요?

- 희망 진로 탐색 과정에서 어떤 노력을 해왔나요?

- 장래희망이 ○○라고 했는데, ○○에게 가장 필요한 자질은 무엇이라고 생각하십니까? 대학생이 되면 그러한 자질을 갖추기 위해 어떠한 노력을 할 계획입니까?

- 앞으로 ○○가 되고 싶다고 했는데, 현재 그 분야에 본받고 싶은 '롤모델(role model)'이 있습니까? 있다면 그 분의 어떠한 점을 닮고 싶습니까?

- 장래희망이 ○○라고 했는데 더욱 구체적으로 앞으로 어떤 프로그램(회사, 광고 등)을 만드는 ○○가 되고 싶습니까? 이를 위해 대학기간 어떻게 준비를 할 계획입니까?

- 진로희망이 외교관에서 상담심리사로 변경되었고, 최종적으로 사회복지학과에 지원했는데, 지원동기에 대하여 설명해 보세요.

- 학교생활기록부와 자기소개서에 장래희망이 ○○○이라고 기록되어 있다. ○○○이 구체적으로 어떤 일을 하는지, ○○○이 되기 위해서는 대학에서 무엇을 준비해야 하는지 알고 있는 데로 말해보세요.

- 지원전공 또는 학과에 대한 정보는 주로 어떻게 얻었으며, 가장 최근에 얻은 정보에 대해 말해보세요.

- ○○학과의 교과과정을 아는 대로 말해보세요.

- 본인이 생각하는 미래의 희망직업은 무엇입니까? 왜 그것을 희망직업으로 택하려고 하는지를 말해보세요.

- 자신의 일생 동안 한 번쯤 꼭 도전해 보고 싶은 일은 무엇인지, 그것을 이루기 위해 어떤 노력을 기울일 것인지 말해보세요.

3 인성 / 사회성

- 무단결석이 3회 있는데, 어떤 특별한 이유가 있었나요? 무단결석한 것이 본인의 학교생활에 어떤 지장을 주었나요?

- 칭찬상을 두 번 수상하였는데, 어떤 상황에서 받게 된 상이며 수상 전후에 마음가짐이나 행동에 바뀐 점이 있다면 무엇인가요?

- 기숙사 생활에서 갈등상황을 해결했다고 했는데, 그 상황 이전에 본인이 어떻게 행동했다면 그 갈등상황이 발생하지 않았을 것이라 생각하나요?

- 봉사동아리에 참여하게 된 계기는 무엇이며, 가장 의미 있었던 활동과 그 활동에서 본인이 역할이 무엇이었는지 말해보세요.

- 특수반 학생 도우미 활동을 통해서 본인이 가장 얻었다고 생각하는 점은 무엇이며, 그 특수반 학생과 나눈 대화 중 가장 기억에 남은 말과 그 이유는 무엇인가요?

- 2학년 담임 선생님께서 지원자를 학교에서 가장 귀감이 되는 학생으로 언급해 주었는데, 본인의 어떠한 점을 평가받았다고 생각하며, 본인의 활동으로 인해 학우들이나 학교에 어떤 플러스가 되었다고 생각하나요?

- 동아리장으로 일하면서 힘들었던 점은 무엇이었으며 어떻게 극복했나요?

- ○○봉사활동에서 주로 어떤 일을 했으며 배운 점은 무엇인가요?

- ○○에서 봉사했다고 했는데, 그러한 봉사를 하게 된 계기는 무엇이며 구체적으로 어떠한 봉사를 했습니까?

- 봉사활동을 하면서 가장 기억에 남는 것은 무엇입니까? 그 이유는 무엇입니까?

- 봉사활동을 통해 무엇을 배웠다고 생각합니까?

- 봉사활동을 하면서 자신에게 가장 달라진 점은 무엇이라고 생각합니까?

- 봉사활동이 자신의 생각이나 가치관, 습관 등에 어떠한 영향을 미쳤다고 생각합니까? 왜 그렇습니까?

- 봉사활동을 아주 많이 했는데 학업과 병행하기에 힘든 점은 없었는지 말해보세요.

- 봉사활동 내역 중 가장 의미 있었던 활동은 무엇이며, 본인이 생각하는 봉사의 의미에 대해 말해 보세요.

- 봉사활동 시간이 총 ○○시간으로 기록되어 있습니다. 대학입학전형에 봉사활동을 반영하는 것에 대한 본인의 생각을 말해보세요.

- 노인병원 봉사를 꾸준히 하였는데, 본인은 어떤 활동을 했으며, 그것을 통해 무엇을 느꼈나요?

4 발전가능성

- 반장에 입후보한 이유는 무엇인가요? 반장 활동을 하면서 가장 어려웠던 점 혹은 본인의 한계라고 느낀 점이 있다면 무엇이고 어떻게 극복했나요?

- 선생님이 지원자를 자기주도성이 강하다고 평가하였는데, 본인의 어떤 점에 대해 그렇게 평가했다고 생각하나요?

- 3년간 같은 동아리 활동을 한 이유는 무엇이며, 그것이 본인의 어떤 점을 성장시켰다고 생각하나요?

- 지원자의 꿈은 교사인데, 어떤 교사가 좋은 교사라고 생각하나요? 그런 자질을 어떻게 기를 수 있으며 어떤 노력을 해 왔나요?

- 수업 시간에 질문이 많은 학생으로 작성되어 있는데, 질문을 많이 하게 된 이유는 무엇이며 특히 기억에 남는 질문이 있나요?

- 임원으로 일하면서 가장 기억에 남는 일은 무엇입니까?

- 임원으로 일하면서 가장 어려웠던 점(일)은 무엇이었으며 이를 어떻게 해결하였습니까?

- 임원으로 활동하면서 무엇을 배웠다고 생각하십니까?

- 임원으로 활동하면서 자신에게 부족했던 점은 무엇이라고 느꼈습니까? 그것을 어떻게 극복했습니까?

- 임원으로 활동하기 전과 후의 자신의 모습을 비교하였을 때 임원활동을 하면서 무엇이 가장 많이 달라졌다고 생각하십니까?

- 학교생활을 하면서 좋아하지 않는 사람과 좋은 관계를 유지해야 했던 경험이 있다면 말해보세요.

- 지금까지 생활하면서 규칙이나 절차를 어긴 적이 있거나 또는 원칙을 고집한 적이 있다면, 그 상황과 결과를 말해보세요.

- 과학반 활동에서 조장으로서 조원들의 이견을 조율하고 조직을 이끌어가는 데 필요한 통솔력과 안목을 키웠다고 했는데, 그에 대한 구체적 예시를 말해보세요.

- 학교생활기록부와 자기소개서에 [반장, 부반장, 동아리 회장, 부회장]등의 역할을 경험한 것으로 기록되어 있습니다. 리더와 조력자 중 본인은 어느 쪽에 더 적합하다고 생각하는지 말해보세요.

- 고교생활 중 리더로서 활동을 많이 했는데, 그 중 자신의 리더십을 가장 잘 보여 주는 사례를 말해보세요.

03
학생부종합전형 평가요소를 매칭한 면접 문항 출제의 실제

1 [학업역량 출제문항]-국어교육학과

전형요소구분	학업역량		전공적합성		인성 / 사회성		발전가능성
	○						

교과군	국어	영어	수학	사회	과학	그 외
	○					

출제근거	항목	세부능력 및 특기사항 / 1학년 1,2학기 / 국어
	내용	장르 변용 과제 활동인 '아홉 켤레의 구두로 남은 사내(윤흥길)'의 후일담 창작 수행평가에서 극갈래와 서사갈래의 특성을 이해하여 창의력 있는 대사와 지문으로 주제, 인물의 성격, 인물 간 갈등을 잘 표현하였고, 시나리오 용어를 적절하게 사용하여 긴장감을 줌. 인터뷰 논술 수행평가 시 대본을 작성하여 인터뷰가 잘 이루어질 수 있도록 리더십을 발휘하여 진행하였고, '권 씨' 역을 맡아 정확한 논거를 제시하여 설득력 있게 인터뷰에 응함.

문항	1. 극갈래와 서사갈래의 특성을 설명해 보십시오. 2. 알고 있는 시나리오 용어를 설명해 보십시오. 3. '아홉 켤레의 구두로 남은 사내' 인터뷰 활동에서 리더십을 발휘한 사례를 설명해 보십시오. 4. 이 인터뷰 내용이 전공 선택에 영향을 끼친 바를 설명해 보십시오.

평가기준	상	
	중	
	하	

2 [전공적합성 출제문항]-국어교육학과

전형요소구분	학업역량		전공적합성		인성 / 사회성		발전가능성	
			○					

교과군	국어	영어	수학	사회	과학	그 외
						○

출제근거	항목	세부능력 및 특기사항 / 2학년 1, 2학기 / 교육학
	내용	'가르친다는 것, 배운다는 것은 무엇인가?' 라는 주제에 대해 쌍방향 실시간 화상 소그룹 토의 시 자신의 입장을 분명히 밝히고 친구들의 질문에 대해 타당한 이유와 근거를 바탕으로 답변하였으며, 고교생 입장에서 우리 교육 현실의 문제점과 원인을 찾아보고 핀란드 학교교육 정책에서 대안을 모색해보는 프레젠테이션 발표에서 설득력 있는 의견을 제시하여 친구들의 공감을 이끌어내고 지지를 받음. 교사의 설명에 경청하고 집중하여 교육 본질에 대한 의문이 생겼을 때 비판적인 질문을 제시하였으며, 우리 사회 문제를 교육학 원리나 개념과 연결하여 풀어봄으로써 온라인상 함께 소통하는 친구들에게 긍정적인 피드백을 받음. 본인이 평소 관심을 갖고 있던 교육학 분야의 관련 도서를 직접 선정하여 읽고 발제하는 독서 토론에서 우리 교육이 지향할 바를 교육학 원리와 개념에 적용하여 탐구하고 적용해보려는 자세가 인상적임.

문항	1. 쌍방향 실시간 화상 소그룹 토의 시 자신의 입장을 분명히 밝히고 친구들의 질문에 대해 본인이 답변한 이유와 근거를 설명해 보십시오. 2. 고교생 입장에서 우리 교육 현실의 문제점과 원인을 설명해 보십시오. 3. 핀란드 학교교육 정책에서 대안을 설명해 보십시오. 4. 우리 교육이 지향할 바를 교육학 원리와 개념에 적용하여 설명해 보십시오.

평가기준	상	
	중	
	하	

3 [인성/사회성 출제문항]-국어교육학과

전형요소구분	학업역량		전공적합성		인성 / 사회성		발전가능성	
					○			

교과군	국어	영어	수학	사회	과학	그 외
						○

출제근거	항목	창의적체험활동상황 / 2학년 1, 2학기 / 동아리활동
	내용	동아리의 차장으로써 지역사회 유아들을 초청하여 놀이방을 운영함. 눈높이를 맞춘 소통을 위해 손유희를 배우고 주제에 따라 놀이방 환경 조성 및 놀이감 준비에 참여했으며 매 시간 역할을 숙지하여 적극적으로 수행함. 책놀이 때 동화구연을 했고 미니 운동회 사회를 맡아 유아들을 주의집중시켜 진행함에 어려움을 겪으면서도 포기하지 않고 목이 쉴 때까지 열정적으로 역할을 완수하였으며 송편 만들기 활동을 기획하고 진행. 긍정적이고 진취적인 성향으로, 유아들과의 활동에 변수가 생기더라도 좌절하거나 불평하지 않으며 안 되는 것에 연연하기보다 할 수 있는 일에 집중함. 교사가 갖추어야 할 덕목으로 인내심과 존중을 꼽으며 이를 실천하고자 노력함.

문항	1. 동아리활동을 통해 리더십을 발휘한 사례를 구체적으로 설명해 보십시오. 2. 유아들과의 활동이 교사가 갖춰야 할 어떤 덕목에 도움이 되었는지 설명해 보십시오. 3. 교사가 되었을 때 동료 교사들과의 협업의 필요성과 가능한 분야를 설명해 보십시오.

평가기준	상	
	중	
	하	

4 [발전가능성 출제문항]-국어교육학과

전형요소구분	학업역량		전공적합성		인성 / 사회성		발전가능성
							○

교과군	국어	영어	수학	사회	과학	그 외
						○

출제근거	항목	창의적체험활동상황 / 2학년 1, 2학기 / 동아리활동
	내용	교사로서의 품성과 재능을 가진 동아리부장으로서 주제선정, 토의 진행, 모의수업 등 활동이 원만하게 이루어지도록 리더십을 발휘함. '파생어의 형성'이란 주제로 어간, 어미, 어근, 접사의 의미와 기능에 대해 적절한 예를 들어 파생어의 개념을 이해하기 쉽게 설명하고 피드백을 주고받는 등 훌륭한 수업모델을 보여줌.

문항	1. 자율동아리 활동에서 모의수업을 한 주제를 설명해 보십시오. 2. 모의수업을 하면서 얻은 교훈을 설명해 보십시오. 2. 이 경험이 국어교육학과를 지원하는 데 미친 영향을 설명해 보십시오. 3. 자신이 교사가 되었을 때 해보고 싶은 교수학습방법 또는 훌륭한 수업모델을 설명해 보십시오.

평가기준	상	자기주도적인 문제해결력이 돋보인다.
	중	경험의 다양성은 보이지만, 자기주도적인 문제해결력이 보이지 않는다.
	하	본인의 역할보다는 활동 소개와 나열에 그친다.

04
모의 면접

1. 모의 면접을 통한 실전 면접 연습

- 비슷한 모집단위를 지원하는 친구와 함께
- 반복적으로 꾸준히 연습

2. 거울 보며 연습하기

- 표정 및 시선처리

3. 면접 상황을 녹음 또는 녹화

- 나도 모르는 나의 버릇 확인

4. 반드시 어른(선생님, 부모님 등) 앞에서 교정 받기

5. 학교생활기록부 내용 꼼꼼히 공부

- 학생부 3번, 5번, 6번, 7번, 8번 가장 중요
- 면접관들은 서류 내용 이미 파악 완료
- 구체적이고 세부적으로 답변 준비
- 장황하지 않게 핵심과 실제 활동, 배우고 느낀 점 위주 정리

6. 예상질문과 답안지 만들기

- 내가 면접관이라면?

7. 주요 활동(키워드) 위주 정리

- 구구절절 문장으로 적어 외우지 않기

8. 학생부, 자소서 바탕으로 면접 질문 100개 선정

- 학생부, 자소서 완벽하게 숙지하기
- 학생부에서 학업역량(25문항), 전공적합성(25문항), 인성/사회성(25문항), 발전가능성(25문항) 면접 질문 선별

학생부 항목		면접 질문 사항
3. 수상경력		
5. 창의적 체험활동 상황	자율활동	
	동아리활동	
	봉사활동	
	진로활동	
6. 교과학습 발달상황 (성적 & 세특)		·블록체인이 나타나게 된 역사와 장점과 단점 발표 내용을 설명해 보세요. 그리고 이에 대해 관심을 갖게 된 계기는 무엇이었나요? ·농업과 제조업을 비교 분석한 결과에서 농업의 생산성이 낮은 이유가 '분업이 되지 않아서'라고 결론을 내렸는데, 근거에 관해서 구체적으로 설명해보세요.
7. 독서활동 상황		
8. 행동특성 및 종합의견		
자소서	1번	·일본의 80년대 거품 경제와 이후 장기 불황이 정부의 양적 완화를 통한 시장 개입이 원인이라고 했는데, 구체적으로 설명해보세요.
	2번	
	3번	·은행원 하위직군의 여성화를 해소하고자 했는데, 그 내용에 대해 자세히 소개해주세요. 그리고 그러한 상황은 경제학적으로 어떤 문제가 있을까요?

학생부 항목		면접 질문 사항
3. 수상경력		
5. 창의적 체험활동 상황	자율활동	·과학토론세미나에서 '인간 배아의 유전자 편집을 허용해도 되는가'에 관한 주제를 토론했는데, 학생의 견해는 무엇인가요? 유전자 편집은 어떻게 이루어지나요?
	동아리활동	·동아리 활동에서 '토양의 화학물질이 미생물에 미치는 영향'이란 주제로 탐구활동을 했는데 본인은 어떤 역할을 했나요? 탐구활동의 과정과 결과를 간략히 설명해보세요.
	봉사활동	
	진로활동	
6. 교과학습 발달상황 (성적 & 세특)		
7. 독서활동 상황		
8. 행동특성 및 종합의견		
자소서	1번	
	2번	
	3번	·미생물의 응용이 새로운 기술의 창조 및 기존 기술의 발전을 이룰 것이라 했는데, 그 근거는 무엇인가요? 구체적으로 설명해보세요.

3 모의 면접 예상 질문 만들기 [1] 진로희망

진로희망이 지원전공과 일치하는가?
혹은 3년 간 진로희망이 일치하는가?

YES ▶ 진로를 선택하게 된 결정적인 계기 및 동기에 관한 질문과 답변을 준비한다.

NO ▶ 진로변경 사유와 계기에 관한 질문과 답변을 준비한다.

4 모의 면접 예상 질문 만들기 [2] 창의적체험활동상황

전공과 관련된 창의적체험활동이 활발한가?

YES ▶ 전공과 관련된 모든 활동에 대한 질문과 답변을 준비한다. 그 중에서도 본인에게 특별했던 경험에 대한 질문과 답변을 하나쯤 자세히 준비한다.

NO ▶ 창의적체험활동 외에 전공을 위해 노력했던 활동에 관한 질문과 답변을 준비한다.

전공과 관련된 선택과목을 이수하였는가?

YES ▶ 이수한 과목에서 전공과 관련된 부분에 관한 질문과 답변을 준비한다.

NO ▶ 선택과목을 이수하지 않았던, 혹은 못 했던 이유와 부족했던 부분을 채우려 노력했던 사항에 관한 질문과 답변을 준비한다.

6 모의 면접 예상 질문 만들기 [4] 세부능력 및 특기사항

수업 참여의 성실성이나 적극성이 잘 드러나는가?

| YES | ▶ | 수업 참여 내용 및 결과 등에 관한 질문과 답변을 준비한다. |

| NO | ▶ | 간접적으로 성실성이나 적극성을 보여줄 수 있었던 사례에 관한 질문과 답변을 준비한다. |

7 모의 면접 예상 질문 만들기 [5] 봉사활동

봉사활동 시간은 평균 정도인가?
혹은 한 기관에서 꾸준한 활동을 하였는가?

YES ▶ 봉사를 하며 느꼈던 경험과 느꼈던 점에 관한 질문과 답변을 준비한다.
한 기관에서 꾸준한 봉사를 했던 계기와 동기, 경험에 관한 질문과 답변을 준비한다.

NO ▶ 봉사활동을 하지 못 했던 사유와 본인의 배려심, 봉사정신 등을 드러낼 수 있는 활동에 관한 질문과 답변을 준비한다.

말하기 기법
(이론)

11

'동과결' 기법

동기

과정

결과

학생부가 'TEXT'라면, 자소서와 면접은 학생부에 대한 맥락적 풀이인 'CONTEXT'다. 교사들이 활동의 결과 위주로 학생부를 기재하기 때문에 자소서와 면접은 소형트럭에 이삿짐을 싣듯 '동기 – 과정 – 결과 – 의미 – 변화'

의 순서로 차곡차곡 쌓아 나가면 된다. 이 과정을 압축해서 결과에 '의미 – 변화'를 포함하면, '동기(WHY) – 과정(HOW) – 결과(WHAT)' 말하기 기법이 된다. 예컨대, 지원자가 왜 이 동아리 활동을 했는지 이유를 말하고, 그 목표를 이루기 위해 어떻게 얼마나 노력했는지 과정을 설명하고, 그 결과는 무엇인지 말하는 매우 논리적인 구성 방식이다.

일명 '동과결' 말하기 기법은 말하기 울렁증에 빠진 학생들에게 쉽고 논리적으로 말하기 방법을 가르칠 수 있는 유용한 면접 화법이다. 동기 단계에는 '문제 상황, 활동의 계기와 배경, 일화' 즉, 'WHY'를 말해야 하고, 그다음에는 그 동기를 실현하기 위해 얼마나, 어떻게 노력했는지 'HOW'를 답변하면 된다. 이때 반드시 학생의 역할이 언급돼야 하는 점에 유의하자. 결과에는 '의미 – 변화'가 드러나야 한다. 결과는 학생부에 다 나와 있기 때문이다. 즉, 학생의 성장과 변화가 마지막 결과 'WHAT'에 들어간다면, '동과결' 말하기 기법은 면접관을 설득할 수 있는 강력한 힘을 발휘한다.

면접 이론 중 유명한 '카(CAR)' 말하기 기법도 '동과결'과 같은 방식이다.

'동과결' 말하기 기법 예시 ➊

동기 (WHY)	중학교 상위권인 성적만을 믿고 '고등학교에서도 어떻게든 잘하겠지' 하는 안일한 생각으로 최선을 다하지 않은 결과 1학년 1학기 성적이 좋지 않았습니다. 특히 자신 있었던 수학과 과학 과목에서조차 낮은 성적을 받아서 큰 충격을 받고 자신감도 잃었습니다. 제가 꿈꾸었던 고등학교 때의 모습과 너무 다른 저의 모습을 반성했고 이를 계기로 '자발적인 참여를 통해 재미있는 공부를 하자'를 구호로 삼아 열심히 노력하겠다고 다짐했습니다.
과정 (HOW)	이후 물리 시간에 '공학으로 드러난 창의력의 가치'를 주제로 자발적으로 발표를 했습니다. '상쇄간섭 시 에너지의 전환'과 같은 의문점을 자료 공부와 토론을 통해 해결하는 과정이 즐거웠습니다. 평소 생소했던 상대성이론 책과 태그마크 교수의 평행우주 특집기사도 찾아봤습니다.
결과 (WHAT)	이 경험을 통해 자연 현상을 설명해 주고 우리가 편리하게 사용하는 기기들의 이론적 배경이 되는 물리가 좋아졌습니다. 물리에 대한 제 지식이 대단히 얕다는 걸 알게 돼 더 열심히 공부하는 계기가 됐습니다. 생각을 바꾸고 공부가 좋아지자 물리는 정규수업 성적뿐만 아니라 교내경시대회에서도 좋은 성적으로 이어졌습니다.

'동과결' 말하기 기법 예시 ②

동기 (WHY)	어릴 적 해외 생활을 하며 한국어를 익힐 수 있도록 집에는 항상 읽을 책이 풍부했습니다. 그 결과 독서를 좋아하고 다독하는 습관을 길렀습니다. 독서토론동아리에서 함께 생각을 확장하며 느낀 짜릿함과 독서에 대한 열정은 제1회 교육청 독서토론대회에 참가한 계기가 됐습니다.
과정 (HOW)	지정 도서인 『행복 스트레스』의 모든 문장에 의문을 제기하고 토론하며 여러 번 정독했습니다. 그러자 저자가 책에서 행복을 논하면서 정작 행복의 정의는 제시하지 않았다는 점을 찾아낼 수 있었습니다. 수많은 예와 반례를 통해 팀원과 행복의 정의를 '주관적 안녕감'이라고 자체적으로 내렸습니다. 창의성 측면에서 심사위원들에게 많은 호평을 받았습니다. 이후 우연히 읽게 된 『인간에 대하여 과학이 말해준 것들』에서의 행복의 정의가 저희가 내린 정의와 일치하는 것에 정말 놀랐습니다.
결과 (WHAT)	한편으로는 교수님께서 내리신 정의를 생각해 냈다는 것에 뿌듯함이 밀려왔습니다. 한 권의 책에 대해 고민하고 토론하는 데 고스란히 쓴 40시간은, 그 전까지 폭넓은 책을 읽는 '다독'을 해 왔던 제게 한 권의 책을 여러 번 읽는 '다독'도 중요하다는 것을 일깨워 줬습니다. 또한, 기존의 경쟁적 토론과 달리 '수용'이 중시됐던 독서 토론을 하며, 다른 생각에도 열린 마음으로 합의하는 태도를 배울 수 있었습니다. 이 과정에서 서로의 허점을 함께 보완했고, 생각과 생각이 더해지면 더 완벽해진다는 것을 경험했습니다. 대학에서도 열린 태도로 학문에 힘쓰고, 뛰어난 지식 공동체 속에서 토론하며 성장하고 싶습니다.

'동과결' 말하기 기법 예시 ❸

동기 (WHY)	'가족'을 주제로 한 교내 UCC 대회에 참가해 저는 우리 팀의 총책임을 맡게 돼 팀원들의 역할을 분담하고 제작 계획을 세웠습니다. 그러나 주제를 선정할 때부터 팀원들끼리 의견이 달랐고 촉박한 기한에 맞추다 보니 1차 시연 내용이 만족스럽지 않았습니다.
과정 (HOW)	'급할수록 돌아가라'는 격언을 생각하며 친구들의 의견을 모아 다시 제작하기로 했습니다. 공동제작인 만큼 의견수렴 과정을 거치고 이견을 조정해 나갔습니다. 세월호를 주제로 시나리오를 쓰고 촬영팀과 영상편집팀으로 나누어 역할을 분담했습니다. 두 번째 촬영이 마무리되고 수차례의 편집 과정을 통해 자막을 수정했습니다.
결과 (WHAT)	'다 주지 못한 엄마의 사랑이야기'를 제목으로 작품을 출품했고 최우수상을 받을 수 있었습니다. 이 활동을 통해 서로의 의견을 존중하고 수용하는 자세가 팀워크에서 중요한 덕목이라는 것을 배우게 됐습니다. 영상을 만들면서 의사소통과 협업의 중요성도 알게 됐습니다. 무엇보다 주장이 합리적이고 논리적이어야 상대방의 마음을 움직일 수 있다는 사실을 깨달았습니다.

'동과결' 말하기 기법 예시 4️⃣

동기 (WHY)	'지구촌 나눔 가족 희망편지 쓰기 대회'에 참가했습니다. 편지의 주인공은 ○○에 사는 '○○'이라는 소년이었습니다. 돌아가신 아버지를 대신해 채석장에서 돌을 깨고 있지만, 의사가 되겠다는 꿈을 위해 노력하는 소년이었습니다. 채석장에서 힘든 노동을 하지만 제대로 된 임금을 받지 못한다는 사실도 알게 됐습니다.
과정 (HOW)	이런 이유 때문에 친구들과 함께 만든 토론 동아리에서 '윤리적 기업'에 대해 자료를 조사하고 토론을 벌였습니다.
결과 (WHAT)	그 결과 아이들의 값싼 노동력을 착취해서 이윤을 남기는 기업은 결국 이윤을 떨어뜨리게 되고 지속가능한 발전을 위해서는 공정무역 제품에 대한 사회적 관심이 필요하다는 사실을 알게 됐습니다. 언젠가는 학교에 갈 수 있다는 희망을 품고 최선을 다하는 ○○의 모습은 부족한 것만 생각하고 살았던 저를 부끄럽게 만들었습니다. 더불어 따뜻한 응원의 메시지로 사랑을 전할 수 있어서 뿌듯했습니다. 이 경험을 계기로 아프리카 지역 신생아 모자뜨기와 세계 맑은 물 캠페인과 같은 이웃 나라 봉사활동에 참여하게 됐습니다. 또한 경영·경제와 관련된 다양한 시사 이슈를 선정하여 매주 토론하는 계기가 됐습니다.

'동과결' 말하기 기법 예시 **5**

동기 (WHY)	2학년 때 자율동아리 활동을 마무리하고 정리하여 발표하는 동아리 PPT 발표대회가 있었습니다. 1년 동안 활동한 내용을 PPT에 담아야 해서 정리해야 할 자료들이 많았습니다. 대회를 준비하는 데 시간이 촉박했기 때문에 급한 마음에 2~3명의 동아리 친구들과 모여 준비했습니다. 하지만 2~3명으로 준비하기에는 양이 많아 벅찼고 동아리원들과 역할을 분담해서 해야겠다고 생각했습니다.
과정 (HOW)	처음에는 동아리장인 제가 인위적으로 역할을 나누어 동아리원에게 통보를 했습니다. 그러나 자료를 정리해서 보내기로 한 날짜가 됐는데도 도착하지 않았습니다. 알고 보니 그 활동을 했을 때 빠졌던 팀원에게 활동에 대한 자료를 정리해 오라고 하는 등 동아리원을 고려하지 않고 역할 분담을 했던 것입니다. 문제점을 인지한 저는 동아리원과 회의를 통해 대화를 해 보기로 했습니다. 먼저 자신들에게 가장 기억에 남는 활동을 우선으로 선택하게 했고 선택한 활동에 대한 PPT 제작 자료를 만들어 오기로 했습니다. 또 PPT 제작에 흥미가 있는 학생에게 제작을 맡겼고 평소 모든 동아리 활동에 적극적으로 참여한 친구는 저와 함께 발표하기로 했습니다. 이렇게 서로 잘할 수 있는 역할을 선택하여 준비하니 PPT를 빠르게 제작할 수 있었고 발표 준비도 충분히 할 수 있었습니다.
결과 (WHAT)	그 결과 동아리 PPT 대회에서 최우수상을 받을 수 있었습니다. 동아리 발표대회 준비 과정에서 많은 것을 느끼고 깨달을 수 있었습니다. 급하다고 빠르게 혼자서 모든 것을 하려던 태도를 반성하게 됐습니다. 그리고 동아리장으로서 빠르게 일을 처리하기보다 동아리원의 상황을 고려하는 것이 먼저라는 것을 깨달았습니다. '빨리 가려면 혼자 가고 멀리 가려면 함께 가라'는 말이 있듯이 협력한다는 것이 얼마나 중요한지 알게 됐고 동아리원과 대화를 통해 문제를 해결했듯이 의사소통의 중요성을 알고 더 많은 소통을 하는 계기가 됐습니다.

카(CAR) 말하기 기법 기본 형식

Context
상황
배경

Action
행동
태도

Result
결과
변화

카(CAR) 말하기 기법 예시

Context (상황, 배경)	저는 지역 아동 대상의 멘토링 봉사에서 중학교 1학년 학생에게 수학을 가르치게 됐습니다. 이 학생은 함수를 유독 어려워했습니다. '어떻게 하면 쉽게 이해시킬 수 있을까'라는 고민을 하던 중,
Action (행동, 태도)	일상생활에서 접할 수 있는 '자판기'의 예시를 생각해 냈습니다. 일정 금액(정의역)을 넣고 버튼을 누르면 음료(치역)가 나오는 자판기가 함수와 같다고 예시를 들자, 학생은 흥미를 보였습니다. 그 후로도 학생의 흥미를 고려하여 다양한 예시를 준비하며 스토리텔링 기법의 수학 수업을 진행했습니다.
Result (결과, 변화)	하다 보니, 봉사란 활동 중심이 아닌 사람과 사람의 만남이라는 사실을 깨달을 수 있었습니다. 또한 개념을 꼼꼼히 살피며 단순히 외워서 알고 있던 공식들의 증명 과정을 알아낼 수 있었으며, 주변에 스쳐 지나가는 사물들의 의미를 되새겨 보는 기회도 됐습니다. 이를 통해 봉사란 진심으로 나누어 준다면 저 또한 얻는 것이 있는 양방향성의 활동이라는 것을 배웠습니다.

12
'주근사' 기법

    면접 말하기 기법은 앞에서 언급했던 '동기 – 과정 – 결과' 형식의 '일반형 말하기' 기법과 '주장 – 근거 – 사례' 형식의 '논증형 말하기' 기법으로 크게 분류할 수 있다.

면접 평가에는 논증을 요구하는 문항이 있기 때문에 주장을 한 후 적합한 논거를 드는 연습을 부단히 해야 한다. 근거는 '-은/는 ~것 같습니다'와 같이 추측하는 표현 대신 '-은/는 ~입니다'와 같은 확실한 표현을 사용하는 것이 더욱 설득력을 얻는다. '왜냐하면'이라고 근거를 대는 말하기를 자유롭게 구사할 수 있다면 면접 말하기 고수의 길은 멀지 않다. '왜냐하면'의 힘은 상상 그 이상이다.

논거를 세운 후에는 사례를 들면 설득력 있는 말하기가 된다. 사례가 없다면 부연 설명 즉 상술을 하면 된다. 다음 예시는 자신의 주장을 말하는 동안 단 하나의 근거도 세우지 않았기 때문에 평가자가 채점하기 어렵다. 근거가 없는 주장은 채점할 수가 없기 때문이다. 주장은 지원자의 감상과 취향일 뿐이다. 평가자는 근거 즉, 논거의 정합성을 따진다.

다만, 입론(立論)할 때 주장과 근거까지만 말하면 말이 짧은 경우가 많다. 면접 질문 한 문항당 답변 시간은 1분 30초 내외가 적당하다. 따라서 '주장 – 근거 – 사례(또는 부연 설명)' 기법으로 말하면 논리적 구성력이 탄탄하고 길게 말할 수 있다. 근거와 사례를 추가할수록 더 길게 말할 수 있는 매우 유용한 면접 화법이다.

'근거'가 없는 '주장' 예시

① 제 꿈은 경제학자가 되는 것입니다.
② 나라 발전을 생각할 때 경제 성장의 중요성은 아무리 강조해도 지나치지 않습니다.

③ 저는 항상 대한민국의 미래를 생각하고 대한민국의 발전에 도움이 되는 사람이 되고 싶었습니다.

④ 경제학자가 돼 나라 발전을 이끌어 나가고 싶습니다.

'주장 – 근거' 말하기 기법

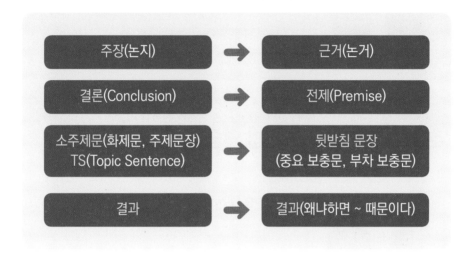

'주장 - 근거' 말하기 기법 연습 **①**

비타500 또는 박카스를 구입하는 이유는?

저는 (　　) 대신 (　　)를/을 구입하겠습니다.
왜냐하면 (　　　)는/은 (　　　　　)이기 때문입니다.

☐ 저는 (박카스) 대신 (비타500)을 구입하겠습니다.
　 왜냐하면 (비타500)은 (카페인이 없)기 때문입니다.
　 왜냐하면 (비타500)은 (비타민C가 많)기 때문입니다.

'주장 - 근거' 말하기 기법 연습 **②**

비타500 또는 박카스를 구입하는 이유는?

저는 (　　) 대신 (　　)를/을 구입하겠습니다.
왜냐하면 (　　　)는/은 (　　　　　)이기 때문입니다.

☐ 저는 (비타500) 대신 (박카스)를 구입하겠습니다.
　 왜냐하면 (박카스)는 (양이 많)기 때문입니다.
　 왜냐하면 (박카스)는 (타우린이 들어 있)기 때문입니다.

'주장 - 근거 - 사례' 말하기 기법

'주-근-사' 말하기 기법 예시 **1**

주장	저는 워마드의 주장에 반대합니다.
근거	왜냐하면 남성 혐오증을 유발하기 때문입니다.
사례	워마드가 남성 혐오를 확산하는 예를 말씀드리겠습니다.

첫째, 워마드는 한국 남성을 비하하는 '한남충', '재기해', '6센치'라는 용어를 거침없이 사용합니다. 이러한 용어는 불특정 다수의 한국 남성을 혐오하는 내용들입니다.

둘째, 워마드는 공개적으로 '미러링'을 합니다.
미러링은 남성이 여성을 비하하는 것처럼 여성이 남성을 똑같이 비하하고 혐오하겠다는 전략입니다.

셋째, 워마드가 주체하는 집회는 남성의 참여를 거부합니다. 이것은 남성이라는 이유만으로 여성과 격리하고 배제하려는 혐오가 전제되어 있기 때문입니다.

'주-근-사' 말하기 기법 예시 2

주장	저는 원자력발전소를 이용하는 것에 반대합니다.
근거	왜냐하면 전력을 얻고 나서 생기는 핵폐기물의 처리 문제 때문입니다.
사례	원자력 발전소는 환경 문제로 독일 등 선진국에서 감소하고 있습니다.

'주-근-사' 말하기 기법 예시 3

주장	프랜차이즈업계에 가맹점 논란이 일고 있습니다.
근거	왜냐하면 직영점에서 가맹점으로 전환할 경우 일종의 로열티 장사가 가능해지기 때문입니다.
사례	경영난을 겪고 있는 한국피자헛은 최근 직영점을 가맹점으로 100% 전환하기로 했습니다.

'주-근-사' 말하기 기법 예시 4

주장	저는 제주도의 예멘 난민 수용에 찬성합니다.
근거	왜냐하면 유엔 난민 협약에 가입한 우리나라는 인도주의적 차원에서 예멘 난민을 지원해야 하기 때문입니다.
사례	우리나라도 한국전쟁 때 많은 나라의 도움을 받았습니다. 그렇기 때문에 국제사회로부터 받았던 도움을 잊어서는 안 됩니다.

'주-근-사' 말하기 기법 예시 5

주장	저는 아시안게임 병역 특례 제도에 반대합니다.
근거	왜냐하면 형평성에 어긋나기 때문입니다.
사례	아시안게임 병역 특례 제도는 야구, 축구 등 특정 종목에만 주어진다는 문제점뿐 아니라 국위 선양을 위해 노력하는 사람들이나 운동선수들과 같은 양의 노력을 기울이는 일반인들에게는 자격조차 주어지지 않는다는 점에서 형평성이 어긋납니다.

'주-근-사' 말하기 기법 예시 6

주장	저는 양심적 병역 거부에 찬성합니다.
근거	왜냐하면 양심적 병역 거부는 병역의무라는 헌법적 법익보다 우월한 가치이기 때문입니다.
사례	현재 양심적 병역 거부를 인정하는 나라는 덴마크, 러시아, 그리스, 대만, 이스라엘, 브라질 등 55개국이나 됩니다.

  '프렙(PREP)' 말하기 기법은 앞에서 배운 '주장 – 근거 – 사례'의 끝에 주장을 반복해서 강조하는 '주장(P) – 근거(R) – 사례(E) – 주장(P)' 방식이다. 필자가 학교 현장에서 동양의 전통적인 글쓰기와 말하기 방식인 '기 – 승 – 전

- 결' 4단계 형식을 자소서와 면접에 접목해 보려고 노력했지만 쉽지 않았다. 어느새 요즘 학생들은 서양 논증 방식인 '서론 - 본론 - 결론' 3단계 방식이 훨씬 더 편한 세대가 돼 있었다. 그럼에도 논리적 완성도가 높은 4단계 방식을 효과적으로 쉽게 가르쳐 보기 위해 적용한 방식이 일명, '프렙(PREP)'과 '스타(STAR)' 기법이다. 스타 기법은 뒤에서 다루기로 한다.

프렙(PREP) 기법은 Point(주장), Reason(근거), Example(사례), Point(주장) 순으로 말하는 서양의 논증 방식이다. 동양에 '기승전결'이 있다면 서양에는 '프렙(PREP)'이 있다. 아리스토텔레스의 『수사학』 글쓰기 방식인 '머리말 → 진술부 → 논증부 → 맺음말' 구조에서도 알 수 있듯이 4단계 논증 구조는 서양의 오래된 전통이다. 논증적 글쓰기와 말하기 방식을 어렵게 생각하지 말자. 앞에 올 내용이 앞에 오고, 뒤에 올 내용이 뒤에 오게 논리적으로 배열하면 된다. 프렙(PREP) 기법은 핵심 요지를 문두와 문미에 놓기 때문에 양괄식 구조로도 볼 수 있다. 핵심 메시지를 끝에 다시 한번 강조하기 때문에 매우 간단하지만 논리적이고 설득력이 매우 높은 말하기 방식이다.

하버드대에서는 '프렙(PREP)'을 '오레오(OREO)'로 가르친다. 즉, Opinion(의견), Reason(근거), Example(사례), Opinion(의견) 순이기 때문에 형식은 '프렙(PREP)'과 같다.

프렙(PREP) 말하기 기법의 기본 형식

Point	핵심 주장을 두괄식으로 제시
Reason	근거(이유) 제시(왜냐하면~)
Example	구체적인 사례(예를 들어~)
Point	핵심 주장을 다시 한번 강조(따라서~)

프렙(PREP) 말하기 기법 예시

Point	주장, 결론 핵심 메시지	말을 할 때 말의 내용분만 아니라 톤과 억양도 중요합니다.
Reason	근거, 이유	왜냐하면 목소리의 톤과 억양에 따라 같은 말도 다른 의미로 들리기 때문입니다.
Example	사례	예를 들어 '잘한다'라는 말의 경우, 칭찬할 때와 비아냥거리며 말할 때는 같은 단어로 말하지만 전혀 다른 의미로 전달됩니다.
Point	주장, 결론 핵심 메시지	따라서 말을 할 때는 내용만큼이나 톤과 억양과 같은 말투도 신경 써야 합니다.

'PREP' 말하기 기법 예시 **1**

P (주장)	저는 워마드의 주장에 반대합니다.
R (근거)	왜냐하면 남성 혐오증을 유발하기 때문입니다.
E (사례)	워마드가 남성 혐오를 확산하는 예를 말씀드리겠습니다. 첫째, 워마드는 한국 남성을 비하하는 '한남충', '재기해', '6센치'라는 용어를 거침없이 사용합니다. 이러한 용어는 불특정 다수의 한국 남성을 혐오하는 내용들입니다. 둘째, 워마드는 공개적으로 '미러링'을 합니다. 미러링은 남성이 여성을 비하하는 것처럼 여성이 남성을 똑같이 비하하고 혐오하겠다는 전략입니다. 셋째, 워마드가 주체하는 집회는 남성의 참여를 거부합니다. 이것은 남성이라는 이유만으로 여성과 격리하고 배제하려는 혐오가 전제되어 있기 때문입니다.
P (주장)	이처럼 남성 비하 용어를 사용하면서 미러링으로 남성을 공격적으로 대하면서 남성과의 연대를 거부하는 워마드는 우리 사회에 혐오 문화를 확산하기 때문에 저는 워마드의 주장에 반대합니다.

'PREP' 말하기 기법 예시 ❷

P (주장)	저는 통번역 전문가의 꿈을 이루기 위해 한국외국어대학교에 꼭 입학하고 싶습니다.
R (근거)	왜냐하면 이 학교에서 배우는 다양한 언어와 문화 그리고 다른 대학교에서 찾아보기 힘든 통번역 동아리들은 제 꿈을 이루기 위해 꼭 필요하기 때문입니다.
E (사례)	실제로 이 학교를 졸업하고 통번역 전문가로 활발하게 활동하시는 선배님들을 많이 봐 왔습니다.
P (주장)	제 꿈을 이루기 위해 한국외국어대학교에 꼭 입학하고 싶습니다.

'PREP' 말하기 기법 예시 ❸

P (주장)	저는 문석현의 『데이터는 답을 알고 있다』가 가장 기억에 남습니다.
R (근거)	왜냐하면 실제 빅데이터 분석가로 활동하는 직업인의 모습을 볼 수 있었기 때문입니다.
E (사례)	예를 들어 이 책에는 저자가 쿠팡, 넥슨 등 인터넷 게임 서비스를 하는 기업에서 비즈니스 데이터 분석으로 다양한 성과를 쌓아 온 경험이 잘 드러나 있습니다.
P (주장)	따라서 저는 『데이터는 답을 알고 있다』라는 책이 가장 기억에 남습니다.

'PREP' 말하기 기법 예시 4

P (주장)	저는 야구에서 가장 중요한 가치는 팀워크라고 생각합니다.
R (근거)	왜냐하면 야구는 개인 스포츠가 아니라 감독도 같은 유니폼을 입고 뛰는 단체 스포츠이기 때문입니다.
E (사례)	예를 들어 LG가 2016년 시즌에서 성공할 수 있었던 이유는 리빌딩을 통한 팀워크로 하나의 팀을 만들었기 때문입니다.
P (주장)	따라서 저는 야구에서 가장 중요한 가치는 팀워크라고 생각합니다.

'PREP' 말하기 기법 예시 5

P (주장)	저는 한국 사회의 빈부 격차가 날이 갈수록 커지고 있다고 생각합니다.
R (근거)	왜냐하면 십분위분배율 등 소득분배 지표가 악화되고 있기 때문입니다.
E (사례)	예컨대 중산층이 감소하고 사회 양극화가 심화되고 있습니다.
P (주장)	따라서 저는 한국 사회의 빈부 격차가 점점 더 커지고 있다고 생각합니다.

'PREP' 말하기 기법 예시 ⑥

P (주장)	저는 기본소득 실시에 찬성합니다.
R (근거)	왜냐하면 기본소득으로 인해 국민들의 소득 수준이 증가하면 삶의 질이 향상될 수 있기 때문입니다.
E (사례)	예를 들어 핀란드 정부가 세계 최초로 실시한 기본소득 실험의 예비적 결과 발표에 의하면 삶의 질 측면에서 기본소득 수급자가 전통적 복지 수급자에 비해 높은 수준을 나타냈습니다.
P (주장)	따라서 저는 기본소득 실시에 찬성합니다.

오레오(OREO) 말하기 기법의 기본 형식

Opinion	의견
Reason	근거, 이유
Example	사례
Opinion / Offer	의견, 강조 및 제안

'OREO' 말하기 기법 예시 ❶

O (의견)	저는 화학동아리뿐만 아니라 다른 과학 동아리와 융합실험을 통해 공학에 대해 시야를 넓힐 수 있었습니다.
R (근거)	왜냐하면 다양한 분야의 연구자의 협업의 산물인 융합공학에 평소 관심이 있었기 때문입니다.
E (사례)	그중 아두이노 실험과 그래핀 시험을 통해 전자, 프로그래밍과 화학의 관계에 흥미를 갖게 됐습니다. 특히 피지컬 컴퓨팅을 탐구하면서 유비쿼터스 사회에서 통신소자가 막대한 영향을 끼칠 것이라고 생각했습니다.
O (의견)	이렇게 다른 동아리 친구들과 협업했던 융합 실험을 통해 공학에 대한 개념을 확장할 수 있었습니다.

'OREO' 말하기 기법 예시 ❷

O (의견)	저의 최종 목표는 'Global Frame Designer'입니다. 이 말은 세계적인 토목기사라는 뜻입니다. 이 중 저는 교량 전문 토목기사가 되고 싶습니다.
R (근거)	왜냐하면 교량을 만들기 위한 기본 학문을 바탕으로 중국, 유럽을 넘어 아프리카까지 이을 수 있는 교량을 만들어 교량 네트워크를 만들어 지구촌화의 실현에 일조하고 싶기 때문입니다.
E (사례)	예를 들어 남북이 통일되면 기존의 시베리아 횡단 철도와 같이 아시아-유럽-아프리카 횡단 교량을 만들고 싶습니다. 이 목표가 달성되면 경제적·사회적으로도 많은 이익을 창출할 수 있다고 생각합니다.
O (의견)	따라서 저는 토목기사가 돼서 글로벌 사회를 만들기 위한 기초 사회기반 시설인 교량, 철도뿐만 아니라 더 광범위한 분야의 전문성을 가진 토목기사가 돼서 '세계적인 지구 뼈대 디자이너'로 활동하고 싶습니다.

'OREO' 말하기 기법 예시 3

O (의견)	저는 아시안게임 병역 특례 제도에 반대합니다.
R (근거)	왜냐하면 이 제도는 특정인의 노력에 대해 우선순위를 두는 모순이 있기 때문이다.
E (사례)	예를 들어 같은 노력을 해도 병역면제를 받지 못하는 종목인 e스포츠도 존재하며 종목에 따라서 그 노력의 가치와 그 양을 다르다고 판단하기 때문입니다. 아시안게임 병역 특례 제도는 1위를 한 선수들은 다른 선수들에 비해 특별히 더 노력했다는 데 암묵적으로 동의한다는 우선순위 문제를 일으킵니다.
O (의견)	따라서 한 순간의 결과에 따라 2위 이하의 결과를 차별하는 아시안게임 병역 특례 제도에 반대합니다.

'OREO' 말하기 기법 예시 4

O (의견)	저는 3분간 파워포인트 없이 사물만을 이용하여 프레젠테이션 하는 '페임랩'이 발표능력 향상과 의사소통에 큰 도움이 된다고 생각합니다.
R (근거)	왜냐하면 파워포인트는 만드는 데 시간도 오래 걸리고 이 프레젠테이션 방식에 부담을 느끼는 사람들이 의외로 많기 때문입니다.
E (사례)	예를 들어 세계적인 인터넷 기업인 아마존에서도 임원회의 때 파워포인트를 사용하지 않습니다.
O (의견)	따라서 저는 파워포인트보다는 사물만을 이용하는 페임랩 방식이 좋았습니다. 면접 준비할 때 '페임랩'을 권하고 싶습니다. 발표능력 향상과 의사소통에 큰 도움이 됩니다.

14
'스타(STAR)' 기법
'스타-L(STAR-L)' 기법

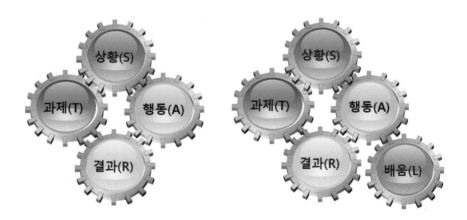

'스타(STAR)' 기법은 매튜 델루카(Matthew J. DeLuca)가 창안한 Situation(상황), Task(과제), Action(행동), Result(결과) 순서로 말하는 4단계 면접 화법이다. 이때 결과에 '의미 – 변화' 내용을 드러낼 수 있다면 스

타 기법은 대단한 힘을 발휘한다. '프렙(PREP)' 기법과 더불어 간단하지만 논리적이고 효과적으로 말할 수 있는 매우 유용한 말하기 기술이다.

'스타(STAR)' 기법은 'S(situation)' 면접자는 어떤 상황에 처했었는가?, 'T(task)' 면접자에게 어떤 과제가 주어졌는가?, 'A(action)' 그래서 면접자는 어떻게 행동했는가?, 'R(result)' 면접자의 이런 행동과 태도로 인해 어떤 결과를 만들어 냈는가?를 면접관에게 4단계로 설명하는 방식이다. 이때 'S와 T'를 장황하게 설명하기보다는 'A와 R'을 명확하고 구체적으로 말하는 것이 핵심이다.

'의미 - 변화'를 강조하기 위해 STAR와 더불어 'L(learn)'을 추가할 수 있다. 이 경험을 통해 무엇을 배우고 느꼈는지 언급하는 것이다.

스타(STAR) 말하기 기법

당신이 처했던 상황에 대해서 말씀해 보십시오.
(Situation)

당신이 수행한 일은 무엇이었습니까?
(Task)

어떻게 대응했습니까?
취한 행동에 대해서 말씀해 보십시오.
(Action)

그 행동의 결과는 어땠습니까?
(Result)

Situation 상황	고3 때 물리II 과목이 폐강됐습니다.
Task 과제	기계공학자의 진로에 물리II는 꼭 필요한 과목이었고 저만의 노력이 필요했습니다.
Action 행동	같은 고민을 하는 친구들을 모아 스터디를 결성하고 물리II 참고서로 함께 공부하고, 부족한 부분은 EBS 강의를 들었습니다.
Result 결과	이후 물리I 만으로 해결하지 못한 지적 호기심이 대부분 해결됐습니다.

'STAR' 말하기 기법 예시 ①

S (상황, 배경)	저는 빅데이터와 경영 마케팅에 관심이 많았지만 학교에 관련 동아리가 없었습니다.
T (과제, 목표)	그래서 저와 진로분야가 비슷한 친구들은 오랫동안 폐반되어 동아리실조차 없는 신문반을 설득하여 신문반을 다시 만들기로 했습니다.
A (행동, 태도)	우선 저희는 동아리 담당 선생님께 부탁드려 강당 옆 준비실을 동아리실로 만들고 신문반 부원들과 구글을 응용한 의견 수렴 프로그램을 제작해 학생들의 다양한 의견을 모아 페이스북에 수시로 실었습니다. 학생들의 호응은 의외로 뜨거웠고 이에 힘입어 '학년별 분리 급식지도', '학교폭력설문 재조사 실시' 등 지금까지도 학교정책 개선에 기여하고 있습니다.
R (결과, 변화)	이렇게 신문반을 부원들과 협력하여 재기시킴으로써 소통과 공동체의 중요성을 깨달았고, 그 소중한 경험으로 더욱 자신감 있게 바자회, 신문만들기 대회 등을 통해 나눔의 기쁨도 누릴 수 있었습니다. 어려운 도전 속에 주도적으로 이뤄낸 성취감, 도전정신은 제 꿈인 경영 컨설턴트에도 큰 도움이 될 것으로 확신합니다.

'STAR' 말하기 기법 예시 2

S (상황, 배경)	저는 자기주도적인 공부를 하지 못하고 학원이나 과외 등에 의존했습니다.
T (과제, 목표)	그래서 친구들과 MPS(Mans Play Study)라는 스터디 그룹을 만들어 서로 멘토·멘티가 돼 주었습니다.
A (행동, 태도)	친구들과 학습 방법도 공유하고 함께 공부하는 서로에게 유익한 시간이 됐습니다.
R (결과, 변화)	또한 수업을 준비하고 시험 문제도 출제해 보니, 가르치는 것이 제게 장기 기억이 되어 돌아오는 지식의 순환 과정임을 느꼈습니다.

'STAR' 말하기 기법 예시 3

S (상황, 배경)	저는 영어회화 동아리인 E.C.C의 PD였습니다. 매주 수요일 아침에 교내 영어방송을 했는데, 아쉽게도 학생들이 각자 할 일이 바빠 방송을 잘 듣지 않았습니다.
T (과제, 목표)	MC들과 함께 어떻게 학생들을 방송에 집중시킬까 고민을 하다, 결국 청취자들이 원하는 것이 가장 중요하다는 결론을 내렸습니다.
A (행동, 태도)	그 후, '생생한 드라마와 팝송으로 승부한다!'라는 방송의 포맷을 세우고, 매주 대본을 직접 작성했습니다. 그러자 새로운 방송포맷에 흥미를 보이는 친구들이 늘어났고, 많은 학생들이 방송 마지막에 제시되는 퀴즈에 참여하게 됐습니다.
R (결과, 변화)	이 과정을 통해 소통을 시도할 때는 상대의 입장에서 상대의 흥미와 수준을 고려하는 것이 중요하다는 것을 깨달았습니다. 사람과 사람 사이에는 공감을 통한 소통이 무엇보다 소중함을 알았습니다. 더구나 사회 교사의 꿈을 가지고 있는 제게, 학생들의 수준에서 생각하고 학생들의 생각에 귀를 기울이는 것이 무엇보다 중요하다는 이 깨달음은 더없이 값진 경험이었습니다.

'STAR' 말하기 기법 예시 4️⃣

S (상황, 배경)	고등학교 입학 후 매년, 3인이 팀을 이뤄 논쟁하는 토론대회에 참가했습니다. 걸어 다니는 백과사전이라 불리는 친구 A를 영입하여 팀을 구성했으나, 그 친구가 의외로 말을 더듬으며 자기 역할을 잘 해내지 못했습니다. 친구 ○○는 ○○ 때문에 탈락할지도 모른다며 힘들어했습니다.
T (과제, 목표)	팀장으로서 팀을 이끌어 나갈 책임이 있었기에 방법을 찾아야 했습니다.
A (행동, 태도)	일단 ○○에게 ○○를 못 한다고만 하지 말고 잘할 수 있을 거라 격려하며 도와주자고 다독였습니다. 또 ○○는 내용을 숙지한 상태에서는 표현을 잘 해내기에, 교차조사가 주로 이루어지는 2번 토론자에서 입론을 하는 1번 토론자로 역할을 바꿀 것을 ○○와 ○○에게 제안했습니다. 역할을 바꾼 ○○는 준비를 충분히 했고, 입론을 잘 해내어 결국 저희 팀은 우승할 수 있었습니다.
R (결과, 변화)	이를 통해 협동 작업을 할 때는 각자가 잘할 수 있는 역할을 배정해 주는 것이 매우 중요하다는 것과 어려운 상황에서는 팀원이 서로 신뢰하며 돕는 것이 그 상황을 해결하는 가장 핵심적인 열쇠라는 것을 깨달았습니다.

'STAR' 말하기 기법 예시 5

S (상황, 배경)	저는 공부의 즐거움보다는 효율성만을 따지는 공부를 해 왔습니다. 최소한의 시간을 투자해 최대의 효과를 끌어내기 위해 양보다는 질을 높이는 공부법에 골몰했고 나름 성과도 봤습니다. 이런 방법으로 고1 때는 상위권을 유지했지만 갈수록 한계에 부딪혔습니다. 내신과 모의고사 성적이 계속 떨어졌습니다.
T (과제, 목표)	이 공부방식을 답습하면, 제가 목표하는 대학에 진학할 수 없을 거라는 생각에 위기를 느꼈고, 공부의 질뿐만 아니라 관련 내용을 심화하고 확장하며 공부량을 늘리기로 했습니다.
A (행동, 태도)	1학년 겨울방학 때부터 자기주도학습 계획을 세우고 매일 도서관에서 저녁 9시까지 공부했습니다. 인터넷강의를 하루에 5강씩 듣고 1학년 때 배운 내용을 복습했고 2학년 과정을 예습해 나갔습니다. 2학년에 진학해서는 쉬는 시간, 식사 시간에도 짬짬이 시간을 내어 공부를 했고, 주말에도 학교 도서관에 나와 과목별 문제집을 1권씩 정해서 반복적으로 풀고 오답노트를 만들어 약점도 보완해 나갔습니다. 또한 혼자서 공부하는 것이 외롭고 한계가 있다고 생각해 친구들과 수학 과목 스터디 그룹을 만들어 부족한 부분을 서로 물어보며 도왔습니다.
R (결과, 변화)	친구들을 가르치고 배우는 과정 속에서 문제를 해결해 낼 때마다 지적 희열을 느낄 수 있었고 학습동기를 얻을 수 있었습니다. 협업하며 문제풀이 방법을 공유하다 보니 저는 2학년 기말고사에서 두드러진 성적 향상을 이뤄 냈습니다. 이 경험을 통해 어려운 상황에 처했을 때 기존의 방식만을 고집하지 않고 다양한 문제 해결 방법을 고민하고 실천하는 사고의 전환이 중요하다는 것을 배웠습니다.

'STAR' 말하기 기법 예시 6

S (상황, 배경)	저는 지역 아동 대상의 멘토링 봉사에서 중학교 1학년 학생에게 수학을 가르치게 됐습니다. 이 학생은 함수를 유독 어려워했습니다.
T (과제, 목표)	'어떻게 하면 쉽게 이해시킬 수 있을까'라는 고민을 하던 중,
A (행동, 태도)	일상생활에서 접할 수 있는 '자판기'의 예시를 생각해 냈습니다. 일정 금액(정의역)을 넣고 버튼을 누르면 음료(치역)가 나오는 자판기가 함수와 같다고 예시를 들자, 학생은 흥미를 보였습니다. 그 후로도 학생의 흥미를 고려하여 다양한 예시를 준비하며 스토리텔링 기법의 수학 수업을 진행했습니다.
R (결과, 변화)	하다 보니, 봉사란 활동 중심이 아닌 사람과 사람의 만남이라는 사실을 깨달을 수 있었습니다. 또한 개념을 꼼꼼히 살피며 단순히 외워서 알고 있던 공식들의 증명 과정을 알아낼 수 있었으며, 주변에 스쳐 지나가는 사물들의 의미를 되새겨 보는 기회도 됐습니다. 이를 통해 봉사란 진심으로 나누어 준다면 저 또한 얻는 것이 있는 양방향성의 활동이라는 것을 배웠습니다.

'STAR' 말하기 기법 예시 **7**

S (상황, 배경)	고교 3년 동안 편찮은 어머니를 대신해 제가 직접 집안일을 해야 했습니다. 동생들을 챙기고 집안일 하고 나면 친구들보다 공부할 시간이 적어서, 성적이 잘 나오지 않았습니다.
T (과제, 목표)	저는 단거리 경주에서 뒤지고 있는 듯한 느낌을 받았지만, 어려운 현실을 비관하기보다는 극복하기로 결심했습니다. 왜냐하면, 저는 승부 근성이 강해서 남에게 지고 싶어 하지 않는 편이기 때문입니다.
A (행동, 태도)	저는 그래서 '인생은 마라톤이다'는 자세로 생각을 바꾸었고, 자투리 시간을 활용해 공부하는 습관을 들였습니다.
R (결과, 변화)	그렇게 꾸준히 노력하다 보니 성적이 오르게 되었고 저에게 맞는 학습 습관도 기를 수 있었습니다.

'STAR-L' 말하기 기법 예시 ①

S (상황, 배경)	평소 친구들이 "시는 어려운 암호를 해독하는 것 같아, 무슨 말인지 잘 모르겠어."라고 말해 시에 대한 거부감이 크다는 것을 알았습니다.
T (과제, 목표)	친구들에게 인터넷 강의처럼 쉽게 시를 가르쳐주고 싶어 '10일간의 작은 변화 프로젝트'로 '십시일반'이라는 활동을 실시했습니다.
A (행동, 태도)	첫 번째로 어떤 시를 가르칠지 고민했습니다. 교과서에 나오는 시들을 딱딱하게만 느끼는 친구들의 인식을 바꿔 주고 싶어 고등학생 국어교과서에 공통으로 나오는 시 10개를 선정했습니다. 두 번째로 무엇을 이용하여 가르칠지 고민했습니다. 요즘 학생들은 영상에 친숙하니 10분 정도의 영상을 찍어 저의 블로그에 '오늘의 시'를 올리기로 결정했습니다. 시의 주제, 특징, 배경을 저의 시 노트인 '라온'에 정리한 후 영상 대본을 작성했습니다. 첫 촬영 후 녹화영상을 보았을 때 어색해서인지 목소리가 경직되어 있었고 흐름이 매끄럽지 않았습니다. 다시 찍기를 반복하니 점점 말하는 것이 자연스러워져 마지막 날에는 수월하게 완성했습니다. 시에 대한 진입장벽을 낮추기 위해 재미있는 요소를 넣으면 좋겠다고 생각하여 신동엽의 '껍데기는 가라'를 '고등래퍼'들이 재해석하여 랩을 만든 영상을 보여줬습니다. 또한 이육사의 '절정'이라는 시의 내용을 그림으로 직접 표현했습니다.
R (결과, 변화)	시를 어려워하는 친구들에게 영상을 보여주니 영상이 짧아 부담이 없었고 어려운 부분만 핵심적으로 짚어줘서 좋았다는 피드백을 받았습니다.
L (배우고 느낀 점)	직접 수업을 준비하면서 혼자 공부할 때보다 가르칠 때 많은 것들을 알아야 한다는 것과 다양한 매체를 이용하면서 학생들의 눈높이에 맞춰 설명하는 법을 배웠습니다.

'STAR-L' 말하기 기법 예시 ②

S (상황, 배경)	저는 문학 시간에 고전소설 '운영전'과 '최척전' 엮어 읽기 활동에서 조장을 맡았습니다. 배제되는 친구 없이 토의를 이끌고 싶었지만 1차 토의 때 4명 중 2명만 의견을 제시하고 나머지는 아무런 반응을 하지 않아 심각성을 느꼈습니다.
T (과제, 목표)	친구들에게 이유를 물어보자 고전소설 전개양상이 복잡하여 이해가 어렵다고 말했습니다. 또한 토의에 참여하고 싶지만 어떻게 말을 꺼내야 할지 몰라 가만히 있는 것이 더 도움이 된다고 생각했다고 말했습니다. 친구들의 이해를 돕기 위해 소설의 배경, 인물관계 등을 정리할 수 있는 학습지를 제작했습니다.
A (행동, 태도)	2차 토의 전 점심시간에 모여 학습지로 소설 내용을 정리하자 배경지식이 세워져 토의에 대한 거부감이 줄어들었습니다. 또한 각자 능력과 흥미에 맞게 질문 정리, 답 근거 문구 찾기 등의 역할을 정하여 적극적인 참여를 이끌었습니다.
R (결과, 변화)	서로 부족한 부분들을 채워주며 토의를 한 결과 '전체 생각 나누기 활동' 때 가장 인상적인 조로 선정됐습니다.
L (배우고 느낀 점)	이를 계기로 사람들이 결과에 영향을 줄 수 있는 결정권이 자신에게 있을 때 더욱 활력을 느낀다는 것을 깨달았습니다. 즉 리더란 혼자 모든 것을 짊어진 사람이 아닌 권한을 위임해 구성원 스스로가 리더라고 느끼게 이끌어주는 사람임을 배웠습니다.

제시문 기반 면접

15
서울대학교

면접 종류

수시모집: 개별면접
정시모집: 개별면접

서울대학교에서 시행하는 면접은 제출 서류를 기반으로 진행하는 면접과 제시문을 활용하여 물음에 구두로 답하는 면접, 두 가지 형식이 있다.

제출 서류 바탕
기본적인 학업 소양 확인

**지역균형, 기회균형Ⅰ,
기회균형Ⅱ**

서류
기반

제시문
활용

제시문을 활용하여
전공 적성 및 학업 능력 평가

수시모집 일반전형

제출 서류를 바탕으로 기본적인 학업 소양만을 확인하던 수시모집 '지역 균형선발전형' 면접도 최근에는 지원한 학과 관련 기본 소양과 개념·원리를 묻기도 하고, 학생부와 자소서 등 제출 서류에 대해 심도 있게 묻고 답하는 형식으로 바뀌고 있다. 서류 기반 면접은 면접관과의 대화라지만 학생들 입장에서는 취조 정도는 아니지만 압박면접으로 느낄 수 있다. 압박의 형태가 강할수록 가능성을 증명할 기회라고 긍정적으로 생각하고 긴장된 마음을 풀고 솔직하고 자신 있게 이야기해 보자.

제시문을 활용하여 전공 적성 및 학업 능력을 평가하는 수시모집 '일반전형'은 말로 하는 논술이라고 보면 된다. 각 모집단위별로 안내된 분야의 제시문과 문항을 활용하여 지원자의 전공 적성과 학업 능력을 평가한다. 즉, 고등학교 교육 과정상의 기본 개념 이해를 토대로 한 종합적인 사고력을 평가하는 데 중점을 두고 있으며, 주어진 제시문과 질문을 바탕으로 면접관과 수험생 사이의 자유로운 상호 작용을 통해 문제 해결 능력과 논리적이고 창의적인 사고력을 종합적으로 평가한다.

일반전형 면접 준비는 서울대학교 기출문제와 제시문 기반 면접을 실시하는 연세대학교, 고려대학교, 카이스트 기출문제를 참고하면 큰 도움이 된다. 서울대학교 예전 논술 문제의 출제 의도와 문항 해설도 읽어 보면 준비 방향의 힌트를 얻을 수 있다.

이번 단원에서는 일반전형 '제시문 기반(활용) 면접'을 중심으로 면접 사례와 방법을 설명한다.

※ 제시문 기반 면접에 도움이 되는 탐구 영역 '교과서'

계 열	탐구 영역 '교과서'
인문계	통합사회, 윤리와 사상, 생활과 윤리, 정치와 법, 사회 문화, 경제
자연계	통합과학, 물리학Ⅰ, Ⅱ, 생명과학Ⅰ, Ⅱ, 화학Ⅰ, Ⅱ

02 지역균형선발전형 서류 기반 면접 사례(2019학년도)

모집단위	면접 문항
화학과	• 지원동기 • 화학 관련 비교과활동(교과연계활동) 확인 • 화학 관련 교과 세부능력 및 특기사항 확인 • 화학의 개념과 원리 • 자소서 독서 3권 모두 세부 확인 • 마지막으로 하고 싶은 말
경영학과	• 지원동기 • 경영학 세부 진로분야 확인 • 마케팅 분야 목표와 전망, 소비자를 위한 것인가? 기업을 위한 것인가? • 10년 후 미래의 자신의 모습 • 미래의 포부

03 지역균형선발전형 서류 기반 면접 사례(2021학년도)

모집단위	면접 문항
항공우주 공학과	1. 자기소개를 해보세요. 2. 지원동기를 말해보세요. 3. 항공우주 분야에서 자신이 연구하고 싶은 특정한 분야가 있나요? 4. 스텔스 도료를 알고 있나요? 4-1. 알기 쉽지 않은 내용인데 스텔스 도료는 어떻게 알고 있나요? 4-2. 특수도료가 잠수함에도 쓰이는데 알고 있나요? 5. 제트엔진 관련하여 탐구를 했는데 그 원리에 대해 설명해보세요. 5-1. 학생이 어떻게 그런 걸 알 수 있나요? 대학교 3학년과정을 미리 공부하고 온 거 아닌가요? 6. 물리학II 과목을 수강하며 인상 깊었던 내용을 말해보세요. 7. 리더십 경험을 말해보세요. 8. 시간이 남았는데 어필하고 싶은 내용 있으면 말해보세요. 8-1. 운동을 잘 하나요? 8-2. 학생이 웨이트하기 쉽지 않았을 텐데, 악기는 다룰 줄 아는 게 있나요?

04
일반전형 제시문 기반 면접 & 서류 기반 면접 사례(2021학년도)

모집단위	면접 문항
국사학과 서류기반 면접	1. 자소서 1번에 쓴 사회연구방법과 국사학과의 연결점을 말해보세요. 2. 수학 과목을 잘했나요? 좋아했나요? 3. 역사적으로 존경하는 인물과 특히 배우고 싶은 시대를 말해보세요. 3-1. 그러한 소외계층을 돌보는 데 국사학과에서 배우는 내용이 어떤 　　　도움이 되나요?
국사학과 제시문기반 면접	1. 인문 제시문 가) 작가의 자질: 개인적 특성인 '감수성' 강조 나) 작가의 자질: 공동체의 '정의' 강조 2. 사회 제시문 가), 나) 백신 접종: 정부가 개인의 자유를 제한해도 된다는 입장 다), 라) 백신 접종: 정부가 개인의 권리를 제한하면 안 된다는 입장

05

서울대 제시문 기반 면접 기출 유형(2015학년도~2020학년도)

제시문	오전			
	인문학		사회과학	
2020	송경운 최북	바람직한 예술가 상 의견 제시 두 예술가 인간상 의의와 한계	의사결정 정책결정 자원분배	의사결정의 문제 해결방안
2019	키플링 세익스피어	공통적 지향과 비교 연극 연출가 조언	환경보호 BRICS	아마존 국제회의 초청받은 3주장
2018	백남준 오페라 견월망지	융복합 설명 특징 말하기 지속가능성 예시 설명	효율성 임금 보조금 체중 보조금	정책 취지 설명 유인 한계 및 개선 방안
2017	생태주의 인간중심 생명공학	자연에 대한 태도 비교 지향해야 할 태도	정의의 기원 젠더와 차별	사회적 합의와 정의 및 한계
2016	맹자 양혜왕편 제선왕 혼종	"왕다운 왕" 말한 이유 이어질 현자의 말	소득 행복감 삶의 질 A. Sen	3C1 선택 열흘간의 고용 방안
2015	빈말과 거짓말	오도하는 사례 빈말 현상 원인	표의 등가성 미국 투표율	자료 추론 대의민주주의 구현

제시문	오후			
	인문학		사회과학	
2020	다원주의 다양성	주장에 대한 입장	공유경제, 이해당 사자의 관점	공유경제 공통점 과 차이점 해결방안
2019	백락, 천리마 인공지능	4C2 독자 선택 예측 알고리즘	좋은 집터 부지깽이법	인간과 자연환경 사례와 긍부정
2018	유세 수사학 연설기술	설득 성공 상황 설명 정치 반대 정당한지	니체 타자기 뇌과학 아이트레커	공통 논지 설명 행동 패턴 영향 의견
2017	무의미한 인생 도리안 그레이	무의미한 인생 사례 유의미한 인생 평가	방관자 효과 도덕감정	도덕적 행위 저해요소 국제구호 실효성
2016	죽음관 오디세우스 아킬레우스	죽음에 대한 태도비교 어떤 삶을 살지 유추	세대차이 연령 기준	평화시장 전태일1970 고용제한 법률 변화
2015	낙관주의 긍정적 사고	본인이 읽은 책에서 인물 부정적 사고의 문제	뉴욕 택시 준거점	통상적 기회비용 행동 경제학 사례

서류 기반 면접

서울대학교 수시모집 지역균형선발전형과 정시모집 기회균형선발특별전형Ⅱ 지원자 모두와 수시모집 기회균형선발특별전형Ⅰ의 면접 대상자는 제출 서류를 기반으로 한 면접에 응시하게 된다. 서류 기반 면접은 지원자가 제출한 학생부와 자소서 등을 바탕으로 이루어지며 복수의 면접위원이 지원자의 서류 내용 중 확인이 필요한 사항을 질문하고 지원자가 이에 대답하는 방식으로 진행된다. 제출 서류를 기반으로 한 면접을 통해서 서류 내용과 기본적인 학업 소양 등을 확인한다.

● 어떻게 준비하면 되나요?

서류 기반 면접에서는 학생들이 고등학교 생활 동안 경험했던 내용을 바탕으로 면접이 진행된다. 제출한 서류를 바탕으로 학생의 경험을 확인하고 기본적인 학업소양을 평가하기 위한 면접이므로 면접을 위한 별도의 준비가 필요하지 않다. 단지 답변하는 기술과 태도를 측정하는 면접이 아니므로 말투나 태도를 단기간 연습하기보다는 평소에 학교생활을 충실히 하여 깊고 다양한 경험을 쌓는 것이 더 중요하다.

학생부나 자소서에 담겨 있는 본인의 경험을 되돌아보고 어떤 의미가 있었는지 생각해 보는 것이 가장 좋은 면접 대비 방법이다. 그리고 10분 내외로 면접위원 앞에서 본인의 생각을 이야기해야 하므로 평소 학교에서 토론이나 발표 시간에 자신의 생각을 조리 있게 이야기하는 경험을 하는 것이 도움이 된다. 또는 부모님이나 선생님 앞에서 본인의 경험을 이야기해 보는 연습이 면접 당일의 부담을 줄일 수 있는 방법이 될 수 있다.

_ 서울대학교 학생부종합전형 안내 책자 중에서

제시문 기반(활용) 면접

　서울대학교 수시모집 일반전형의 면접 및 구술고사에서는 제시문을 활용한 면접 문항이 사용된다. 일반전형 1단계 합격자들에게 제시문과 그에 따른 문항이 제공되고 모집단위별 30분/45분 동안 답변을 준비한다. 수시모집 일반전형 면접 및 구술고사의 문항은 고등학교의 정규 교육과정 범위 안에서 출제된다. 각 모집단위별로 안내된 분야의 제시문과 문항을 활용하여 지원자의 전공 적성과 학업 능력을 평가한다.

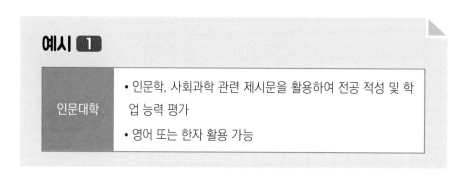

　인문대학의 경우 일반적인 고등학교 교육과정을 바탕으로 인문학 분야, 사회과학 분야 제시문이 각각 제공된다. 출제되는 제시문에 따라서 고등학교 수준의 영어 또는 한자도 활용될 수 있다. 지원자들은 30분 내외의 준비 시간에 주어진 두 분야의 제시문을 이해하고 이를 바탕으로 본인의 생각을 정리하여 각 문항에 대한 답변을 준비한다. 면접시간은 15분 내외로, 문항에 대한 답변과 이어지는 관련 질문들에 대한 답변으로 진행된다. 면접에서 확인하고 싶은 것은 정답 여부보다는 답변을 이어 가는 과정에서 보이는 사고력, 논리력 등으로 전반적인 학업 소양에 중점을 두어 평가가 이루어진다.

예시 2

생활과학대학 식품영양학과	• 화학, 생명과학 관련 제시문을 활용하여 전공 적성 및 학업 능력 평가

　　같은 단과대학 내에서도 세부 학과/학부에 따라 출제되는 내용과 분야가 다르므로 모집 안내를 꼼꼼히 확인해야 한다. 예를 들어, 생활과학대학의 식품영양학과는 화학과 생명과학 관련 제시문이 각각 주어진다. 고등학교 교육과정 내에서 출제되며 고등학교 과학 교과 중 과학Ⅱ 수준까지의 범위에서 출제된다. 답변 준비 시간 45분 내외의 준비시간에 두 분야의 제시문을 이해하고 답변을 준비한 뒤, 15분 동안 면접을 진행한다. 면접위원들은 정답 여부보다는 지원자가 문제를 풀어 가는 과정에서 보이는, 고등학교 교육과정에서 이수한 교과 지식, 깊이, 사고력, 응용력 등을 평가하며 모집단위에서 필요한 소양을 확인하고자 한다. 따라서 지원자들은 바로 답변하지 못하거나, 정답에서 벗어났다고 생각되더라도 당황하지 말고, 그동안 공부한 지식을 바탕으로 침착하게 답변을 이어 나가는 것이 중요하다.

● 어떻게 준비하면 되나요?

　　서울대학교 면접 및 구술고사에서는 고등학교 교육과정 내에서 충분한 학습 경험을 통해 학업역량을 길러 온 학생들의 학업 소양을 평가하고자 한다. 각 교과목 수업을 통해서 해당 과목의 내용을 깊이 이해하고 소화하는 공부가 필요하다. 학습 과정 속에서 관련 도서도 찾아 읽고, 토론, 탐구, 과제 등 학습활동을 하면서 더욱 깊이 있는 학습 경험을 하는 것이 중요하다.

인문학, 사회과학 관련 면접 및 구술고사는 다소 깊이 있는 제시문을 활용하기 때문에 평소에 독서활동을 성실히 하면 도움이 된다. 단기간의 면접 및 구술고사 준비로는 해결할 수 없으며, 독서와 각 교과목의 깊이 있는 이해가 바탕이 되어야 우수한 학업 소양이 드러나게 된다.

자연과학 분야 면접 및 구술고사의 경우도 각 과목에 대한 깊이 있는 이해가 우선되어야 한다. 그러기 위해서는 평소 단순 문제풀이 위주의 학습에서 벗어나 사고력을 요구하는 문제를 다뤄 보거나 관련 이론 등에 대한 이해와 응용 연습을 해 보는 경험도 필요하다. 고등학교 교육과정의 교과수업 내에서 깊은 생각이 필요한 문제를 만들어 친구들과 토론 학습을 해 보는 경험, 자연과학 이론이나 관심 주제에 대해 질문을 만들어 고등학생 수준에서 과제를 해결해 보고 발표하는 활동 등도 각 교과목에 대한 지식의 폭을 넓힐 수 있는 방법이 될 것이다. 이러한 과정을 통해 서울대학교 면접 및 구술고사에서 본인의 학업 소양을 발휘할 수 있는 역량을 갖출 수 있다.

03
일반전형 면접 및 구술고사

가) 평가방법: 지원자 1명을 대상으로 하여 복수의 면접위원이 실시함. 제출 서류를 참고하여 추가 질문을 할 수 있음.

나) 평가내용

1 공동 출제 문항 활용 모집단위

모집단위			평가내용	면접 시간	답변 준비시간
인문대학			• 인문학, 사회과학 관련 제시문을 활용하여 전공 적성 및 학업 능력 평가 • 영어 또는 한자 활용 가능	15분 내외	30분 내외
사회 과학 대학	전 모집단위 (경제학부 제외)				
	경제학부		• 사회과학, 수학(인문) 관련 제시문을 활용하여 전공 적성 및 학업 능력 평가 • 영어 또는 한자 활용 가능		
자연 과학 대학	수리과학부		• 수학(자연) 관련 제시문을 활용하여 전공 적성 및 학업 능력 평가	15분 내외	45분 내외
	통계학과				
	물리·천문학부	물리학전공	• 물리 관련 제시문을 활용하여 전공 적성 및 학업 능력 평가		
		천문학전공			
	화학부		• 화학 관련 제시문을 활용하여 전공 적성 및 학업 능력 평가		
	생명과학부		• 생명과학 관련 제시문을 활용하여 전공 적성 및 학업 능력 평가		
	지구환경과학부	3가지 유형 중 택1	• 물리 관련 제시문을 활용하여 전공 적성 및 학업 능력 평가		
			• 화학 관련 제시문을 활용하여 전공 적성 및 학업 능력 평가		
			• 지구과학 관련 제시문을 활용하여 전공 적성 및 학업 능력 평가		
간호대학		2가지 유형 중 택1	• 화학, 생명과학 관련 제시문을 활용하여 전공 적성 및 학업 능력 평가	15분 내외	45분 내외
			• 인문학, 사회과학 관련 제시문을 활용하여 전공 적성 및 학업 능력 평가 • 영어 또는 한자 활용 가능		30분 내외

모집단위		평가내용		면접 시간	답변 준비시간
경영대학		• 사회과학, 수학(인문) 관련 제시문을 활용하여 전공 적성 및 학업 능력 평가 • 영어 또는 한자 활용 가능		15분 내외	30분 내외
공과대학		• 수학(자연) 관련 제시문을 활용하여 전공 적성 및 학업 능력 평가			45분 내외
농업 생명 과학 대학	농경제사회학부	• 사회과학, 수학(인문) 관련 제시문을 활용하여 전공 적성 및 학업 능력 평가 • 영어 또는 한자 활용 가능		15분 내외	30분 내외
	식물생산과학부	• 생명과학 관련 제시문을 활용하여 전공 적성 및 학업 능력 평가			45분 내외
	산림과학부	• 화학, 생명과학 관련 제시문을 활용하여 전공 적성 및 학업 능력 평가			
	식품·동물생명공학부				
	응용생물화학부	2가지 유형 중 택1	• 화학 관련 제시문을 활용하여 전공 적 성 및 학업 능력 평가		
			• 생명과학 관련 제시문을 활용하여 전공 적성 및 학업 능력 평가		
	조경·지역시스템공학부	• 수학(자연) 관련 제시문을 활용하여 전공 적성 및 학업 능력 평가			
	바이오시스템·조경학부				
사범 대학	교육학과	• 인문학, 사회과학 관련 제시문을 활용하여 전공 적성 및 학업 능력 평가 • 영어 또는 한자 활용 가능		15분 내외	30분 내외
	국어교육과				
	영어교육과				
	독어교육과				
	불어교육과				
	사회교육과				
	역사교육과				
	윤리교육과				
	체육교육과				
	수학교육과	• 수학(자연) 관련 제시문을 활용하여 전공 적성 및 학업 능력 평가			45분 내외
	물리교육과	• 물리 관련 제시문을 활용하여 전공 적성 및 학업 능력 평가			
	화학교육과	• 화학 관련 제시문을 활용하여 전공 적성 및 학업 능력 평가			
	생물교육과	• 생명과학 관련 제시문을 활용하여 전공 적성 및 학업 능력 평가			
	지구과학교육과	• 지구과학 관련 제시문을 활용하여 전공 적성 및 학업 능력 평가			

모집단위			평가내용		면접 시간	답변 준비시간
생활 과학 대학	소비자 아동학부	소비자학 전공	• 사회과학, 수학(인문) 관련 제시문을 활용하여 전공 적성 및 학업 능력 평가 • 영어 또는 한자 활용 가능		15분 내외	30분 내외
		아동가족학 전공	• 인문학, 사회과학 관련 제시문을 활용하여 전공 적성 및 학업 능력 평가 • 영어 또는 한자 활용 가능			
	식품영양학과		• 화학, 생명과학 관련 제시문을 활용하여 전공 적성 및 학업 능력 평가			45분 내외
	의류학과		2가지 유형 중 택1	• 화학, 생명과학 관련 제시문을 활용하여 전공 적성 및 학업 능력 평가		45분 내외
				• 사회과학, 수학(인문) 관련 제시문을 활용하여 전공 적성 및 학업 능력 평가 • 영어 또는 한자 활용 가능		30분 내외
약학 대학	약학계열		• 수학(자연) 관련 제시문을 활용하여 전공적성 및 학업능력 평가			45분 내외
자유전공학부			2가지 유형 중 택1	• 수학(인문), 수학(자연) 관련 제시문을 활용하여 전공 적성 및 학업 능력 평가	15분 내외	30분 내외
				• 인문학, 수학(인문) 관련 제시문을 활용하여 전공 적성 및 학업 능력 평가 • 영어 또는 한자 활용 가능		
				• 사회과학, 수학(인문) 관련 제시문을 활용하여 전공 적성 및 학업 능력 평가 • 영어 또는 한자 활용 가능		

※ 제시문별 출제 범위 안내

구분	출제 범위
수학(인문)	수학, 수학Ⅰ, 수학Ⅱ, 확률과 통계
수학(자연)	수학, 수학Ⅰ, 수학Ⅱ, 확률과 통계, 미적분, 기하
물리	통합과학, 과학탐구실험, 물리학Ⅰ, 물리학Ⅱ
화학	통합과학, 과학탐구실험, 화학Ⅰ, 화학Ⅱ
생명과학	통합과학, 과학탐구실험, 생명과학Ⅰ, 생명과학Ⅱ
지구과학	통합과학, 과학탐구실험, 지구과학Ⅰ, 지구과학Ⅱ

2 공동 출제 문항 비활용 모집단위

모집단위	평가내용 및 방법	면접시간	답변 준비시간
수의과대학	• 수의학을 전공하는 데 필요한 자질과 적성, 인성 등을 평가함 • 다양한 상황 제시와 생명과학과 관련된 기본적 학업 소양을 확인 • 제출서류 내용 확인(1개, 10분) 및 상황 제시(4개 각 10분) • 총 5개 면접실에서 진행함	50분 내외	면접시간 내 상황 숙지를 위한 시간을 부여할 수 있음
의과대학	• 의학을 전공하는 데 필요한 자질, 인성과 적성을 평가하며, 제시문에 영어가 활용될 수 있음 • 상황/제시문 기반 면접과 서류 기반 면접을 복수의 면접실에서 진행함(60분 내외) – 2021학년도: 다양한 상황 제시(4개, 각 10분)와 제출서류 내용을 확인(1개, 20분), 총 5개 면접실에서 진행함	60분 내외	상황 숙지를 위한 시간을 별도로 부여할 수 있음
치의학대학원 치의학과	• 치의학을 전공하는 데 필요한 자질과 적성, 인성 등을 평가하며, 제시문에 영어 또는 한자가 활용될 수 있음 • 면접실 당 10분씩 총 4개 면접실에서 진행함	40분 내외	

3 사범대학 교직 적성·인성면접

가) 평가내용: 학과 적성, 교사가 갖추어야 할 기본적인 자질과 인성, 교직에 대한 이해 등

나) 평가방법

• 지원자 1명을 대상으로 하여 복수의 면접위원이 15분 내외로 실시함

• 답변 준비시간 15분 내외

• 면접 및 구술고사와 동일한 일정으로 시행함

4 실기평가: 사범대학 체육교육과(단체종목)

1단계 합격자 중 단체종목 지원자에 한하여 해당 종목 실기평가를 실시하고 그 결과는 면접 및 구술고사에 반영함

면접 우수자 인터뷰(2018학년도)

Q. 가장 궁금한 것 중 하나가 면접장은 어떤 곳인가 하는 것입니다.

인문대학 합격생: 먼저 면접장은 면접 대기실과 준비실 그리고 면접실로 나뉘는데 대기실은 제시문을 받기 전까지 대기하는 곳이고 호명이 되면 면접 준비실로 이동해 제시문을 받게 됩니다. 인문대는 30분 정도 준비실에서 제시문을 보고 답변 준비를 합니다. 면접실은 말 그대로 면접관에게 제시문을 보고 준비한 내용을 답변하는 곳이고요.

공과대학 합격생: 저희는 분위기를 말씀드릴게요. 일단 면접장에 들어갈 때는 매우 긴장이 돼요. 누구나 그렇겠지만. 그러나 막상 입실하고 나면 대기실은 매우 차분한 분위기입니다. 준비한 책이나 자료를 볼 수도 있어요. 그래서 준비한 책이나 자료를 읽고 있는 친구들도 많은데 어떤 친구는 지그시 눈을 감고 명상을 하고 있더라고요. 물론 자고 있는 것일 수도 있습니다. (웃음) 면접 준비실로 가면 드디어 제시문을 받습니다. 공과대는 수학만을 제시문으로 사용하기 때문에 열심히 풀어야 합니다. 홀로 집중에 집중을 해야 하는 순간이기 때문에 준비실에 대한 기억은 잘 나지 않습니다. 시간이 빨리 가는 기분입니다. 면접실은 기다리던 면접관님을 만날 수 있는 곳입니다. 공간은 매우 아담했습니다. 생각보다 면접관과 가까운 거리에서 이야기할 수 있기 때문에 그냥 수학 문제를 놓고 선생님과 편안하게 대화하는 기분이 들었어요. 제가 긴장을 했는지 표준어를 잘 사용하다가 저도 모르게 사투리를 사용한 순간이 있었는데 오히려 제 고향 사투리로 괜찮다는 말씀을 해 주셔서 편하게 면접을 마치고 나온 것 같네요.

미술대학(디자인학부) 합격생: 저희는 서류 기반 면접이라 면접 준비실을 거치지 않아요. 대기실에서 바로 면접실로 이동합니다.

자연과학대학 합격생: 저희도 면접실은 아늑하고 좋았습니다. 면접관과도 생각보다 매우 가깝게 자리하게 되어 있었어요. 다만 면접관의 번득이는 눈빛 역시도 가깝게 느낄 수 있어서 순간 정신이 번쩍 들었어요. 사실 대기실에서 조금 오래 기다리느라 다소 맥이 풀리고

있던 찰나에 준비실에서 정신없이 제시문에 대한 답변을 정리하고 바로 면접실로 왔는데 면접관의 그 눈빛 덕에 정신이 들더라고요. 원래 긴장을 잘하지 않는 편인데 어쩌면 느슨해진 제 마음가짐이 덕분에 바로잡혔다는 생각도 드네요. 아! 기억에 남는 게 하나 있는데 자연대 선배님들이 면접장 입구에서 단체로 응원을 해 줍니다. 생전 처음 보는 후배들을 위해 기운 내서 잘 보라고 새벽부터 몰려나와 힘차게 응원해 주는 장면이 기억에 남네요.

생활과학대학 합격생: 사실 전 서울대학교 면접 직전에 다른 대학의 면접을 치르고 온 경험이 있어서 면접장 분위기가 낯설지 않았어요. 그래서 긴장도 조금 덜 되는 편이었어요. 다만 서울대학교니까 뭔가 삭막할 것 같았는데 막상 대기실이나 준비실도 그렇고 면접실도 예상했던 것과는 달랐어요. 면접관님도 친절하게 대해 주셔서 예상과는 사뭇 달랐습니다.

Q. 많은 학생들이 수시모집 일반전형 면접을 막연히 두려워하는 것 같습니다. 여러분도 비슷하셨을 것 같은데 이유가 뭐라고 생각하세요?

자연과학대학 합격생: 서울대학교 면접이라는 것이 어쩌면 학생이 태어나서 처음 접하는 경험이어서 그런 것 같아요. 그러나 막상 경험해 보니 그렇게 긴장할 필요는 없다고 생각합니다. 앞서도 말씀드렸지만 면접장 분위기는 그렇게 딱딱한 분위기는 아니에요. 면접관님도 긴장감을 덜어 주기 위해 잘 유도해 주시는 편이고요. 다만 일반고의 경우 과학Ⅱ 과목 공부가 조금 어려운 점은 있어요. 수능 중심으로 3학년 수업이 이루어지다 보면 과학Ⅱ 과목이 개설되지 않기도 하고 수능 선택 과목에 맞춰 공부하다 보면 실제 깊이 있게 공부할 만한 시간적 여유가 충분하지 않은 편이죠.

생활과학대학 합격생: 아… 저는 사실 이번 면접이 인생에서 두 번째로 겪는 서울대학교 면접이었습니다(웃음). 작년의 경험에서 스스로 부족한 점을 보완하기 위해 노력했습니다. 그러다 보니 면접 상황이 매우 익숙한 기분이어서 큰 두려움은 없었습니다. 다만 누구나 다 고민하는 것이겠지만 인문계열 면접은 결국 나의 답변이 얼마큼 면접관을 설득할 수 있는 논리적인 것인가가 중요해요. 따라서 답변하는 내용의 내적 논리력의 완성도를 높이기 위해 고민하고 이를 위해 사용하는 근거들은 또 얼마나 타당한지 스스로 검증하는 것에 대한 떨림은 존재한다고 생각했어요.

사회과학대학 합격생: 면접은 정원의 2배수 인원이 응시합니다. 이런 상황을 긍정적으로 받아들이면, 결국 둘 중에 하나를 선발하는 것이니 나머지 한 명보다 내가 잘하면 된다고

생각할 수도 있지만 반대로 못하는 한 명이 될 수도 있다는 생각을 하니 두려운 마음도 들더군요. 또 서울대학교가 그 명성에 비추어 과연 누구나 다 쉽게 대답할 수 있는 제시문을 사용할까라는 의구심도 불안감의 한 요인이었습니다.

공과대학 합격생: 아마도 익숙하지 않은 상황에 대한 두려움일 것 같아요. 일단 대다수의 학생들은 수능 문제 유형에 익숙하기 때문에 선다형이 아닌 자신의 생각을 논리적으로 설명해야 하는 상황이 어려울 수도 있을 것 같아요. 그렇지만 수능 유형도 결국 사고력을 측정하기 위한 목적이고 서울대학교 면접도 큰 틀에서 다르지 않기 때문에 결국 친숙하지 않은 상황에 대한 두려움은 누구나 마찬가지일 것 같네요. 다만 기출 제시문을 보면 갈수록 쉬워 진다는 생각이 들기는 했어요. 그런데 한편으로 이런 문제는 다시는 나오지 않을 것이란 생각을 하니(웃음) 다시 긴장이 되기도 했죠. 특히 제가 서울과는 가장 먼 곳에서 공부하다 보니 사교육을 사실상 받을 수 있는 환경이 아니었기 때문에 괜히 사교육을 수월하게 받을 수 있는 친구들보다 불리하지는 않을까라는 생각도 했습니다.

간호대학 합격생: 앞에서 말한 친구들처럼 낯선 경험은 그 자체로 불안감을 준다는 생각을 합니다. 저는 그것과는 별도로 과학Ⅱ 공부가 수월하지 않은 일반고 환경에서 공부하다 보면 간혹 내가 지금 열심히 하고 있기는 한데 과연 서울대학교가 원하는 수준까지 제대로 하고 있는 것인지 스스로 궁금해지는 순간이 있습니다. 혼자서라도 열심히 하자라고 마음속으로 외치면서도 지금 내가 공부하는 방향이 맞는 것인지 불안할 때가 있었어요.

Q. 면접 제시문의 난이도는 어땠나요? 솔직하게 말씀해 주세요.

인문대학 합격생: 면접 경험이 두 번인 제가 먼저 말씀드릴게요. 인문계열 제시문(인문학, 사회과학)은 그 내용을 독해하는 과정이 중요한 것이고 산술적인 정답이 존재하지 않기 때문에 제시문 자체의 난이도를 측정하는 것은 의미가 없다고 생각해요. 어떤 제시문이 주어지더라도 차분히 읽고 자신의 생각을 전달하기만 하면 되는 것이기 때문이죠. 다만 체감 상 자신의 생각을 정리하기 좋은 제시문인가의 여부를 묻는다면 충분히 이번 제시문은 작년보다 수월하게 자신의 생각을 정리할 수 있었습니다.

준비 시간도 답변 시간도 여유가 있었어요. 인문학 제시문은 독해하는 데 어려움이 없었습니다. 사회과학 제시문은 자료의 해석을 요구하는 부분이 있었는데 어떻게 해석하느냐가 관건이어서 이 부분이 어려웠다면 난이도가 조금 느껴지는 요인이 될 수 있을 것 같습니다. 면접 말미에 면접관님이 제 논리에 대한 반론을 펼쳤는데 그 논리에 완벽하게 제가 설득되고 말았습니다(웃음). 그래도 반론에 다시 반론을 하고 싶었지만 주어진 시간이 얼마 남지 않아서 충분히 설득을 못 하고 나온 것이 내내 아쉬움으로 남았어요.

사회과학대학 합격생: 저는 사회과학과 수학 제시문을 받았습니다. 사회과학 제시문은 평이했어요. 다른 대학의 기출 논술 문항이나 면접 문항과 비교해 보면 더 쉽다는 느낌이 들 정도였어요. 수학은 1학년 과정에서 배우는 것이 나와서 순간 기억을 더듬어야 했습니다(웃음). 전반적으로 참신했다는 평가를 하고 싶네요. 작년 기출 제시문 수준으로 미루어 올해도 비슷한 수준일 거라고 생각했는데 실제로 예상했던 수준의 난이도로 출제됐다고 생각해요.

공과대학 합격생: 저희는 모든 모집단위가 수학만 보는데 작년 기출 제시문과 비교해 보면 더 쉬웠어요. 물론 쉽다는 것이 정말 기초적인 것이 나와 쉽다는 것이 아니고 어렵지 않다 또는 충분히 모든 물음에 답변이 가능하다는 말입니다. 따라서 제시문을 이해하는 데 절반, 어떻게 말로 전달할까 고민하는 데 절반을 답변 준비 시간으로 적절히 잘 사용했네요. 나중에 면접을 본 친구들과 이야기해 보니 전반적으로 쉬웠다는 것은 공감하는 분위기였습니다. 한두 문제 정도가 조금 더 생각을 해 봐야 하는 수준이지 않았나 생각합니다.

자연과학대학 지구환경과학부 합격생: 공과대학이 수학 제시문만 활용하는 것에 반해 자연대는 각 학과의 학문에 해당하는 고등학교 교과를 제시문으로 사용합니다. 지구환경과학부는 물리, 화학, 지구과학 중 1개를 선택할 수 있는데 저는 지구과학 제시문을 선택했어요. 고등학교에서도 3학년에 지구과학Ⅱ를 이수해서 자연스럽게 준비할 수 있는 방법을 택했습니다. 다만 서울대학교 면접은 수능 문제를 푸는 것과는 다릅니다. 낯설다라는 말의 느낌이 어렵다는 말과는 다른 의미이지만 수능과는 다르게 충분히 생각하고 답해야 하는 내용이 많습니다.

자연과학대학 물리·천문학부 물리학 전공 합격생: 저는 물리·천문학부여서 물리학 제시문이었습니다. 물리학이라는 교과 특성상 꼼꼼하게 알아야 할 것이 많습니다. 현상을 물리학의 관점에서는 판단할 수 있는 요소가 다양하기 때문에 스스로 어떤 지점에서 면접관이 만족할 만한 해석을 내놓을 수 있어야 하는가가 고민되는 부분이었습니다. 따라서 제시문의 난이도를 떠나 스스로 만족할 만한 대답을 찾아내야 한다는 점은 쉬운 부분이 아닙니다. 즉 제시문은 쉬웠다고 말할 수 있지만 그래프나 자료를 어떻게 해석하여 면접관에게 전달하는가는 별개의 문제라고 생각합니다. 특히 처음에는 쉽게 대답할 수 있는 내용이지만 마지막 부분에 답해야 하는 내용은 나름 변별력을 갖추고 있다고 생각했습니다. 아마도 정답을 알고 있는가를 확인하려는 것보다 학생이 진심으로 물리학에 관심이 있는지 확인해 보고자 하는 의도로 보였습니다.

자연과학대학 생명과학부 합격생: 저는 생명과학 제시문으로 면접을 봤어요. 생명과학도 작년이 매우 쉬웠다는 것을 알고 있었는데 올해도 작년 수준인 것 같네요. 그렇다고 제가 면접실에서 모든 답변을 완벽하게 했다고 여러분께 말씀드리지는 못할 것 같습니다. 특히 질문 하나는 주어진 개념을 통해 깊이 있게 생각하도록 하는 부분이 있어서 애를 좀 먹었어요. 간혹 면접관님이 유도 질문을 해 주시는 경우가 있다고 하는데 제게는 답변이 하나 끝나면 추가적으로 답변을 보강할 만한 의견은 없는지 정도를 말씀해 주셨던 것 같아요.

간호대학 합격생: 난이도를 평가하기에는 처음이자 마지막으로 본 서울대학교 면접이라 명확하게 말씀드리기는 어려울 것 같습니다(웃음). 저희 간호대는 인문계열과 자연계열 학생이 모두 지원하므로 인문학·사회과학을 선택할 수도 있고 화학·생명과학을 선택할 수도 있어요.
저는 화학·생명과학을 제시문으로 택했습니다. 앞에 공대나 자연대 친구들이 한 영역을 제시문으로 선택하는 것에 반해 화학과 생명과학 제시문 두 개를 준비해야 해서 각 제시문별로 시간을 어떻게 배분하는 것이 좋을지 고민해야 하는 부분이 있어서 시간이 조금 빠듯한 느낌이었어요. 평소에 생명과학보다 화학 공부를 많이 한 편이어서 저는 화학이 조금 더 쉬웠습니다. 상대적으로 익숙하지 않았던 생명과학은 학교에 생명과학을 잘하는 친구에게 도움을 많이 받았습니다. 면접실에서도 개념을 논리적으로 연결해 가는 과정을 잘 설명한다면 크게 어려움은 없을 것 같아요.

농업생명과학대학 합격생: 저도 화학과 생명과학 제시문을 응시했습니다. 정말 운이 좋았던 것인지 학교에서 생명과학Ⅱ와 화학Ⅱ를 모두 선택하여 공부할 수 있었습니다. 게다가 수능 문제 풀이 수업이 아니었어요. 개념을 정말 자세히 공부할 수 있도록 선생님들이 수업을 제공해 주셨습니다. 게다가 면접 제시문이 정말 교과서에서 공부한 내용들로 나왔습니다. 다만 좋은 답변을 도출하기 위해서는 제시문과 질문에 대해 충분히 생각해야 할 것 같습니다. 쉽다고 평범하게 답하는 것보다 충분히 자기 논리를 드러낼 수 있도록 준비하는 것이 좋을 것 같습니다.

미술대학(디자인학부) 합격생: 저는 제시문 활용 면접이 아니어서 별도의 난이도를 말씀드리기는 어렵습니다. 게다가 정답이 있는 질문이 아니기 때문에 결국 자신의 생각을 얼마나 논리적으로 답할 수 있는지 여부가 중요한 것 같습니다. 앞서 친구들이 말한 것처럼 저 역시 상상했던 것보다 따뜻한 분위기의 면접이어서 편하게 대답을 하고 나온 것 같습니다. 디자인에 대한 관심이나 제가 생각하는 디자인은 무엇인지 확인하고자 하는 질문이 많았습니다. 이를 확인하기 위해 학생부에 기재된 내용을 활용한 흥미로운 질문이 하나 기억에 남습니다. 제가 국어 시간에 연역추리와 귀납추리를 공부한 사실을 세부능력 및 특기사항에서 확인하시더니 디자인을 위한 디자이너의 논리적 접근 방식을 연역법과 귀납법을 사용하여 예를 들어 설명해 보라는 것이었어요(웃음). 물론 정답이 존재하는 질문은 아닙니다. 다만 평상시에 자신이 생각하는 디자인에 대해서 잘 정리하고 있다면 어렵지 않게 생각을 면접 관에게 전달할 수 있을 것 같네요.

생활과학대학 합격생: 앞에서 말한 간호대 친구처럼 저희도 두 가지 유형 중 하나를 선택할 수 있어요. 저는 화학·생명과학 제시문을 선택했습니다. 마찬가지로 두 가지 제시문에 답변 해야 해서 준비실에서 제시문을 받았을 때는 조금 당황스러운 마음도 있었습니다. 번갈아 가면서 제시문을 보기도 했지만 하나씩 순서대로 풀이하다 보니 나름 답변 준비 시간을 잘 활용한 것 같아요. 사람마다 다를 수 있겠지만 처음부터 하나를 마치고 다음 제시문을 보는 것이 시간도 절약되고 생각의 흐름도 잘 정리할 수 있는 방법이라 생각합니다. 개념을 활용 하여 논리적으로 설명하는 것이 면접의 핵심이므로 쉬운 문제를 먼저 찾아 빨리 풀어 시간 을 절약하는 선다형 시험과는 전혀 다른 방식이라는 점을 강조하고 싶습니다.

Q. 가장 중요한 질문입니다. 어떻게 면접을 준비하면 여러분처럼 좋은 결과를 얻을 수 있을까요?

농업생명과학대학 합격생: 제가 먼저 말씀드리겠습니다. 앞서도 말씀드렸지만 전 학교에서 제가 원하는 과학Ⅱ 과목을 공부할 수 있었던 게 좋았습니다. 수업도 수능 준비가 아니라 제대로 된 과학을 배울 수 있었던 것이 다행이라는 생각도 듭니다. 교내 과학 경시대회를 준비하는 과정도 도움이 됐습니다. 다른 대학의 기출 논술 문제나 기출 제시문을 보면서 연 습하는 것도 추천 합니다. 저는 거점학교의 실험 수업이 도움이 컸던 것 같습니다. 직접 실 험을 해 보면 단지 글로 읽어 아는 수준이 아니라 제대로 이해하는 데 굉장히 도움이 되는 것을 알았어요. 실험도 교과서 내용 중 아주 세세한 부분까지 할 수 있었는데 이론이나 원 리를 더욱 잘 습득하는 데 도움이 된 것 같습니다.

간호대학 합격생: 직접 경험해 보는 것이 가장 좋겠지만 준비하는 입장에서 불가능한 일이 잖아요. 학교 선생님이나 면접을 치른 학교 선배들의 조언이 있으면 도움이 될 것 같아요. 공부는 혼자서 할 수 있는 부분이 많지만 실제 나의 생각을 피력하면서 말하는 연습은 주변 의 도움을 받아야 효과적일 것 같아요. 내가 말을 제대로 하고 있는 것인지 그리고 연습을 하면서 실력이 나아지고 있는지를 점검해 줄 만한 사람이 있으면 좋을 것 같습니다. 또 학 교에서 개설되지 않는 과목을 공부해야 하는 경우도 있어요. 혼자서 어떻게든 공부해도 좋

은 결과를 얻기는 하였지만 이 자리를 통해 학생이 수강하고 싶은 과목이 학교에서 충분히 개설되었으면 하는 마음을 전합니다.

사회과학대학 합격생: 저 역시도 비슷한 경험에 빈번히 노출되는 것이 가장 좋은 준비 방법이라 생각합니다. 학교마다 사정이 다르겠지만 수업이나 토론, 발표 프로그램이 충분히 제공되고 또 이를 적극적으로 활용하는 것이 도움이 될 것 같습니다.

사회과학 제시문은 평상시 교과서의 배경 지식만 잘 익혀도 큰 어려움이 없을 것 같습니다. 인문 수학은 확실히 단편적인 지식만으로 좋은 결과를 얻기는 쉽지 않을 것 같습니다. 누구나 쉽게 할 수 있는 말이지만 지속성을 바탕으로 꾸준히 공부하는 것이 중요합니다. 특히 1학년 때 배운 내용을 오랜만에 접하면 내용의 난이도를 떠나 순간 당황할 수 있으므로 지금 배우고 있는 내용도 잘 익혀야 하겠지만 과거에 배웠던 내용도 확실히 숙지하고 있어야 할 것 같습니다.

미술대학(디자인학부) 합격생: 역시 말할 기회가 많으면 좋겠습니다. 친구들과 대화하는 것도 선생님과의 대화도 그렇고 기회를 잘 활용할 필요가 있습니다. 자기 생각을 논리적으로 펼치기 위해서는 비슷한 말하기 경험을 스스로 쌓기를 바랍니다. 면접은 결국 나 자신을 밝히는 말하기입니다. 나 자신에 대한 키워드를 스스로 정리한 후 이를 바탕으로 말할 거리를 만들어 보세요. 저는 거울을 보면서 혹은 스마트폰 동영상 기능을 이용해서 혼자서 말하는 연습도 해 보고 부모님과도 연습을 해 보았습니다. 물론 학교에서 개최하는 토론대회, 발표대회도 참가한 경험이 도움이 됐습니다.

자연과학대학 합격생: 저는 사람들 앞에서 말하는 것에 그리 익숙하지도 않았고 사실 좀 두려운 마음을 갖고 있는 편입니다. 그래서 1단계 합격자 발표 이후 다급한 마음에 학원 특강에 한번 참가해 보았습니다. 특강은 제가 원하는 내용이 아니었어요. 게다가 수강료도 상당히 비쌌습니다. 그래서 방법을 찾은 것이 학교의 면접반입니다. 꼭 서울대학교 제시문 활용 면접에 특화된 곳은 아니었지만 학교 선생님들께서 많은 도움을 주셨습니다. 일단 면접은 말하는 것이 기본이기 때문에 표현하고 전달하는 연습도 필요했습니다. 저 역시도 부모님과 연습도 해 보고 거울을 보며 말하는 연습을 했습니다. 처음보다 말하기가 익숙해지고 있다는 느낌을 받았어요. 물론 학교에서 이루어지는 수업을 통해 발표, 토론 등 말하기 연습을 할 수 있는 기회가 없지는 않지만 아직 조금 그 기회가 충분히 제공되고 있지 못한 것이 현실입니다. 그렇다고 낙담할 필요는 없어요. 어차피 면접은 남이 대신 보는 것이 아니니 여기 모인 다른 친구들의 조언도 잘 참고해 보면서 자기에게 맞는 준비 방법을 찾아보세요. 수능을 마치면 면접일까지 일주일이죠. 학원도 알아보았지만 충분히 대비할 만한 시간은

아니었어요. 어차피 배운 것에서 나올 테니 혼자서 교과서나 보는 것이 낫겠다고 생각했죠. 면접에서 중요한 것은 내가 알고 있는 것과 그 알고 있는 것을 전달하는 것 두 가지가 모두 중요합니다. 그러면 알아야 할 것은 스스로 책을 보며 공부하면 될 것이고 전달하는 연습은 아는 것이 있어야 전달할 수 있으므로 저는 알아야 할 것을 먼저 했습니다. 앞서도 말씀드 렸지만 학교 교육과정에서 제가 선택한 제시문과 관련된 과학Ⅱ 과목을 공부할 수 있어서 좋은 점이 있었습니다. 지적인 면을 향상시키는 방법은 평상시 자신이 배운 내용에 대해 끊임없이 질문하고 연습하는 것입니다. 말하는 연습도 마찬가지라고 생각합니다. 제가 다닌 고교는 수능을 선호하는 학교라 수업에서 발표할 기회가 많이 없었습니다. 결국 스스로 방법을 찾아야 했습니다. 자신이 원하는 전공을 공부하기 위해서는 해당 교과에 대한 관심을 스스로 해결해야 하므로 평상시 그만큼 공부하는 것이 당연한 것이라 생각합니다.

생활과학대학 합격생: 저도 불안한 마음에 학원을 찾았지만 혼자 공부하는 것이 낫겠다는 생각을 했어요. 시간도 없는데 문제만 풀고 있는 것이 별로 효율적이지 않다고 생각했습니다. 단기간에 많은 지식을 공부하는 것은 학원에 간다고 해소되는 것도 아니고 학원에서 알려 주어도 내 것으로 만들지 못하면 소용이 없잖아요. 그래서 혼자 공부하는 방법을 선택했고 과거에 공부한 내용을 천천히 점검하는 방식으로 공부했습니다. 면접일 전까지 충분히 공부했구나 하는 안도감은 없었지만 중요한 개념은 분명하게 익히려고 했습니다.

공과대학 합격생: 아로리에서 선배들의 경험담을 통해 주변 기회를 활용하는 것이 중요하다고 하여 수업 시간에 발표 기회를 적극 활용했어요. 교과서 내에서만 나온다고 했고 작년 기출 제시문도 그렇다는 것을 확인했지만 그래도 마음이 안 놓이더라고요. 저 역시도 후배들을 위해 가장 먼저 드리고 싶은 말씀은 교과서 중심으로 공부하라는 점입니다. 단편적인 선다형 문제 풀이는 큰 도움이 되지 않아요. 그래서 서술형 문항을 많이 푸는 방법도 추천합니다. 그리고 푼 내용을 말로 표현하는 연습을 해 보세요. 서울대학교 면접은 기본 개념이 철저해야 합니다. 제시문에서 요구하는 것도 결국 단편적인 지식만 쌓는 연습을 한 것인지 아니면 제대로 개념을 익히고 있는지를 파고드는 질문이 나오는 것 같습니다.
저는 학원에 다닐 수 없는 외진 환경에서 공부했습니다. 게다가 내신도 별로 좋은 편이 아니라고 생각해서 면접 준비에 최선을 다해야 하는 상황이었습니다. 주변에 면접을 준비하는 친구들도 같은 처지여서 결국 친구들과 준비했습니다. 친구들과 면접 상황을 가정하여 서로 말하는 연습을 도왔습니다. 자료를 공유하는 것도 활발히 하였습니다. 물론 이 사정을 학교 선생님들이 더 잘 알고 계셔서 많은 도움을 주셨습니다. 수학은 학교 수업에서 수동적으로 받아들이는 것만으로 충분하지 않습니다. 그렇다고 학원까지 다니면서 비슷한 문제를 풀고 또 풀어 실수를 줄이는 연습도 큰 의미가 없어요. 앞서 친구가 말한 것처럼 긴 시간을

들여 한 문제를 풀더라도 제대로 풀고 그걸 말로 옮기는 연습이 가장 중요할 것 같습니다.

인문대학 합격생: 아까부터 제가 경험이 많다는 것을 말씀드려 조금 민망하기는 하지만 작년에도 그랬고 올해도 마찬가지인 게 인문학과 사회과학은 역시 손 닿는 곳에 책을 두고 '좋은 글'을 많이 접하는 게 가장 중요하다고 생각합니다. 단지 읽는 것이 중요한 것이 아니라 작은 아이디어라도 내 생각에 견주어 이해하는 것이 평상시에 꾸준히 이루어진다면 면접에서 나쁜 결과는 나올 수 없을 것 같습니다. 단지 면접 하나만을 위해 그렇게 하라는 것이 아닙니다. 인문학을 전공하고자 하는 학생이라면 책을 곁에 두는 것이 지극히 당연한 것입니다. 그래야 대학에서 공부하는 기본적인 태도를 갖출 수 있지 않을까 생각합니다. 아울러 서울대학교 합격생이 전국에서도 드물고 인문대학에 입학하는 학생은 더더욱 드물기 때문에 고등학교에 계신 선생님들이 실제 서울대학교 면접을 돕고 싶어도 돕지 못하는 상황이 일반적일 것 같습니다. 모든 학생이 그렇겠지만 불안감 때문에 학원을 다니게 되는데 꼭 말씀드리고 싶은 것은 인문·사회계열 면접을 준비하는 학생이라면 사교육은 필요 없다는 것을 단호하게 말씀드립니다. 중요한 것은 진심으로 자신이 인문학을 정말 좋아하는지, 그렇다면 그 좋아함을 위해 책을 읽고 시간을 충분히 내어 사고했는지부터 생각해 봐야 할 것입니다.

저도 앞에 공대 친구와 마찬가지로 학원도 다닐 수 없는 환경이었고 역시 내신도 남들보다 좋다고 생각하지 않았습니다(웃음). 저는 자신감을 강조하고 싶어요. 수업을 통해 준비하는 것이 좋다는 선생님의 조언을 실천하는 데 주력했죠. 고등학교 인문·사회교과에 나오는 기본개념을 익히는 데 집중했습니다. 기출 제시문을 보면 상투적인 정답을 요구하는 것이 아니란 것을 쉽게 알 수 있습니다. 따라서 주어진 문제 상황에서 논리적으로 답변을 하되 분명한 나의 생각으로 드러내는 연습을 했습니다. 또 학교 수업이나 교내 경시가 면접 준비에 도움이 되는 것은 맞지만 본인 스스로 노력하는 것도 중요합니다. 학교에서 소수를 위해 별도로 무엇인가를 제공하는 것은 한계가 있다고 생각합니다. 특히 일주일이라는 시간 동안 충분히 준비할 수 있는 것도 한계가 있고요. 어떻게든 1학년 때부터 시간을 내어 독서하는 것이 가장 중요합니다. 3학년 2학기는 정신이 없겠지만 짧은 글이라도 틈틈이 읽어서 감각을 잃지 않는 것이 필요합니다. 특히 충분히 생각할 시간적 여유가 없다면 전문가들의 견해를 담은 다양한 글을 통해 여러 시각을 두루 살피는 방법도 추천합니다.

Q. 혹시 더 조언해 줄 내용이 있나요?

인문대학 합격생: 사실 전 긴장이 하나도 되지 않았습니다. 오히려 면접이 끝나고 긴장이 되더군요. 과연 내가 합격할 수 있을까… 집중하면 긴장감이 오히려 가라앉는 것 같습니다. 자신감, 집중력을 강조하고 싶어요.

자연과학대학 합격생: 학교 분위기가 비록 수능 수능 하는 곳이더라도 1학년 때부터 목표를 분명히 갖고 노력했으면 좋겠어요. 주변 분위기에 휩쓸리지 말고 자신이 원하는 것이 무엇인지, 꼭 무슨 과, 무슨 대학을 가야지가 아니고 처음부터 성실히 학교생활을 하면 3학년 때는 오히려 마음이 편합니다. 선택의 폭이 넓어져요. 그래서 면접도 잘 볼 수 있었던 것 같네요.

공과대학 합격생: 옆에 친구들 이야기를 들어 보니 다 비슷비슷한 생각이어서 놀랍네요. 저는 여담을 하나 하겠습니다. 아까도 나온 이야기인데 면접실이 정말 아담합니다. 자신감을 갖고 이야기하다 보면 목소리가 조금 커지고 발음도 격해지다 보면 입 안의 액체가 튀어 나가 면접관님 얼굴로 향하는 경우가 있어요(웃음). 그렇다고 절대 고개를 돌리거나 떨구면 안 됩니다. 당당해야 합격합니다!

05

예상문제[7]

※ 제시문을 읽고 문제에 답하시오.

(가) A는 역사가란 자신의 편견에서 온전히 벗어나 세계를 바라보아야 하며, 과거의 사건을 그것이 실제로 일어난 대로 말해야 한다고 주장했다. '일어난 사실'은 어느 누구도 건드릴 수 없는 성스러운 영역이므로 역사가는 자기 자신의 편견이나 생각을 버리고 실제로 일어난 사실을 그대로 살펴야 한다는 것이다. A는 역사가가 자기 자신을 역사서술에서 소거하여야 한다고 강조했다.

B는 역사적 사실은 단순히 지나간 과거의 것이 아니라 현재 역사가의 사유 안에 있는 진술이라고 주장했다. 역사적 사실은 역사가에 의해 주관적으로 해석된 서술이고, 그 사건을 표현하는 사람의 마음에 있는 현재의 감상이라는 것이다. 그리하여 B는 "모든 사람이 각각 자신의 역사가"라고 주장했다.

C는 역사연구에 있어서 사실과 역사가는 모두 필요한 요소로 어느 한쪽을 더 강조할 문제가 아니라고 주장했다. C는 "역사가는 사실의 노예도 아니고 강압적인 주인도 아니다. 역사가와 역사적 사실은 평등한 관계에 있다. 역사가는 그의 해석에 맞추어 사실을 연구하고, 그의 사실에 맞추어 해석을 하는 끊임없는 과정에 몰두한다. 역사는 역사가와 사실과의 상호작용의 부단한 과정이며 현재와 과거의 끊임없는 대화이다"라고 주장했다.

(나) 우리가 역사를 알려는 이유는 선택한 사실(史實)*에 대한 지식을 풍부하게 하고, 그것이 가지는 의미를 알아서 인류 역사 전체를 통해 흐르는 법칙성을 이해하고 그것을 바탕으로 오늘의 문제 해결에 도움을 얻고자 하는 데 있다. 사실(史實)을 해석하는 데는 역사적 사실(事實)도 중요하지만 그 역사적 사실을 선택할 때의 현재적 요구도 중요하다. 한글이 창제된 일은 사실(史實)이지만, 한글이 가지는 역사적 의미는 시대에 따라 달라져 왔다. 조선 시대에는 어리석은 백성을 가엾게 여기는 것에 한정되었지만, 일제 강점기에는 한글을 연구하고 사용하는 것이 독립운동의 일환이라는 의미가 있었다.

*사실(史實) : 역사에 실제로 일어난 사실(事實).

---

7   저자가 논술 기출문제를 변형해 만든 제시문 기반면접 유형의 모의 면접(인문사례) 출제 사례. 인문·자연 계열 모두 제시문 기반 면접 준비는 논술 기출문제 풀이가 가장 좋다.

(다) 영화 『라쇼몽(羅生門)』에서 등장인물들은 모두 자기 입장에서 하나의 살인 사건을 다르게 해석하고 있다. 이렇게 우리 주변에는 사회적 사실에 대한 사람들의 이해와 해석이 다른 경우가 많다. 독일의 인지생물학자 야코프 폰 윅스퀼(Jakob von Uexküll)은 인간을 포함한 모든 동물은 스스로 임의의 가상세계를 구성하여 산다고 주장했다. 세상에는 누구에게나 똑같이 파악되는 객관적 세계가 아예 존재하지 않는 대신, 각 생물체가 구성하는 다양한 가상세계만 존재한다는 것이다. 이런 관점에서 본다면 역사적 서술들은 이를 구성하는 자의 것이다. 역사적 서술은 사실에 대해 언급하고 있는 것 같지 않다는 말이다. 역사서술이 주관적인 구성요인을 가지고 있다는 것은 이미 잘 알려진 주장이다. 나는 무슨 이유로 우리가 역사책에 기록된 사건을 사실로 인식하는지가 더욱 궁금하다.

(라) 인간은 역사학이 과거를 심판하고 미래에 도움이 되기를 열망하여 왔다. 그러나 나의 역사서술은 그러한 허황된 바람을 이루려는 것이 아니라 다만 그것들이 원래 어떻게 되어 있었는가를 알려 할 뿐이다. 아무리 보기 싫고 추한 사실이라도 그것을 정확하게 나타내는 일이 역사서술의 가장 훌륭한 원리임을 알아야 한다. 역사의 효능은 관련된 정보의 풍부함보다도 확실성에 있는 것이다. 역사서술에는 인간의 사심 없는 판단이 필요하다.

(마) 사회·문화 현상을 탐구하기 위한 방법은 양적 방법론과 질적 방법론으로 나뉜다. 양적 방법론은 사회·문화 현상도 자연 현상과 마찬가지로 과학적 방법론을 적용하여 탐구할 수 있다고 본다. 계량화나 통계적 방법을 이용하여 사회·문화 현상의 인과관계를 밝히는 것이 양적 방법론의 궁극적 목적이다. 반면, 질적 방법론은 사회·문화 현상이 자연 현상과는 근본적으로 다르다는 점을 강조한다. 사회·문화 현상에서는 행위자의 주관적인 동기와 의미가 개입되어 있기 때문이라는 것이다. 이런 이유에서 질적 방법론에서는 사회적 맥락과 연구자의 경험이나 지식, 가치 등이 사회·문화 현상을 해석하는 데 유용하게 활용될 수 있다고 본다.

문제 1 (나), (다), (라)의 핵심 요지와 동일한 주장을 하고 있는 역사학자가 누구인지, 제시문 (가)에서 각각 찾아서 말하고 그 이유를 설명하시오.

문제 2 (다)와 (라)는 제시문 (마)의 '양적 방법론'과 '질적 방법론' 중 어느 것과 각각 상응하는지 찾아서 말하고 그 이유를 설명하시오.

✔️ 문항 해설

역사적 사실과 역사가 간의 관계 그리고 역사서술을 바라보는 시각은 동일하지 않다. 이 점을 학생들이 이해하고 있는지 묻는 것이 이 문제의 출제의도다. 제시문 (가)의 A는 실증주의 역사관을, B는 상대주의와 구성주의 및 주관주의 역사관을, C는 절충주의 역사관을 추구한다. 따라서 역사적 사실과 역사가 간의 균형과 절충을 강조하는 제시문 (나)는 C와 상응하고, 주관성과 가상세계 및 구성주의를 강조하는 제시문 (다)는 B와 상응한다. 그리고 역사적 사실을 강조하는 제시문 (라)는 A와 상응한다. 또한 사회 문화 현상을 설명하는 방법론 중 질적 방법론은 주관성과 상대성을 강조한다는 점에서 제시문 (다)와 상응하고, 양적 방법론은 객관성과 사실 및 실증주의를 중시한다는 점에서 제시문 (라)와 상응한다.

06

기출문제

2021학년도 수시모집 일반전형 면접 및 구술고사(인문학)

(가) 그녀는 남성들을 비난하느라 시간을 낭비할 필요가 없다. 허용되지 않은 경험과 지식을 갈망하느라 마음의 평화를 망칠 필요가 없다. 두려움과 증오는 거의 사라졌다. 확실히 소설가로서 높은 수준의 장점을 누리게 되었다. 폭넓고 열렬하고 자유로운 감수성을 지닌 것이다. 그녀는 거의 느껴질까 말까 한 감촉에도 반응한다. 마치 야외에 새로 심은 식물이 다가오는 모든 풍경과 소리를 흠뻑 빨아들이듯이. 거의 알려지지 않거나 기록되지 않은 것을 아주 세심하게 또 호기심에 가득 차서 살펴본다. 사소한 것을 보듬고는 그것이 결국 사소하지 않음을 보여준다. 묻혀있던 것을 드러내어 그렇게 묻어야 했던 이유가 있었는지 돌아보게 한다. 그녀는 비록 서툴기도 하고 유명한 남성작가를 따르는 전통의 후예도 아니지만, 가장 중요한 교훈을 깨우쳤다. 여성으로서, 자신이 여성이라는 것을 잊어버린 여성으로서, 쓸 줄 안다.

(나) 글을 쓰는 동기 중에는 어떤 사회를 지향할지에 대한 사람들의 생각을 바꾸려는 정치적 욕망이 있다. 정치적 편향에서 진정으로 자유로운 글은 없다. 예술이 정치와 무관해야 한다는 의견은 그 자체가 정치적 태도이다. 평화로운 시대였으면 나는 정치적 지향을 모르고 살았을 수도 있다. 히틀러의 등장을 목격하면서 전체주의에 맞서는 작품을 써야 했다. 내가 가장 하고 싶었던 것은 정치적 글쓰기를 예술로 만드는 일이었다. 불의를 감지하는 것이 출발점이었다. 사람들이 거의 알지 못하는 중요한 사실이나 거짓을 드러내려 했고, 우선 사람들이 들어주길 바랐다. 그렇다고 해도 글쓰기가 미적 경험이 아니라면 쓸 수 없었다. 글쓰기는 고통스러운 병마와 싸우는 것처럼 끔찍하고 고단한 투쟁이다. 자신의 개인성을 지우려 분투하지 않으면 결코 읽을 만한 글을 쓸 수 없다.

문제 1 (가)와 (나)에서 작가가 갖추어야 할 자질들을 찾아 차이점과 공통점을 설명하시오.

문제 2 위에서 답변한 내용 중 어떤 자질이 문학 이외의 영역에서도 중요하다고 생각하는가? 자신이 속한 공동체의 관점에서 구체적으로 설명하시오.

☑ 활용 모집단위(오후)

[문제 1, 2]
인문대학 | 사회과학대학(경제학부 제외) | 사범대학(교육학과, 국어교육과, 영어교육과, 독어교육과, 불어교육과, 윤리교육과, 체육교육과) | 자유전공학부

☑ 문항해설

두 제시문은 감수성을 강조하는 글쓰기와 정치성을 강조하는 글쓰기의 대비를 보여주는 동시에 작가의 자기 극복이라는 공통점을 가진다. 차이점을 지나치게 단순화하는 답변은 바람직하지 않다. 예컨대, (가)는 여성작가이고 (나)는 남성작가이다, (가)는 감성적 작가이고 (나)는 이성적 작가이다, (가)는 순수문학을 추구하고 (나)는 참여문학을 추구한다, 등은 틀린 대답은 아니지만, 두 제시문을 꼼꼼하게 읽지 않고 고정관념에 의존한 결과에 가깝다. 두 제시문은 작가의 구체적인 '글쓰기 노동'을 묘사한다는 특징이 있다. 따라서 이와 같은 답변이 나오면, 제시문의 어떤 구절을 근거로 답변했는지 되물어보면서 추가 설명을 유도할 수 있다.

[문제 1]에서 두 제시문의 차이점과 공통점을 종합적으로 물었기 때문에 [문제 2]에서 두 제시문의 우열을 가리는 것이 초점은 아니다. 대신, 어느 하나의 자질을 골라서 공동체에 대한 고민과 연결하여 사고를 확장하고 응용하도록 문항을 구성했다. '본인이 속한 공동체'는 학생이 생각하는 학교, 지역사회, 국가, 세계등 다양할 수 있다. 학생이 생각하는 공동체가 어떤 성격이나 문제를 가지고 있다고 생각하는지, 그리고 그 성격에 맞거나 그 문제의 해결에 도움이 되는 자질이 무엇이라고 생각하는지에 초점이 있다.

☑ 출제의도

[문제1] 정확한 독해력 및 논리적 사고력을 평가함
[문제2] 응용력과 창의력을 평가함

2021학년도 수시모집 일반전형 면접 및 구술고사(사회과학)

(가) 2014년 런던 지하철 노조가 부분파업을 벌였다. 이틀 동안 일부 역에서 열차가 정차하지 않았고, 이 때문에 사람들이 새 통근 경로를 찾아야 했다. 이런 상황이 되자 사람들은 평소보다 더 빠른 길이 있음을 알게 됐다. 일상적인 길이 막힌 후에야 새로운 길을 찾게 된 것이다. 매일 소모하는 통근 시간을 단축하는 일이 무시할 만한 것이 아님에도, 사람들은 좀처럼 새로운 시도를 하지 않는다. 한 연구에 의하면 인간 행동의 47%가 습관적인 것이라고 한다.

(나) 어떤 연구 결과에 따르면, 스마트폰을 하루에 세 시간 이상 사용하는 아동은 그렇지 않은 아동보다 자살 충동을 느낄 확률이 30% 이상 높다. 하루에 다섯 시간 이상이면 그 확률이 50% 이상 높아진다고 한다. 아동은 스마트폰 과용의 위험을 잘 모르고 있다. 학교에서 스마트폰 사용을 법적으로 금지하기로 한 프랑스의 조치는 과하다기보다 오히려 부족한 것처럼 보인다.

(다) 학교 교육에서 부모와 학생은 소비자이며 교사와 학교관리자는 생산자이다. 학교 교육의 국영화와 중앙집권화로 인해 교육 단위는 대규모화되고 소비자의 선택권은 약화되었으며 생산자의 힘은 커졌다. 교사와 학교관리자도 부모일 수 있으며 학교가 그들의 자녀를 훌륭한 인재로 교육해 주기를 바랄 것이다. 그러나 교사와 학교관리자로서 그들의 이익은 중앙집권화와 관료화를 통해 증가될 수 있다. 소비자로서 부모의 이익은 그렇지 않다.

(라) 1962년 미국은 모든 새로운 의약품은 판매 전에 효험과 안전성에 대해서 식약청의 승인을 받아야 한다는 법을 도입하였다. 물론 모든 사람은 그들이 사용하는 약품이 안전한 것이길 원한다. 그러나 말기 암 환자들의 경우 부작용의 위험을 감수하고서라도 실험적인 약품이나 치료법을 시도해 볼 의향을 가지고 있다. 한 연구에 따르면 1962년 이후 미국의 신약 개발이 현저하게 감소했다고 한다.

문제 1 제시문을 모두 활용하여 '정부는 개인의 선택을 제한할 필요가 있다'라는 주장에 대해 자신의 견해를 제시하시오.

문제 2 위에서 답변한 내용에 비추어 '전염병 확산기에 백신 접종을 직장 출근의 조건으로 의무화하는 정부의 정책'에 대해 찬성 혹은 반대의 견해를 밝히고 그 이유를 설명하시오. 자신의 주장을 뒷받침하려면 어떤 데이터가 필요할지도 설명하시오.

☑ 활용 모집단위(오후)

[문제 1, 2]

인문대학 | 사회과학대학 | 사범대학(교육학과, 국어교육과, 영어교육과, 독어교육과, 불어교육과, 윤리교육과, 체육교육과) | 자유전공학부

☑ 문항해설

- 네 개의 제시문은 자유로운 개인의 선택과 정부의 개입에 대한 내용임. 제시문(가)와 (나)는 개인의 선택이 항상 최선의 결과를 가져오는 것은 아니므로 개인의 선택에 제약을 가하는 정부의 정책적 개입을 정당화하는 논거로 사용될 수 있음. 반면에 제시문 (다)와 (라)는 정부의 관료주의, 정책의 의도치 않은 부작용을 지적하여 정부 개입에 대한 반대 논거로 사용될 수 있음. 정부 개입의 정당성을 찬성하는 입장은 (가)와 (나)를 지지하는 논거로 삼고 (다)와 (라)의 내용을 반박할 수 있음. 정부 개입의 정당성을 반대하는 입장은 (다)와 (라)를 논거로 삼고 (가)와 (나)의 내용을 반박할 수 있음.

- 직장인 대상 백신 접종 의무화라는 정부의 개입이 정당한가를 묻는 문항임. [문제 1] 답변의 연장선에서 논의를 전개하는 것이 중요함. [문제 1]에서 개인 선택의 중요성을 강조했더라도, 근거를 가지고 정부 개입을 지지하는 입장으로 전환해도 무방함. 예를 들어, 개인의 선택이 다른 사람에게도 영향을 주는 외부성을 가지고 있다는 점에서 제시문의 비효율적인 출퇴근길 선택이나 스마트폰 과용의 경우와는 다름. 반대로 [문제 1]에서는 정부 개입을 지지했지만 [문제 2]에서는 직장인에 한정된 차별적 규제이기 때문에 정부 개입을 반대할 수도 있음.

☑ 출제의도

[문제1] 사례를 이용하여 자신의 견해를 논리적으로 전개하는 능력을 평가함

[문제2] 서로 다른 상황을 비교하는 능력과 주장을 뒷받침하는 데이터를 생각해 보는 능력을 평가함

2019학년도 수시모집 일반전형 면접 및 구술고사(인문학)

※ 제시문을 읽고 문제에 답하시오.

(가) 세상에 백락(伯樂)*이 있은 다음에야 천리마가 있다. 천리마는 항상 있으나 백락이 항상 있는 것은 아니다. 그러므로 비록 명마(名馬)가 있다 해도, 단지 지체 낮은 일꾼들 손에 모욕이나 당하다가 마구간 구석에서 죽고 말아 천리마로 불리지 못하기도 한다. 말 가운데 천 리를 가는 말은 한 끼에 곡식 한 섬을 먹어야 하는데, 말을 먹이는 자가 천 리를 달릴 수 있는 말인지 모르고 먹인다. 이런 말은 비록 천 리를 가는 능력이 있으나, 먹는 것이 충분하지 않아 힘이 부족하여 그 재능을 밖으로 드러내지 못한다. 게다가 보통 말처럼 되고 싶어도 그 또한 불가능하니, 어찌 천 리를 가기를 바랄 수 있겠는가? 말을 채찍질하되 천리마에 어울리는 방법으로 하지 않고, 먹이되 그 재능을 다 발휘하지 못하게 하고, 말이 울어도 그 뜻을 알아채지 못하면서도, 채찍을 들고 말 앞에 다가가 "천하에 훌륭한 말이 없구나!"라고 한다. 아, 정말로 천리마가 없는 것인가 아니면 천리마를 알아보지 못하는 것인가.

　　　　　　　　　　　　　　　　　　　* 백락(伯樂): 중국 고대에 명마를 잘 감별했던 사람

(나) 매년 수많은 젊은이들이 대학에서 무엇을 공부할지 결정해야 한다. 이것은 대단히 중요하면서도 그만큼 어려운 결정이다. 특히나, 현명한 결정을 내리기 어려운 이유는 각기 다른 직업에서 성공하는 데 필요한 자질이 무엇인지 잘 모르는 데다, 자신의 장단점을 정확히 아는 것도 아니기 때문이다. 미래에는 진로를 결정할 때 빅데이터에 기반한 예측 알고리즘에 의지할 수 있을 것이다. 예를 들어 미래의 인공지능은 의사를 직업으로 선택하려는 나에게 의대에 가면 시간 낭비가 되겠지만, 뛰어난 (게다가 아주 행복한) 작가나 기술자가 될 수 있다고 조언해줄 수도 있을 것이다.

문제 1 (가)에는 '백락, 천리마, 일꾼, 보통 말'이 언급되어 있다. 여러분이 이 글의 작가라면, 이들 넷으로 비유할 만한 사람 가운데 누구에게 이 글을 읽으라고 권유하겠는가? 넷 중에서 둘 이상을 고르고, 그 이유를 설명하시오.

문제 2 (나)의 '인공지능'이 (가)의 '백락'의 역할을 대신한다면, (가)에서 우려하는 문제는 거의 사라질 것이라는 의견이 있다. 이와 관련하여, (가)의 '천리마'의 입장에서 자신의 견해를 밝히시오.

☑ 활용 모집단위(오후)

[문제 1, 2]

인문대학, 사회과학대학(경제학부 제외), 자유전공학부

사범대학 교육학과, 국어교육과, 영어교육과, 독어교육과, 불어교육과, 윤리교육과, 체육교육과

☑ 문항해설

- (가)를 통해, 타인에 대한 평가와 자기 자신에 대한 평가의 일치/불일치 상황을 상정하고, 그러한 조건 속에서 네 가지 유형(백락, 천리마, 일꾼, 보통 말)의 사람들이 각기 어떤 위치에서 어떤 태도를 취할 수 있고 혹은 취해야 하는지 묻고자 함
- 지금까지 진로선택 같은 인생의 중요한 선택을 예측할 때는 주위 사람의 조언이 나 자기 자신의 판단에 의존해 왔음. 하지만 미래에 인공지능이 그러한 역할(백락 같은 사람의 역할)을 대신하게 되면, 인간의 능력에 의존할 때에 비해 여러가지 장단점이 있을 수 있음. 또한 사회에 막대한 파급효과가 있을 것으로 여겨짐. 수험생이 그러한 장단점 및 장기적인 파급효과를 제대로 파악할 수 있는지, 리고 자신의 견해를 적절한 기준과 논리로 설명할 수 있는지 평가하고자 함

☑ 출제의도

- 제시문의 내용을 정확하게 파악하는 독해력을 기반으로 유사 상황을 상상하고 그것에 적용할 수 있는 창의적 응용력을 평가함
- (가)와 (나)의 핵심 주제를 정확히 파악하고, 두 지문을 적절하게 연결하면서 자신의 논리를 펼 수 있는 능력을 평가하려 함

2018학년도 수시모집 일반전형 면접 및 구술고사(인문학)

※ 제시문을 읽고 문제에 답하시오.

(가) 백남준의 예술은 음악에서 출발하여 실험적 해프닝을 거치며 시각적 요소가 접목되어 새로운 영역을 열었다. 그는 자신이 추구하는 음악에 모두가 함께 눈으로 볼 수 있는 행위를 덧붙이고자 하였다. 그의 예술 세계는 음악이라는 청각적 요소와 행위라는 시각적 요소가 결합된 일종의 복합적 형태로 확대된다. 실제로 백남준은 공연 도중 피아노와 바이올린을 부수거나 관객의 넥타이를 자르는 등 기존 음악이 추구하는 미적 질서를 파괴하기도 했다.

(나) 오페라의 탄생은 르네상스 시기 피렌체의 인문주의자 모임 '카메라타'*에서 비롯되었다. 이들은 그리스 비극을 공연예술이 다다를 수 있는 최상의 상태라고 생각했기에 글로만 전해졌던 그리스 비극을 무대 위에 복원하고자 했다. 하지만 그리스 비극의 공연 방식에 대해 알려진 바는 많지 않았다. 배우들과 '코러스'라 불렸던 무대 위의 배역들이 소박한 반주에 맞춰 간단한 단선율의 노래로 대사를 전달했고, 코러스는 춤을 추기도 했다는 정도가 고작이었다. 따라서 완벽한 복원이 목표였다 해도 르네상스 시기의 악기로 구성된 오케스트라가 동원되고 당대의 발전된 화성 기법이 활용되는 것은 피할 수 없었다. 그리하여 그 첫 성과인 『다프네』가 개봉되었을 때 카메라타 회원들은 그리스 비극의 '완벽한 복원'을 마주하고 크게 환호했다. 오래지 않아 '재탄생한 그리스 비극'들은 '오페라'로 불리기 시작했다.

*카메라타: '카메라[방]에 모인'이란 의미의 이탈리아어이다.

(다) 가야금을 연주하며 미술을 하는 정자영 작가의 『견월망지(見月望指)』가 전시된다. '견월망지'란 달을 보게 되면 달을 가리키던 손은 잊으라는 동양사상의 표현이다. 작가는 컴퓨터 기술을 활용하여 가야금 소리를 데이터로 만들고 이미지들을 창조한다. 이를 스크린에 투사함으로써 한국인의 정신세계를 예술로 승화시킨다.

문제 1 (가)와 (나)는 새로운 예술 양식의 출현을 서술하고 있다. 각각에 나타난 융·복합의 양상을 설명하고, 이를 고려하여 (다)에 소개된 '견월망지'의 특징을 말하시오.

문제 2 (가)와 (나)는 예술 융·복합이 지속가능성의 관점에서 비교적 성공을 거둔 사례이다. 이러한 사례로부터 예술 융·복합 기획의 성공 여부를 판단할 수 있는 기준 하나를 도출해 설명하시오(제시문들의 사례를 포함한 현실에서의 예시를 사용할 수 있음).

☑ 활용 모집단위(오전)

[문제 1, 2]

인문대학, 사회과학대학(경제학부 제외), 간호대학

사범대학 교육학과, 국어교육과, 영어교육과, 독어교육과, 불어교육과, 사회교육과, 역사교육과, 윤리교육과, 체육교육과

자유전공학부

☑ 문항 해설

- 제시문들은 모두 새로운 예술 양식의 출현을 서술하고 있다. (가)는 음악과 다른 양식과의 결합을 통한 융·복합의 시도를, (나)는 현재적 관점에서 전통에 대한 재해석을 통해 탄생한 융·복합의 성과를 각각 그 중심 내용으로 삼고 있다. (다)는 (가)와 (나)에서 발견되는 융·복합의 양상을 모두 갖춘 기획의 사례에 해당한다. 학생이 각 제시문을 통해 융·복합의 양상을 파악하고 각각에 나타난 유사점과 차이점을 이해하고 있는지 평가하고자 했다.
- 창작자의 입장에서는 창작 의도가 특정한 융·복합적 시도에서 실현되었다면 이를 성공이라고 부를 수 있을 것이다. 하지만 예술의 영역은 창작자, 수용자, 비평계, 예술 전시업계, 그리고 후원자 등 다양한 주체들이 상호작용하는 공간이다. 이 영역에서 융·복합적 시도를 평가하기 위해서는 지속가능성을 고려할 필요가 있다. 학생이 좀 더 통합적이고 장기적인 전망에서 예술에서의 융·복합 기획의 성취를 평가할 수 있는 기준에 대해 생각해 보도록 유도하고, 적절한 기준과 주제어를 활용하여 자신의 의견을 피력할 수 있는지 평가하고자 했다.

☑ 출제 의도

- 제시문을 정확하게 독해하고 서술 내용을 적절하게 비교하고 있는지 평가함
- 사례들로부터 기준을 도출해 현실에 적용할 수 있는 응용력을 평가함

2018학년도 수시모집 일반전형 면접 및 구술고사(인문학)

※ 제시문을 읽고 문제에 답하시오.

(가) 유세(遊說)*의 어려움은 상대방의 마음을 잘 파악하여 그 마음에 꼭 들어맞게 내 주장을 하는 데 있다. 상대방이 명성을 얻고자 하는데 이익을 얻도록 설득한다면 상대는 나를 식견이 낮은 속된 사람이라고 가볍게 여기며 멀리할 것이다. 이와 반대로 상대방이 이익을 얻고자 하는데 명성을 얻도록 설득한다면 상식이 없고 세상 이치에 어둡다고 받아들이지 않을 것이다. 상대방이 속으로는 이익을 바라면서 겉으로는 명성을 원할 때, 명성을 얻는 방법으로 설득한다면 겉으로는 받아들이는 척하겠지만 속으로는 멀리할 것이며, 이익을 얻는 방법으로 설득한다면 속으로는 의견을 받아들이면서도 겉으로는 나를 꺼려할 것이다. 유세객은 이러한 점들을 잘 새겨 두어야 한다.

*유세(遊說): 제후의 나라를 돌아다니며 자기의 의견을 말하여 제후를 설득하는 일

(나) 한번은 제가 의사들과 함께 어떤 환자를 찾아갔답니다. 고통스러운 치료를 받아야 하는 환자였는데 의사들이 설득하지 못해서 결국 제가 설득을 했지요. 연설 기술로 말입니다. 만약 아테네 민회나 다른 어떤 집회에서 말로 경쟁을 시켜서 의사를 선발한다면, 연설 기술에 능한 사람과 의술에 능한 사람 중에서 연설 기술에 능한 사람이 선발될 것이라고 단언합니다. 연설 기술에 능한 사람은 무엇에 관해서든 대중 앞에서 어떤 장인들보다도 더 설득력 있게 말할 수 있으니까요. 이 기술의 힘은 그토록 크고 대단한 것이랍니다.

(다) 어떤 음식을 먹는 것이 좋은지에 대한 전문가를 정하기 위해서 아이들이나 아이들처럼 지각 없는 사람들 앞에서 의사와 요리사가 경쟁을 벌인다면,* 의사는 굶어 죽을 수도 있을 겁니다. 의술은 실제로 좋은 음식이 무엇인지를 알고 그것을 제공해 줍니다. 하지만 상대방은 그것을 싫어할 수도 있지요. 반면에 요리술은 사람들한테 좋아 보이는 음식이 무엇인지를 알고 그것을 제공해 줍니다. 상대방은 좋아하겠지요. 요리술은 아첨의 기술입니다. 그리고 저는 요리술과 의술의 관계가 연설 기술과 정치술의 관계와 같다고 주장합니다. 연설 기술도 아첨의 기술인 것이지요.

*고대 그리스에서는 식이요법이 의사의 중요한 의료행위였다.

문제 1 (나)의 화자는 의사가 설득하지 못한 환자를 자신이 설득했다고 주장한다. 그의 말이 사실이라면, (가)를 고려하여 그가 어떻게 설득에 성공할 수 있었을지 구체적인 상황을 가정하여 설명하시오.

문제 2 (다)의 화자는 (나)의 화자가 정치에 나서는 것을 반대할 것이다. 반대하는 이유가 무엇일지 설명하고, 그러한 반대가 정당한지에 대한 자신의 의견을 개진하시오.

☑ 활용 모집단위(오후)

[문제 1, 2]

인문대학, 사회과학대학(경제학부 제외)

사범대학 교육학과, 국어교육과, 영어교육과, 독어교육과, 불어교육과, 윤리교육과, 체육교육과

☑ 문항 해설

• 성공적인 설득을 위해서는 상대방의 마음을 잘 파악해야 한다는 것을 이해하고, 이해한 내용이 구체적인 설득 과정에 적용되도록 상황을 구성할 수 있는지 평가하고자 했다.
• (다)의 화자가 연설 기술과 정치술을 어떻게 대비하고 있는지를 지문으로부터 유추할 수 있는가를 평가하고자 했다. 그리고 연설 기술에 능한 사람이 정치에 나서는 것에 대한 (다)의 화자의 반대를 비판적으로 검토할 수 있는지 평가하고자 했다.

☑ 출제 의도

• 이해능력, 상상력, 창의성을 평가함
• 분석능력, 추론능력, 비판적 검토 능력을 평가함

2018학년도 수시모집 일반전형 면접 및 구술고사(사회과학)

※ 제시문을 읽고 문제에 답하시오.

(가) Efficiency is the ability to avoid wasting material, energy, effort, money and time in doing something or in producing a desired result. In general, it is a measurable concept, quantitatively determined by the ratio of useful output to total input. Efficiency can be improved by adopting better technologies, reallocating input, providing proper incentive schemes, and so on.

*reallocate: 재배분하다

(나) 경제불황에 따른 실업으로 인한 복지비용이 늘면서 재정악화를 경험하는 국가들이 늘고 있다. 그 결과 실업자의 노동 시장 참여를 더 높이는 방향으로 관련 제도를 개선하려는 노력이 있었다. 최대 3년간 실업보험급여를 제공하는 덴마크는 실업급여 수급 6개월 이후부터는 실업자에게 직업훈련을 제공하고 고용주에게 임금 보조금을 지급하여 조기 재취업을 적극 유도하고 있다.

(다) 비만이나 흡연 등으로 인한 만성질환 관련 의료지출이 크게 늘어감에 따라 개인이 스스로 건강한 행위를 하도록 인센티브를 사용하는 정책들이 도입되고 있다. 비만 관련 질병 치료에 보건 예산의 5퍼센트를 쓰는 영국 정부는 〈Pounds for Pounds〉라는 프로그램을 통해 체중 감량 후 2년 동안 감소한 체중을 유지하는 사람에게 1인당 최대 425파운드를 지급했다.

문제 1 (가)의 설명에 근거하여, (나)와 (다)에서 제시된 정책들의 취지를 설명하시오.

문제 2 (나)와 (다)에서 제시된 정책들의 공통적인 한계가 무엇인지 말하고, 이를 개선하기 위한 방안을 논하시오.

☑ 활용 모집단위(오전)

[문제 1, 2]

인문대학, 사회과학대학, 간호대학, 경영대학

농업생명과학대학 농경제사회학부

사범대학 교육학과, 국어교육과, 영어교육과, 독어교육과, 불어교육과, 사회교육과,

역사교육과, 윤리교육과, 체육교육과

생활과학대학 소비자아동학부, 의류학과

자유전공학부

☑ 문항 해설

• (가)는 효율성을 '투입 대비 산출을 높이는 능력'으로 정의한다. 그리고 효율성 개선 방안 으로 적절한 경제적 유인의 제공을 한 예로 들고 있다. 일반적으로 경제적 유인은 사람들 의 행동을 특정한 방향으로 유도하도록 동기를 부여하는 요인이나 제도를 말한다. 이 개념 을 활용하여 (나)와 (다)에서 제시한 사례들이 복지 정책의 효율성을 높이기 위한 정책이라 는 점을 논리적으로 설명할 수 있는지 평가하고자 했다. (나)는 실업기간이 6개월 이상인 실업자에게 임금 보조금이라는 인센티브를 제공하고 재취업을 유도하여 실업보험 지출을 절감하는 것이 목적이다. (다)는 체중 감량에 대한 금전적 보상을 통해 건강 증진을 도모하 고 결과적으로 의료비 증가에 따른 재정 부담을 줄이자는 취지를 가진다. 두 유형의 정책 모두 추가적인 복지 지출이 필요하다. 그러나 정부는 재취업이나 건강 증진을 유도하여 복 지 지출을 절감할 수 있고 개인들은 취업과 건강이라는 물질적, 비물질적 혜택을 얻게 된 다. 이러한 절감과 혜택의 금전적 가치는 추가적인 지출액보다 클 것이다. 제시문 (가)에서 효율성으로 정의한, 투입 대비 산출의 비중이 높아질 것이다. 따라서 소개된 유인 제도는 해당 복지 정책의 효율성을 개선할 수 있다.

• (나)와 (다)는 복지 정책의 효율성을 개선하는 장점이 있지만 한계도 지닌다. 목표가 상이 한 두 정책 사례로부터 공통적인 한계를 논리적으로 찾을 수 있는지를 평가하고자 했다. 또한 이를 개선하기 위한 창의적인 생각을 유도하여 평가하고자 했다. 두 정책 사례에서 공통적으로 찾을 수 있는 한계는 공정성의 문제이다. 적극적인 재취업과 건강관리는 스스 로 해야 하는데 납세자가 낸 세금이나 유인 혜택을 받지 못하는 사람들도 참여한 기금으로 인센티브를 지급하는 것은 나태한 행동에 대한 불공정한 보상일 수 있다. 관점을 달리해 서 보자면, (나)에서 장애 등으로 근로 능력을 상실한 실업자나 (다)에서 어쩔 수 없이 질병 을 앓고 있는 환자에게는 경제적 유인의 혜택이 제공되지 않는 불공정이 예상된다는 답도 가능하다. 또 다른 한계로 지적할 수 있는 것은 개인 의지의 상실 가능성이다. 정책의 효과

가 있다면 개인이 인센티브에 잘 반응한 것이다. 따라서 인센티브가 줄거나 중단된다면 다시 실업 기간이 늘거나 체중이 증가하는 문제가 예상된다. 그 외의 답변이 있을 수도 있고 이 경우에는 논리적으로 설명하는지를 따져 봐야 할 것이다. 한편 이러한 한계를 개선하기 위한 방안으로는 복지 혜택에서 세금으로 지불되는 금전적인 인센티브가 아닌 비금전적인 유인제도 마련, 배제되는 사람들에 대한 선별적 지원, 인센티브의 효과가 오랫동안 지속될 수 있도록 하는 유인제도 개선 등을 들 수 있다. 그 밖에 다양한 답변이 가능하며, 답변들이 설득력이 있는지, 창의적인지, 그리고 현실에서 실천 가능한지 등을 고려하여 평가할 필요가 있다.

☑ 출제 의도

- 효율성과 경제적 유인(incentive)의 개념을 정확하게 이해하고 응용하는 능력을 평가함
- 경제적 유인에 기반을 둔 복지 정책들의 한계를 이해하고 창의적인 개선안을 제시할 수 있는지를 평가함

2018학년도 수시모집 일반전형 면접 및 구술고사(사회과학)

※ 제시문을 읽고 문제에 답하시오.

(가) 시력저하로 인해 글쓰기가 어려워진 니체는 타자기를 주문했다. 일단 타자 기술을 익히고 나니 눈을 감은 채 손가락 끝만으로도 글을 쓸 수 있었다. 머릿속 생각들을 다시 종이에 문자로 옮길 수 있게 된 것이다. 이 새로운 기기는 그의 저술에 미묘하지만 분명한 영향을 끼쳤다. 니체의 산문은 보다 축약되고 간결해졌다. 마치 일종의 불가사의한 힘을 통해 기계의 힘이 종이에 찍히는 단어로 옮겨 가는 듯했다. 니체의 가까운 친구이자 작곡가인 쾨젤리츠는 편지에 다음과 같이 썼다. "아마도 이 기기를 이용하면서 자네는 새로운 언어를 갖게 될 것이네. 음악과 언어에 대한 나의 생각들은 펜과 종이의 질에 의해 종종 좌우되곤 하지."

(나) 영국 연구자들은 택시 운전사들이 주변 상황을 파악하는 데 기억보다 지도에 더 의존할수록 공간 파악 기능을 담당하는 뇌 부분이 해부학적·기능적으로 확연히 변화한다는 점을 발견했다. 공간의 생김새를 처리하는 부분이 쪼그라들지만 복잡하고 추상적인 시각 정보를 파악하는 부분은 확장된다는 것이다. 이는 지도의 확산을 계기로 공간을 추상화하는 사고능력이 어떻게 발전했는지를 설명해 준다.

(다) An eyetracking study recorded how 232 users looked at thousands of web pages. The study found that their eyes moved at amazing speeds across the websites' words in a pattern that is very different from what we learned in school. Following is a study participant's Fshaped gaze plot. Each dot signifies a fixation. Larger dots represent longer fixations.

*gaze: 시선, plot: 도면, 도표,

signify: 의미하다, fixation: 고정된 상태

An eyetracking gaze plot of a study participant

문제 1 (가)와 (나)의 공통적인 논지를 설명하시오.

문제 2 (다)의 실험결과가 보여 주는 행동 패턴이 가져올 영향에 대한 자신의 의견을 [문제 1]의 답변을 토대로 개진하시오.

☑ 활용 모집단위(오후)

[문제 1, 2]

인문대학, 사회과학대학

사범대학 교육학과, 국어교육과, 영어교육과, 독어교육과, 불어교육과, 윤리교육과, 체육교육과

자유전공학부

☑ 문항 해설

- (가)와 (나)는 각각 도구의 사용이 사고형성에 어떠한 영향을 주었는지를 소개하고 있다. 니체의 타자기 사용은 글쓰기에 영향을 주었고, 지도를 적극적으로 사용하는 택시 운전자들은 공간 추상화 사고능력이 발달되었으며 이와 관련된 뇌구조의 변화가 있었음이 밝혀졌다. 학생들이 두 개의 제시문을 통해 '도구의 사용이 사고 형성에 영향을 주었다'는 내용을 파악하고 있는지 평가하고자 했다.

- (다)의 실험결과는 온라인에서의 글읽기 습관이 학교에서 배운 것처럼 선형적인 '깊이 읽기'가 아니고 '훑어 읽기' 방식임을 보여 주고 있다. 그림에서 볼 수 있듯이 인터넷의 사용자들은 텍스트의 모든 내용을 읽는 것이 아니라 필요한 부분만 찾아 읽어 내려간다. 우리가 인터넷을 통해 접하는 정보는 방대하고 비선형적으로 구조화되어 있어 온라인에서의 글읽기는 짧은 시간 동안 빠르게 훑어 읽는 방식으로 바뀌고 있는 것이다. 이러한 습관은 온라인에서의 읽기뿐만 아니라 다양한 정보를 습득하는 방식에도 영향을 줄 수 있는데, 그것이 갖는 긍정적인 측면과 부정적인 측면을 추론하는 능력을 평가하고자 했다.

☑ 출제 의도

- 제시문을 정확하게 독해하고 이해하는 능력을 평가함
- 실험결과 해석을 바탕으로 추론하는 능력을 평가함

2018학년도 수시모집 일반전형 면접 및 구술고사 [수학(인문)]

> **문제 1** 두 실수 $a, b \; (0 < a < b)$ 에 대하여 곡선 $y = x^3 + 16$ 위의 점 $(t, t^3 + 16)$ $(a \le t \le b)$ 에서 접선 l 을 그리자. 이때 접선 l 과 곡선 $y = x^3 + 16$ 및 두 직선 $x = a, x = b$ 로 둘러싸인 도형을 S 라고 하자.

1-1 접선 l 의 방정식이 $y = cx + d$ 일 때, $x \ge 0$ 이면 $cx + d \le x^3 + 16$ 임을 보이시오.

1-2 도형 S 의 넓이가 최소가 되는 t 의 값을 구하고 $b = 2a$ 인 경우 S 의 넓이의 최솟값을 a 를 사용하여 나타내시오.

1-3 문제 1-2에서 최소넓이를 이루는 접선, x 축 및 두 직선 $x = a, x = b$ 로 둘러싸인 부분의 넓이를 $T(a, b)$ 라고 할 때, 다음 급수의 합을 구하시오.

$$\sum_{k=0}^{\infty} T(2^{-k}, 2^{-k+1})$$

> **문제 2** 집합 $A = \left\{ \sqrt{3}, -\sqrt{3} \right\}$, $B = \{ b \,|\, b \text{는} -5 \le b \le 5 \text{인 정수} \}$ 에 대하여 좌표평면 위의 직선들이 아래와 같이 주어져 있다.
>
> $$ax + y + b = 0 \; (a \in A, \; b \in B)$$

2-1 위의 직선들은 평면을 몇 개의 영역으로 나누는가?

2-2 두 점 $P(x_1, y_1)$, $Q(x_2, y_2)$ 에 대하여 부등식 $(ax_1 + y_1 + b)(ax_2 + y_2 + b) < 0$ 을 만족하는 순서쌍 (a, b) 의 개수를 $n(P, Q)$ 라고 하자. (단, $a \in A$, $b \in B$) 원점 $O(0, 0)$ 에 대하여 $n(P, Q) \le 1$ 을 만족하는 점 P 의 집합을 좌표평면 위에 표시하고, 그 넓이를 구하시오.

☑ 활용 모집단위(오전)

[문제 1, 2]

사회과학대학 경제학부

경영대학

농업생명과학대학 농경제사회학부

생활과학대학 소비자아동학부(소비자학전공), 의류학과

[문제 2]

자유전공학부

☑ 문항 해설

- **[문제 1]** 미분법과 적분법은 인간이 자연현상을 정량화하고 이해하는 데 필수적인 도구로, 건축, 토목으로부터 기계, 항공, 우주 등 첨단 산업 및 과학 등의 분야에서도 중요한 역할을 한다. 본 문항은 미적분의 다항함수의 미분법, 정적분 및 정적분의 활용과 관련이 있다. 본 문항은 접선의 방정식을 구하고 도함수를 부등식에 활용할 수 있는지, 곡선으로 둘러싸인 도형의 넓이를 정적분을 활용하여 구할 수 있는지, 함수의 증가, 감소 및 극대, 극소를 판정할 수 있는지를 평가한다.

- **[문제 2]** 직선은 평면 및 공간의 성질을 이해하는 데 필요한 가장 기본적인 도형이고, 다양한 함수들의 성질을 이해하는 데 필요한 가장 기본적인 함수인 일차 함수의 그래프로 나타난다. 본 문항에서는 좌표평면 위의 직선을 방정식으로 표현하고 직선들의 위치관계를 이해하고 있는지, 직선들을 이용한 부등식의 영역의 의미를 이해하고 있는지, 풀이과정을 논리적이고 창의적으로 전개할 수 있는지를 평가한다.

☑ 출제 의도

[문제 1]

- 접선의 방정식을 구할 수 있고 도함수를 부등식에 활용할 수 있는지 평가함
- 곡선으로 둘러싸인 도형의 넓이를 정적분을 활용하여 구할 수 있고, 도함수를 활용하여 함수의 증가·감소, 극대·극소를 판정할 수 있는지 평가함
- 곡선으로 둘러싸인 도형의 넓이를 정적분을 활용하여 구할 수 있고, 등비급수의 합을 구할 수 있는지 평가함

[문제 2]

- 직선의 방정식과 두 직선의 평행 조건을 이해하는지 평가함
- 부등식의 영역의 의미를 이해하는지 평가함

문제 3 양의 실수로 이루어진 수열 $\{a_k\}$에 대하여 아래 그림과 같이 좌표평면 위에
$\overline{OP_1} = a_1$ $\overline{P_1 P_2} = a_2$ $\cdots$ $\overline{P_{k-1} P_k} = a_k$ $\cdots$가 되도록 점 $P_1, P_2, P_3, \cdots$을 만든다.
여기서 $P_0 = O$는 원점이고, $P_1(a_1, 0)$은 x축 위의 점이라고 하자. 이때 아래 그림
과 같이 선분 $P_{k-1} P_k$의 연장선에서 선분 $P_k P_{k+1}$까지 시계방향 또는 시계 반대방
향으로 잰 각의 크기를 θ_k라고 하자. (단, $0° \leq \theta_k \leq 180°$)

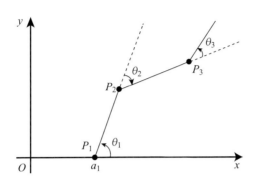

위 그림은 P_1에서 시계 반대방향으로 θ_1만큼, P_2에서 시계방향으로 θ_2만큼, P_3에서
시계 반대방향으로 θ_3만큼 회전한 경우이다.

3-1 구간 $(0, 1)$에 있는 실수 r이 주어져 있다. 모든 k에 대하여 $a_k = r^k$라고 하자.
이때 홀수 번째 P_1, P_3, $\cdots$에서는 시계 반대방향으로 $90°$ 회전하고, 짝수 번째
P_2, P_4, $\cdots$에서는 시계방향으로 $90°$ 회전한 경우, k가 커짐에 따라 점 P_k가 한없
이 가까워지는 점을 구하시오.

3-2 처음 세 개의 선분의 길이 a_1, a_2, a_3와 각 θ_1, θ_2가 각각

$a_1 = 3$, $a_2 = \sqrt{3}$, $a_3 = 1$
$\theta_1 \leq 90°$, $\theta_2 \geq 90°$

를 만족한다. (단, 회전은 시계방향 또는 시계 반대방향 모두 가능하다.)
이때 점 P_3이 나타날 수 있는 영역을 찾고 그 영역의 경계의 길이를 구하시오.

3-3 처음 세 개의 선분의 길이 a_1, a_2, a_3, a_4와 각 θ_1, θ_2, θ_3이 각각

$$a_1 = 3, \ a_2 = \sqrt{3}, \ a_3 = 1, \ a_4 = 1,$$
$$\theta_1 \leq 90°, \ \theta_2 \geq 90°, \ \theta_3 \leq 90°$$

를 만족한다. (단, 회전은 시계방향 또는 시계 반대방향 모두 가능하다.)

이때 $\overline{OP_4}$의 최댓값을 구하고, 최댓값이 될 때의 P_2의 좌표를 모두 구하시오.

✅ 활용 모집단위(오후)

[문제 3]

사회과학대학 경제학부, 자유전공학부

✅ 문항 해설

수열 영역은 사회 및 자연의 수학적 현상에서 파악된 문제에 대하여 수학적 추론 및 합리적이고 창의적인 문제 해결 능력을 키우는 데 널리 활용된다. 본 문항의 핵심적인 내용은 수학 I의 수열 단원에서 다루어진다. 따라서 본 문항은 학생들이 등비급수의 뜻을 알고 그 합을 구할 수 있는지, 수열의 귀납적 정의를 이해하고 평면 좌표와 원의 방정식, 두 점 사이의 거리를 이해하는지를 평가한다.

✅ 출제 의도

- 등비급수의 뜻을 알고 그 합을 구할 수 있는지 평가함
- 수열의 귀납적 정의를 이해하고 평면 좌표와 원의 방정식을 이해하는지 평가함
- 수열의 귀납적 정의를 이해하고 두 점 사이의 거리를 이해하는지 평가함

2018학년도 수시모집 일반전형 면접 및 구술고사[수학(자연)]

> **문제 1** 집합 $A = \{\sqrt{3}, -\sqrt{3}\}$, $B = \{b \mid b$는 $-5 \leq b \leq 5$인 정수$\}$에 대하여 좌표 평면 위의 직선들이 아래와 같이 주어져 있다.
>
> $$ax + y + b = 0 \ (a \in A, \ b \in B)$$

1-1 위의 직선들은 평면을 몇 개의 영역으로 나누는가?

1-2 두 점 $P(x_1, y_1)$, $Q(x_2, y_2)$에 대하여 부등식 $(ax_1 + y_1 + b)(ax_2 + y_2 + b) < 0$ 을 만족하는 순서쌍 (a, b)의 개수를 $n(P, Q)$라고 하자. (단, $a \in A$, $b \in B$)

원점 $O(0, 0)$에 대하여 $n(P, Q) \leq 1$을 만족하는 점 P의 집합을 좌표평면 위에 표시하고, 그 넓이를 구하시오.

1-3 원점 O에서 거리 r인 적어도 하나의 점 P에 대하여 $n(P, Q) \geq 3$이 성립하기 위한 r의 범위를 구하시오.

☑ 활용 모집단위(오전)

[문제 1-1, 1-2]

자연과학대학 수리과학부, 통계학과, 공과대학

농업생명과학대학 조경·지역시스템공학부, 사범대학 수학교육과

[문제 1-3]

자연과학대학 수리과학부, 통계학과, 사범대학 수학교육과

☑ 문항 해설

직선은 평면 및 공간의 성질을 이해하는 데 필요한 가장 기본적인 도형이고, 다양한 함수들의 성질을 이해하는 데 필요한 가장 기본적인 함수인 일차 함수의 그래프로 나타난다. 본 문항에서는 좌표평면 위의 직선을 방정식으로 표현하고 직선들의 위치관계를 이해하고 있는지, 직선들을 이용한 부등식의 영역의 의미를 이해하고 있는지, 점과 직선과의 거리를 구할 수 있는지, 풀이과정을 논리적이고 창의적으로 전개할 수 있는지를 평가한다.

☑ 출제 의도

- 직선의 방정식과 두 직선의 평행 조건을 이해하는지 평가함
- 부등식의 영역의 의미를 이해하는지 평가함
- 두 점 사이의 거리를 이용한 문제 해결 능력을 평가함

문제 2 동전을 n번 던지는 시행을 통해, 정의역이 $[0, n]$인 함수 f를 다음과 같이 정의한다.

I. $f(0) = 0$

II. $k = 1, 2, \cdots, n$일 때, 구간 $(k-1, k]$에서

$$f(x) = \begin{cases} x - k + 1 + f(k-1) & \text{(k번째 시행에서 앞면이 나오는 경우)} \\ f(k-1) & \text{(k번째 시행에서 뒷면이 나오는 경우)} \end{cases}$$

함수 f의 정적분 $\displaystyle\int_0^n f(x)\,dx$의 값을 확률변수 X라고 할 때, 다음 물음에 답하시오.

2-1 $n = 6$일 때, 동전이 앞면, 뒷면, 앞면, 뒷면, 앞면, 앞면의 순서로 나온 경우 확률변수 X의 값을 구하시오.

2-2 확률변수 X가 가질 수 있는 값의 집합을 S_n이라고 할 때 S_n과 S_{n+1} 사이에 다음 관계

$$S_{n+1} = S_n \cup \left\{ s + \frac{2n+1}{2} \mid s \in S_n \right\}$$ 가 성립함을 보이고 S_6의 원소의 개수를 구하시오.

2-3 확률변수 X의 기댓값을 E_n이라고 할 때 E_{11}의 값을 구하시오.

☑ 활용 모집단위(오전)

[문제 2-1, 2-2, 2-3]

자연과학대학 수리과학부, 통계학과

사범대학 수학교육과

☑ 문항 해설

확률과 통계는 현대 사회의 다양한 현상을 이해하는 데 필수적이며, 사회 문제에 대한 주요 정책 결정 및 금융 경제 관련 문제에 중요하게 활용되고 있다. 본 문항은 확률과 통계를 다루고 있다. 본 문항에서는 시행, 사건, 확률변수의 뜻을 이해하는지, 수학적 귀납법의 원리를 이해하고 있는지, 수열의 귀납적 정의를 이해하고 이산확률 변수의 기댓값을 구할 수 있는지를 평가한다.

☑ 출제 의도

- 시행, 사건, 확률변수의 뜻을 이해하고 있는지를 평가함
- 수학적 귀납법의 원리를 이해하고 있는지를 평가함
- 수열의 귀납적 정의를 이해하고 이산확률변수의 기댓값을 구할 수 있는지를 평가함

문제 3 좌표평면상의 점 $P(a, b)$에서 정의역이 $\{x | x > 0\}$인 함수 $y = \dfrac{1}{x}$의 그래프에 접선을 그리자.

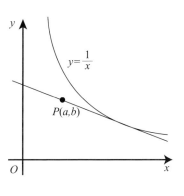

3-1 두 개의 접선을 그릴 수 있는 점 P의 집합에 대해 설명하시오.

3-2 점 P에서 두 개의 접선을 그릴 수 있다고 할 때 두 접점을 각각 $S\left(s, \dfrac{1}{s}\right)$, $T\left(t, \dfrac{1}{t}\right)$ $(0 < s < t)$라고 하자. 점 P를 지나면서 x축에 평행한 직선과 각 접점을 지나면서 y축에 평행한 직선이 만나는 점을 각각 A, B라 할 때, 삼각형 SAP의 넓이와 삼각형 PBT의 넓이의 차를 구하시오.

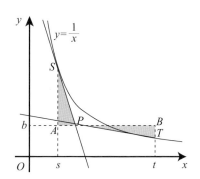

3-3 문제 2-2에서 그릴 두 접선과 함수 $y = \dfrac{1}{x}$의 그래프로 둘러싸인 부분의 넓이를 $I(P)$라고 하자. 이때 $I(P) = \displaystyle\int_{s}^{t} \left(\dfrac{1}{x} - C \right) dx$를 만족하는 상수 C를 a, b를 사용하여 나타내시오.

3-4 두 양수 a, b가 $ab = \dfrac{3}{4}$ 을 만족할 때, $I(P)$의 값을 구하시오.

☑ 활용 모집단위(오후)

[문제 3-1, 3-4]
공과대학, 농업생명과학대학 조경·지역시스템공학부

[문제 3-2, 3-3]
공과대학, 농업생명과학대학 조경·지역시스템공학부, 자유전공학부

☑ 문항 해설

본 문제의 핵심은 곡선에 접하는 접선의 방정식을 미분을 이용하여 구할 수 있고 근과 계수와의 관계를 이용하여 좌표평면 상에 주어진 도형 사이의 관계를 계산할 수 있는가이다. 특히, 함수 $y = \dfrac{1}{x}$의 그래프의 접선의 방정식을 구할 수 있고, 이차방정식의 근과 계수와의 관계를 이해하고 있는지를 평가한다. 또한 정적분의 정의를 이해하고 곡선으로 둘러싸인 도형의 넓이를 구할 수 있는지를 평가한다. 이를 위하여 여러 가지 함수의 정적분을 구할 수 있는지 평가한다.

☑ 출제 의도

- 함수 $y = \dfrac{1}{x}$의 그래프의 접선의 방정식을 구할 수 있고 이차방정식의 근과 계수와의 관계를 이해하고 있는지를 평가함
- 이차방정식의 근과 계수와의 관계를 이해하는지를 평가함
- 정적분의 정의를 이해하고 곡선으로 둘러싸인 도형의 넓이를 구할 수 있는지를 평가함
- 여러 가지 함수의 정적분을 구할 수 있는지를 평가함

※ 제시문을 읽고 문제에 답하시오.

(가) '록키'는 칼을 갈고 있었다. 그는 사슴 시체를 배가 위로 오도록 뒤집고 뒷다리를 펼쳤다. 록키가 일을 시작하는 것을 보고 '타요'는 사슴의 눈을 다시 쳐다보았다. 그리고 겉옷을 벗어 사슴의 머리를 덮어 주었다. 록키는 배 속 내용물이 쏟아지지 않도록 조심스럽게 배를 갈랐다. 타요는 사슴의 간과 심장을 무명천으로 감쌌다. 이른 겨울 달이 그들 앞에서 떠오르고 있었다. 그리고 달을 좇아 쌀쌀한 바람이 불어왔고, 발과 손을 파고들었다. 타요는 보따리를 좀 더 꽉 껴안았다. 그는 보름달의 크기와 산기슭 언덕을 타고 넘어서는 차가운 바람에 겸손해졌다. 사람들은 사슴이 그들을 사랑하기에 자신을 내어준다고 말했다. 그리고 죽어 가는 사슴의 잦아드는 심장이 자신의 손을 덥히자 타요는 사슴의 사랑을 느낄 수 있었다.

(나) 자연보전주의자가 무엇인가에 대한 정의(定義)를 여럿 읽어 봤고, 나 자신도 몇 개 써 보기도 했다. 하지만 가장 좋은 정의는 펜이 아니라 도끼로 쓴 것이 아닐까 싶다. 나무를 베거나 혹은 무슨 나무를 벨지 결정하면서 생각하는 일이 바로 그거다. 보전주의자란 도끼질을 할 때마다 땅 표면에 자신의 서명을 쓰고 있음을 겸손히 깨닫는 사람이다. 난 언제나 소나무보다는 자작나무를 베어 낸다. 왜 그럴까? 소나무 아래엔 언젠가 '트레일링 아부투스, 수정란풀, 노루발, 린네풀' 등이 자라겠지만 자작나무 아래에는 기껏해야 '용담'이나 있을 뿐이다. 소나무에는 언젠가 '도가머리딱따구리'가 둥지를 틀겠지만 자작나무에는 '털오색딱따구리'나 있으면 다행이다. 사월이 되면 소나무 사이의 바람은 나를 위해 노래를 부르겠지만 같은 시기에 자작나무는 그저 덜걱거리는 헐벗은 나뭇가지일 뿐이다. 내 편애를 설명할 만한 이런 이유들은 중요하다. 이런 것들이 도끼를 쓰는 사람이라면 반드시 예측하고 비교하고 판단해야만 하는 이득과 손실이다.

(다) 생명공학은 여러 방면에 적용될 수 있다. 각종 독소에 대한 저항력을 향상시키는 유전자를 삽입하여 유전자 변형 곡물을 상품화할 수 있다. 그리고 변형된 조직 구성을 가진 곡물을 동물의 사료로 사용하면 보다 효율적으로 육류를 생산하면서도 동물이 배출하는 메탄가스는 감소시킬 수 있다. 또한 인간 질병에 대한 연구를 진행하는 데에 있어서 유전적으로 변형된 동물을 사용하면 보다 정확하고 적합한 모형을 구성할 수 있고, 아울러 기존에 사용했던 동물에 비해 상대적으로 작은 동물로 연구를 진행할 수 있다.

문제 1 (가), (나), (다)에 나타난 자연에 대한 태도를 비교하시오.

문제 2 인류가 직면한 문제에 대처하기 위해 (가), (나), (다) 중 지향해야 할 자연에 대한 태도는 무엇인지 자신의 견해를 제시하시오. 그리고 자신이 선택하지 않은 태도를 지닌 사람이 제기할 수 있는 비판을 고려하고 이에 어떻게 대응할지 설명하시오.

문제 3 (가)의 타요의 '겸손함'과 (나)의 화자의 '겸손함'을 비교하여 두 제시문에 나타난 자연에 대한 태도의 차이점을 설명하시오.

☑ 활용 모집단위(오전)

[문제 1, 2]

인문대학, 간호대학

사범대학 교육학과, 국어교육과, 영어교육과, 독어교육과, 불어교육과, 윤리교육과, 체육교
육과

[문제 3]

사회과학대학(경제학부 제외), 자유전공학부

☑ 문항 해설

- 학생이 주어진 제시문들을 '자연에 대한 태도'라는 주제로 읽어내고 각 제시문에 함의된
  자연관을 유추하는지, 그리고 주제에 관한 제시문 간의 유사점과 차이점을 이해하고 있는
  지 평가하고자 함
- 제시문에 나타난 '자연에 대한 태도'를 인류가 처한 문제에 창의적으로 적용하여, 이 태도
  가 문제 해결에 적합하다고 판단할 수 있는지, 그리고 자신과 다른 태도를 가진 이의 입장
  에서 같은 문제를 바라보고 설명할 수 있는지, 마지막으로 자신의 생각을 좀 더 설득력 있
  게 주장할 수 있는지 평가하고자 함
- 학생이 주어진 제시문들에 나타난 '자연에 대한 태도'를 '겸손'이라는 주제어를 통해 읽어
  내고 각 제시문에 함의된 자연관을 유추하는지, 그리고 주제에 관한 제시문 간의 유사점과
  차이점을 이해하고 있는지 평가하고자 함

☑ 출제 의도

- 주어진 주제로 제시문을 정확하게 독해하고 이해하는 능력을 평가함
- 제시문에 나온 태도를 실제 상황에 적용시켜 설명하는 창의력과 다른 의견을 예측하고 반
  박할 수 있는 비판력을 평가함
- 꼼꼼한 독해를 통해 주어진 주제로 제시문을 이해하는 능력을 평가함

2017학년도 수시모집 일반전형 면접 및 구술고사(인문학)

※ 제시문을 읽고 문제에 답하시오.

(가) 인생은 그 자체로 의미를 지니지 않는다. 인생을 오랫동안 고통 없이 즐겁고 행복하게 살아왔다고 하더라도, 그 인생은 덧없고 의미 없는 것일 수 있다. 우리 인생은 그 자체로 귀중하다고, 그래서 태어나서 하루하루 숨을 쉬고 살아가고 있다는 사실만으로도 다른 동물의 삶이 지니지 못한 의미를 가진다는 말에 사람들은 자동적으로 고개를 끄덕이곤 한다. 하지만 그들이 고개를 끄덕이는 이유는 그 말에서 위안을 얻기 때문이지 그 말이 진실을 담고 있어서가 아니다. 몇몇 예외적 경우를 제외하면 우리는 각자의 인생에 강한 애착을 가진다. 허나 그렇다고 해서 그 사실이 인생을 의미 있게 만들지는 못한다. 자기 보존에 대한 강한 열망은 동물에게나 사람에게나 맹목적으로 주어진 것일 뿐이니 말이다. 그럼 유의미한 인생이란 어떠한 인생인가? (ㄱ)유의미한 인생이 무엇을 뜻하는지 보다 명료하게 이해할 수 있는 방법은 분명히 무의미하다고 생각되는 인생의 사례를 고려해 어떤 특징 때문에 그 인생이 무의미하게 판단되는지 알아보는 것이다. 그러면 우리는 이를 바탕으로 유의미한 인생의 조건을 알 수 있게 된다.

(나) 행복할 때면 우리는 항상 '좋은 상태'에 있는 거지만 좋은 상태에 있다고 우리가 항상 행복한 건 아니야. 좋은 상태라는 것이 무엇이냐고? 좋은 상태란 자신과 조화를 이루고 있는 거지. 부조화는 억지로 다른 사람과 조화를 이루려는 거고. 자신의 삶, 그게 중요한 거야. 도덕군자인 척하거나 청교도가 되고 싶어 하는 사람은 자기 이웃의 삶에 대한 도덕적 견해들을 떠들어 대겠지만 이웃들은 정작 그의 관심사가 아니야. 현대의 도덕은 자기 시대의 기준을 받아들이는 것으로 되어 버렸어. 하지만 나는 교양 있는 사람이 자기 시대의 기준을 받아들이는 것이 가장 천한 부도덕이라고 생각해.

문제 1 (가)의 밑줄 친 (ㄱ)을 토대로 무의미하다고 생각되는 인생의 사례를 둘 이상 고려하여 유의미한 인생은 어떠한 인생인지 자신의 의견을 말하시오. (단, 고려할 인생의 사례 중 최소한 하나는 문학 작품에서 택할 것.)

문제 2 (나)의 화자가 말하는 '좋은 상태'의 인생을 자신이 제시한 유의미한 인생과 비교하여 평가하시오.

☑ 활용 모집단위(오후)

[문제 1, 2]

인문대학

사범대학 교육학과, 국어교육과, 영어교육과, 독어교육과, 불어교육과, 윤리교육과, 체육교육과

[문제 1]

사회과학대학(경제학부 제외)

자유전공학부

☑ 문항 해설

- 무의미하다고 생각되는 인생의 사례들을 고려하고, 그 사례에서 발견되는 어떤 특징으로 인해 그 인생이 무의미한 것으로 판단되는지 설명하며, 이를 바탕으로 유의미한 인생의 조건을 추론하는 능력을 평가함
- (나)의 화자가 말하는 좋은 상태가 뜻하는 바를 제시문을 바탕으로 설명하고, 좋은 상태의 인생과 유의미한 인생에 대한 자신의 견해를 비교하여 비판적으로 검토하는 능력을 평가함

☑ 출제 의도

- 사례를 바탕으로 일반적 조건을 찾아 가는 창의력과 논리적 분석력을 평가함
- 관련 주제에 대해 상대방의 견해를 이해하고 이를 자신의 견해와 비판적으로 검토해 보는 능력을 평가함

2017학년도 수시모집 일반전형 면접 및 구술고사(사회과학)

※ 제시문을 읽고 문제에 답하시오.

(가) '정의(正義)'의 기원에 관한 제 말을 들어 보십시오. 사람들은 본성상, 해를 입지 않고 부정을 행하는 것을 가장 좋아하고, 부정을 당하기만 하는 것을 가장 나쁘게 생각합니다. 사람들은 부정을 저지르기도 하고 당하기도 하면서, 한쪽은 취하되 다른 한쪽은 항상 피하기가 불가능하다는 것을 깨닫고 서로 간에 부정을 행하지 않는 것이 이익이 된다고 생각하게 됩니다. 바로 이런 연유로 사람들은 법률을 제정하였고, 이러한 법의 명령을 '정의(正義)'롭다고 칭하게 된 겁니다.

(나) 저기 앉으신 신사분은 여자들이 마차를 탈 때 도와주어야 하고 도랑을 건널 때 번쩍 안아 주어야 하고, 어디서든 가장 좋은 자리를 여자에게 내주어야 한다고 했습니다. 그러나 아무도 제가 마차를 탈 때 도와주거나, 진흙 웅덩이를 건널 때 도와준 적이 없습니다. 제게 좋은 자리를 내주지 않은 것은 말할 것도 없습니다! 그러면 저는 여자가 아닙니까? 절 보십시오! 제 팔을 보십시오! 저는 쟁기질을 하고 씨를 뿌리고 추수해 곡식을 창고에 나릅니다. 어떤 남자도 절 능가하지 못합니다! 저는 남자만큼 일하고, 남자만큼 먹습니다. 먹을 게 있을 때만 해당되는 말이지만…. 그리고 채찍도 남자만큼 잘 참습니다! 그렇다고 해서 저는 여자가 아닙니까?

문제 1 (가)에 나타난 사회적 합의를 설명하고, 합의의 결과로 받아들여진 정의(正義)와 그 한계를 논하시오.

문제 2 (나)를 참조하여 오늘날 사회적 차별 또는 배제가 어떻게 발생하고 지속될 수 있는지 설명하시오.

☑ 활용 모집단위(오전)

[문제 1, 2]

사회과학대학 / 경영대학

농업생명과학대학 농경제사회학부

생활과학대학 소비자아동학부, 의류학과

[문제 2]

인문대학 / 간호대학

사범대학 교육학과, 국어교육과, 영어교육과, 독어교육과, 불어교육과, 윤리교육과, 체육교육과

자유전공학부

☑ 문항 해설

• 제시문의 화자가 말하고 있는 정의의 기원을 사회적 합의의 동기와 결과의 관점에서 이해하고 이러한 기원을 갖고 있는 정의가 어떤 한계가 있는가를 추론할 수 있는가를 평가하고자 함

• 제시문의 화자는 계급, 인종에 따라 다른 여성성을 요구받는 상황의 부조리를 질문하고 있음. 그가 던진 "저는 여자가 아닙니까?"라는 질문은 남성 중심, 지배계층의 중심(또는 백인 중심)에서 여성을 규정짓고 여성과 남성의 차별과 여성 안에서의 다른 대우를 정당화하는 성차별과 배제의 복잡한 기제에 대한 문제를 암시하고 있음

☑ 출제 의도

• 제시문에 대한 이해력, 분석력, 그리고 본인 주장의 논리적이고 체계적인 전개를 통한 논증력을 평가함

• 개인의 윤리적 가치와 사회현상을 연결시키는 이해력과 논리적, 창의적 사고력을 평가함

※ 제시문을 읽고 문제에 답하시오.

(가) For more than half an hour, 38 respectable, law-abiding citizens in Queens watched a killer stalk and stab a woman in three separate attacks in Kew Gardens. Twice the sound of their voices and the sudden glow of their bedroom lights interrupted him and frightened him off. Each time he returned, sought her out and stabbed her again. Not one person telephoned the police during the assault; one witness called after the woman was dead.

*law-abiding: 법을 준수하는 *stalk: 몰래 따라가다
*stab: 찌르다 *glow: (전등 따위의) 불빛 *assault: 공격

(나) 우리는 설사 우리의 이웃 중 누군가를 죽임으로써 처벌받을 염려가 전혀 없고 얼마간의 재산을 얻게 된다 하더라도 결코 그런 악행을 저지를 생각을 하지 않을 것이다. 그러나 만약 1억 명이나 되는 먼 이국땅의 사람들이 조만간 천재지변에 의해 죽게 된다는 사실을 알았을 땐 어떨까? 내일 자신의 새끼손가락을 잃어야 한다는 걸 안다면 결코 잠들지 못할 테지만 자신이 한 번도 만나 본 적이 없는 사람들에 대한 일이라면 아주 편안히 코까지 골며 잘 것이다.

문제 1 (가), (나)의 상황을 근거로 하여 인간의 도덕적 행위를 저해하는 요소들이 무엇인지 설명하시오.

문제 2 기아로 고통받는 외국의 아이들을 위해 기부를 요청하는 국제구호단체의 편지를 받았다고 가정해 보자. 편지에 따르면 3만 원을 기부하면, 10명의 아이들이 한 달을 살 수 있지만 이를 외면하면 이들은 곧 죽게 된다고 한다. 국제구호의 실효성과 한계를 고려하여, 당신은 이런 상황에서 어떤 선택을 할 것인지 설명하시오.

☑ 활용 모집단위(오후)

[문제 1, 2]
사회과학대학

[문제 2]
인문대학
사범대학 교육학과, 국어교육과, 영어교육과, 독어교육과, 불어교육과, 윤리교육과, 체육교육과
자유전공학부

☑ 문항 해설

• 인간의 도덕적 행위를 결정하는 다양한 요소를 사회현상에 대한 관찰과 사고실험으로부터 추론하고 이를 일반화하여 관련 문제들을 정합적으로 분석할 수 있는 사고력을 측정함
• 국제구호활동의 실효성과 한계를 개인의 윤리적 가치와 연결시킬 수 있는 이해력과 사고력을 측정하고자 함

☑ 출제 의도

• 제시문에 대한 이해력, 분석력, 그리고 본인 주장의 논리적이고 체계적인 전개를 통한 논증력을 평가함
• 개인의 윤리적 가치와 사회현상을 연결시키는 이해력과 논리적, 창의적 사고력을 평가함

2016학년도 수시모집 일반전형 면접 및 구술고사(인문학)

※ 제시문을 읽고 문제에 답하시오.

> 왕: 과인 같은 자도 백성을 보호할 수가 있겠습니까?
>
> 현자: 가능합니다.
>
> 왕: 무슨 연유로 나 같은 사람도 가능하다는 것을 아십니까?
>
> 현자: 제가 이렇게 들었습니다. 왕께서 대청마루에 앉아 계시는데, 소를 끌고 그 아래를 지나가는 자를 보고, "그 소를 지금 어디로 데려가느냐?" 물었는데, 그 사람이 "흔종(釁鐘)*에 쓰려고 합니다." 하였습니다. 이에 왕께서 "소를 놓아주어라. 소가 두려워 벌벌 떨면서 죄 없이 사지(死地)로 끌려가는 것을 내 차마 볼 수가 없다." 하시자, 그 사람이 "그러면 흔종을 폐지할까요?" 물었고, 왕께서는 "어찌 폐지할 수 있겠느냐? 소 대신에 양(羊)으로 바꾸어라." 하셨다고 하는데, 그런 일이 정말 있었습니까?
>
> 왕: 그런 일이 있었습니다.
>
> 현자: 그런 마음이면 족히 왕다운 왕이 될 수 있습니다. 백성들은 왕께서 재물이 아까워서 그랬다고 하지만, 저는 왕께서 차마 볼 수 없어서 그랬다는 것을 알고 있습니다.
>
> 왕: 그렇습니다. 진실로 그렇게 생각하는 백성들도 있겠습니다만, 이 나라가 아무리 작다 하나 내 어찌 소 한 마리가 아까워서 그랬겠습니까. 벌벌 떨면서 죄 없이 사지로 끌려가는 것을 차마 볼 수가 없어서였습니다. 그래서 소 대신에 양으로 바꾸라고 한 것입니다.
>
> 현자: 재물이 아까워서 그랬다고 백성들이 말하는 것을 이상하게 생각하지 마십시오. 작은 양을 가지고 큰 소와 바꾸었기에 그런 것인데, 저들이 어찌 왕의 마음을 알겠습니까? 그런데 왕께서 소가 죄 없이 사지로 끌려가는 것을 측은히 여기셨다면 어째서 양은 소와 달리 생각하셨습니까?
>
> 왕: 그것은 참으로 무슨 마음에서였을까요? 내가 재물이 아까워서 소 대신에 양으로 바꾸게 한 것은 아닌데. 그리고 보면 백성들이 나더러 재물을 아까워한다고 말하는 것도 당연합니다.
>
> *흔종: 새로 종을 주조하면 소를 잡아 그 피를 종의 틈에 바르는 의식

문제 1 "그런 마음이면 족히 왕다운 왕이 될 수 있습니다."라고 현자가 말한 이유에 대해 설명하시오.

문제 2 왕의 마지막 말 뒤에 이어질 만한 현자의 말을 유추해 보시오.

※ 제시문을 읽고 문제에 답하시오.

[오디세우스는 살아서 저승을 여행하다가 아킬레우스의 혼백을 만나 대화를 나누고 있다.]

"펠레우스의 아들 아킬레우스여, 아카이아인(人)*들 중에서 가장 강력한 자여, 나는 예언자 테이레시아스에게 물어보러 왔소이다. 어떻게 하면 내가 바위 많은 이타케에 닿을 수 있겠는지, 그가 혹시 어떤 조언을 해 줄 수 있을까 해서 말이오. 나는 아직도 아카이아 땅에 가까이 다가가지도 못하고 내 자신의 나라를 밟아 보지도 못한 채 끊임없이 고통만 당하고 있소. 그러나 아킬레우스여, 그대로 말하면 어느 누구도 일찍이 그대처럼 행복하지 못했고 앞으로도 그럴 것이오. 그대가 아직 살아 있을 적에 우리들 아르고스인들이 그대를 신처럼 공경했고, 지금은 그대가 여기 죽은 자들 사이에서 강력한 통치자이기 때문이오. 그러니 아킬레우스여, 그대는 죽었다고 해서 슬퍼하지 마시오."

이렇게 내가 말하자 그는 지체 없이 이런 말로 대답했소.

"죽음에 대하여 나를 위로하려 들지 마시오, 영광스러운 오디세우스여. 나는 죽은 자들 모두를 통치하느니 차라리 시골에서 머슴이 되어 농토도 없고 가산(家産)도 많지 않은 다른 사람 밑에서 품팔이를 하고 싶소. 자, 그대는 내 의젓한 아들 소식이나 전해 주시오. 그 애는 제일인자(第一人者)가 되기 위하여 전쟁터로 나갔소? 아니면 그러지 않았소? 그리고 나무랄 데 없는 내 아버지 펠레우스에 관해서도 들은 것이 있다면 말씀해 주시오. 그분께서는 아직도 뮈르미도네스족(族)** 사이에서 명예를 누리고 계시오? 아니면 노령(老齡)이 그분의 손발을 묶었다고 해서 헬라스와 프티아***에서 사람들이 그분을 업신여기고 있소? 나는 이제 더 이상 햇빛 아래서 그분을 보호하지 못하며, 넓은 트로이아에서 가장 용맹한 적들을 죽이고 아르고스인들을 지켜 주던 때처럼 그렇게 강력하지도 못하오. 그때의 힘을 지니고 내가 잠시나마 아버지의 집에 갈 수 있었으면!"

* 아카이아인: 고대 그리스 인. 아르고스인이라고 일컫기도 함

** 뮈르미도네스족: 아킬레우스의 부족

*** 헬라스와 프티아: 아킬레우스 아버지의 영토

문제 3 오디세우스와 아킬레우스가 죽음을 대하는 태도를 비교하고, 그 차이가 어디서 오는지 설명하시오.

문제 4 제시문을 근거로, 아킬레우스가 이승으로 살아 돌아간다면 어떤 삶을 살지 유추해 보시오.

☑ 활용 모집단위 활용 문항

• 오전
- 인문대학, 간호대학, 사범대학(수학교육과 제외) [문제 1], [문제 2]
- 사회과학대학(경제학부 제외), 자유전공학부 [문제 1]

• 오후
- 인문대학, 사범대학(수학교육과 제외) [문제 3], [문제 4]
- 사회과학대학(경제학부 제외), 자유전공학부 [문제 3]

문제 1

☑ 출제 의도
글을 읽고 전체 요지를 종합적으로 이해하고 정합적으로 구술할 수 있는 능력을 평가한다.

☑ 해설
"그런 마음"과 "왕다운 왕"에 해당하는 내용을 제시문에서 각각 찾고, 이 두 부분을 종합적이고 정합적으로 결합하여, 제시문의 전체 요지를 파악할 수 있는지를 평가하고자 했다.

☑ 출전
『맹자(孟子)』·「양혜왕(梁惠王) 상」(민족문화추진위원회 번역본)의 7번 항목 일부를 문제의 의도에 맞추어 수정한 것이다.

문제 2

☑ 출제 의도
제시문을 바탕으로 논리적으로 사고하고 창의적 사고를 할 수 있는 능력을 평가한다.

☑ 해설
이 문제는 크게 두 가지 상호 연관된 질문에 대한 설명을 요구한다.
(i) 현자가 "양은 소와 달리 생각"한 이유에 답하여 그 마음이 "무슨 마음"인지를 설명하는 것
(ii) (i)에 대한 답변을 [문제 1]의 답변과 연결하여 "왕다운 왕"에 대해 설명하는 것

☑ 출전
『맹자(孟子)』·「양혜왕(梁惠王) 상」(민족문화추진위원회 번역본)의 7번 항목 일부를 문제의 의도에 맞추어 수정한 것이다.

문제 3

☑ 출제 의도

제시문을 이해하고 분석할 수 있는 능력을 평가한다.

☑ 해설

오디세우스와 아킬레우스의 대화는 삶, 죽음, 행복, 명성, 권력 등 다양한 주제에 걸쳐 있다. 그중에 죽음에 초점을 맞추어 두 인물의 가치관의 차이를 설명할 수 있는지 묻는 문제다.

☑ 출전

호메로스, 『오뒷세이아』, 천병희 옮김, 단국대학교 출판부, 2004. (수험생의 이해를 돕기 위해서 일부 표현을 수정했다.)

☑ 출처

• 박영목 외, "II. 독서의 원리, 2. 독서의 수행", 『독서와 문법 I』, 천재교육, 98~114쪽, 134~143쪽.
• 이삼형 외, "II. 독서의 이론과 실제, 2. 독서의 준비와 수행", 『독서와 문법 I』, 지학사, 118-147쪽, 182~201쪽.
• 이남호 외, "III. 독서의 원리, 2. 독서의 수행", 『독서와 문법 I』, 비상교육, 105~125쪽, 148~159쪽.
• 윤여탁 외, "V. 독서의 준비와 수행", 『독서와 문법 I』, 미래엔, 228~247쪽, 258~271쪽.

문제 4

☑ 출제 의도

제시문을 근거로 상황을 유추하는 분석력과 창의력을 평가한다.

☑ 해설

아킬레우스는 "죽은 자들 모두를 통치하느니 차라리 시골에서 머슴이 되어… 품팔이를 하고 싶소."라고 하지만, 곧이어 영웅적인 삶에 대한 은근한 관심과 미련을 표명한다. 학생들이 이 대목의 함의를 정확히 읽었는지 묻는 문제다.

☑ 출전

호메로스, 『오뒷세이아』, 천병희 옮김, 단국대학교 출판부, 2004. (수험생의 이해를 돕기 위해서 일부 표현을 수정했다.)

16

연세대학교

01
면접 종류

수시모집

개별면접[제시문 기반 면접] ⇒ 활동우수형, 기회균형

심층면접[8][서류 기반 면접 + 제시문 기반 면접] ⇒ 추천형

정시모집

개별면접[제시문 기반 면접] ⇒ 국제계열, 의예과

제시문 기반 면접	활동 기반 면접[서류 기반 면접]
• 학생부종합전형(추천형) • 학생부종합전형(활동우수형/기회균형)	• 학생부종합전형(추천형) • 고른기회전형(연세한마음전형)
• 제시문을 활용한 논리적 사고력 평가	• 학교 활동에 기반한 창의적 사고력 확인

---

8 연세대 '추천형' 지원자는 '제시문 기반 면접'과 '서류 기반 면접'을 둘 다 치러야 한다. 이렇게 서로 다른 형태의 면접을 치르는 면접 형태는 대학마다 '다단(多段)면접', '통합면접', '심층면접'으로 다양하게 불린다. 본 저서에서는 개인면접과 집단면접을 모두 보는 경우와 서로 다른 형태의 면접을 다단계로 치르는 면접까지를 총괄하여 '심층면접'으로 용어를 통일해서 사용한다.

연세대학교 면접은 서류에 드러나지 않는 지원자의 논리적 사고력, 창의적 사고력 등을 확인하기 위한 과정이다. 면접관과 지원자 간의 질의응답을 통해 지원자의 가치관 태도, 지원동기, 지식수준, 품성 등을 평가한다. 연세대학교의 면접 평가는 크게 두 가지 형식으로써, '제시문 기반 면접'과 '활동 기반 면접[서류 기반 면접]'으로 구분된다.

'추천형, 활동우수형' 제시문 기반 면접은 특정 교과의 학업역량을 확인하기 위한 내용으로 출제되지 않는다. 주어진 제시문(도표, 그래프 포함 가능)을 이해하고, 이에 기반하여 자신의 생각이나 경험을 논리적으로 답변하는 과정에서 지원자의 논리적 사고력을 확인하고자 한다. 그리고 활동 기반 면접은 학교 활동을 바탕으로 다양한 질문을 통해 전공적합성 또는 인성, 창의적 사고력 등을 확인하기 위한 평가다.

'추천형, 활동우수형' 제시문 기반 면접 준비는 연세대학교 기출문제와 제시문 기반 면접을 실시하는 서울대학교, 고려대학교 기출문제를 참고하면 큰 도움이 된다. 도표, 그래프가 자주 출제되는 경희대, 서울여대, 성균관대학교, 숭실대, 인하대 등의 논술 문제 풀이도 권한다.

학생부종합전형에 지원하는 학생은 먼저 자신의 지원 전공에 대한 탐색을 바탕으로 자신의 삶에 대한 고민을 해 보는 것이 좋다. 인생관 또는 삶의 목표에 대한 고민을 하다 보면 주관이 뚜렷하게 형성되고 어떤 면접 질문에도 의연하게 대처할 수 있기 때문이다. 아울러 평소에 학교나 가정에서 자신의 의견을 말할 수 있는 환경과 기회를 만들어 교사, 친구, 가족으로부터 적절한 피드백을 받는 과정에서 자연스럽게 면접 준비가 이루어지고, 지원자는 자신감을 가질 수 있을 것이다.

02
연세대학교 면접 꿀팁!

1 지각하지 마세요.

정해진 시간에 면접이 진행되는 장소에 도착하지 못하면 면접 불참으로 불합격처리 된다.

2 제시문의 자료, 그래프 등을 꼼꼼하게 파악하고 분석하세요.

주어진 제시문은 지원자의 정확한 분석력과 논리적 사고력을 확인하기 위해 출제된 문제다. 따라서 자신의 배경지식으로 제시문을 넘겨짚지 말고, 제시문에 숨어 있는 논리를 찾아 답변의 근거로 활용하세요.

3 면접관의 의도를 정확하게 파악하고 답변하세요.

제한된 시간 내에 문제에 부합하는 답변을 하면서 자신의 역량을 보여 주기 위해서는 면접관의 질문 의도를 파악하고 적절한 답변을 명료하고 간결하게 전달하는 것이 중요하다. 그러나 '네, 아니오'처럼 지나치게 단답형으로 대답할 경우에는 면접관이 지원자에게 확인하고 싶은 요소들을 파악하기 어려울 수 있다. 또한 자신이 알고 있는 모든 지식을 쏟아내는 식의 장황한 답변도 면접관의 질문 의도에 부합하지 않으므로 긍정적인 평가를 받기 어렵다.

4 긴장하지 말고 자신감 있는 태도로 답변하세요.

면접 평가라는 생각에 평소보다 매우 긴장한 상태에서 면접관을 마주하게 된다. 지나친 긴장과 불안은 지원자가 준비한 답변을 전달할 때 방해되는 요소다. 면접관들은 지원자의 말솜씨와 유창함 정도를 평가하지 않는다. 편안하고 진솔한 모습 그대로 지원자의 생각을 천천히 표현해 주세요.

03

선배가 말하는 면접 합격 이야기

간호학과 합격생(2018학번)

> **Q.** 입학을 축하드립니다. 수시모집 학생부종합전형(면접형)으로 합격을 하셨는데, 다양한 수시 전형 중 학생부종합전형(면접형)을 선택한 이유는 무엇입니까?

A '면접 60%'. 제가 이 전형을 선택한 가장 큰 이유입니다. 다른 전형에 비해 상대적으로 면접 비중이 높아 부담스러워하는 학생도 있지만, 오히려 이 부분을 잘 활용하면 강점으로 작용할 수 있다고 생각했습니다. 학생부 면접에서는 제가 성장한 모습과 서류상으로는 잘 표현되지 않는 저의 모습을, 제시문 면접에서는 답이 정해져 있지 않은 문제를 풂으로써 논리적 사고력과 문제를 풀기 위한 노력 등을 보여 줄 수 있다고 생각했습니다. 이러한 이유로 면접형이 저를 잘 보여 줄 수 있는 전형이라고 생각해 지원했습니다.

Q. 1단계 합격 이후 면접에 대한 어려움을 겪는 학생들이 많습니다. 혹시 학생부종합전형(면접형)의 면접은 어떻게 준비하셨나요?

A

● 제시문 기반 면접

- 많은 학생이 부담스러워하는 부분이고 저 역시 이 면접이 가장 걱정이 됐습니다. 면접형이 새로 생긴 전형이기 때문에, 다른 전형의 기출문제와 다른 학교의 기출문제를 프린트해 시간을 재고 연습을 했습니다. 또, 그 시기에 이슈였던 사회 문제를 다룬 기사들을 읽고 제 생각을 정리해 보는 연습도 했습니다.

- 이 면접에서는 '두괄식'으로 답변하는 것이 좋다고 생각합니다. 핵심부터 말하고, 그후 근거를 말하는 연습을 했습니다. 또, 자신의 경험을 연결 지어 답변하는 것도 좋은 방법입니다. 구체적은 근거로 자신이 직접 경험한 일을 예시로 든다면 자신의 의견을 강화하는 데 보다 도움이 될 것입니다.

● 활동 기반 면접(서류 기반 면접)

- 이 면접은 3년 동안 제가 한 활동에 대해 솔직하게 말을 하면 되기 때문에 상대적으로 부담이 적었습니다. 학생부를 보면서 활동별로 동기/에피소드/배운 점을 정리해 보았습니다. 하지만 절대 이를 외우지는 않았고, 키워드만 기억해 자연스럽게 말하는 연습을 했습니다.

- 제게 가장 도움이 되었던 부분은 '친구들과의 면접 연습'이었습니다. 예상 질문을 뽑아 친구들 3~4명에게 주고, 저를 몰아붙이는 듯이 질문을 해 달라고 부탁했습니다. 또, 혹시 모를 상황을 위해 전혀 다른 전공의 질문지나

저의 학생부를 주면서 질문을 해 달라고 해 압박면접을 대비하며 순발력을 키우는 연습을 했습니다. 이 부분이 가장 크게 도움이 되었습니다.

- 또, 자신의 모습을 동영상으로 찍어서 보는 것도 추천합니다. 말하는 중에 손이 심란하거나 중간 중간에 흥분해서 말이 빨라지고, 발음이 뭉개지기도 하는데, 면접 준비할 때 이를 캐치해서 조절하는 게 중요하다고 생각합니다. 가장 중요한 건 긴장하지 않는 것입니다. 처음 보는 사람에게 내가 누군지 보여 준다, 대화한다고 생각하고 편안한 마음으로 면접에 임하시길 바랍니다.

기계공학부 합격생(2018학번)

> **Q. 입학을 축하드립니다. 수시모집 학생부종합전형**(면접형)**으로 합격을 하셨는데, 다양한 수시 전형 중 학생부종합전형**(면접형)**을 선택한 이유는 무엇입니까?**

A 고등학교 3년 동안 비교과 관리를 열심히 했고, 성적도 꾸준히 상승했기 때문에 학생부종합전형에 지원하려는 의지가 강했습니다. 원서 접수 하루 전날까지만 해도 수능 최저학력기준이 있는 활동우수형을 선택하려 했습니다. 하지만 원서접수 마지막 날 막상 지원하려고 보니 서류와 면접을 7:3으로 보는 활동우수형보다 4:6으로 보는 면접형을 택하는 게 제 장점을 살리는 길이라는 생각이 강하게 들었습니다. 면접 정도는 쉽게 볼 거란 근거 없는 자신감을 가지고 면접형을 선택한 것이죠(실제 면접 때는 대기실에서부터 덜덜 떨었답니다).

> **Q. 1단계 합격 이후 면접에 대한 어려움을 겪는 학생들이 많습니다. 혹시 학생부종합전형**(면접형)**의 면접은 어떻게 준비하셨나요?**

A 우선 저는 연세대학교 면접형 면접을 준비할 때 학원에 가지 않았습니다. 면접을 준비해야 할 시기가 추석이었기 때문에 수능 공부도 놓치지 않아야 해서 공부하다가 면접 준비하기를 반복했죠. 활동 기반 면접에서 사정관님, 교수님들이 내는 질문은 대부분 학생부와 연관이 되어 있을 것이라 생각했기 때문에 제가 입학사정관이 된 것처럼 제 학생부를 자세히 읽

없습니다. 궁금할 만한 점은 모두 빨간색으로 표시하고 예상 질문과 답변 계획을 써 놨죠. 활동 기반 면접을 준비하기 위해 기억 속에서 흐릿해진 도서도 다시 빌려 보았고, 발표 수업 때 썼던 발표 자료도 다시 찾아 읽었습니다. 또 동아리 활동 일지도 열심히 읽었고요. 이것만 해도 꽤나 시간이 오래 걸리더군요. 시간은 많이 걸렸어도 활동 기반 면접은 사실 많이 걱정하지 않았어요. 거짓으로 채운 학생부 항목이 없었기 때문에 내 경험을 대화하듯이 자연스레 말하면 되는 것이었으니까요.

제일 걱정되었던 것은 제시문 기반 면접이었습니다. 친구와 모의 면접을 해 보는데 1번 문항과 2번 문항 답변을 연결 지어 이야기해야 고득점을 할 것 같은 생각이 들고, 어떻게 해야 면접관들한테 잘 보일까 하는 생각이 가득 차 문제가 눈에 잘 안 들어오더라구요. 그렇게 난생처음한 모의 면접을 망쳤습니다. 면접관 역할을 하던 친구가 시범을 보여 주는데, 종이에 아무것도 안 쓰고 눈을 똑바로 마주치며 자신의 의견을 잘 말했습니다. 그 친구가 앞사람에게 잘 보이겠다는 생각 버리고 그냥 네 의견을 있는 그대로 말하면 되는 것이라 조언을 해 주었어요. 이후에 그 친구와, 또 담임 선생님과 면접 준비를 계속 하면서 자세나 생각하는 법을 고쳐 갔습니다. 또, 저는 마지막에 할 이야기를 준비해 갔습니다. 매우 짧은 시간의 면접에서, 긴장해서 안절부절못하는 나의 모습만 보여 주고 나오면 탈락이 확정될 것이라 생각했기에 마지막에 나다운 모습 한 번은 보여 드리고 나오자고 결심했습니다. 그렇게 면접 마지막에 준비해 간 멘트를 할 수 있었습니다. 교수님이 중간에 시간이 다 지났다며 형평성 문제로 이쯤에서 끊어야겠다고 하셨지만 말입니다.

중요한 말을 마지막에 적어야겠네요. 앞에서 말했다시피 저는 연세대학교 면접을 준비하며 학원을 다니지 않았습니다. 다만, 수능 이후 (연세대학교 면접형 면접 이후) 타 대학 면접 준비를 위해 학원을 다녔습니다. 면접 학원을 다녀 본 선배로서 말하자면, 면접 실력이 크게 향상되는 효과는 못 본 것 같아요. 혼자 충분히 연습할 수 있는 부분이고, 심지어 가끔 엉뚱한 정보를 제공하는 학원도 존재한답니다(학원 선생님이 말하시는 "이건 무조건 나온다.", "이건 절대 안 나와." 같은 말에 대해 학원 선생님은 책임을 지지 않아요). 학원에 가지 않을 친구들은 집에서 카메라로 내가 어떻게 말하고 있나 찍어도 보고, 모의 면접도 충분히 해 보길 추천할게요! 막상 면접을 보러 건물에 들어가면 생각한 것보다 많이 떨릴 테니까요.

04

활동 기반 면접[서류 기반 면접] 예시

전공적합성

☑ 면접문항 예시

Q. 지원한 전공을 통해 이루고자 하는 목표나 방향에 대해 이야기하고, 이를 위해 어떠한 준비와 노력을 해 왔는지 구체적인 사례를 들어 이야기해 보십시오.

☑ 세부질문 예시

Q1. 지원한 전공에 관심을 가지게 된 계기는 무엇입니까?

Q2. 지원하고자 하는 전공을 위하여 어떤 준비와 노력을 기울였습니까?

Q3. 이러한 노력의 과정에서 스스로 느낀 본인의 부족한 점은 무엇이었으며 어떻게 해결하려 하였습니까?

Q4. 본교의 지원학과가 자신의 진로목표를 달성하는 데 어떤 도움을 줄 수 있다고 생각하십니까?

☑ 출제 의도

제시된 활동 기반 면접 예시문항에서는 지원한 전공에 대한 관심 정도와 전공적합성을 과거의 경험과 행동을 통해 확인할 수 있다. 또한 지원학과에 대한 준비를 바탕으로 해당 학과와 관련한 관심과 의지를 확인하고, 진로목표에 대한 구체성을 함께 파악한다.

즉, 평가의 주안점으로 지원한 전공의 학문 분야에 대해 적극적이고 지속적인 관심과 탐색 경험이 있는지, 이루고자 하는 목표 및 실현 계획이 구체적이며 자기주도적 실천의지를 가지고 노력하는지, 지원전공에 대한 구체적 인식과 계획의 여부를 중점적으로 평가할 수 있다.

인성, 의사소통능력, 서류확인

☑ 면접문항 예시

Q. 고등학교 시절 자신이 속한 공동체의 발전을 위하여 함께 노력한 경험이 있으면 이에 대해 이야기해 주십시오. (반, 동아리, 또래집단, 학생회 등등)

☑ 세부질문 예시

Q1. 구체적으로 그 일은 어떤 일이었으며 본인의 역할은 어떤 것이었습니까?

Q2. 그 일을 수행하는 과정에서 생긴 어려움은 무엇이었으며 어떻게 해결하였습니까?

☑ 출제 의도

제시된 활동 기반 면접 예시문항에서는 공동체의 발전을 위한 경험을 통해 지원자의 인성과 협업능력 등 태도를 확인할 수 있다. 또한 구체적 경험에 나타나는 본인의 역할과 어려움 극복 과정을 바탕으로 리더십, 문제 해결 능력을 함께 파악한다.

05

기출문제

2022학년도 학생부교과전형(추천형), 학생부종합전형(활동우수형, 기회균형 I · II) – 인문 사회 통합 계열 [모의 면접]

※ 제시문을 읽고 문제에 답하시오.

[가] 15세기 무렵 유럽에 전염병이 창궐하자 의사들은 대립했습니다. 상당수의 의사는 미아즈마(miasma), 즉 냄새 나는 나쁜 공기가 전염병의 원인이라고 주장했습니다. 감염병에 걸리면 악취가 나곤 하지만 그것 자체가 원인은 아닙니다. 미아즈마는 분명 상상 속의 독성 물질입니다. 이들에 따르면, 숨을 쉴 때 몸으로 들어오는 우주의 기운인 프네우마(pneuma)는 건강을 유지하는 힘이고 미아즈마는 이를 방해하는 나쁜 기운입니다.

의학이 발달하면서 미아즈마 가설은 완전히 사라졌습니다. 과거의 선배 의사들은 감염병에 걸린 환자에게 맑은 공기가 있는 시골에서 요양하라고 처방했습니다. 깨끗한 공기, 맑은 물을 마시면서 충분히 쉬고, 프네우마로 몸을 다독이라고 했죠. 그러나 후배 의사는 그런 '구닥다리' 처방을 하지 않았습니다. 백신으로 예방하고, 항생제로 치료했죠.

하지만 19세기 중반 저명한 의사들이 참석한 국제회의에서 일부 의사들은 여전히 미아즈마 이론을 주장했고, 첫 회의는 결렬되었습니다. 당시 감염병은 더러운 공장, 비위생적인 빈민가에 사는 가난한 이와 전쟁터에 나선 젊은이의 목숨을 주로 노렸습니다. 미아즈마 이론은 틀린 주장이었지만, 항생제와 백신이 진정한 건강을 보장하지 못하리라는 것도 분명했습니다. 미아즈마 이론을 주장한 일부 의사들은 빈민의 비참한 삶을 개선하려는 노력, 즉 그들의 삶에 '생기'를 불어넣으려는 시도가 무산될까 걱정했습니다. 그들에게 미아즈마, 즉 냄새 나는 공기는 빈곤과 차별, 비위생과 굶주림의 상징이었죠.

급속한 도시화와 환경 파괴, 공장식 사육, 무분별한 세계화로 인한 물자와 인원의 급격한 이동, 충분한 자원을 비축할 수 없는 의료 공급 시스템, 집중화된 대형병원에 의존하는 의료 시스템 등은 모두 현대사회의 '미아즈마'입니다. 신종 감염병을 양산하고, 세계적 대유행을 일으키는 요인입니다.

[나] 연방 보건 당국이 '백신 접종을 완료한 사람들은 마스크 없이 여러 곳을 갈 수 있다'는 새로운 지침을 발표한 직후 미국 최대 간호사 조합이 이를 비판하는 입장을 발표했다:

"팬데믹(pandemic)은 끝나지 않았습니다".

17만 명 이상의 회원을 보유한 '미국 간호사 조합(National Nurses United)'은 질병 통제 예방 센터의 권고사항이 모든 의료기관에 적용되는 것은 아니지만 간호사를 포함한 일선 직원들을 위험에 처하게 한다며 이를 철회할 것을 촉구했다.

간호사 조합의 지도자들은 전국 1일 평균 3만 건 이상의 감염, 바이러스 변종의 확산, 예방 접종을 받았다고 말하는 사람들에 대한 신뢰 문제 등을 지적하면서, 예방 접종이 계속 되더라도 마스크 착용과 사회적 거리두기 같은 여러 팬데믹 대응 방역 지침을 지속해야 한다고 말했다.

노조 대표는 "여전히 팬데믹의 한가운데 있는 순간에 수정된 지침이 실행되는 것을 매우 우려하고 있다"고 말하면서 다음과 같이 주장하였다. "환자들은 계속해서 발생하고 있습니다. 작년이나 몇 달 전과 같다고 할 수는 없지만 여전히 매우 많은 수입니다."

[라] 다음은 7개 국가의 백신접종률(그래프1)과 해당 국가의 사회적 거리두기 정책 변화 내용(표1), 그리고 그중 E국가의 계층별 'COVID-19' 감염률과 백신접종률(그래프2)을 나타낸다. A, B, C 국가는 모두 1인당 국민소득이 2만 불 미만이고, 인구 1000명당 의료진의 수는 50명 미만, 영아사망률은 20명 이상이다. 반면 D, E, F, G 국가는 1인당 국민소득이 3만 불 이상이고, 인구 1000명당 의료진의 수는 100명 이상, 영아사망률은 1명 미만이다.

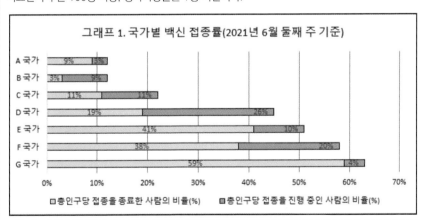

그래프 1. 국가별 백신 접종률(2021년 6월 둘째 주 기준)

□ 총인구당 접종을 종료한 사람의 비율(%) ■ 총인구당 접종을 진행 중인 사람의 비율(%)

표 1. 2021년 6월 둘째 주 기준 각국의 사회적 거리두기 정책 변화
- A 국가 : 사회적 거리두기를 더욱 강화함.
- B 국가 : 사회적 거리두기를 가장 높은 수준인 봉쇄 단계까지 격상시킴.
- C 국가 : 사회적 거리두기를 더욱 강화함.
- D 국가 : 사회적 거리두기를 가장 낮은 수준으로 유지함.
- E 국가 : 사회적 거리두기를 종료함.
- F 국가 : 사회적 거리두기를 종료하려다가 다시 강화함.
- G 국가 : 사회적 거리두기를 종료함.

문제 1 제시문 [다]의 병진의 입장에서 제시문 [가]와 [나]의 논지를 분석하시오.(40점)

문제 2 다음 두 질문에 모두 답하시오.(60점)

(1) 제시문 [가], [나], [다] 각각의 내용을 바탕으로 제시문 [라]의 그래프를 해석하시오.

(2) 백신접종률 증가에 따른 사회적 거리두기 규제 완화를 둘러싼 쟁점을 정리하고, 이에 관한 자신의 견해를 밝히시오.

2021학년도 학생부종합전형(활동우수형, 기회균형) - 인문 사회

※ 제시문을 읽고 문제에 답하시오.

[가] 약한 동물은 무리 생활이 필수다. 누가 해코지하려 오지는 않는지, 주위에 천적이 있는지 늘 살펴야 하는데 동료가 많으면 각자 망볼 시간이 줄어든다. 천적에게 습격을 당해도 개체 수가 많으면 공격당할 확률이 줄어든다. 홍학도 서식지에서 무리를 지어 산다. 적게는 50여 마리, 많게는 1000여 마리가 모여 산다. -중략- 무리를 지어 살면 천적으로부터 살아남을 확률이 높지만, 먹이 경쟁을 해야 하고 질병에 걸릴 가능성도 높다. 그래서 무조건 많이 모여서 사는 건 좋지 않다. 적절한 수는 종마다 다르고, 먹이의 양과 천적의 유무에 따라 달라진다. 대체로 기린은 약 2~10마리, 산양은 4마리(겨울에는 더 많아진다), 말은 20마리, 얼룩말은 20~50마리, 코끼리는 20~50마리 정도다.

[나] 에드워드 홀은 공간을 물리적으로 인식하는 데서 나아가 사회문화적 개념으로 이해하고자 한다. 그는 공간을 인식하거나 활용하는 방식이 사회문화적 조건에 따라 달라지는 경향을 탐구했다. 그는 공간 인식의 한 예로 '거리'에 대한 문화적 관념을 다음과 같은 도식으로 설명하였다.

1. 친밀성의 거리(1~2cm부터 15cm~1.5피트 사이)

2. 개인성의 거리(1.5~2.5피트부터 2.5~4피트 사이)

3. 사회성의 거리(4~7피트부터 7~12피트 사이)

4. 공공성의 거리(12~25피트부터 25피트 사이)

* 1피트(feet): 30.48cm

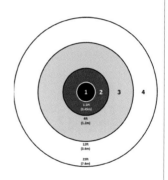

에드워드 홀은 공간과 거리에 대한 인간의 감각이
정적이지 않다고 말한다. 그에 따르면 공간에 대한
인간의 지각은 역동적이며, 그들의 행위에 연관된다.

[다]

A: 최근 사회적 거리두기에 대한 관심이 높아졌는데요. 문제는 거리두기를 하고 싶어도 할 수 없는 사람들이 존재한다는 사실입니다. 예를 들어 택배 물건을 분류하는 물류센터나 콜센터 사무실, 장기 입원 환자들이 존재하는 정신병원이나 주거 환경이 불안정한 쪽방촌 등이 그런 경우라고 할 수 있겠습니다.

B: 네. 일자리를 포기하거나 주거 환경을 바꿀 수 있는 경제적 여건이 갑작스레 마련되지 않는 한 어쩔 수 없는 분들이 계신 거지요. 그런데 또 어떤 사람들은 자신이 가진 경제력으로 완벽하게 사회적 거리두기를 실천하기도 합니다.

A: 네. 태평양 섬을 통째로 사들인 사람들도 있다고 하지요? 최근 수 억 대에 달하는 지하 벙커 상품이 날개 돋힌 듯 팔렸다는 소식도 들었습니다.

B: 네. 그 정도까지는 아니라 하더라도 사회적 거리두기가 가능하도록 근무 환경을 조정하거나 사회적 거리두기가 가능한 주거 환경에서 살아갈 수 있는 사람들이 있는 반면, 애초에 그런 '선택' 자체가 불가능한 사람들이 있다는 사실에 주목해야겠습니다.

[라] 다음은 4개 국가의 문화 영역 지표별 지수와 'COVID-19' 감염병의 확산에 따른 확진자 수를 나타낸 그래프이다. 아래 그림에서 4개 국가는 모두 '사회적 거리두기' 관련 정책을 시행 중인데, A국가와 C국가의 '사회적 거리두기' 기준 거리는 3피트이고 B국가와 D국가의 '사회적 거리두기' 기준 거리는 6피트이다. 〈그림1〉에 나타난 문화 영역별 지표는 '개인적 삶의 우선 추구'와 '권력거리'이다. 여기서 '개인적 삶의 우선 추구'는 공동체나 집단의 이익보다는 개인의 이익과 행복을 우선시하는 태도와 지향을 의미하고, '권력거리'는 한 사회 내 구성원들이 위계적 권력에 순응하는 정도를 나타낸다. 〈그림2〉에서 확진자 수는 인구 100만 명당 확진자 수를 가리킨다. 그 밖의 제반 상황과 조건은 4개 국가에서 모두 동일한 것으로 가정한다.

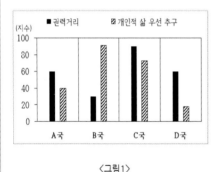

〈그림1〉

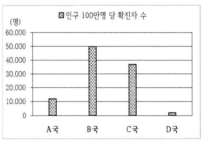

〈그림2〉

1-1) 제시문 (가)와 (나)의 핵심 논지를 요약하고, 상호 비교하여 설명하시오.

1-2) 제시문 (가)와 (나)의 내용을 바탕으로 'COVID-19'에 의한 감염병 확산 현상을 분석하여 설명하시오.

문제 2 50%

2-1) 제시문 (가)와 (나)의 내용과 연계하여 제시문 (다)와 (라)를 각각 해석하시오.

2-2) 문제 (2-1)번의 해석 내용을 바탕으로, 'COVID-19'에 의한 감염병 확산 방지 관련 사회 정책의 쟁점을 분석하시오.

☑ 출제의도

본 문제는 'COVID-19'에 의한 대규모 감염병 확산이라는 사회 문제에 직면하여 '사회적 거리'에 대한 담론이 확산되는 국면에서 이와 같은 '거리'가 각 문화권에 따라 상이하게 인식, 조정될 수 있으며 이에 따라 '사회적 거리두기'와 같은 정책을 실행할 때 이런 사회문화적 조건들을 고려해야 할 필요가 있음을 암시한다. 수험생들은 'COVID-19'에 의한 감염병 확산이라는 문제를 해결하기 위해 사회적 대안을 모색하는 과정에서 고려해야 할 다양한 사회문화적 조건과 변인들에 대해 자신의 생각을 논리적이고 입체적으로 구성하여 답변할 수 있어야 한다. 수험생들은 고등학교 교육 과정을 성실하게 이수한 학생이라면 누구나 독해할 수 있는 수준의 제시문 4개를 읽고 이를 분석한 후 총 4개의 문제에 대한 답을 구술하면 된다. 학생들이 면접관 없이 비대면 방식으로 구술 면접을 진행하는 상황을 고려하여 2개 문제의 내용을 세부적으로 구체화하고, 좀 더 명시적인 문장으로 서술하였다.

📝 문제해설

제시문 [가]는 노정래의 동물원에 동물이 없다면 (다른, 2019, 76-82면.)에서 인용한 글로, 동물생태계에서 생존에 적절한 생물학적 '거리'가 동물들마다 어떻게 다른지, 그리고 이와 같은 '거리'와 무리의 규모가 동물들의 생활과 생존을 위한 생태 환경에 어느 만큼 핵심적인 요소인지 설명하고 있다.

제시문 [나]는 문화인류학자 에드워드 홀이 창안한 개념인 프록세믹스(proxemics)를 통해 '거리'에 대한 사회문화적 인식과 관념을 보여준 글이다.(에드워드 홀, 숨겨진 차원 , 최효선 옮김, 한길사, 2002, 185-186쪽.; '거리'에 대한 그림은 위키피디아의 프록세믹스(proxemics) 항목에서 인용하여 재조정한 것이다.) 에드워드 홀은 '공간'을 사회문화적 개념으로 인식하고 이와 같은 공간 인식의 한 예로 '거리'에 대한 관념을 문화적 조건에 따라 그림과 같이 구분하였다.

제시문 [다]는 '사회적 거리두기'와 같은 정책이 시행된다 하더라도 감염을 막는 데 효과적인 최소한의 거리를 확보하기 어려운 노동 및 생활/거주 환경에 처한 사람들의 실태를 두 사람의 대화를 통해 보여주는 글이다. 사회경제적 지위와 조건에 따라 어떤 사람들은 '사회적 거리두기' 정책이 지시하는 최소한의 거리, 혹은 최대한의 거리를 확보할 수 있지만, 어떤 사람들은 애초에 이와 같은 '선택'을 할 수 없이 밀접, 밀집, 밀폐 환경에 처하게 되는 현실을 보여준 것이다.

제시문 [라]는 'COVID-19'에 의한 감염병 확산을 막기 위해 '사회적 거리두기' 정책을 실행 중인 4개 국가의 문화적 조건('권력거리'와 '개인적 삶 우선 추구')과 인구 100만명당 확진자 수를 그래프로 제시하고, 이 두 가지 데이터를 각각 3피트(A와 C 국가)와 6피트(B와 D 국가)라는 '사회적 거리두기' 정책의 기준 거리와 연동하여 읽어낼 것을 요구한다. 감염을 막기 위한 사회적 거리두기 정책의 통제 효과만을 고려한다면 강화된 거리 기준을 제시한 B와 D 국가의 확진자 수가 A와 C국가의 확진자 수보다 적어야 하지만 '권력거리'와 '개인적 삶 우선 추구' 등의 사회문화적 변인으로 인해 각 국가의 확진자 수는 다양한 양상을 드러낸다. 제시문 [라]의 그래프는 WHO와 WORLD BANK의 데이터베이스, 비교문화심리학자 Geert Hofstede(2015 개정 고등학교 「독서」교과서에 '권력거리'에 관한 그의 글이 수록되어 있음. '권력거리'는 그가 고안한 주요 개념임.)의 홈페이지가 제공하는 데이터베이스를 참고하여 고등학교 정규 교육을 받은 학생들이 이해하기 쉬운 2개의 막대 그래프로 구성한 것이다.

※ 제시문을 읽고 문제에 답하시오.

자연재해에 효과적으로 대응하기 위해 한 연구팀은 트위터에 올라오는 글들을 관찰하여 자연재해 발생 여부를 실시간으로 파악하는 협업 시스템을 개발하였다. 연구팀의 실험 결과에 따르면, 협업 시스템에 참여하는 인원수가 늘어남에 따라 1인당 평균 재해 파악도는 좋아지는 반면[그림 1], 1인당 들이는 노력은 줄어들었다[그림 2].

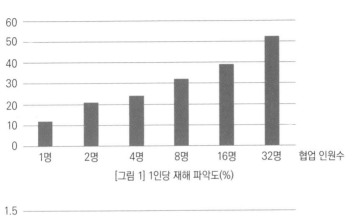

[그림 1] 1인당 재해 파악도(%)

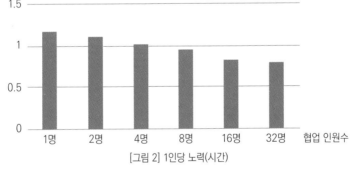

[그림 2] 1인당 노력(시간)

문제 1 본인의 협업 경험에 비추어 제시문의 실험 결과를 평가하시오.

문제 2 위 평가에 근거하여 성공적인 협업을 도모할 수 있는 방안을 제시해 보시오.

☑ 출제 의도

제시문 기반 면접의 경우, 응시자가 동료들과 협업 과정에서 깨달은 어려움과 해결 방안을 본인의 구체적 사례를 통해 답할 수 있는지를 보고자 하였다. 즉, 해당 제시문을 통해 협업 결과는 좋아지면서 1인당 노력은 줄어드는 현상이 어떻게 가능한지, 혹은 다른 종류의 협업이라면 어떠한 다른 결과가 발생할 수 있을지 설명하면서 논리적 근거와 구체적 경험을 제시할 수 있는지 보기 위한 의도가 숨어 있다. 또한 이러한 근거와 지원자의 경험을 바탕으로 협업을 위한 배려와 리더십 등을 도출할 수 있는지를 평가하였다.

2018학년도 학생부종합전형(면접형)

※ 다음 제시문을 읽고 물음에 답하시오.

대한민국의 인구는 꾸준하게 증가해 왔으며 2050년을 정점으로 감소하게 될 것으로 전망되고 있다. 아래 그래프들은 지역별 출산율 및 맞벌이 부부의 소득별 출산 계획에 대한 설문조사 결과를 나타내고 있다.

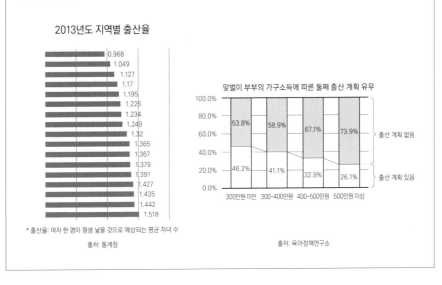

2013년도 지역별 출산율

0.968
1.049
1.127
1.17
1.195
1.226
1.234
1.249
1.32
1.365
1.367
1.379
1.391
1.427
1.435
1.442
1.518

맞벌이 부부의 가구소득에 따른 둘째 출산 계획 유무

53.8% / 58.9% / 67.1% / 73.9% — 출산 계획 없음

46.2% / 41.1% / 32.9% / 26.1% — 출산 계획 있음

300만원 미만   300~400만원   400~500만원   500만원 이상

* 출산율: 여자 한 명이 평생 넣을 것으로 예상되는 평균 자녀 수
출처: 통계청

출처: 육아정책연구소

문제 1 낮은 출산율에도 불구하고 2050년까지 인구가 증가하는 원인은 무엇이라고 생각하십니까?

문제 2 출산율의 지역별 차이와 맞벌이 부부의 둘째 출산 계획의 소득별 차이가 발생되는 원인을 각각 제시하고, 이러한 현상을 개선할 수 있는 방법에 대해서 설명하시오.

2018학년도 학생부종합전형(활동우수형 기회균형) - 오전

※ 한국의 전래 설화는 일반적으로 권선징악을 주제로 제시한다. 학생 본인의 경험을 바탕으로 아래의 물음에 각각 답하시오.

문제 ① 자신이 경험한 권선징악에 위배되는 상황을 설명하고, 거기에 어떻게 대처했는지를 구체적으로 설명해 보시오.

문제 ② 권선징악이 전래설화의 보편적 주제가 되었던 이유가 무엇이라 생각합니까? 1번 물음과 연결시켜 답변해 보시오.

2018학년도 학생부종합전형(활동우수형 기회균형) - 오후

※ 유교에서는 교육의 목적을 위기지학(爲己之學), 즉 자기를 수양하기 위한 방편으로 본다. 이에 대비하여 현대 학교 교육은 그 목표를 위인지학(爲人之學), 즉 타인과의 경쟁에서 뒤처지지 않기 위한 방편으로 설정하는 경우가 많다.

문제 ① 본인은 '배움'의 목적을 어디에 두고 있으며, 그 이유는 무엇인가? 논리적으로 답해 보시오.

※ 다음 제시문을 읽고 물음에 답하시오.

대한민국 국민을 대상으로 행복의 정도를 1점부터 10점까지의 척도로 조사하였으며 각 점수에 대한 백분율을 아래 그래프에 나타내었다. 2008년과 2013년의 국민 행복 점수의 평균값은 동일하게 6.9점이었다.

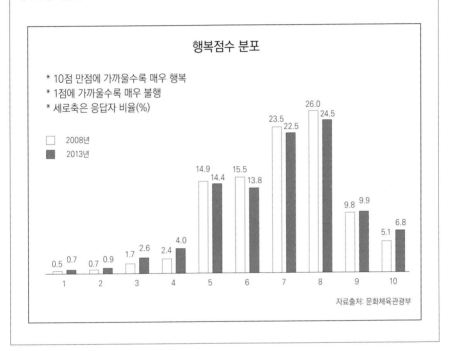

자료출처: 문화체육관광부

문제 1 행복을 결정짓는 요소로 어떠한 것들이 있는지 나열하고 본인이 생각하는 가장 중요한 요소에 대해서 설명하시오.

문제 2 국민의 행복 향상을 위해서 어떠한 노력이 필요하다고 생각하는지 위 그래프를 참고하여 본인의 의견을 말하시오.

17
고려대학교

01

면접 종류

> **수시모집: 심층면접**[9]
>   **[서류 기반 면접 + 제시문 기반 면접]**
>
> **정시모집: 개별면접**

일반전형

가) 면접기준: 2인 이상의 면접위원이 본교 인재상에 부합하는 역량을 갖추
고 있는지 종합적으로 평가함

나) 면접유형

유형	내용
학생부 기반 면접	지원자의 학교생활기록부에 기재된 내용 등을 확인하는 면접
제시문 기반 면접	제시문 숙독 및 분석 후 답변을 통해 지원자의 논리적·복합적 사고력 등을 파악하는 면접

다) 면접방식

계열(모집단위)	내용
인문계, 자연계	제시문 기반 면접 및 학생부 기반 면접

---

9   고려대학교 학생부위주전형 지원자는 '제시문 기반 면접'과 '서류 기반 면접'을 둘 다 처러야 한다. 이렇게
    서로 다른 형태의 면접을 치르는 면접 형태는 대학마다 '다단(多段)면접', '통합면접', '심층면접'으로 다양
    하게 불린다. 본 저서에서는 개인면접과 집단면접을 모두 보는 경우와 서로 다른 형태의 면접을 다단계로
    치르는 면접까지를 총괄하여 '심층면접'으로 용어를 통일해서 사용한다.

고려대학교 면접은 학생부 기반 면접[서류 기반 면접]과 제시문 기반 면접을 다단계로 보는 심층면접이다. 학생부 기반 면접은 별도의 제시문 없이 서류 확인 위주의 면접이 이루어지는 반면, 제시문 기반 면접은 제시문과 문항이 주어지고 이를 통해 학생의 논리적 사고력과 창의성 등을 평가하기 위한 면접 방식을 취하고 있다.

고려대학교는 면접을 통해 지원자의 우수성을 종합적으로 평가한다. 고려대학교에서 수학할 수 있는 기본적인 역량을 갖추었는지가 평가의 주안점이다. 단순히 주어진 문항에 대한 학생의 답변에만 평가의 초점이 있는 것은 아니며 면접에 임하는 태도와 자세, 의사소통능력, 논리적 사고력 등을 종합적으로 평가한다. 따라서 서류를 통해 보지 못했던 학생의 모습을 판단해 볼 수 있는 중요한 과정이라고 할 수 있다.

학생부 기반 면접은 면접 문항이 입실 전에 제공되지 않고 입실 후 바로 질의응답을 통해 이루어지며 기재 내용의 사실 확인과 더불어 특정 활동을 하게 된 동기 또는 그 이유, 그 활동을 통해 느끼고 배운 점 등을 확인하고자 하는 목적으로 실시된다. 면접문항은 학생부에 명확하게 설명되지 않은 부분이나 추가적인 설명을 듣고 싶은 내용, 지원자의 활동 중 가장 특징적인 내용 등에 대한 질문 등을 위주로 구성된다. 자신의 학생부에 작성된 내용을 꼼꼼히 검토해 보고 자신을 모르는 사람에게 본인의 서류를 설명한다는 생각으로 준비해 보자. 면접을 의식하여 과도하게 꾸며 낸 이야기를 하기보다는 솔직하게 자신의 활동과 경험담 등에 대한 자신만의 생각을 정리하여 답변하는 것이 좋다.

제시문 기반 면접은 고사실 입실 전에 제시문과 면접문항을 보고 답변할 시간이 제공된다. 제시문의 문항을 중심으로 면접이 이루어지며 제시문과 관련된 추가적인 질의가 이루어지기도 한다. 지원 계열 및 전형에 부합하는 문항을 통하여 지원자가 얼마나 논리적으로 답변을 구성하고 해당 지원 계열에 알맞은 학업역량을 준비해 왔는가를 확인하게 된다. 따라서 고교 교육과정 내에서 충실히 공부했다면 큰 어려움 없이 이해할 수 있는 수준에서 출제가 이루어진다. 면접 문제지를 받으면 문항에서 묻고자 하는 바가 무엇인지 정확하게 파악하고 논리적 일관성을 바탕으로 답변하면 된다.

특히, 인문계열 제시문 기반 면접의 경우 시사 내용 중 특히 딜레마 이슈가 많이 출제된다. 예를 들어 2018학년도 일반전형 문제는 '공동체주의 vs 개인주의(자유주의)'라는 대립적 관점으로 키워드를 설정해서 제시문의 연관 관계를 이해했다면 쉽게 풀 수 있었다.

이 때문에 고려대학교를 준비하는 학생들은 찬성과 반대로 갈리는 시사 쟁점을 정리하여 친구들과 토론해 보면 큰 도움이 된다. 중요한 시사 주제는 교과서에서 관련 단원을 찾아 공부하고, 해당 단원의 '탐구활동, 학습활동, 심화학습, 생각해 보기 문제' 등을 반드시 풀어 보자.

02

'교과서'와 연계하여 '제시문 면접' 준비하기

'2018학년도 인문계열 일반전형 기출문제' vs 관련 교과서 '탐구활동'

● **탐구활동**

'착한 사마리아인 법'은 강도를 당하여 길에 쓰러진 유대인을 보고 당시 사회의 상류층인 제사장과 레위인은 모두 그냥 지나쳤으나, 유대인이 멸시하던 사마리아인이 구해 주었다는 '성경'의 이야기에서 유래하였다. 이 법은 자신에게 특별한 위험을 발생시키지 않는데도 곤경에 처한 사람을 구해 주지 않은 행위를 처벌하는 법이다. 영국 찰스 황태자의 비 다이애나가 교통사고를 당했을 때 도와주지 않고 사진만 찍은 파파라치가 이 법에 따라 처벌을 받았다. 이 법을 어길 경우 구금하고 벌금을 물리며, 폴란드에서도 금고나 징역에 처한다.

1. '착한 사마리아인 법'이 추구하는 목적에 대해 생각해 보자.

2. 만약 우리나라에서 '착한 사마리아인 법'을 제정한다면, 그에 대한 찬반의 견해를 밝히고, 그 근거를 제시해 보자.

● 탐구활동

유럽에서 가장 많은 이슬람교도가 사는 나라는 프랑스다. 프랑스 정부는 1994년부터 머리에 두르는 스카프를 포함한 종교적 상징을 공립학교에서 착용하는 것을 금지하였다. 2010년에는 모든 공공장소에서 모슬렘(moslem) 두건의 일종인 부르카(Burka)의 착용을 금지하는 법안을 상정하였다. 프랑스 정부는 부르카를 종교적 사안이 아닌 여성에 대한 억압과 굴종의 상징이라고 보고 있다. 이에 대해 프랑스의 모슬렘 지도자는 부르카 금지 조치는 이슬람이 나쁜 종교라는 오해를 불러일으킬 수 있다면서 우려를 나타냈다.

1. 위에 제시된 프랑스 정부의 입장에 대해 '관용'의 관점에서 찬반 토론을 해 보자.

2. 우리 사회에서 나타나는 타 국민이나 타 민족에 대한 편견 사례를 찾아보고, 그 극복 방안에 대해 토론해 보자.

● 탐구활동

'장애물 없는 생활환경 시민 연대'는 1996년 장애인들이 자유롭게 이용할 수 있도록 편의 시설을 개선하기 위해 출범하였다. 이들은 편의 시설이라는 이름조차 낯설던 그 시절, 장애인의 이동권과 접근권을 주장하고, 국가와 우리 사회의 의무를 촉구하였다. 그들은 장애인들조차 인식하지 못하던 인권을 강조하면서 지금까지 노력해 오고 있다.

1. 내가 사는 지역의 지방 자치 단체와 학교의 장애인 편의 시설 설치 현황을 조사해 보자.

2. 조사 내용을 바탕으로 개선을 위한 구체적 실천 방안을 '연대'의 차원에서 제시해 보자.

● 논술활동

동이: 나는 자유주의적 관점을 가지고 있어. 왜냐하면 모든 인간은 자유로우며 외부로부터의 간섭, 예컨대 검열이나 억압을 받아서는 안 되기 때문이지. 그런 면에서 신문이나 방송 매체는 다양한 종류의 모든 소식을 더하거나 빼지 않고 국민에게 전달해야 해. 개인의 자율성과 다양성에 바탕을 둔 자유 경쟁은 국민의 알 권리를 충족시키고 사회를 발전시킬 거야.

진희: 난 개인보다 공동체가 우선한다는 공동체주의적 관점을 가지고 있어. 개인의 자율성과 다양성은 너무 위험한 발상이라고 생각해. 지나치게 언론의 자유만 추구하다 보면, 보도 결과에 책임지지 않게 되는 부작용이 발생할 수 있어. 따라서 신문이나 방송 매체는 뉴스를 전달할 때 항상 그 소식이 공동체에 긍정적인 영향을 미칠 것인가를 생각해야 해.

1. 동이와 진희의 관점에서 언론 보도를 할 때 발생할 수 있는 문제점을 각각 제시하시오.

2. 언론 보도에서 자유주의적 관점과 공동체적인 관점을 조화시킬 수 있는 방안을 제시하시오.

출처: 『윤리와 사상』, 천재교육

● 탐구활동

2000년 보건 복지부 조사 결과, 교육 연구 및 복지 시설의 장애인 편의 시설 설치는 현저히 개선됐으나 일반 생활 시설 설치는 저조한 것으로 드러났다. 장애인 복지 시설의 경우 총 225곳 중 86.9%가 접근로, 주차 구역, 욕실, 유도 및 안내 설비, 침실, 열람석 등 각종 편의 시설을 갖췄다. 장애인 특수 학교도 82.9%로 설치율이 높았다. 하지만 많은 사람들이 이용하는 읍, 면, 동사무소와 공중 화장실 등은 장애인 편의 시설 설치를 외면하는 곳이 많았다. 공중 화장실은 총 888곳에서 장애인 접근로와 대소변기 등 5731개 시설을 설치해야 하는데도, 그중에서 53.2%인 3050개 시설만 갖춰 놓은 것으로 조사됐다.

1. 장애인을 위한 편의 시설이 충분하게 갖춰져 있지 못한 원인은 무엇인지 생각해 보자.

2. 가까운 공공시설이나 기관, 기업 건물 등을 방문하여 장애인 편의 시실 설치 여부와 실제 활용 가능성에 대해 조사해 보자.

3. 장애인들의 정상적인 사회생활을 위해 필요한 대책을 생각해 보자.

출처: 『사회·문화』, 천재교육

● 탐구활동

지역적으로 인접한 서울 구로구와 경기도 광명시는 최근 이른바 '혐오 시설 빅딜'에 성공함으로써 님비 현상으로 인해 골머리를 앓고 있는 많은 지방 자치 단체들의 모범이 될 만한 선례를 남겼다.

1. 다음 신문 기사를 읽고 두 지방 자치 단체가 서로 양보한 내용을 정리해 보자.

지역적으로 인접한 서울 구로구와 경기도 광명시는 최근 이른바 혐오시설 빅딜에 성공함으로써 님비(nimby)현상으로 인해 골머리를 앓고 있는 많은 지방자치단체들에 귀감이 될 만한 선례를 남겼다. 지자체간혐오시설 윈-윈게임의 첫 사례로 꼽히는 이번 빅딜 내용을 보면 구로구의 경우 오는 6월부터 관내에서 배출되는 생활쓰레기를 광명의 소각장에서 처리하고, 광명시는 그 대신 관내에서 처리해야 할 오·폐수를 구로구의 가양동 하수처리장에 맡기기로 한 것이다.

두 지자체 간 빅딜이 다른 지자체에도 평행이동해서 적용될 수 있는 모델은 아닐 것이다. 그러나 구로구와 광명시가 상호 간에 꼭 필요한 혐오시설을 공동 사용키로 타협함으로써 주민들 반대에 부딪혀 난관에 빠졌던 혐오시설 건설문제를 원만히 해결했을 뿐 아니라 적지 않은 예산절약 효과까지 이끌어 낸 것은 비슷한 고민을 안고 있는 다른 지자체들에게 하나의 아이디어와 자료를 제공하기에 충분하다. 구로구의 경우 지난 96년부터 광명시 경계인 천왕동에 하루 150t 처리 용량의 쓰레기 소각장 건설을 추진했으나 인접한 광명 시민들의 반대로 뜻을 이루지 못했었다. 광명시는 하수처리장 건설이 시급한 실정이었지만 마땅한 부지가 없었다. 결국은 양측은 빅딜에 착안해 성사시킴으로써 구로구는 광명쓰레기소각장 증설비용 가운데 227억 원을 보조하고도 630억 원의 예산을 절약하게 됐고 소각장 건설부지로 확보한 1만 8000여 평도 다른 용도로 사용할 수 있게 된 것이다. 광명시 역시 하수처리장 건설비용 1천 600여 억 원을 아낄 수 있게 됐으니 이보다 더 좋은 거래도 없을 것이다.

2. 두 지역 간의 양보와 타협으로 인해 생긴 이점들을 정리해 보자.

출처: 『사회』, 천재교육

03 평가자의 눈으로 본 실제 면접

 **고사실 입실**

감독관 안내에 따라 지원자가 고사실로 들어온다. 긴장한 모습으로 면접관을 쳐다보고 머뭇거리다 준비된 의자를 향해 걸어가 앉는다.

면접이 시작되는 장면이다. 고사실에 입실한 후 긴장한 탓에 가장 기본이 되는 인사를 제대로 하지 않는 학생이 많다. 아무 말 없이 고개만 살짝 끄덕이며 들어오는 학생이 있는 반면, 힘차게 감독관에게 다가와 악수를 청한다거나 자신의 이름이나 고려대학교로 삼행시를 짓겠다면 운을 띄워 달라는 학생이 있다. 인사는 감독관과 지원자가 처음 마주하는 순간에 대한 예의이자 서로의 인상을 결정하는 요소다. 간단한 인사도 건네지 않는 모습은 지원자가 소극적 성격이거나 기본적 예의가 부족한 학생이라는 인상을 준다. 또한 자신을 과도한 방식으로 표현하느라 주어진 면접시간을 충분히 활용하지 못하거나 감독관을 곤란하게 할 수 있다. 면접 시작은 '안녕하세요'의 공손한 인사면 충분하다는 것을 기억하고 연습하자.

 면접시간 1

지원자가 바닥을 향해 눈을 내리깔고 떨리는 목소리로 답한다. 떨리는 목소리가 점점 작아진다. 기존 답변에서 확장된 추가 질문을 던지자 떨구고 있던 고개를 갑자기 들어 올린다. 이전과 달리 면접관의 눈을 뚫어지게 바라보며 면접을 본다.

면접 시 면접관과의 자연스러운 눈맞춤과 시선 처리가 필요하다. 면접관과 자연스럽게 눈빛을 주고받으며 긴장을 풀고 자신의 의견을 명확하게 이야기하는 것이 중요하다. 마음을 편안히 먹고 상대방의 눈을 보며 이야기하면 진실된 답변을 한다는 느낌을 줄 수 있다. 하지만 시선 처리의 중요성 때문에 간혹 처음부터 끝까지 눈을 뚫어지게 보는 지원자가 있다. 눈을 마주칠 때는 면접관이 부담을 느낄 수 있으니 너무 뚫어지게 쳐다보지 말고, 인중이나 코끝을 가볍게 응시하면 눈을 바라보고 있다는 느낌을 줄 수 있다.

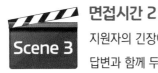

면접시간 2

지원자의 긴장이 약간 풀린 듯 답변을 하면서 비언어적 행동이 많아진다. 답변과 함께 두 손을 활용해 큰 동작으로 설명한다. 도중에 답변이 생각나지 않자 평소 습관대로 손으로 머리를 자주 정리하고 다리를 떨기 시작한다. "그러니까요. 그게… 뭐더라, 뭐라고 하지…"라 말한다.

긴장 상황에서 평소 습관이 그대로 노출돼 다리를 떨거나 턱을 괴는 등의 행동을 하는 학생이 많다. 면접관에게 손가락질을 하거나 존댓말과 반말을 구분하지 못하는 학생도 있다. '제가 천체 물리에 대한 책을 읽으셨는데요', '저희나라는 교육의 중요성이 크잖아요'처럼 존댓말을 바르게 사용하지 못하거나, '그 샘이~, 걔가~, ~했는데요, ~그런데요, ~있단 말이에요'처럼 친구들 사이에서 사용하는 말투를 그대로 사용하는 경우가 흔하다. 또한 자신의 경험을 말하면서 '좋았던 것 같아요', '기뻤던 것 같아요'처럼 옳지 못한 표현을 사용한다. 간혹 질문이 이해가 가지 않거나 답변을 바로 하기가 어려우면 잠시 생각할 시간을 얻은 후 답변을 머릿속으로 정리해 대답하는 것이 바람직하다. 이 와중에도 면접시간은 흐르고 있으니 너무 오래 생각을 하기보다 간단하게 자신의 입장을 정리해 대답한다. 만약 질문에 대한 답을 할 수 없을 때에도 끝까지 포기하지 않고 주어진 시간 동안 최선을 다하는 것이 좋다.

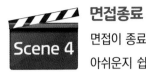

면접종료

면접이 종료됐다는 면접관 말을 듣고 지원자는 준비한 말을 다 하지 못해 아쉬운지 쉽게 자리에서 일어나지 못한다. 흘러가는 침묵을 끝으로 마지 못해 자리에서 일어나 면접관을 멍하게 쳐다보고 눈인사를 살짝 건넨다. 아쉬움의 말을 혼자 되뇌며 나간다.

면접이 끝나면 고사실에 입실해 간단히 인사했던 것처럼 '수고하셨습니다. 감사합니다.' 하고 인사하면 충분하다. 긴장과 아쉬움에 눈물을 글썽이는 친구, 준비한 말 하나만 해도 되느냐고 묻는 친구, 자리를 박차고 일어나 뒤도 돌아보지 않고 나가는 친구, 뒷걸음질로 나가는 친구 등 다양한 지원자를 만나게 되는 면접관에게 마지막 인사는 중요한 마무리라 할 수 있다. 따라서 면접이 끝나면 차분하게 자리를 정돈하고 인사한 후 나가는 과정을 면접 유사 상황에서 연습하기 바란다.

04
고려대학교 면접 준비 TIP

  1. 면접을 준비하기 위해 가장 좋은 방법은 자신의 생각을 말로 표현하는 연습을 충분히 하는 것이다. 부모님, 선생님 또는 친구와 함께 면접 유사 상황을 가정하고 자신이 이야기하려는 것을 정확하게 전달하는 연습을 하면 좋다. 녹음이나 녹화로 자신의 목소리 크기, 속도, 평소 행동 습관을 살피면 도움이 된다.

  2. 면접으로 평가하려는 것은 주어진 문제에 대한 자신의 의견을 얼마나 논리적으로 조리 있게 설명하느냐이다. 이를 위해 우선 두괄식으로 말하려는 것을 분명하게 밝히고 주장의 근거 또는 사례를 덧붙여 답변을 풍부하게 만들면 좋다. 자신의 주장을 분명하게 밝힌 다음 근거를 더하며 이야기를 풀어가는 것이다. '저는 이렇게 생각합니다. 왜냐하면 이러한 이유 때문입니다. 예를 들어 저는 이러한 경험이 있습니다.'[10]라고 근거를 밝히면서 사례를 덧붙여 답변을 풍성하게 만들고 마지막으로 서두에 밝혔던 자신의 주장을 한 번 더 언급하고 마무리하는 식이다. 이는 답변을 구성하는 가장 기본적이고 핵심적인 접근 방식이다.

  3. 면접에 대비하려면 평소 독서를 하거나 공부를 하면서 사고를 확장하는 연습을 하는 것이 좋다. 고교 교육과정 내에서 배운 학습 내용을 사회 현상이나 자연 현상과 맞물려 생각하고, 자신의 경험과 관련해 다양한 각도에

---

10 이런 말하기 기법을 '프렙(PREP)'이라고 하며, 13단원에 자세히 소개돼 있다.

서 생각하면 사고력을 키울 수 있다. 이런 습관을 통해 확장된 사고력은 실제 면접에서 어떠한 추가 질문이 주어져도 평소 생각한 부분에 근거한 타당하고 논리적인 답변을 할 수 있게 도움을 준다.

4. 주어진 시간 내에 말하고자 하는 내용을 효율적으로 전달하려면 한 문항에 대한 답변이 지나치게 길어지지 않게 주의해야 한다. 답변의 요지를 중심으로 간결하게 논리적 구조를 갖추는 것이 중요하다. 간혹 자신이 가진 지식과 결부시켜 답변을 구성하려다 요지에서 벗어나는 경우가 있다. 앞 문항의 답변에서 장황한 설명을 하느라 다른 문항의 답변을 상당 부분 하지 못하면 여러 가지 측면에서 좋은 점수를 받기 힘들다. 따라서 일정 시간 동안 여러 문항에 대한 답변을 조리 있게 말하는 연습을 하는 것이 좋다.

2021학년도 학생부종합전형 (일반전형-계열적합형)

※ 다음 제시문을 읽고 물음에 답하시오.

(가) 개개인에 대해 이야기한다고 해서 이 사람이나 저 사람을 콕 집어 이야기하려는 것이 아님을 알아야 한다. 이 말은 아주 많은 사람들을 살펴본 뒤에 남겨진 공통적인 특성에 집중해야 한다는 것을 뜻한다. 왜냐하면 개개인이 가진 특성을 제거해내면 우발적인 요소가 모두 사라지기 때문이다. 특정 시대에 한 개인이 평균적 인간의 모든 특성을 지니고 있다면 그 사람은 위대함이나 훌륭함이나 아름다움 그 자체를 상징하는 셈이다. 반면 평균적 인간의 비율 및 몸 상태와 상이한 모든 측면들, 그리고 예상 범위를 벗어나는 모든 것은 기형과 질병에 해당될 소지가 있다. 물론 삶의 유형을 연구하다보면 별로 대수롭지 않은 개개인의 특성에 관심을 갖게 되기 마련이다. 그러나 개개인의 특성도 평균을 통해서 이해할 수 있는 것이다. 예를 들어 체중의 백분위수 90번째인 사람을 이야기하는 것과 소극적 성격의 사람을 이야기하는 것은 차이가 있어 보이지만, 이 둘 모두 평균과의 비교를 통해서 이해할 수 있다는 점에서 근본적으로 같은 것이다.

(나) 내가 그의 이름을 불러주기 전에는
　　그는 다만
　　하나의 몸짓에 지나지 않았다.

　　내가 그의 이름을 불러주었을 때
　　그는 나에게로 와서
　　꽃이 되었다.

　　내가 그의 이름을 불러준 것처럼
　　나의 이 빛깔과 향기에 알맞은
　　누가 나의 이름을 불러다오.

그에게로 가서 나도
그의 꽃이 되고 싶다.

우리들은 모두
무엇이 되고 싶다.
너는 나에게 나는 너에게
잊혀지지 않는 하나의 눈짓이 되고 싶다.

(다) 네트워크화된 컴퓨터와 데이터 과학의 진보로 말미암아 오늘날 보험업계는 근본적인 변화에 직면했다. 새로운 기술과 방대한 데이터를 바탕으로 보험사들은 개인별 위험을 계산하려고 시도하고 있다. 머지않아 보험 적용의 기준이 대규모 인구 집단에 근거한 일반론에서 벗어날 수 있을 것으로 기대된다. 이는 많은 사람들에게 환영받을 만한 변화. 보험사들은 우리를 예전보다 더 소규모 집단으로 분류하고, 우리에게 각기 다른 제품과 서비스를 적정한 가격으로 제공하기 위해 다양한 데이터를 활용하려 노력하고 있다. 이를 고객 맞춤 서비스라고 부르는 사람도 있다. 그런데 이 서비스를 위해 사용하는 정보는 개개인이 아니라 가상의 집단에 초점이 맞춰져 있다. 보험사들이 사용하는 모형은 행동이 비슷해 보이는 사람들을 하나로 묶어 특정한 집단으로 분류한다. 달리 말하면 모형의 개발자들은 '당신은 과거에 어떻게 행동했을까?'라는 질문 대신 '당신 같은 사람들은 과거에 어떻게 행동했을까?'라는 질문을 던진다.

(라) "루이자, 너에게 청혼이 들어왔다." 아버지가 말씀하셨다.
"아버지는 저에게 바운더비 씨를 사랑하라고 말씀하시는 건가요? 사랑이라는 표현 대신에 무슨 말을 사용하라고 충고하시는 건가요, 아버지?"
"그야 물론, 루이자야."
이때쯤에 그랫그라인드 씨는 완전히 정신을 차리고 말했다.

"네가 물어보니 말하겠는데, 다른 문제처럼 이 문제도 오로지 구체적인 사실이라는 측면에서 생각하도록 충고하는 거란다. 무식하고 경솔한 사람들은 이런 문제를 아무 상관도 없는 공상이나, 제대로 파악하면 존재하지도 않는—아무 실체가 없는—다른 기괴한 생각으로 혼란스럽게 만들 수 있겠지만, 멍청하게 굴지 말라고 하면 그건 너에 대한 예의가 아닐 것이다. 그렇다면 이 문제에서 사실은 무엇일까? 대충 계산하면 너는 스무 살이고 바운더비 씨는 쉰 살이니 나이 차이야 있지. 하지만 재산이나 사회적 지위로 보면 아주 적합한 거야. 그렇다면 나이 차라는 단 하나의 장애물 때문에 결혼하는데 지장을 받을 수 있는가 하는 문제가 대두하지. 이런 문제를 따질 때는 영국과 웨일즈에서 모은 결혼 통계 자료를 고려하는 게 중요하단다. 숫자상으로 볼 때 상당수의 결혼이 연령 차이가 심한 당사자 사이에 이루어졌으며 양측 중에 연장자는 네 명 중 세 명 이상이 신랑 쪽이란다. 이 현상이 보편적이라는 증거로 영국령 인도의 토착민들이나, 중국의 상당한 지역과 타타르 지방의 사람들 사이에서도, 여행자들이 우리에게 알려주는 계산 자료가 비슷한 결과를 낳는다는 사실은 주목할 만한 일이지. 따라서 앞에서 말한 나이 차는, 더 이상 중요한 차이가 되지 않으며 사실상 거의 사라지는 셈이란다."

문제 1 (가), (나), (다)에서 대상을 이해하는 방식을 비교하여 설명하시오.

문제 2 (라)에 나타난 상황을 (가)와 (나)를 활용하여 평가하시오.

문제 3 (나)를 참조하여 (다)의 보험 서비스에서 발생할 수 있는 문제점을 들고, 이에 대한 해결방안을 제시하시오.

문제 4 지원 계열 혹은 전공 분야에서 (가)의 사고방식을 극복하기 위한 노력을 예를 들어 설명하시오.

☑ 출제의도

- 제시문을 통하여 각 제시문의 대상을 이해하는 방식을 파악하고, 제시문 간의 관계를 추론할 수 있는 분석능력을 평가하고자 함
- 각 제시문의 대상을 이해하는 방식을 구체적인 상황에 적용할 수 있는 능력을 평가하고자 함
- 문항이 의도한 바를 정확하게 이해하고 주장에 대한 근거를 종합적이고 합리적으로 추론할 수 있는 능력을 평가하고자 함
- 제시문의 요지와 관련된 상황을 지원계열 혹은 전공분야와 관련하여 설명할 수능력을 평가하고자 함

☑ 문항해설

- 1번 문항은 대상을 제시문 (가)에서 평균에서 벗어난 정도를 사용하여 개개인을 이해하고 있는 것과 제시문 (나)는 개별성 혹은 개개인성, 그리고 제시문 (다)는 대상을 특정한 집단으로 분류함으로써 대상을 이해하고자 하는 방식을 파악하여, 이들 간의 관계를 설명하는 문항임
- 2번 문항은 제시문 (라)의 아버지가 딸에게 바운더비 씨의 청혼 사실을 알리며 이 결혼이 바람직하다고 생각하는 대화를 제시문 (가와 (나)의 개개인을 이해하는 방식을 적용하여 설명하는 문항임
- 3번 문항은 제시문 (나)의 대상을 개별성 혹은 개개인성으로 이해하는 방식을 적용하여 제시문 (다)의 보험 서비스에서 발생할 수 있는 문제점과 이를 해결할 수 있는 방안을 설명하는 문항임
- 4번 문항은 자신의 전공에 대한 이해와 제시문의 내용을 종합하여 제시문 (가)에 드러난 평균주의 사고를 극복하는 예시를 설명하는 문항임

2018학년도 학생부종합전형(일반전형)

※ 다음 제시문을 읽고 물음에 답하시오.

(가) 우리의 삶과 노력들을 곰곰이 살펴보면 모든 행동과 욕망이 다른 인간의 존재와 밀접하게 연결되어 있음을 금방 깨닫게 된다. 우리는 다른 사람이 만든 옷을 입고 다른 사람이 지은 집에서 산다. 대부분의 지식과 생각은 누군가가 창조한 언어라는 매개체를 통해 다른 사람들로부터 전달받았다. 언어가 없다면 우리의 정신 능력은 고등동물 정도로 보잘것없을 것이다. 우리가 인간 사회 속에서 살고 있다는 사실 자체가 야수가 가지지 못한 중요한 이점임을 인정해야 한다. 태어나면서부터 홀로 남겨진다면, 인간의 사고와 감정은 상상할 수 없을 정도로 원시적이고 야수 같은 상태에 머물게 될 것이다.

인간인 한, 나는 단지 개체적인 피조물로서 존재할 뿐 아니라 나 자신이 커다란 인간 공동체의 한 구성원임을 깨닫는다. 바로 이 사실을 아는 데 나의 가치가 있다. 나의 감정과 생각, 행위가 하나의 궁극적인 목적, 즉 공동체와 그 발전이라는 목적을 향할 때만 나는 실제적으로 한 인간인 것이다. 그러므로 나의 사회적인 태도가 사람들이 나에 대해서 '선하다'거나 혹은 '악하다'고 판단 내릴 수 있는 근거가 될 것이다.

(나) 어떠한 인간이든 자신이 습관적으로 옹호하려는 권리와 이익이 있다. 그러한 개인의 권리와 이익은 결코 무시되어서는 안 된다. 이는 인간사에 관해 기술할 수 있는 어떠한 일반적 명제들에 뒤지지 않는 보편성과 적용성을 지닌 원칙이다. 집단은 개인의 집합이며 사회나 국가 역시 개인의 집합에 불과하기 때문이다.

인간은 자기방어권을 지니고 있는 존재이다. 그러므로 모든 인간은 타인이 자신에게 불이익을 끼치는 행위로부터 보호되어야 한다. 정부와, 정부에 영향을 주거나 통제할 수 있는 자들은 개인의 권리와 이익을 심각하게 침해할 수 있다. 이러한 침해를 방지하기 위해서는 정부의 행위 결정에 개인들이 완전하게 참여할 수 있어야 한다. 오직 이런 경우에만 모든 사람들은 자신의 권리와 이익을 보호할 수 있게 될 것이다. 따라서 국가 통치에 모든 사람들이 참여하도록 하는 것보다 궁극적으로 더 바람직한 것은 없다.

(다) 안암시에 있는 한옥 마을은 수십 년간 보존 지구로 묶여 주민들은 손을 대지 못했다. 지붕이 새도 허가 없이는 고칠 수 없었다. 참다못한 주민들은 "재건축을 허용하라", "재산권을 침해하지 말라"며 100여 일간 시청 앞에서 시위를 벌이기도 했다. 하지만 안암시의 생각은 달랐다. 남들이 한옥을 등한시할 때 이를 잘 보존하면 관광 자원이 될 수 있다고 생각했다. 시장은 시위대 앞에서 직접 마이크를 잡고 "가장 한국적인 전통 문화가 살아 있는 명소를 만들겠다"라고 역설했다. 그리고 한옥 마을 주변에 널려 있는 문화 유적지를 개발하고 전통 공연장을 지었으며, 입소문을 낼 수 있는 얘깃거리를 만들었다. 자연스럽게 비빔밥·한정식 등 음식점이 곳곳에 들어섰다. 그 결과 한옥 마을은 연 평균 400만 명의 관광객이 몰려드는 유명 관광지가 되었으며, 이로 인해 안암시와 상인들은 많은 수익을 거두게 되었다.

(라)

〈표1〉 안암시 D지역 폐기물 처리장 건설에 관한 여론 조사 결과 (지역별)

지역	응답자(명)	찬성(%)	반대(%)	무응답(%)	전체(%)
A	234	59	28	13	100
B	252	46	39	15	100
C	136	43	37	20	100
D	98	12	72	16	100
E	127	39	37	24	100
F	153	48	33	19	100
전체	1,000	45	38	17	100

〈표2〉 안암시 D지역 폐기물 처리장 건설에 관한 여론 조사 결과 (직업별)

지역	응답자(명)	찬성(%)	반대(%)	무응답(%)	전체(%)
사무직	189	39	42	19	100
생산직	214	57	31	12	100
자영업	220	59	30	11	100
주부	174	34	35	31	100
학생	111	23	59	18	100
무직	92	42	49	9	100
전체	1,000	45	38	17	100

문제 1 (가)와 (나)의 관점을 비교한 후, 둘 중 자신이 지지하는 관점을 하나 선택하고 그 이유를 설명하시오.

문제 2 (가)와 (나)의 관점에서 (다)를 각각 평가하시오.

문제 3 (가) 또는 (나)의 관점에서 (라)의 안암시 D지역 폐기물 처리장 건설에 대한 바람직한 정부 정책 방향을 제시하시오. 이때 (라)의 여론 조사 결과를 근거로 활용하시오.

문제 4 제시문을 활용하여 사회갈등을 해소하기 위한 적절한 방안을 제시하시오.

☑ 출제 의도

- 공동체주의와 개인주의 간의 차이를 이해하고, 자신의 관점을 논리적으로 설명하는 능력을 평가하고자 함
- 공동체주의와 개인주의 관점에 대한 이해를 토대로 정책 결정 과정과 결과를 평가하는 능력을 평가하고자 함
- 정책 결정자의 입장이 되어 공동체주의나 개인주의 관점을 토대로, 표에서 제시된 수치를 이해하고 활용하여 정책을 적절하게 제시할 수 있는 능력을 평가하고자 함
- 폐기물 처리장 건설과 같은 특정 사안에 관한 논의를 일반화할 수 있는 능력을 평가하고 자 함

☑ 문항 해설

- 1번 문항은 제시문 (가)와 (나)에 나타난 관점을 정확하게 이해하고 두 관점의 차이점에 대하여 답변하는 문항임
- 2번 문항은 제시문 (가)와 (나)의 관점에서 제시문 (다)에서 설명하고 있는 현상에 관해 설명하는 문항임
- 3번 문항은 제시문 (가)와 (나)에서 설명하고 있는 관점 중 하나의 관점을 선택하고 제시문 (라)의 통계자료를 활용하여 폐기물 처리장 건설에 대한 정부 정책의 방향을 제시하는 문항임. 이때 자신이 선택한 관점과 정부 정책의 방향이 일관되며 논리적으로 설명될 수 있어야 함
- 4번 문항은 주어진 제시문 전체를 적절히 활용하여 사회 갈등을 해소하려는 방안을 답변하는 문항임

※ 다음 제시문을 읽고 물음에 답하시오.

(가) 고체의 전기 전도성을 결정하는 것은 자유 전자로, 자유 전자는 원자핵의 인력을 벗어나서 어느 정도 움직임이 자유로운 전자를 가리킨다. 이 자유 전자가 일정한 방향성을 가지면 전류가 발생한다. 이러한 전기적인 성질에 따라 고체는 도체, 부도체, 반도체로 나뉜다.

(나) 지구는 전체적으로 에너지 평형이 이루어지지만 위도에 따라 에너지 평형이 이루어지지 않는다. 지구가 둥글기 때문에 지표면이 단위 면적당 받는 태양의 복사 에너지는 태양의 고도에 비례한다. 즉 고위도에서 저위도로 갈수록 흡수하는 태양의 복사 에너지가 급격하게 늘어나고, 고위도에서와는 반대로 저위도에서는 흡수하는 태양의 복사에너지가 방출하는 지구의 복사 에너지보다 많게 되어 에너지 과잉이 나타난다. 이와 같은 에너지의 불균형이 지구의 대기와 해양의 순환을 일으키는 원동력이 된다.

(다) 춘향과 백년가약을 언약한 이 도령이 부친을 따라 한양으로 올라가고 새로 부임한 변 사또는 여러 가지 이유로 춘향을 옥에 가둔다. 한편 암행어사가 된 이 도령은 남원으로 출두하여 변 사또를 처단하고 춘향을 구한다. 후에 춘향은 이 도령과 혼인하여 정실부인이 되어 행복하게 살고 이 도령은 정승 지위까지 오른다. 반면 파직당한 변 사또는 불행한 삶을 산다.

(라) 탄소가 산소와 결합해서 이산화탄소가 되는 것은 산화이고, 이산화탄소에서 산소가 떨어져 나가 탄소가 되는 것은 환원이다. 높은 온도에서 탄소에 산소를 공급해 주면 쉽게 산화되면서 많은 양의 열이 발생하는데, 이와 같이 어떤 물질이 공기 중의 산소와 빠르게 반응하여 열과 빛을 내는 현상을 연소라고 한다. 내연기관은 이와 같은 현상을 이용한 예 중 하나이다.

(마) 내연기관의 발전으로 가솔린 엔진이 개발되었고 휘발유의 사용이 급격히 증가하기 시작하였다. 특히 자동차의 대량 생산이 시작된 20세기 초부터 휘발유의 사용은 급증하였고, 자동차의 보급대수가 증가하면서 휘발유의 사용은 점점 더 증가하게 되었다. 이와 더불어 자동차의 배기가스가 급격히 증가하게 되어 많은 문제가 야기되었다. 특히 자동차 배기가스에는 다양한 유해 성분이 포함되어 있고 그중 이산화탄소는 지구 온난화의 문제를 일으키는 원인으로 지적받고 있다.

(바) 사과나무의 사과는 중력의 작용으로 위에서 아래로 떨어진다. 이렇게 자연 현상은 인과관계가 분명하여 일반화가 가능하다. 이와는 달리 가변적이기 때문에 일반화가 불가능한 경우가 존재한다. 예를 들어, 어느 재화의 가격이 상승하였다고 하자. 재화의 가격이 오르면 일반적으로 수요량이 줄어든다. 그런데 명품의 경우 가격이 오르면 수요량이 증가하기도 한다. 이렇듯 어떠한 현상은 일어날 가능성이 확률적으로 높을 뿐 인과 관계가 필연적인 것이 아닌 경우도 있다. 즉 꼭 단정할 수는 없으나 대개 그러리라고 생각되어지는 경우를 말한다.

문제 1 제시문 (가)~(라)에서 공통적으로 발견되는 상황이 '이동'이라면 제시문 (가)~(라)를 이에 따라 각각 설명하시오.

문제 2 제시문 (바)에서 설명하는 개념으로 제시문 (마)의 내용을 설명하시오.

문제 3 제시문 (바)에서 설명하는 개념이 필연성을 갖기 위해 필요한 부분을 제시문 (마)에 적용하여 설명하시오.

문제 4 제시문 (마)의 지구온난화와 관련하여 많은 형태의 대체 에너지가 개발되고 있지만 이에 따른 부작용도 많이 발생한다. 그중에서 바이오 에너지 개발의 경우에 발생할 수 있는 부작용에 대하여 2가지 설명하고 그 이유를 제시하시오.

☑ 출제 의도
- 주어진 제시어의 관점에서 각 제시문을 이해할 수 있는 능력이 있는지를 평가하고자 함
- 제시문에서 의도하는 '개연성'을 정확히 이해하고 문항이 의도한 바를 정확하게 이해한 후 적절한 방법으로 이를 설명할 수 있는지를 평가하고자 함
- 개연성의 반대되는 개념인 필연성을 정확히 이해하고 설명할 수 있는 논리적인 사고력을 평가하고자 함
- 제시문과 문항이 의도한 바를 정확하게 이해한 후 적절한 예와 함께 내용을 논리적으로 설명할 수 있는지를 평가하고자 함

✅ 문항 해설

- 1번 문항은 제시문 (가)~(라)에서 공통적으로 다루고 있는 '이동'에 대한 이해를 바탕으로 각 제시문을 논리적으로 설명하는 문항임
- 2번 문항은 제시문 (바)가 설명하는 '개연성', '가능성', '연관성'을 이해하고 제시문 (마)의 내용을 설명하는 문항임
- 3번 문항은 제시문 (바)가 설명하는 개념인 '개연성'의 반대 개념인 '필연성'에 대해 정확히 이해하고 '필연성'을 높이는 데 필요한 부분을 합리적으로 설명하는 문항임
- 4번 문항은 제시문 (마)와 관련하여 바이오 에너지에 대한 이해와 바이오 에너지 개발로 인해 야기되는 문제점에 대한 정확한 이해를 토대로 합당한 예를 제시하는 문항임

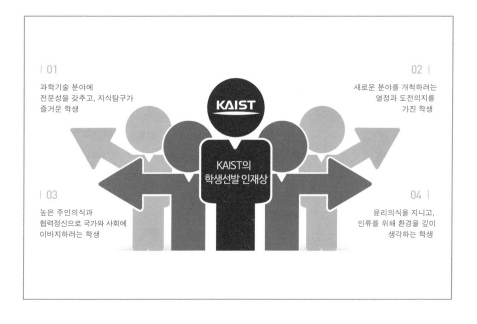

01

면접 종류

수시모집: 개별면접

일반전형

1. 1단계 전형: 서류 평가 100%(2.5배수)
   - 평가방법: 지원자가 제출한 모든 서류를 바탕으로 학업성취도, 학교생활 충실도 및 인성, 도전·창의·배려, 발전가능성 등을 고려하여 종합 평가함.

2. 2단계 전형: 면접 평가 100%
   - 평가방법: 면접을 통해서 사고력 및 문제 해결력과 학업 외 역량을 평가함.

구분	면접 내용 및 방법	비고
학업 역량	수학·과학·영어 관련 개인별 구술면접 ※ 면접 전 사전 준비 시간 있음	과학은 물리, 화학, 생명과학 중 지원자 선택 1과목
학업 외 역량	지원서 기반 질문 및 공통질문에 대한 개인별 구술면접 ※ 면접 전 사전 준비 시간 있음	제출 서류 기재 내용을 확인할 수 있음

*최종 합격자 결정: 서류 평가와 면접 평가 결과를 6:4로 반영하여 최종합격자를 결정함.

학교장추천전형

1. 1단계 전형: 서류 평가 100%

   • 평가방법: 지원자가 제출한 모든 서류를 바탕으로 학업성취도, 학교생활 충실도 및 인성, 도전·창의·배려, 발전가능성 등을 고려하여 종합 평가함.

2. 2단계 전형: 면접 평가 100%

   • 평가방법: 면접을 통해서 사고력 및 문제 해결력과 학업 외 역량을 평가함.

구분	면접 내용 및 방법	비고
학업 역량	수학·과학 관련 개인별 구술면접 ※ 면접 전 사전 준비 시간 있음	과학은 물리, 화학, 생명과학 중 지원자 선택 1과목
학업 외 역량	지원서 기반 질문 및 공통질문에 대한 개인별 구술면접 ※ 면접 전 사전 준비 시간 있음	제출 서류 기재 내용을 확인할 수 있음

*최종 합격자 결정: 서류 평가와 면접 평가 결과를 6:4로 반영하여 최종합격자를 결정함.
• 추천인원: 고등학교별 최대 2명
• 추천기준
  – 학업역량이 우수하며 특히 수학·과학 영역에서 탁월한 성과를 내고 열정이 돋보이는 학생
  – 자기주도적 학습능력과 창의성을 갖춘 인재로서 성장 잠재력이 우수한 학생
  – 역경 극복 능력과 도전정신이 뛰어나며 봉사정신이 투철한 학생
  – 리더십과 협동심, 준법정신이 뛰어난 학생
  – KAIST에서 학습하고자 하는 의지가 강한 학생

● 수학 영역

카이스트 면접 수학 영역의 출제 경향은 선행학습 영향평가의 강화 방침에 따라 교육과정 내에서의 출제기조를 유지하고 있다. 하지만 학교수업에 한정되기보다는 고난이도 문제를 연습해야만 좋은 결과를 얻을 수 있다. 기하 내용을 융합한 문제는 주로 도형의 방정식 내용의 기본적인 도형을 활용하여 쉽게 접근할 수 있으나 변수에 따른 범위의 설정, 부등식의 최대 최소 개념 등이 응용되기 때문에 주어진 조건들을 깊이 있게 분석하고 이해해야만 답안의 완성도를 높일 수 있다. 미적분과 확률과 통계 단원에서는 교과서에 소개된 '사고력 배양 문제'들에서 수학 외적 문제 해결력을 측정하는 문항들도 출제되며 기본 개념을 정확하고 총체적으로 이해하고 있는 학생들이 풀 수 있는 문항의 구성이다. 또한 소문항 구성이 (1), (2), (3)으로 구성되어 있을 때는 (1), (2)번 쉬운 문항의 정확한 이해를 바탕으로 해야만 (3)의 어려운 문항에 도전할 수 있는 구성이다. 평소 개념의 심도 있는 원리까지 학습하고 원리가 적용된 고난이도 문항들을 풀어 가며 문제 해결력을 키워야 면접 준비에 도움이 된다.

☑ 출제 경향

- 함수를 이해하고 미적분을 활용하여 그래프를 해석하는 단원 통합형(연계형)문제가 출제되었다.
  ⇒ 어떤 개념을 묻고 싶어 하는지에 대한 출제자의 의도를 빠르게 파악하여 이에 맞도록 그래프를 활용하는 연습이 상당히 필요하다.
- 기본개념을 바탕으로 하여 각 변수 간의 규칙성 파악에 관한 추론능력을 테스트하고자 하는 문항이 대다수 출제되었다.
  ⇒ 주어진 함수에 대하여 x, y 이외에 n 등 다른 변수가 주어졌을 경우 수열의 개념을 적용하여 규칙성을 파악하는 것이 중요하다.
- '비상교과서' 내의 유사문제가 가장 많이 출제되었고 '두산동아'와 '좋은책 신사고' 교과서도 많이 참고하고 있다.

⇒ 각 교과서의 고난이도&창의력 문제를 스스로 해석(교사, 참고서의 해설 없이)하며 접근해야 한다.

• 2018년 현 고2까지는 기존의 출제 성향을 이어 갈 것으로 보이나, 2018년 현 고1부터는 교육과정 개편(기하와 벡터 삭제 등)에 의해 출제 단원 변화가 예상된다. 하지만 함수와 그래프의 이해를 바탕으로 타 단원과 연계하는 기조는 상당 기간 지속될 것으로 파악된다.

☑ 기출문제

2016학년도
• 수학 A: 기하
  (1,2,3)비상 (기하와 벡터-타원, 미적분-접선)
  두산(미적분 II-삼각함수의 덧셈정리)
• 수학 B: 함수의 연속과 미분가능성의 정의
  (1) 비상(미적분 I-롤의 정리), 두산(미적분 I-롤의 정리)
  (2) 비상(미적분 I-함수의 증감)
  (3) 비상(미적분 I-함수의 증감), 두산(미적분 I-함수의 증감)

2017학년도
• 수학 A: 자취의 방정식
  (1) 비상(수학 I-직선의방정식)
  (2) 비상(수학 II-절대부등식, 판별식)
  (3) 비상(수학 I-부등식의 영역)
• 수학 B: 확률과 통계
  (1,2,3)비상, 두산, 신사고(확률의 곱셈정리, 독립과 종속의 정의, 조건부확률)

2018학년도
• 수학 A: 원과 직선
  (1) 비상(수학 I-원과 직선 사이의 관계), 두산(미적분 II-삼각함수의 미분)
  (2) 비상, 신사고(수학 I-도형의 이동, 수학 II-수열의 합)
• 수학 B: 다항함수의 미분
  (1,2)비상(수학 II-수학적 귀납법), 신사고(미적분 I-다항함수의 미분)

● 물리 영역

『물리II』를 이수해야만 풀 수 있는 문제들이 주로 출제된다. 물리는 역학, 전자기학, 열역학, 빛과 파동 단원으로 구성되는데 2016~2018학년도 3년 동안 『물리II』 교과의 전자기 단원의 문제가 단골 출제됐다.

☑ 출제 경향
2016학년도에는 전자기학, 2017학년도에는 진자의 운동이라는 역학 문제에 전자기력이 작용하는 상황을 제시했다. 역학은 수학처럼 물리 문제를 해결하는 도구로 활용되므로 간과하면 안 된다. 2018학년도에는 열역학 문제가 출제되었다. 점차 출제 범위를 넓혀 가는 추세다. 빛과 파동 단원에서 출제될 수도 있다. 제시되는 문제 상황은 수능 3점 문제 수준을 넘지 않는다. 제시되는 문제는 어렵지 않지만 구술 면접이라는 심리적 압박이 작용하기 때문에 체감 난이도는 높을 듯하다.

☑ 대비책
구술 면접 모의 평가를 반복 연습해서 게임의 룰에 익숙해져야 한다. 기출문제를 분석하면 문제가 어렵지 않다. 여유 있게 집에서 풀면 카이스트에 지원할 정도의 학생이면 쉽게 풀 수 있는 문제다. 다만, 결론은 긴장된 상황, 면접관의 예상치 못했던 질문이 주어졌을 때 당황하지 않고 문제를 풀 수 있는 능력이다. 반복해서 구술 면접의 긴장된 상황에서 연습하는 것이 중요한 이유다.

☑ 학습 자료
EBS 물리 II 연계 교재를 참고해서 선택형 문제를 구술 면접 문제로 변형해서 풀이할 것을 권한다. 문제 소재는 수능 대비 기출문제나 문제지에서 쉽게 찾을 수 있다. 중요한 것은 문제 조건을 다양하게 변형해서 문제를 스스로 만들어서 푸는 연습이 중요하다. 혼자 하는 것보다 학력이 비슷한 친구와 스터디 그룹을 조직해서 예상 문제를 서로 만들어가면서 공부하는 방식을 추천한다.

☑ 추천 도서
구술 면접은 긴장도가 높고 면접관의 추가 질문에 흔들릴 수 있기 때문에 물리 현상에 대한 직관적 해답을 찾는 연습이 필요하다. 『재미있는 물리여행』(루이스 엡스타인)은 물리 현상에 대한 직관적 해답을 찾는 학습에 가장 적합한 책이다.

기출문제

2021학년도 수시모집 일반전형 면접 및 구술고사(수학)

☑ 문항 및 제시문

반지름이 1인 구가 평평한 바닥에 놓여있고, 이 구의 가장 높은 점에 접하도록 반지름이 r인 구가 그 위에 올려져있는 눈사람이 있다. 지면과 60도의 각도를 이루고 평행 광선이 비추어 바닥에 눈사람의 그림자가 생기고 있다. (총 5점)

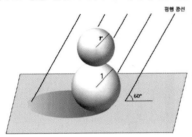

(1) 위쪽 구의 그림자가 아래쪽 구의 그림자에 완전히 포함되도록 하는 r값의 최대값을 구하시오. (2점)

(2) r이 1일 때, 눈사람의 그림자의 넓이를 구하시오. (3점)

☑ 출제의도

• 정사영의 의미와 평면에서 원과 삼각형 사이의 관계를 정확히 이해하고 있는지를 파악하고자 하며, 또한 이를 활용한 적절한 계산을 수행할 수 있는 계산 능력이 있는지 또한 문제를 통해 확인할 수 있다.

☑ 문항해설

(1)번은 정사영 개념과 접선 개념을 이용하여 3차원 문제 상황을 2차원으로 변형하고 원과 접선 사이의 관계를 통해 해결하는 간단한 문항이다.

(2)번은 두 구 중 위에 놓인 구의 중심이 정사영 될 때, 아래에 놓인 구의 유일한 한 점과 같은 점으로 정사영 됨을 이용하여 두 구를 정사영 한 결과를 찾고, 부채꼴의 넓이에 관한 공식과 삼각형의 넓이에 관한 공식, 정사영 개념을 이용하여 해결하는 문항이다.

🎯 예시답안

(1) 이 문제는 두 구의 중심과 광선을 포함하면서 바닥에 수직인 면을 고려하여 2차원 문제로 바꾸어 생각하는 것이 핵심이다.
    (2차원 그림을 그려서 문제를 파악하면 1점 부여 가능)

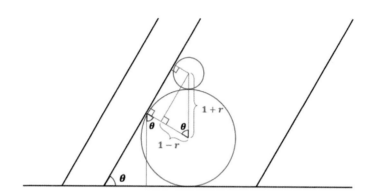

   이때 r이 1보다 작으면서 두 구에 모두 접하는 광선이 존재할 때가 문제에서 요구하는 r값의 최대값임을 쉽게 알 수 있다.

   그림에서 보듯이 $\cos 60° = \dfrac{1-r}{1+r} = \dfrac{1}{2}$ 이므로, 이때의 r 값은 $\dfrac{1}{3}$ 이다. (2점)

(2) r=1인 상황을 (1)과 같이 2차원 그림으로 표현하면 다음과 같다

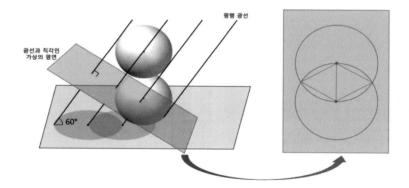

☑ 예시답안

● 눈사람의 그림자는 두 타원이 합쳐서 생기는 모양이다. 문제를 쉽게 하기 위해 우선 원래 바닥 말고, 가상의 평면을 도입하자. 가상의 평면을 평행 광선에 수직하게 놓으면 이 평면상의 그림자는 반지름 1인 두 원이 합쳐져서 생기는 모양이며, 이를 계산하여 원래의 바닥에 정사영한 그림자 넓이를 구하면 계산이 쉬워진다. (아이디어가 맞으면 1점 부여)

● 원의 반지름이 1이니 원 전체의 넓이는 π이고 내각이 60도인 부채꼴의 넓이는 $\frac{\pi}{6}$이다. 두 원이 그림자가 겹쳐지는 부분의 모양을 보면, 이러한 부채꼴에서 각 변의 길이가 1인 정삼각형을 뺀 것과 같은 도형 4개와 각 변의 길이가 1인 정삼각형 2개로 이루어져 있다는 것을 알 수 있다.

각 변의 길이가 1인 정삼각형의 넓이는 $\frac{\sqrt{3}}{4}$이므로, 두 원이 그림자가 겹쳐지는 부분의 넓이는 $4 \times (\frac{\pi}{6} - \frac{\sqrt{3}}{4}) + 2 \times \frac{\sqrt{3}}{4} = \frac{2\pi}{3} - \frac{\sqrt{3}}{2}$ 이다.

가상의 바닥에서 두 원의 그림자 전체의 넓이는

$$2\pi - (\frac{2\pi}{3} - \frac{\sqrt{3}}{2}) = \frac{4\pi}{3} + \frac{\sqrt{3}}{2}$$ 이다. (1점)

지금 그림자 넓이를 계산한 가상의 바닥은 실제 바닥과 30도의 각도를 이루며 만나므로, 광선을 따라 실제 바닥에 정사영한 넓이를 얻으려면 우리가 구한 넓이를 $\cos 30° = \frac{\sqrt{3}}{2}$로 나누어 주어야 한다.

따라서 정답은 $(\frac{4\pi}{3} + \frac{\sqrt{3}}{2}) \times \frac{2}{\sqrt{3}} = \frac{8\sqrt{3}\pi}{9} + 1$ 이다. (1점)

2021학년도 수시모집 일반전형 면접 및 구술고사(생명과학)

☑ 문항 및 제시문

거위 깃털 색깔을 결정하는 두 가지 대립유전자(W, B)가 있다. 거위가 WW 유전자형을 가지고 있으면 흰색, BB 유전자형은 검은색, WB 유전자형은 갈색 표현형을 보인다. 아래 표는 2020년 봄 카이스트 연못에서 조사한 300 마리 거위의 색깔별 개체 수를 나타낸다. 지금부터 이 연못은 "하디·바인베르크 법칙"이 성립하는 "멘델 집단"이 된다고 가정하고, 수십 년 후 연못에서 300 마리 거위 깃털의 색깔을 무작위로 조사하였을 때 (1) 색깔별 개체 수를 예측(2점)하고 (2) 현재 개체 수와 동일한지 아닌지를 답하고 그 이유를 설명(2점)하시오. (총 4점)

거위 색깔	개체 수 (2020년)	개체 수 (수십 년 후)
흰색 (WW)	120	
검은색 (BB)	60	
갈색 (WB)	120	

☑ 출제의도

- 대립유전자 개념과 하디·바인베르크 법칙, 멘델 집단을 이해하고 집단 내에서의 유전자풀 변화와 표현형의 비율을 연결시켜 설명할 수 있는지 평가하고자 함.

☑ 문항해설

본 문항은 개체군 진화의 원리에 대한 이해를 바탕으로 특정 집단에서 하디·바인베르크 법칙을 적용할 수 있는지 묻고 있다. 멘델 집단에 대한 개념을 포함하여 유전자풀과 대립유전자 빈도, 유전적 평형, 하디·바인베르크 법칙 등 진화의 기본적인 원리와 개념을 제대로 이해하고 응용할 수 있는지 평가하는 문항이다.

☑ 예시답안

(1)번 문제

 __(2점)__ W 대립유전자 빈도를 p, B 대립유전자 빈도를 q라고 하면

p=120/300 + 120/300/2 = 0.6; q=60/300 + 120/300/2 = 0.4

수십 년은 유전적 평형을 이룰 수 있는 충분한 시간이기 때문에 300 마리를 무작위로 조사한다면 흰색(WW)은 0.6x0.6x300=108 마리, 검은색(BB)은 0.4x0.4x300=48 마리, 갈색(WB)은 0.6x0.4x2x300=144 마리가 될 것이다.

 (__(1점)__ 대립유전자 빈도만 정확히 계산한 경우.)

(2)번 문제

 __(2점)__ 현재 개체 수와 미래의 개체 수가 다름. 그 이유는 현재 개체군은 아직 유전적 평형상태에 도달하지 못했기 때문이다. '유전적 평형상태'와 유사한 답을 한 경우 정답으로 인정. '멘델집단이 아니다'라는 답을 한 경우에는 멘델 집단이 무엇인지 설명하는 경우 정답으로 인정. (__부분점수 없음__)

* 하디 · 바인베르크 법칙: 한 종의 집단에서 하나의 형질을 결정하는 대립유전자의 상대적인 빈도는 특정 조건에서 대를 거듭해도 변하지 않는다.
* 멘델 집단 조건: 1.충분한 개체 수, 2.집단 내 무작위적 교배, 3.대립유전자에 돌연변이가 발생 없음, 4.집단 사이의 대립유전자 교환 없음, 5.모든 개체의 생존력과 생식력이 같음.

2021학년도 수시모집 일반전형 면접 및 구술고사(화학)

☑ 문항 및 제시문

2035년 영희와 철수는 행성-X로 여행을 떠났다. 7개월의 긴 여정 끝에 도달한 행성-X는 일반적인 지구의 환경과는 달라 춥고(섭씨 영하 63도, 절대온도 213 K) 기압이 매우 낮았다 (0.006 atm). (총 3점)

(1) 상평형 그림을 고려했을 때, 지구에서의 H_2O의 3중점은 0.006 atm, 273.2 K 이다. 행성-X에서는 H_2O의 3중점이 지구에서와 비교하면 어떻게 달라지는가?
(1점)

(2) 행성-X의 지표면에서 H_2O를 발견하였다. 행성-X에는 H_2O가 어떤 상태로 존재하겠는가? 이를 액체상태의 물로 마시려면 어떤 방법을 써야하는가? 3가지 방법을 서술하시오(2점).

☑ 출제의도

- 상평형 그림의 이해를 바탕으로 변인(온도, 압력)에 따라 물질의 상의 변화를 설명하고 예측할 수 있는지를 평가하고자 한다.

☑ 문항해설

- 상평형 그림을 이해하고 주어진 환경에서 물질의 상태를 찾고, 조건이 바뀌었을 때 상태변화를 설명할 수 있으며 온도와 압력이 달라지더라도 3중점은 변하지 않는 물질의 고유한 성질임을 이해하고 있는지를 묻는 문항이다.

☑ 예시답안

하위 문항	채점 기준 및 예시답안	배점 (점)
(1)	【채점 요소】 · 3중점이 물질의 고유한 성질임을 인식하고 있는가? 【예시 답안】 · 3중점은 물질의 고유한 성질이므로 온도와 압력이 달라지더라도 변하지 않는다. 【채점 준거】 · 3중점이 변하지 않음을 설명하면 1점 【유의 사항】 · 채점 준거에 부합하는 유사한 표현도 정답으로 인정	1
(2)	【채점 요소】 · 주어진 온도에서 물질의 상태를 판단할 수 있는가? · 온도와 압력이 달라질 때 물질의 상변화를 설명할 수 있는가? 【예시 답안】 행성-X의 지표면에서(절대온도 213 K, 0.006 기압) H_2O는 고체인 얼음으로 존재한다. 이를 물로 만들려면 1. 온도와 압력을 동시에 올린다. 2. 압력을 매우 높여준다. 3. H_2O 3중점은 일정한 값을 가지므로 온도를 올려 삼중점에 도달했을 때 액체(물)로 존재하는 부분을 추출한다. 【채점 준거】 · 주어진 환경에서 H_2O의 상태를 찾고 세 가지 방법을 제시하면 2점 · 주어진 환경에서 H_2O의 상태를 찾고 두 가지 방법을 제시하면 1점 【유의 사항】 · 위의 3가지 외에 이에 상응하는 논리적인 답을 3개 이상 제시한 경우 2점 부여 · 주어진 환경에서 H_2O의 상태를 찾지 못하거나, 상태를 찾고 한 가지 방법만 제시하면 점수를 부여하지 않음 · 단순히 온도만 올린다고 답변하면 점수를 부여하지 않음	2

📋 문항 및 제시문

배에 질량이 m인 포탄이 N개 실려 있고 포탄을 제외한 배의 질량은 M이다. 배는 물의 흐름이 없는 호수에서 수평 방향의 초기속력 V_0로 등속직선운동을 하고 있다. 호수 밖의 정지해 있는 관찰자가 보기에, 수면에는 인접한 두 마루 사이의 거리가 L이고 v의 속력으로 움직이는 물결파가 배의 운동 방향과 같은 방향으로 진행하고 있다. (v > V_0 라고 가정한다.) (총 5점)

1) 배의 운동 방향과 반대 방향으로 배에 대한 상대 속력 u로 포탄을 하나씩 발사하자. 호수 밖의 정지해 있는 관찰자가 보기에, 발사된 포탄의 개수 n (0≤n≤N)이 증가함에 따라 배의 속력(V_n)과 단위 시간당 배에 도달하는 물결파 마루의 개수(f_n)는 어떻게 변하는지 설명하라. 즉, n에 따른 V_n과 f_n의 그래프의 형태와 중요한 특성을 정성적으로 설명하라. (단, 물결파는 배의 운동에 영향을 미치지 않으며, 포탄이나 배의 운동 역시 물결파에 영향을 미치지 않는다고 가정하자. 공기 저항 및 물의 저항도 무시하자.) (4점)

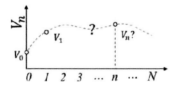

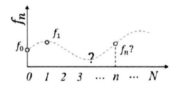

(2) 만약 포탄의 질량이 m/2이 되고 포탄의 개수가 2N이 되면, (1)에서와 같은 조건으로 포탄이 모두 발사된 후의 배의 최종속도는 (1)의 경우에 비해 늘어날지, 줄어들지, 아니면 변화가 없을지를 정성적으로 설명하라. (1점)

☑ 출제의도

- 운동량 보존, 상대 속도, 도플러 효과의 개념을 이해하고 문제의 해결단계에 이러한 개념을 적용할 수 있는지 평가한다.

☑ 문항해설

(1)번 문항은 외력이 작용하지 않는 배에서 내부에 실린 포탄을 일정한 상대 속도로 발사했을 때 증가하는 배의 속도 변화를 상대 속도와 운동량 보존 법칙을 이용하여 유도하여 해석하고, 관찰자의 입장인 배에 도달하는 물결파의 진동수가 변화함을 도플러 효과를 이용하여 유도하고 해석할 수 있는지 묻는 문항이다.
(2)번 문항은 질량이 절반인 포탄을 2배만큼 많은 횟수로 발사하는 새로운 조건을 기존 조건과 비교하여 해석하는 과정에서 상대 속도와 운동량 보존 법칙을 적절히 적용함으로써 새로운 조건에서 배의 최종 속도 변화를 해석할 수 있는지 묻는 문항이다.

☑ 예시답안

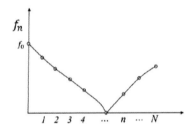

따라서 (1)의 경우가 배의 속력이 더 많이 증가한다.
(위 식에서 보듯, (2)의 경우에는 질량 m/2인 포탄 첫발을 발사 직후, 남아있는 포탄의 질량이 $(N-1/2)m$인데 비하여, (1)의 경우에는 질량 m/2인 포탄 두 발을 한꺼번에 발사하므로 남아있는 포탄의 질량이 $(N-1)m$으로 (2)에 비해 조금 더 작다. 따라서, (1)의 경우에 포탄 발사로 인한 속력의 증가가 더 크다.)

(1) n번째 포탄을 발사하기 전과 후에 대하여 운동량 보존 법칙을 적용하면,
$$\{(N-n+1)m+M\}V_{n-1}=\{(N-n)m+M\}V_n+mu_n.$$
여기서 u_n은 호수 밖의 정지해 있는 관찰자가 보기에 n번째 포탄의 속력이다. 포탄의 배에 대한 상대속도가 −u이므로 $-u=u_n-V_{n-1}$. 두 식을 연립하여 u_n을 소거하면, $V_n-V_{n-1}=\dfrac{mu}{(N-n)m+M}$.

n이 커짐에 따라 배의 속력(Vn)은 점점 증가하며$(V_n>V_{n-1})$ 그 증가량 $(\Delta V_n=V_n-V_{n-1})$도 증가함을 알 수 있다. 그래프로 나타내면 아래와 같이 기울기가 점점 커지는 증가함수로 표현된다.

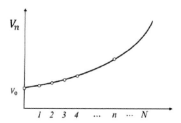

단위 시간당 배에 도달하는 물결파 마루의 개수(fn)는 도플러 효과에 의해 배의 속력(Vn)에 따라 다음과 같이 변한다.
$$f_n=f\left(1-\frac{V_n}{v}\right)$$
(여기서 f는 배가 정지해 있을 때의 단위 시간당 배에 도달하는 물결파 마루의 개수임) 따라서 n이 증가함에 따라 Vn이 증가하여 fn이 점점 작아지고, Vn 이 v와 같아지면 fn이 0이 된다. Vn이 v보다 커지면, 배가 물결파를 추월하여 배의 앞부분에 물결파 마루가 닿게 될 것이고 fn은 다시 증가한다.

(2) m과 N이 각각 1/2배, 2배인 (2)의 경우와 비교하여, (1)의 경우는 질량이 m/2인 포탄을 한 번에 2개씩 쏘는 것과 마찬가지이다. (2)의 경우와 같이 포탄 2개를 1개씩 차례로 쏘면 두 번째 포탄의 속력이 첫 번째 포탄보다 감소하여(배에 대한 포탄의 상대속도는 일정한데 배의 속력이 증가해 있음) 배에 가해지는 충격량이 작아 배의 속력을 증가시키는 효과가 줄어든다. 따라서 (2)에서의 최종 속도는 (1)의 경우보다 줄어든다.

참고로 이를 수식으로 기술하자면, 예를 들어 (1)에서 첫 번째 포탄(질량 m)을 발사한 후 배의 속력 변화는

$$V_1 - V_0 = \frac{mu}{(N-1)m+M} = \frac{(m/2)u}{(N-1)m+M} + \frac{(m/2)u}{(N-1)m+M}$$

반면에 (2)에서 첫 번째 및 두 번째 포탄(각각 질량 m/2)을 발사한 후 배의 속력 변화는

$$V_2 - V_0 = (V_2 - V_1) + (V_1 - V_0)$$

$$= \frac{(m/2)u}{(2N-2)(m/2)+M} + \frac{(m/2)u}{(2N-1)(m/2)+M} = \frac{(m/2)u}{(N-1)m+M} + \frac{(m/2)u}{(N-1/2)m+M}$$

두 경우의 첫 항은 같으므로, 두 번째 항을 비교하면,

$$(N-1)m+M \leq (N-1/2)m+M$$

$$\frac{(m/2)u}{(N-1)m+M} \geq \frac{(m/2)u}{(N-1/2)m+M}$$

즉, (1)m*1발 속도증가 ≥ (2)m/2*2발 속도증가

2018학년도 면접 기출문제

❶ 일반 정보

유형	☐ 논술고사 ■ 면접 및 구술고사	
전형명	일반전형	
해당 대학의 계열(과목)/ 문항번호	수학 / 문제A	
출제 범위	수학과 교육과정 과목명	수학Ⅰ, 수학Ⅱ, 미적분Ⅰ, 미적분Ⅱ
	핵심개념 및 용어	도형의 방정식(대칭이동), 수열, 수열의 극한, 삼각함수
예상 소요 시간	7분	

❷ 문항 및 제시문

점$(r,0)$ P라 하자. 중심이 점 P이고 반지름이 1인 원에 접하면서 $(0,0)$을 지나는 두 직선을 각각 ℓ_1, ℓ_2라 하자.

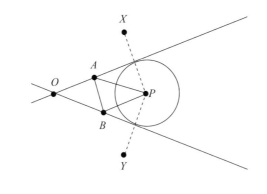

문제 1 (2점) 두 직선 ℓ_1, ℓ_2가 이루는 각을 θ라 하자. $r = 4$인 경우 $\sin\theta$의 값을 구하시오.

문제 2 (3점) 고정된 r에 대하여 점 $P = (r, 0)$와 직선 ℓ_1 위의 점 A, 직선 ℓ_2 위의 점 B로 이루어진 삼각형 ABP의 둘레가 최소일 때, 그 삼각형 ABP의 둘레를 a_r이라 하자. 이때, $a_2 a_3 \ldots a_8$의 값을 구하시오.

☑ 출제 의도

본 문제는 도형의 성질 파악 능력, 삼각함수의 이해능력, 수열의 곱의 활용능력을 평가하고자 한다.

(1) 도형의 성질을 파악하여 식을 세우고, 삼각함수의 배각공식을 이용하여 계산할 수 있는지를 평가하는 문제이다.

(2) 대칭이동을 이용하여 삼각형의 둘레를 최소로 만들기 위한 두 점 A, B를 정하는 과정을 이해하고, 식을 세우고, 수열의 곱을 활용하여 계산할 수 있는지를 평가하는 문제이다.

가) 교육과정 및 관련 성취 기준

문제 및 제시문		관련 성취 기준
(1)	교육과정	『수학 I』-(3)도형의 방식-(다)원의 방정식 ② 좌표평면에서 원과 직선의 위치 관계를 이해한다. 『미적분 II』-(2)삼각함수-(가)삼각함수의 뜻과 그래프 ② 삼각함수의 뜻을 알고, 사인함수, 코사인함수, 탄젠트함수의 그래프를 그릴 수 있다. 『미적분 II』-(2)삼각함수-(나)삼각함수의 미분 ① 삼각함수의 덧셈정리를 이해한다.
	성취 기준·성취 수준	수학1332-1, 좌표평면에서 원과 직선의 위치 관계를 말할 수 있다. 미적2212-1, 삼각함수의 뜻을 알고, 간단한 삼각함수의 값을 구할 수 있다. 미적2221-2, 삼각함수의 덧셈정리를 이해한다.
(2)	교육과정	『수학 I』-(3) 도형의 방정식-(라) 도형의 이동 ② 원점, x축, y축, 직선 $y = x$에 대한 대칭이동의 의미를 이해하고 이를 설명할 수 있다. 『수학 II』-(3)수열-(나) 수열의 합 ② 여러 가지 수열의 첫째항부터 제 n항까지의 합을 구할 수 있다.
	성취 기준·성취 수준	수학1342-1, 원점 x축, y축에 대한 대칭이동의 의미를 이해하고, 대칭이동한 도형의 방정식을 구할 수 있다. 수학2322, 여러 가지 수열의 첫째항부터 제 n항까지의 합을 구하고 이를 활용하여 문제를 해결할 수 있다.

나) 자료 출처

참고자료	도서명	저자	발행처	발행 연도	쪽수
고등학교 교과서	수학 I	황선욱 외	좋은책 신사고	2014	167
	수학 II	김원경 외	비상교육	2014	138
	미적분 II	우정호 외	두산동아	2014	99
기타					

☑ 문항 해설

원의 외부에 있는 한 점에서 원에 그은 두 접선이 이루는 각을 구하는 문제는 중·고등학교 수학에서 많이 다루는 주제이다. 원에서 접선의 성질과 대칭성, 삼각함수의 덧셈정리를 이용하여 두 접선이 이루는 각의 크기 θ에 대한 $\sin \theta$의 값을 구하고, 대칭이동을 이용하여 둘레의 길이의 최솟값을 구하는 과정을 완전하게 설명할 수 있는지를 평가한다. 또한 수열의 규칙성을 이용하여 연속한 항의 곱을 구할 수 있는지를 평가한다.

☑ 채점 기준

하위 문항	채점 기준	배점
(1)	$r = 4$일 때, $\sin \theta$의 값을 구한 경우	2점
	$\sin \dfrac{\theta}{2} = \dfrac{1}{r}$임을 알아낸 경우	1점
(2)	$a_2 a_3 \dots a_8$의 값을 구한 경우	3점
	a_r을 정확하게 구한 경우	2점
	둘레가 최소인 삼각형의 둘레는 직선의 대칭에 착하여 선분 XY의 길이와 같음을 완전하게 설명한 경우	1점

※ 하위 문항이 있는 경우 칸을 나누어 채점 기준을 작성함.

※ 채점 기준은 문항의 출제 의도에 대한 평가를 위한 것이어야 함.

☑ 예시 답안

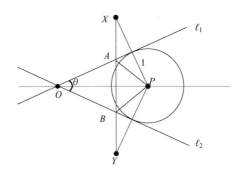

(1) 원점에서 거리 r 떨어진 반지름이 1인 원에 접하기 때문에

$\sin\dfrac{\theta}{2}=\dfrac{1}{r}$, $\cos\dfrac{\theta}{2}=\dfrac{\sqrt{r^2-1}}{r}$ 임을 얻는다. 사인함수의 덧셈 정리

$(\sin 2x = \sin(x+x)=2\sin x\cos x)$를 사용하면

$\sin\theta = 2\cos\dfrac{\theta}{2}\cdot\sin\dfrac{\theta}{2}=2\dfrac{\sqrt{r^2-1}}{r}\dfrac{1}{r}=2\dfrac{\sqrt{r^{2-1}}}{r^2}$ 이다.

$r=4$이면 $\dfrac{2\sqrt{15}}{16}=\dfrac{\sqrt{15}}{8}$ 을 얻는다.

(2) 점 P를 ℓ_1, ℓ_2에 대칭시켜 얻는 점을 각각 X, Y라 하자. 이때 삼각형 ABP의 둘레의 길이는 $\overline{XA}=\overline{AB}+\overline{BY}$ 와 같다. 이 값을 최소로 만들려면 A, B를 선분 XY 위에서 잡으면 된다. 따라서 a_r 값은 XY의 길이를 구하면 얻어진다.

점 O를 $(0,0)$이라 할 때, 각 XOY의 크기는 2θ가 된다. 또한 삼각형 XOY는 OX와 OY의 길이가 r로 같은 이등변삼각형이므로 그 밑변인 선분 XY의 길이는 $2r\sin\theta$로 얻어진다.

(또 다른 방법으로는, 각 PXY의 크기는 $\dfrac{\theta}{2}$이고, PX의 길이는 2이므로,

선분 XY의 길이는 $4\cos\dfrac{\theta}{2}$가 된다.)

따라서 $a_r=4\dfrac{\sqrt{r^2-1}}{r}=4\sqrt{\dfrac{r-1}{r}}\sqrt{\dfrac{r+1}{r}}$ 이다.

이제 곱한 것을 구하면 아래와 같다.

$a_2 a_3 \ldots a_n = 4^{n-1}\sqrt{\dfrac{1\cdot 2\cdot 3\cdots(n-1)}{2\cdot 3\cdot 4\cdots n}}\sqrt{\dfrac{3\cdot 4\cdot 5\cdots(n+1)}{2\cdot 3\cdot 4\cdots n}}$

$= 4^{n-1}\sqrt{\dfrac{1}{n}}\sqrt{\dfrac{n+1}{2}}$

$= 4^{n-1}\sqrt{\dfrac{n+1}{2n}}$

$n=8$인 경우 답은 $4^7\sqrt{\dfrac{9}{16}}=4^7\dfrac{3}{4}=3\cdot 4^6 = 3\cdot 4096 = 12288$ 이다.

$\left(4^7\sqrt{\dfrac{9}{16}}=4^7\sqrt{\dfrac{3}{4}}=3\cdot 4^6$ 까지만 구해도 됨.$\right)$

☑ 총평

[고등학교 수학교사 A]

원과 접선의 성질, 대칭이동, 삼각함수의 덧셈정리, 수열의 규칙성 발견 등 고등학교『수학 I』, 『수학 II』,『미적분 II』의 교육과정을 이해하고 있다면 다소 쉽게 해결할 수 있는 문제로 추론능력 및 문제 해결력을 요구하는 문제이다.

[고등학교 수학교사 B]

학생들이 많이 접하는 평면도형인 원과 직선에 관련된 문제이다. 원 밖의 한 점에서 두 접선을 그었을 때 두 접선의 교점과 원의 중심을 이은 직선은 두 접선이 이루는 각을 이등분하여, 원의 중심과 접점을 연결한 선분은 접선과 서로 수직이 된다는 사실은 중학교에서부터 이루어지는 기본적인 성질이다. 따라서『미적분 II』의 사인 함수의 덧셈정리를 이용하여 $\sin\theta$를 구하는 문항(1)은 어렵지 않게 해결할 수 있을 것이다. 대칭이동을 이용하여 길이의 최솟값을 구하는 문제는 대부분의 고등학교 교과서에서 다루는 내용이기에 삼각형 둘레의 최솟값을 구한 후 수열의 규칙성을 이용하여 연속된 항들의 곱을 구하는 문제는 일반계고 학생들에게도 낯설지 않은 문제유형이다. (1)번 문항에서 두 접선이 이루는 각에 대한 사인 값을 구하고, 이를 이용하여 (2)번 문항을 해결할 수 있도록 체계적으로 구성하였으므로『수학 I』,『수학 II』,『미적분 II』등의 교과서를 충실히 공부하며 문제 해결력을 익힌 학생은 어렵지 않게 해결할 수 있는 문제이다.

2008학년도 면접 기출문제

1 일반 정보

유형	☐ 논술고사 　　■ 면접 및 구술고사	
전형명	일반전형	
해당 대학의 계열(과목)/ 문항번호	자연계열(물리) / 물리A	
모집요강에 제시한 출제범위(과목명)	고등학교 과학, 물리I, 물리II 교과서 및 교육과정(물리I, 물리II)	
출제 범위	과학과 교육과정 과목명	물리II
	핵심개념 및 용어	열에너지, 힘의 평형
예상 소요 시간	10분	

2 문항 및 제시문

그림 (가)와 같이 압력이 P인 공기 중에 연직 방향으로 세워져 고정된 실린더에 온도 T의 단원자 분자 이상 기체 1몰이 들어 있다. 피스톤은 단면적이 A이고 실린더와의 마찰 없이 움직인다. 실린더를 통해 열이 지나갈 수는 있지만 이상 기체가 빠져나가거나 들어오지는 못한다. 피스톤의 아래 면에 용수철이 달려 있다. 이상 기체, 피스톤, 용수철의 질량은 무시하자. (기체 상수: R)

(1) 용수철에 구슬을 매단 후 용수철의 길이가 천천히 늘어나게 하여 그림 (나)의 평형 상태에 이르도록 하자. 이 과정에서 이상 기체의 부피는 두 배로 늘어나고 온도는 일정하게 유지되었다면 구슬의 질량은 얼마인가? (중력 가속도: g) (2점)

(2) 그림 (나)의 평형 상태에서 이상 기체로부터 열을 빼냄으로써 피스톤이 천천히 위로 올라가게 하여 그림 (다)의 평형 상태에 이르게 하자. 이 과정에서 이상 기체의 부피는 그림 (가)에서의 부피로 감소하고 용수철의 길이는 그림 (나)와 같이 늘어난 채로 유지되었다면 이상 기체로부터 빼낸 열에너지는 얼마인가? (3점)

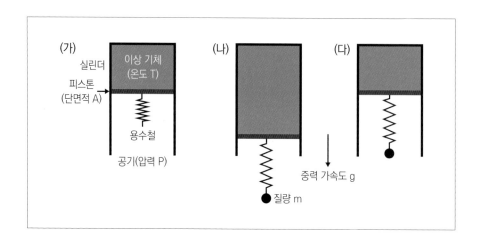

✅ 출제 의도

열역학 법칙을 이용하여 열에너지의 출입량을 계산할 수 있고, 힘의 평형관계에 대해 기술할 수 있는지 알아본다.

✅ 문항 및 제시문의 출제 근거

가) 교육과정 근거

적용 교육과정	『물리 II』 관련 성취 기준
성취 기준/ 영역별 내용	『물리 II』 1. 운동과 에너지 (가) 힘과 운동 물2112. 물체에 힘이 작용했을 때 운동변화를 정량적으로 설명할 수 있다. 『물리 II』 1. 운동과 에너지 (나) 열에너지 물2123. 이상기체의 의미를 설명하고 상태방정식을 표현할 수 있다. 물2124. 열과 일의 출입에 따른 열역학 과정을 설명할 수 있다.

나) 자료 출처

참고자료	도서명	저자	발행처	발행 연도	쪽수
고등학교 교과서	물리 II	곽성일 외	천재교육	2011	24~28 68~73
기타					

☑ 문항 해설

(1)번 문항은 보일 법칙을 이용하여 부피변화에 따른 압력을 구하고 구슬의 질량에 의한 힘과 대기압, 피스톤 속 기체의 압력 사이 관계를 통해 구슬의 질량을 알아내는 문제이다. (2)번 문항은 이상기체상태방정식을 이용하여 내부에너지의 변화, 기체가 하는 일과 받는 일을 통해 출입하는 열의 양을 알아내는 문제이다. 두 문제 모두 『물리 II』 교육 내의 개념을 이용하여 정량적인 계산을 논리적으로 풀어낼 수 있다면 충분히 해결할 수 있는 문제이다.

☑ 채점 기준

하위 문항	채점 기준	배점
(1)	압력의 변화를 정확히 계산한다.	1점
	작용하는 힘을 이용하여 질량을 정확히 계산한다.	1점
(2)	온도의 변화를 정확히 계산한다.	1점
	내부에너지, 기체의 일, 구슬의 퍼텐셜에너지를 정확히 계산한다.	1점
	내부에너지, 기체의 일, 구슬의 퍼텐셜에너지를 이용해 열에너지의 양을 정확히 계산한다.	2점

※ 하위 문항이 있는 경우 칸을 나누어 채점 기준을 작성함.

※ 채점 기준은 문항의 출제 의도에 대한 평가를 위한 것이어야 함.

☑ 예시 답안

(1) 이 열역학 과정은 온도가 일정하게 유지되는 등온 과정이므로, 보일 법칙 또는 이상 기체 상태 방정식에 의하여 PV=(일정)=RT. 따라서 이상 기체의 부피가 두 배로 늘어났다면 압력은 $P \rightarrow P/2$로서 절반 감소.

이 때 구슬에 작용하는 중력 mg와 용수철 복원력 kx가 평형을 이루므로, $mg = kx$. 그리고 피스톤에 작용하는 용수철 복원력 $kx(= mg)$, 외부 공기의 압력이 위로 미는 힘 PA, 이상 기체의 압력이 아래로 미는 힘 $PA/2$가 역시 평형을 이루므로, $mg + PA/2 = PA$. 따라서 구슬의 질량은 $m = \dfrac{PA}{2g}$

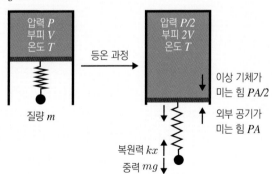

(2) 이 열역학 과정에서 용수철의 길이가 일정하게 유지되었다면 (1)에서 기술된 힘의 평형 상태가 계속 유지되므로, 구슬, 용수철, 피스톤은 가속도 없이 위로 천천히 움직인다고 할 수 있다. 따라서 이 열역학 과정은 압력이 일정하게 유지되는 등압 과정이고, 샤를 법칙 또는 이상 기체 상태 방정식에 의하여 VT =(일정)=R/P. 따라서 이상 기체의 부피가 절반으로 감사하였다면 온도도 $T \to T/2$로서 절반 감소.

열역학 제1법칙 또는 에너지 보존 법칙을 사용하여, 이 과정에서 이상 기체에 가한 열에너지를 Q를 다음과 같이 두 가지 방법으로 구할 수 있다.

- 이상 기체의 내부 에너지 변화량과 이상 기체의 압력이 외부에 한 일의 합

$$\to Q = ① + ② = -\frac{5}{4}RT$$

- 이상 기체의 내부 에너지 변화량, 외부 공기의 압력에 대해 한 일, 구슬의 퍼텐셜 에너지 변화량의 합

$$\to Q = ① + ③ + ④ = -\frac{5}{4}RT$$

여기서,

① 이상 기체의 내부 에너지 변화량: $\frac{3}{2}R\Delta T = \frac{3}{2}R\left(-\frac{T}{2}\right) = -\frac{3}{4}RT$

② 이상 기체의 압력이 외부에 한 일: $\left(\frac{P}{2}\right)(-V) = -\frac{1}{2}RT$

③ 외부 공기의 압력에 대해 한 일: $P(-V) = -RT$

④ 구슬의 퍼텐셜 에너지 변화량: $mg\frac{V}{A} = \frac{1}{2}PV = \frac{1}{2}RT$

따라서 이상 기체로부터 $\frac{5}{4}RT$ 만큼의 열에너지가 빠져나갔다.

☑ 총평

[고등학교 물리교사 A]

열역학의 정량적인 계산이 이루어지는 문제로서 『물리 II』 1단원의 열에너지 부분에 대한 이해가 있다면 충분히 해결할 수 있는 문제임. 문항(1)에서는 열역학 과정 중 변한 힘의 크기와 외부에서 작용하고 있는 힘에 대해서 묻고 있고, 문항(2)에서는 열에너지의 변화를 열역학 법칙 식을 이용해서 구하는 문제로 간단히 풀 수 있지는 않으나 교육과정을 벗어난 개념을 묻고 있지 않기에 선행 학습을 하지 않고도 해결할 수 있는 문제임.

[고등학교 물리교사 B]

중력과 탄성력, 그리고 기체로부터 비롯되는 힘(압력과 관련)을 운동방정식을 활용하여 해결할 수 있는 문제임. 문항(1)에서는 열역학 과정 중 변한 힘의 크기와 외부에서 작용하고 있는 힘에 대해서 묻고 있고, 문항(2)에서는 열에너지의 변화를 열역학 법칙을 활용하는 문제로 어느 정도의 난이도는 있어 보이나 교육과정을 충실히 이수한 학생이라면 선행학습 없이 해결할 수 있는 문제임.

상황 기반
면접

19

교대 면접

초등교사를 모집하는 대학은 경인교대, 공주교대, 광주교대, 대구교대, 부산교대, 서울교대, 전주교대, 진주교대, 청주교대, 춘천교대, 한국교원대, 제주대 등 12개 국립교육대와 이화여대 총 13개 대학이 있다.

13개 교대 면접은 학생부[11]를 확인하는 서류 기반 면접을 바탕으로 교사가 갖춰야 할 교직 적성·인성 수준의 제시문 기반 면접이 추가되기도 한다. 교대에서는 다른 대학과 달리 집단 면접을 실시하는 대학도 많은데, 지원자와 같은 조원들이 면접실로 입장하여 제시된 문제를 읽고 주어진 문제 상황을 해결하는 것으로 주로 '상황 기반 면접'을 실시한다. 특정 상황에서 지원자 간 상

---

11 2022학년도부터 교육대학 초등교육학과는 자기소개서가 전형요소에서 빠졌다.

호이해와 소통의 모습, 상황대처능력을 보기 위해서다. 경인교대, 부산교대, 한국교원대 등은 '발표면접'도 있으므로 모집요강을 꼼꼼히 살펴야 한다.

교직 적성은 교직과 관련된 본질적 문제나 현실적 쟁점, 교직 수행과 관련된 문제 상황 등을 종합적으로 파악하고, 합리적으로 해결하는 데 요구되는 가치관, 논리력, 창의력, 표현력 등 교직 적성을 평가한다.

교직 인성은 학교생활의 경험사례를 통해 교직 수행에 필수적으로 요구되는 책임감, 리더십, 사회성, 봉사, 성실성, 도덕성, 배려, 존중, 협동 등 교직 인성을 평가한다.

교대 면접 평가에서 '심층면접'이라는 용어는 문제풀이가 아니라 '개별면접'과 '집단면접'을 둘 다 치를 때 사용하는 용어다. 이 중 집단면접은 주로 상황면접을 실시한다. 제시하는 문제 상황에 대한 해결능력으로 지원자의 교직 적성과 인성을 확인한다. 특정 상황에서 어떻게 판단하고 행동하는지 파악함과 동시에 그 답변을 통해 적성과 인성을 파악하고자 하기 때문이다. 집단면접은 '집단토론', '집단토의' 형태로 진행된다.

'토론'과 '토의'는 문제 해결을 위해 여러 사람이 의견을 나누는 의사소통 과정이다. 토론이든 토의든 두 사람 이상의 참가자가 필요하고, 서로 의견이 분분한 문제를 앞에 두고 있다는 점이 비슷하다. 어느 쪽이든 모두 문제를 해결하기 위한 과정이다.

토론은 찬반 양쪽이 나뉜 상태에서 상대편이 우리 쪽 의견을 받아들이도록 설득하는 '경쟁적인 의사소통'이다. 그렇기 때문에 토론자들은 찬성과 반대로 나뉘어 서로 대립하고, 상대방 주장에서 잘못된 점이나 약점을 찾아내려고 하는 비판적인 태도를 보인다. 공주교대, 부산교대 면접은 토론 형태로 진행된다.

반면, 토의는 여러 의견을 견주어 보고 가장 좋은 해결책을 찾아 가는 '협동적인 의사소통'이다. 따라서 상대방을 헐뜯기보다는 더 좋은 제안이나 의견이 나왔을 때 받아들이려고 하는 태도를 보인다는 차이점이 있다. 경인교대, 진주교대 면접은 토의 형태로 진행된다.

교대 면접은 예비교원이 갖춰야 할 교직관 및 교양, 교직 인성, 교직 적성, 표현력, 태도 등을 종합적으로 평가하는 시험이므로 사교육의 도움 없이도 혼자서도 준비가 가능하다. 지원대학 입학처 홈페이지에 탑재된 '선행학습 영향평가 보고서'가 매우 유용하다.

끝으로, 수험생들은 면접을 어렵게 생각하지 말고 앞으로 가르침을 받게 될 교수님과의 대화라고 생각해 보자. 면접관들은 상대가 고교생임을 너무나 잘 알고 있으며 취조가 아니라 대화를 원하고 있다. 물론, 본인의 우수성을 단시간에 충분히 드러내려면 실전을 방불케 하는 철저한 대비가 필요하다.

교대 면접 평가영역 대표 예시

구분	내용
교직관 및 교양	초등 교직에 대한 이해, 열의, 사명감, 신념, 인간관, 아동관, 가치관, 기본 교양 등을 평가
표현력	답변의 명료성, 객관성, 논리성, 적절성 등을 평가
태도	대화 태도, 정서적 안정성 등을 평가

집단토론 TIP

- 다른 수험생의 답변을 듣고서 그에 대한 자신의 생각을 말해야 하는 과정이 있으므로 다른 학생의 의견을 진지하게 경청한다. 그렇다고 지나치게 경청하는 몸짓을 취하는 것은 바람직하지 않다.
- 면접관과 다른 수험생들이 있는 곳에서 말해야 하므로 이런 상황에서도 긴장하지 않고 핵심을 조리 있게 말하는 연습을 해야 한다.
- 다른 학생의 질문에 응답할 때에는 간단명료하게 한다. 발언 시간을 너무 많이 사용하지 않는다. 다른 학생들이 발언할 수 있는 시간을 배려하여 적절한 시간 안에 이야기한다.
- 자신과 같거나 다른 견해를 가진 학생에 대해 좋아하거나 싫어하는 감정을 표현하지 않는다.
- 자신과 다른 견해에 대하여 질문할 때에는 다른 견해를 존중하는 자세를 지녀야 한다.
- 자신과 다른 견해를 가진 학생을 무리하게 설득하려 하지 않는다. 왜냐하면 주장은 각자의 취향과 소신이기 때문이다.
- 토론에는 예의를 갖추되, 적극적으로 참여한다. 토론에서 겸손한 태도나 침묵하는 태도는 좋지 않다. 그러므로 집단토론에서는 수줍어하거나 긴장하고 불안해하는 학생들이 불리하다는 것을 명심해야 한다.
- 토론 면접에서 본인의 처음 주장을 끝까지 고수하는 것도 중요하지만, 상대방의 합리적 의견을 받아들여 생각을 확장하고 수정하는 유연한 사고도 중요하다.
- 집단면접은 교대나 사대를 준비하고 있는 학생들과 교육 관련 내용을 함께 토의하며 이야기해 보면 도움이 된다. 서로의 생각을 공유하며 다양한 생각을 할 수 있게 준비하는 것이 좋다. 서로의 의견을 나누다 보면 자신의 생각을 확고히 하거나 넓힐 수 있다.
- 집단면접은 토론·토의에서의 의사 전달 능력, 표현력, 발표력, 설득력, 질문하고 답변하는 태도, 상대방을 존중하고 배려하는 자세, 리더십 등을 평가할 수 있다.

01
부산교대

면접 종류

> **수시모집: 심층면접**(개별면접+집단면접)
>
> **정시모집: 개별면접**

● 수시모집

가. 집단면접

- 평가방법

    1. 면접시간: 34분 내외

    2. 면접 형식: 개별 발표 및 상호 토론

    3. 집단 구성: 조별 6인 내외로 구성

    4. 평가 항목

        가. 서술 및 발표능력: 자신의 생각을 서술과 발표를 통해 전달하는 능력

        나. 논리성: 타인의 관점과 사고를 포용하여 자신의 생각을 발전시키는 능력

        다. 사회성: 전체 토론내용을 이해하고 구성원과의 멤버십을 발휘하여 토론을 이끌어 가는 능력

5. 집단면접 진행 순서

　　가. 발표순서 선정: 대기실에서 집단면접조(6인 내외)의 개인 발표 순서
　　　　를 추첨을 통해 정함

　　나. 입장 및 발표 준비: 면접장 입장 후 토론 주제에 대한 숙고 및 개별
　　　　발표 준비

　　다. 개별 발표: 선정된 발표순서에 따라 그룹 앞에서 개별 발표 실시

　　라. 상호 토론: 선정된 발표순서에 따라 순차적 의무 질의 및 답변 실시

　　마. 자유 토론: 의무 질의가 아닌 자원자에 한해서 상호 토론 실시

　　바. 면접관 질문: 전체 토론 후 면접관이 개별적으로 특정 수험생에게
　　　　질문할 수 있음

6. 유의사항

　　가. 집단면접 후 휴식시간이 끝나면 교직 적·인성 면접을 수험번호 순
　　　　으로 실시함

　　나. 집단면접 후 수험번호 순으로 복도 대기의자에서 교직 적·인성 면접
　　　　을 준비함

■ 면접 평가 항목 및 내용

평가 항목	내용
서술 및 발표능력	자신의 생각을 서술과 발표를 통해 전달하는 능력
논리성	타인의 관점과 사고를 포용하여 자신의 생각을 발전시키는 능력
사회성	전체 토론내용을 이해하고 구성원과의 멤버십을 발휘하여 토론을 이끌어 가는 능력

나. 교직 적·인성 면접

- 평가방법

  1. 면접시간: 1인당 10분 내외

  2. 면접 형식: 면접위원 2~3인이 지원 학생 1인에 대해 다대일 면접을 실시

  3. 진행 방법

     가. 학생부와 제출 서류를 참고하여 개인 신상 및 예비 초등교사로서의 인성, 자질에 관해 질문함

     나. 교직 수행에 필요한 전문성 및 잠재력 여하를 질문함

  4. 평가 항목: 예비 초등교사로서의 자질 및 교직 수행능력을 측정

     가. 인성: 자기이해, 타인이해 및 사회의식에 대한 평가

     나. 교직적합성: 예비 초등교사로서의 소명감 및 수학능력 등에 대한 평가

     다. 발전가능성: 예비 초등교사로서의 잠재력에 대한 평가

■ 면접 평가 항목 및 내용

평가 항목	내용
인성 및 전형적합성	자기이해, 타인이해 및 사회의식에 대한 평가
교직적합성	예비 교사로서의 소명감 및 수학능력 등에 대한 평가
발전가능성	예비 교사로서의 잠재력에 대한 평가

● 정시모집

가. 교직 적·인성 면접

- 평가방법

  - 면접을 통하여 예비 초등학교 교사로서의 인성과 자질 등을 종합적으로 평가함

  1. 면접시간: 12분 내외

  2. 면접 형식: 주어진 문제에 대한 2분 답변과 다른 지원자의 다른 답변에 대한 1분 의견 제시

  3. 집단 구성: 조별 3인 내외로 구성

  4. 평가 항목

     - 교직태도와 사명감: 교직에 대한 이해 및 소명의식

     - 가치관 및 인성: 긍정적 자아 개념 및 예비 초등교사로의 자질

     - 의사소통능력: 질문에 대한 이해 및 논리적 의사 전개

     - 사고력: 타당한 논거에 의한 합리적 추론과 창의적 사고 능력

  5. 면접 진행 순서

     - 문제 선정: 준비실에서 문제를 선택하고 발표내용을 숙고하도록 함(10분)

     - 입장 및 발표: 면접장 입장 후 수험번호 순서대로 자신에게 주어진 질문에 대한 발표(2분)

     - 타인 의견 청취: 자신의 발표에 대해 다른 2명의 수험생이 각각 1분씩 자신들의 의견을 제시함

     - 하나의 문제에 대한 발표와 답변이 끝나면, 다음 수험번호 순으로 앞의 방법과 동일하게 진행함

     - 면접관 질문: 면접관은 개별적으로 수험생에게 보충 질문할 수 있음

■ 면접 평가 항목 및 내용

평가 항목	내용
교직태도와 사명감	교직에 대한 이해 및 소명의식
가치관 및 인성	긍정적 자아개념 및 예비 교사로서의 자질
의사소통능력	질문에 대한 이해 및 논리적 의사 전개
사고력	타당한 논거에 의한 합리적 추론과 창의적 사고능력

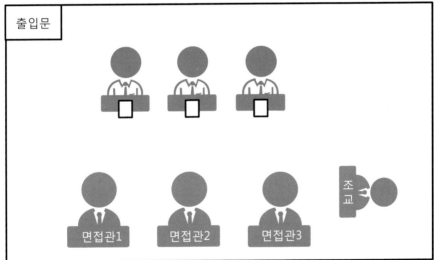

기출문제

2018학년도 수시모집 면접고사 문제(A형)

※ 다음 글을 읽고 물음에 답하시오.

교육부는 2018학년도 대학수학능력시험부터 '영어영역 절대평가'를 도입하였다. 이에 대하여 김 교사는 학생들의 상호 경쟁이 완화되고 실용영어 위주로 영어교육이 내실화될 수 있다며 절대평가에 찬성한다. 반면 박 교사는 영어능력 평가에 대한 변별력이 사라지고 학생들의 대학 입시 부담이 가중될 수 있다며 절대평가에 반대한다.

질문 이 논쟁에 대하여 찬성(김 교사)과 반대(박 교사) 중 어느 한쪽 입장에서 자신의 견해를 밝히시오.

2018학년도 수시모집 면접고사 문제(B형)

※ 다음 글을 읽고 물음에 답하시오.

A교육청에서는 초등학교 평가방법을 개선하기 위하여 '객관식 평가 폐지' 여부를 논의 중이다. 이에 대하여 김 교사는 암기 중심의 문제 풀이식 교육에서 벗어날 수 있고 학생들의 사고 과정을 이해할 수 있다며 찬성한다. 반면 박 교사는 객관식 평가가 채점의 공정성을 높일 수 있고 학생들의 학업수준을 명확하게 확인할 수 있다며 반대한다.

질문 이 논쟁에 대하여 찬성(김 교사)과 반대(박 교사) 중 어느 한쪽 입장에서 자신의 견해를 밝히시오.

2018학년도 정시모집 면접고사 문제(A형)

※ 다음 글을 읽고 물음에 답하시오.

일부 교육청은 초등학교 1~2학년을 대상으로 쉬는 시간, 점심시간 등을 늘려 놀이 시간으로 활용하고, 오후 3시에 하교하는 시범학교를 운영하기로 하였다. 이에 대해 긍정적인 면과 부정적인 면을 제시하고, 교육청의 방안에 대한 자신의 생각을 말하시오.

2018학년도 정시모집 면접고사 문제(B형)

※ 다음 글을 읽고 물음에 답하시오.

최근 학생 수가 감소하여 생긴 초등학교의 여유 공간 일부를 공공보육 시설로 활용하자는 의견이 있다. 이에 대해 긍정적인 면과 부정적인 면을 제시하고, 초등학교 여유 공간 일부를 공공보육 시설로 활용하자는 의견에 대한 자신의 생각을 말하시오.

2018학년도 정시모집 면접고사 문제(C형)

※ 다음 글을 읽고 물음에 답하시오.

최근 교육부는 학교생활기록부 기재 항목을 현행 10개에서 정규 교육과정 중심의 7~8개로 줄이는 방안을 검토하고 있다. 이에 대해 긍정적인 면과 부정적인 면을 제시하고, 교육부의 방안에 대한 자신의 생각을 말하시오.

02

진주교대

면접 종류

수시모집: 심층면접(개별면접+집단면접)

정시모집: 개별면접

● 수시모집

1단계 합격자를 대상으로 진행하며 출제위원이 제시한 문답식 구술형 1문항과 수험생이 작성한 면접카드 내용을 토대로 예비 초등교사로서 갖추어야 할 교양, 교직관, 표현력, 인성 등을 종합적으로 평가

개별면접

가. 개별면접 시간: 10분 내외

나. 개별면접 방법: 면접위원 3인이 지원자의 학교생활기록부, 자기소개서, 교사추천서의 내용 및 교직관 등에 대한 질의응답을 통해 예비 초등교사로서의 교직 적성·인성을 종합적으로 평가

  - 교양, 인성 및 교직관과 관련된 질문

  - 학교생활기록부와 제출 서류를 참고해 개인 신상 및 예비 교사로서의 인성, 자질에 관련된 질문

- 교직 수행에 필요한 전문성 및 잠재력에 대한 질문

다. 평가항목

- 긍정적 자아개념: 자신에 대한 애정과 신뢰, 긍정적 태도 등에 대한 평가

- 교사로서의 자질: 예비 교사로서의 소명감, 지도력, 공동체의식 등에 대한 평가

- 전문성과 발전가능성: 교사로서의 전문성, 잠재력 등에 대한 평가

집단면접

가. 집단면접 시간: 50분 내외

나. 집단면접 방법: 면접위원 3인이 지원자의 발표 및 토의 과정을 관찰하면서 예비 초등교사로서의 태도와 자질 등 교직 적성·인성을 종합적으로 평가

　1) 면접 형식: 발표 및 토의(조별 6인 내외로 구성)

　2) 면접 진행 순서

- 주어진 의제에 대한 발표 준비

- 조별로 편성하여 사회자(면접위원)의 진행 아래 발표 및 토의 실시

- 토의를 마친 후 면접위원이 개별적으로 수험생에게 질의 가능

다. 평가항목

- 발표력: 자신의 생각이나 주장을 말로써 나타내어 알릴 수 있는 능력

- 표현력: 자신의 생각을 효과적으로 표현할 수 있는 적절한 방법을 사용하여 전달하는 능력

- 수용력: 다양한 관점과 사고를 포용하여 자신의 생각을 발전시키는 능력

- 사회성: 토의를 잘 이끌어 가고 구성원과의 공동체의식을 발휘하는 능력

● 정시모집

1단계 합격자를 대상으로 진행하며 출제위원이 제시한 문답식 구술형 1문항과 수험생이 작성한 면접카드 내용을 토대로 개인당 5~8분 동안 개별 면접고사가 이루어진다. 예비 초등교사로서 갖추어야 할 교양, 교직관, 표현력, 인성을 각 영역으로 구분하여 4개 영역에 대한 종합평가를 실시한다.

기출문제

2018학년도 수시모집 면접고사 문제(집단면접)

※ 다음 제시문을 읽고, 아래 질문에 답하시오.

1. 집단지성은 다수의 학습자들이 서로 협력하거나 경쟁하는 과정을 통해서 얻게 되는 집단적 지적 능력으로서, 공동의 학습목표를 달성하기 위하여 협력, 상호의존, 토론 등의 활동을 수행하는 협력학습의 과정에서 구현될 수 있다. 창의성이 한 개인의 정신적 작용을 통해 발생하는 것이 아니라 집단의 끊임없는 상호작용 과정을 통해서 나오는 결과물로서 집단 또는 사회적 과정이 창의성 습득에 중요한 요소라는 관점에서 볼 때, 협력학습 환경에서 개인학습자와 집단 간의 상호작용을 촉진시키는 집단지성의 활용은 교수-학습 측면에서 많은 의미를 지니고 있다.

2. 일반적으로 사람들은 협력의 이점을 경쟁에 대해서만큼 자연스럽게 이해하지는 않는다…(중략)…기본적으로 자신의 발전과 비교우위의 확인을 통해 만족을 느끼는 경쟁적 문화 속에서 협력을 전제로 한 집단지성이 과연 얼마나 가능할지를 회의적으로 바라보는 시각도 많을 것이다.

3. 겨울방학 동안 인접 교과 교사들의 자문을 받아, 교과와 관련지어 찬반이 명확히 갈리는 쟁점 주제를 선정했다. 한편, 개강 전에 학급별로 지난해 개인별 성적을 감안하여 지그재그식으로 4인 1조로 모둠을 편성했다. 수업 1주일 전, 지정된 주제를 공지하고 대결할 모둠과 찬반을 통해 정하도록 했다. 적어도 인문계 고등학교 재학생 수준이라면 큰 어려움 없이 운영의 묘를 살려 진행할 수 있으리라 믿었다…(중략)…그러나 그것은 16년 차 교사라는 경력이 무색하게도 '순진한' 바람일 뿐이었다. 우선, 학급마다 예외 없이 모둠별 토론이 아닌, '일대일' 토론이 되고 말았다. 준비 단계에서부터 수업시간 토론이 진행될 때까지 모둠별 협동은 생각한 만큼 잘 이뤄지지 않았다. 모둠 안에서 아예 토론에 관심조차 없다는 듯 자기 순서가 와도 연신 고개만 숙이고 있는 아이들이 많아 흐름이 끊어지기 일쑤였다.

4. 교사가 아무리 완벽하게 수업 준비를 해 와도 아이들이 100% 참여하는 수업을 하기는 어렵다. 내 경험상 아이들이 단 한 명도 빠지지 않고 모두 공부에 참여한 수업은 학습지를 풀든, 모둠이 모여 책을 만들든 협동학습을 할 때였다. 그 이유가 무얼까 생각해 보니 원인은 '친구'인 듯하다. 이제 아이들은 솔직히 선생님을 무서워하지 않는다. 오히려 교사에게 찍히는 것보다 친구들

에게 찍히는 게 더 두렵다. 물론 좋아하는 친구들과 서로 토닥여 주고 함께 공부하는 것을 재미있다고 생각하기도 한다. 어르고 달래고 윽박지르고 협박해도 꿈쩍도 않던 아이들을 일으켜 세우는 것은 옆자리의 좋은 친구였던 것이다.

질문 1 공동체 역량을 통해 집단지성을 구현하려면 어떤 사회 문화적 조건이 요구되는지 자신의 생각을 말해 보시오.

질문 2 우리나라 교육환경에서 공동체 역량 함양을 위한 제도적 실천 방안을 제시해 보시오.

2018학년도 수시모집 면접고사 문제(개별면접)

질문 1 OOO동아리 활동을 통해 배운 점은 무엇입니까?

질문 2 본인이 의미를 두고 노력했던 OOO교내 활동을 통해 배우고 느낀 점이 무엇입니까?

질문 3 초등교사에게 필요한 자질이 무엇이라 생각합니까?

2018학년도 정시모집 면접고사 문제

※ 다음 제시문을 읽고, 아래 질문에 답하시오.

교육 현장에서는 학생들이 가장 많이 접할 수 있는 스마트 기기 활용과 관련하여 다음과 같은 의견들이 있습니다. 초중등교육법 시행령 제9조에서는 학생의 휴대전화 등 전자 기기 사용과 관련한 학교 규칙 기재 사항을 명시하여 학교는 학습자의 학습권에 대한 기준을 마련하도록 제시하고 있습니다. 이와 관련하여 최근 여성가족부에서 조사한 '2017년 인터넷 스마트폰 이용습관 진단조사' 결과를 살펴보면 초등학교 4학년 467천여명 중 38천여명이 인터넷 과의존 위험군에 속하고 스마트폰 과의존군은 전체 423천여명 중 26천여명에 해당되고 있습니다. 우리 사회는 정보 기기의 발달로 인하여 4차 산업혁명이라 불리는 초연결사회로의 진입을 앞두고 있습니다. 한국인터넷진흥원의 2016년 인터넷 이용 실태조사에서 10-20대 청소년들은 커뮤니케이션, 여가 활동, 자료 및 정보 획득의 목적으로 인터넷을 이용하는 것으로 나타났습니다. 또한 스마트 기기를 활용한 교수학습 활동이 학습자의 학업성취와 학습 태도 신장에 긍정적인 효과를 보여주는 연구들도 상당수 존재하고 있습니다.

질문 위의 제시문에서 언급된 바와 같이 학교현장에서 학생의 스마트 기기 활용에 대한 규제 측면과 활성화 측면 중 한 가지를 선택하고 관련 근거를 논리적으로 설명해 보세요.

03
대구교대

면접 종류

수시모집: 심층면접(개별면접+집단면접)

정시모집: 집단면접

● 수시모집

평가 항목	면접 시간	평가 방법
집단면접	10분 내외	지원자 3인(1인)을 대상으로 교직 적성, 교직 인성을 확보하기 위해 본교의 자체 평가문항을 활용하여 평가위원이 정성적으로 종합 평가함
개별면접	10분 내외	지원자 1인을 대상으로 교직 능력, 교직 적성, 교직 인성을 확인하기 위해 지원자가 제출한 서류를 활용하여 평가위원이 정성적으로 종합 평가함

심층면접

면접위원이 지원자와 면대면으로 질의, 응답하는 과정에서 지원자의 교직 능력, 적성, 인성을 포괄적으로 평가하는 방법이다. 대구교대 학생부종합전형의 심층면접은 문제풀이형 심층면접이 아니라 개별면접과 집단면접 총 2번의 면접을 본다. 개별면접은 지원자가 제출한 서류(학생부, 자소서, 추천서)를 활용하여 지원자가 교직 수행자로서 잠재력을 평가하며, 서류 사실 확인 과정을 통해 서류의 허위나 과정이 없었는지 확인하는 과정이다. 개인 서류를 바탕으로 질문이 만들어지므로 지원자마다 질문이 상이하다. 집단면접은 제시하는 문제상황에 대한 해결능력으로 지원자의 교직 적성과 인성을 확인한다.

STEP1 면접 대기실 입실	ⓐ 입실시각까지 면접 전 대기실로 입실 ⓑ 면접 도우미가 출결 확인 ⓒ 자신의 면접시간까지 면접대기실에서 대기 ⓓ 면접 도우미가 자신을 호명하면 면접실 앞으로 이동	
STEP2 면접 시간	개별면접 ⓐ 자신의 순서가 되면 면접실로 입장 ⓑ 지원자가 제출한 서류에 대해서 면접위원과 질의응답	집단면접 ⓐ 지원자와 같은 조원들이 면접실로 입장 ⓑ 제시된 문제를 읽고 주어진 문제 상황 해결
STEP3 면접 종료	면접 후 퇴실	

● 정시모집

평가 자료	평가영역	평가 방법(집단 면접)
자체 면접문항	초등교사로서 갖추어야 할 교직 적성·인성	평가위원에 의한 종합 평가

대구교대 면접 TIP

1. 면접이라는 상황은 긴장되는 상황입니다. 대입을 준비하는 지원자뿐만 아니라 취업을 준비하는 취준생에게도 면접은 어려운 일입니다. 자주 겪을 수 없는 상황이기 때문에 연습하는 시간을 충분히 가지는 것이 중요합니다. 면접 입실에서부터 퇴실하는 전 과정을 연습해 보세요. 앉는 방법, 손 위치 등 작은 행동 하나하나를 연습하여 자신의 행동이 어색하지 않도록 하세요.

2. 우리 대학의 면접에서 슬기, 보람, 사랑을 실천하여 참된 스승의 길을 가고자 하는 예비 교사의 교직 능력, 적성, 인성에 대한 것을 확인하고자 합니다. 여러분이 가장 많은 시간을 보내는 학교라는 공간에서 선생님의 모습을 보고 교사가 될 자신의 모습을 상상하며 자신의 교직에 대한 사고의 확장 연습을 하는 것이 좋습니다. 사고 확장에는 평소 독서와 EBS 등의 TV 교육다큐, 같은 꿈을 가진 친구들과의 대화를 통해 도움을 받을 수 있습니다.

3. 면접에서 가장 우선하는 것은 묻고자 하는 문제를 정확하게 읽고 내용을 파악할 수 있는 능력입니다. 자신의 의견을 논리적으로 조리 있게 설명하고, 그 이야기의 근거는 구체적 사례를 덧붙여 답변하는 것이 좋습니다.

4. 개별면접과 집단면접은 면접방식이 상이하나 구술면접이라는 점을 기억할 필요가 있습니다. 그러므로 자신의 말하는 방법을 살펴보고 발표능력 향상을 위해 논리적 사고, '기-승-전-결'의 문장구성으로 말하려고 노력해 봅시다. 사실 구술면접은 평소의 말하기 능력과 연관성이 크고, 이것은 교사로서의 전달력과 연결 지을 수 있다는 사실을 기억해 주세요.

5. 개별면접은 제출 서류를 바탕으로 이루어지므로 본인이 제출한 서류의 내용을 파악하는 것이 매우 중요합니다. 면접위원들은 면접을 통해 지원자의 활동의 배경, 목적, 결과, 영향 등을 알고 싶어 하므로 단순히 그 활동을 왜 했는지에 대한 답변보다는 그 밖에 면접위원들이 알고 싶어 하는 것들을 함께 생각하면서 준비하는 것이 좋습니다.

6. 집단면접은 주로 상황면접을 실시했으며 특정 상황에서 어떻게 판단하고 행동하는지에 대해서 파악함과 동시에 그 답변을 통해 적성과 인성을 파악하고자 합니다. 그러므로 평소 교직 및 가치관에 대해서 고민하고 나름의 방향성을 가지는 것이 중요하며 더불어 자신의 답변에 대한 적절한 근거를 설명하는 연습이 필요합니다.

기출문제

2017학년도~2018학년도 수시모집 면접고사 문제

– 2학년 1학기 수학 성적이 향상된 이유는 무엇인가? 어떤 방법으로 공부했나요?

– 독서활동을 통해 교사로서 어떤 자질이 필요하다고 생각했나요?

– 자기소개서 3번 항목에서 갈등관리의 경험을 교직에서 어떻게 활용할 수 있다고 생각하나요?

– 자기소개서 4번 항목에 적은 교사로서의 강점이 교직 수행 과정에서 어떻게 활용될 수 있다고 생각하나요?

– 본인은 어떤 강점을 가진 교사가 될 수 있다고 생각하나요?

– 자신의 공부법 중 초등학생에게 도움이 될 수 있다고 생각하는 방법과 그 이유는 무엇인가요?

– 교과 성적이 우수한데 자신만의 공부비법이 무엇인가요?

– 교사가 된 동기가 무엇인가요?

– 어떤 교사가 되고 싶은지 설명해 보세요.

– 지원자가 교사가 되었을 때 부진아 학생을 맡았을 경우 어떻게 교육할 건지 설명해 보세요.

– 교사란 무엇이라고 생각하나요?

– 학생부를 보면 봉사에 많은 시간을 투자했는데 어떻게 그렇게 할 수 있었는지 설명해 주세요.

– 마지막으로 자신을 어필해 보세요.

2018학년도 수시모집 면접고사 문제(집단면접)

※ 다음 상황을 읽고, 여러분이 고3인 나라면 어떻게 대답할지 이야기 해보고, 왜 그렇게
 대답하는 게 적절한 대답인지 설명해보세요.

고3인 나는 야간자율학습을 마치고 늦게 귀가해보니, 중학교 2학년인 동생 철수의 진로 문제를
두고 동생과 아버지 사이에 언쟁이 벌어지고 있었다. 철수는 요즈음 갑자기 야구에 빠져서 아예
프로야구 선수가 되는 것을 목표로 열심히 운동을 하고 있는데, 아버지께 서 심하게 만류하시는
중이었다. "세상 일이 열정만으로 되지는 않아. 캐나다 대학생을 상대로 설문 조사를 했다는데,
무언가에 열정이 있다고 대답한 학생들의 90%가 스포츠, 음악, 예술 분야래. 그런데 실제 그
런 분야의 일자리는 3%밖에 안 돼. 괜한 고생 말고 공부해서 대학 가자." 그러나 동생 철수는 굽
히지 않았다. "저는 이렇게 재미있는 일을 해본 적이 없어요. 이렇게 열심히만 한다면 돈을 많이
버는 스포츠 스타가 될 수 있다고 생각해요." 곁에서 힘들게 지켜보시던 어머니께서 내게 도움
을 요청했다. "너도 힘들 텐데 미안하구나. 그런데 네 동생 문제를 어떻게 하면 좋겠니?"

☑ 문항해설
우리 대학교의 집단면접의 출제 문항은 특정한 교육과정의 내용 요소에 해당되지 않으며,
초등~고교까지의 창의적 체험활동 등을 통한 통합적인 교육체험을 통해 습득된 교사로서
의 적성과 인성을 파악함.

※ 여러분이 이 학급의 담임 선생님이라면 어떻게 하시겠습니까? 〈보기〉 가운데 하나를 골라 그것이 다른 보기와 비교하여 더 적절한 이유를 설명해 보세요.

초등학교 6학년생들이 졸업을 앞두고 추억에 남을 음식을 만들어 먹기로 했습니다. 4교시를 활용하여 모둠별로 요리를 하나씩 정하여 만든 후 나누어 먹기로 한 것입니다. 담임 선생님께서 말씀하셨습니다. "칼과 불을 조심하고, 음식은 무엇보다 정성을 들여야 합니다. 사랑하는 사람에게 대접한다는 생각으로 정성을 다해 만드세요." 현수네 모둠은 카레라이스를 하기로 했는데, 현수가 맡은 감자가 문제였습니다. 감자칼 사용에 애를 먹어서 20분이 지나도록 껍질조차 다 벗기질 못하고 끙끙대고 있습니다.

〈보기〉
① "좀 서둘러야겠구나. 다른 친구들이 도와주면 좋겠다."라고 말하며 독려한다.
② 현수네 모둠으로 직접 가서 시범을 보이며 함께 음식을 만든다.
③ "현수가 아주 열심이로구나. 잘하고 있어. 괜찮아."라며 안심시킨다.
④ 위의 ①, ②, ③ 이외의 새로운 방안

☑ 출제 의도

우리 대학교의 (정시)집단면접의 출제 문항은 (수시)집단면접과 같이 특정한 교육과정의 내용 요소에 해당되지 않으며, 초등~고교까지의 창의적 체험활동 등의 통합적인 교육체험을 통해 습득된 교사로서의 적성과 인성을 파악하고자 함.

2017학년도 수시모집 면접고사 문제(집단면접)

※ 다음 상황을 읽고, 지원자라면 이 학생을 어떻게 지도할 것이고, 왜 그런지 고등학교 재학기간에 있었던 사례를 들어서 설명해 보세요.

초등학교 5학년 교실, 미술을 정말 좋아하는 학생이 있다. 평소 조용해서 주변에 피해도 끼치지는 않지만 다른 수업시간에도 미술을 하고 그림을 그리는 학생이 있다.

04
춘천교대

면접 종류

수시모집: 심층면접(개별면접+집단면접)

정시모집: 개별면접

● 수시모집

- 평가방법: 다수의 입학사정관이 교직 적성과 교직 인성을 정성·종합 평가함(서류 평가 자료를 참고 자료로 활용할 수 있음)

■ 면접 평가 항목 및 내용

평가 형태	출제 주제 및 평가 주안점
교직 적성	교직과 관련된 본질적 문제나 현실적 쟁점, 교직 수행과 관련된 문제 상황 등을 종합적으로 파악하고, 합리적으로 해결하는 데 요구되는 가치관, 논리력, 창의력, 표현력 등 교직 적성을 평가함
교직 인성	학교생활(출결상황, 인성 관련 수상경력, 세부능력 및 특기사항, 자율활동, 동아리 활동, 봉사활동, 진로진학활동, 독서활동, 행동특성 및 종합의견 등)의 경험사례를 통해 교직 수행에 필수적으로 요구되는 책임/성실, 배려/존중, 협동/참여 등 교직 인성을 평가함

● 정시모집

- 면접자료: 구술고사 질문지(자체개발)

- 면접영역과 배점

- 면접방법: 다수의 면접위원이 자체 면접기준에 의거 수험생 1인에게 질
문하여 구술 답변에 따라 평가

구분	평가 기준
교직 적성	건전한 교육적 신념에 근거하여 교육현상을 이해하고 있는지, 교육문제에 대한 합리적인 판단을 제시할 수 있는지 평가함
교직 인성	초등교사로서 갖추어야 할 인성의 요소를 종합평가함

기출문제

2018학년도 수시모집 면접고사 문제

- 나 스스로 가장 뿌듯하게 여기는 봉사 활동 경험에 대해서 말해 보세요.
- 나를 가장 신뢰하는 친구는 누구이며, 그 친구는 어떤 일을 계기로 나를 신뢰하게 되었는지 말해 보세요.
- 리더 경험이 많은 것 같은데 특히 소통을 중시하는 것 같다. 소통하는 노하우가 있나요?
- 학업 부진아 학생을 만나면 어떻게 가르칠 것인가? 구체적으로 어떻게 학업에 흥미를 갖게 할 것인가?
- 봉사활동 중 기억에 남는 경험과 그때 자신의 역할을 말해 보세요.
- 교사가 지녀야 할 인성에 대해 말해 보세요.
- 자신이 쓸모 있는 사람이라고 느꼈던 경험에 대해서 말해 보세요.

2018학년도 정시모집 면접고사 문제

- 자신의 단점으로 인하여 어려움을 겪었던 경험을 말하고, 그 경험으로부터 배운 점이나 느낀 점을 말해 보세요.
- 지금까지 살면서 가장 화가 났던 경험을 소개하고, 어떻게 대처했는지 말해 보세요.
- 나를 가장 신뢰하는 친구는 누구이며, 그 친구는 어떤 일을 계기로 나를 신뢰하게 되었는지 말해 보세요.

2018학년도 수시모집 면접고사 문제(교직 인성)

질문 1 [공통문항] 가장 존경하는 사람은 누구이며, 그 사람으로 인해 자신의 바뀐 점이 무엇인지 말해 보세요.

질문 2 [선택문항] 학생부종합전형 서류 평가에 근거하여 면접위원들이 선택한 교직 인성 문제

질문 3 [공통문항] 자신의 성장에 가장 크게 영향을 미친 사건이나 경험에 대해서 말해 보세요.

질문 4 [선택문항] 학생부종합전형 서류 평가에 근거하여 면접위원들이 선택한 교직 인성 문제

☑ 문항 해설 및 출제의도

면접 질문별 응답 내용을 통해 수험생이 바람직한 교직 인성(책임/성실, 배려/존중, 협동/참여)을 갖추었는지, 그리고 수험생이 자신의 경험을 진정성 있게 표현하고 있는지를 평가한다.

☑ 예시 답안

학교생활을 하는 가운데 직접 경험하였던 개인적인 경험에 근거한 답변

2018학년도 수시모집 면접고사 문제(교직 적성)

※ 다음은 숙제와 관련한 A학교와 B학교의 사례이다.

A학교는 사람들 사이에서 '숙제 없는 학교'라고 불린다. 이 학교는 숙제가 학교 수업 시간 내에 이루어져야 하는 교육을 가정에 전가하는 것이라고 생각하여 학생들에게 부여하던 숙제를 폐지하였다. 그 대신 수업 시간 안에 모든 학습이 이루어질 수 있도록 수업 시간을 40분에서 60분으로 확대하였다. 이에 따라 A학교 학생들은 방과 후에 숙제에 얽매이지 않고 여가 생활을 즐길 수 있게 되었다.

B학교는 수업 전에 교사가 제공하는 온라인 동영상을 가정에서 보고 오도록 학생들에게 숙제를 부여하고, 학교 수업에서는 온라인 동영상을 통해 학습한 내용을 바탕으로 학생과의 질의 응답, 토론 및 각종 체험 활동을 하는 플립러닝(flipped learning)을 실시하고 있다. 이에 따라 B학교 학생들은 수업 시간에 능동적으로 참여할 수 있게 되었다.

질문 1 A학교와 B학교가 숙제를 바라보는 관점이 어떻게 다른지 비교하여 설명하세요.

질문 2 숙제 폐지 여부에 대한 본인의 의견을 제시하고, 그 이유를 설명하세요.

☑ 문항 해설 및 출제의도

숙제는 학습자의 생활과 밀접하게 연결되어 있으며 교사의 판단에 따라 그 내용과 분량, 방식이 결정된다. 따라서 이 문제는 숙제라는 소재를 통해 지원자가 교육 과 관련된 가치 판단을 할 수 있는지, 타당한 논거를 바탕으로 자신의 의견을 제시할 수 있는지 평가하고자 하였다.

이 문제는 숙제의 부정적 측면을 고려하여 숙제를 폐지한 학교와 숙제를 제시함으로써 교육적 효과를 얻고자 한 학교의 사례를 지문에 담았다. [문항 1]은 숙제를 바라보는 두 학교의 관점 차이에 대해 인식할 수 있는지 묻는 문항이며, [문항 2]는 타당한 근거를 들어 숙제 폐지 여부에 대한 자신의 의견을 제시할 수 있는지 묻는 문항이다.

☑ 채점 기준

문항 1: A학교와 B학교가 숙제를 어떻게 바라보는지 비교·분석하여 제시할 수 있는지를
　　　　평가한다.

문항 2: 숙제 폐지와 관련된 본인의 의견을 타당한 논거를 들어 말할 수 있는지를 평가한다.

☑ 예시 답안

[문항 1]

– A학교와 B학교가 숙제를 바라보는 관점

	A학교	B학교
①	교육은 수업 시간 내에서 이루어져야 하기 때문에 숙제를 폐지해야 한다.	수업 시간에 플립러닝을 실시하기 위해서는 숙제가 필요하다.
②	교육의 공간은 가정이 아니라 학교이기 때문에 숙제가 필요 없다.	교육의 공간은 가정과 학교 모두이기 때문에 숙제가 필요하다.
③	숙제는 학업에 불필요하다.	숙제는 학업을 위해 중요하다.

[문항 2]

– 숙제를 폐지해야 한다는 의견의 이유

① 학생이 숙제에 대한 부담 때문에 학교를 싫어할 수 있다.

② 숙제를 하느라 휴식하거나 친구와 놀 시간이 부족하다.

③ 숙제는 학생이 방과 후 시간을 가족과 함께 보내는 데 사용하지 못하게 하고, 가족 갈등
　의 원인을 제공한다.

④ 과제를 해결하기 위해 불필요한 사교육을 조장한다.

⑤ 부모들이 숙제를 도와주면서 부모 간의 학력 차이가 학생에게 이어질 수 있기때문에 사
　회 계층 간의 격차가 심화될 수 있다.

– 숙제를 폐지하지 말아야 한다는 의견의 이유

① 숙제를 하면 학생의 학습 결손을 보충할 수 있고, 학업 성취도 향상에 효과가 있다.

② 부모는 아이들이 숙제하는 것을 보면서 학습 내용이나 자녀의 수준을 알 수 있다.

③ 부모는 자녀가 필요로 하는 부분을 지원할 수 있고 숙제를 소재로 하여 아이와 대화를
　할 수 있다.

④ 숙제를 활용해서 다양한 현장 학습을 할 수 있다.

⑤ 자학자습의 습관을 형성하는 데에 도움이 된다.

※ 다음은 교과서 사용에 대한 김 교사와 정 교사의 대화이다.

◆ 김 교사: 교과서는 학생들이 배워야 할 기본 내용을 모두 담고 있기 때문에 학생을 균일하게
　　　　　지도할 수 있는 기준이 됩니다.

◇ 정 교사: 지역이나 학교에 따라 학생의 수준은 차이가 있음에도 불구하고 동일한 교과서로 배
　　　　　워야 한다는 것은 문제가 있습니다.

◆ 김 교사: 교사가 모든 학생의 수준을 고려하여 교육 내용과 방법을 선택하는 일은 현실성이
　　　　　없습니다. 과중한 업무로 인해 오히려 학생의 기본 학습 능력만 떨어질 수 있습니다.

◇ 정 교사: 교사라면 학생의 수준에 따라 교과서의 내용을 적절히 선택하여 활용할 수 있어야
　　　　　합니다. 지금의 교과서는 오히려 학생과 교사가 창의성을 발휘할 수 있는 기회를 차
　　　　　단하고 있습니다.

◆ 김 교사: 교과서 내용의 일부를 선택하여 가르친다면 학생들이 꼭 알아야 할 중요한 내용을
　　　　　배우지 못할 수도 있습니다.

◇ 정 교사: 교과서가 불필요한 것은 아니지만, 현재의 교과서는 지식과 정보만을 너무 강조하고
　　　　　있어서 학생의 학습동기를 떨어뜨리고 있습니다.

질문 1 김 교사와 정 교사는 교과서에 대하여 어떤 생각을 가지고 있는지 비교하여 설명
하세요.

질문 2 정 교사가 제시한 문제점을 해결할 수 있는 교과서 활용 방안을 제안해 보세요.

☑ 출제 의도 및 해설

교과서는 교육과정의 성취기준을 반영한 구현물이다. 교과서를 보는 관점은 교과서의 내용
을 교육 내용의 기본으로 보는 관점과 교육을 위한 하나의 자료로 보는 관점으로 대별할 수
있다. 이 문제는 두 교사의 교과서에 대한 생각을 비교하여 설명할 수 있는지, 정 교사가 제
시한 문제점을 해결할 수 있는 다양한 교과서 활용 방안을 제안할 수 있는지 평가하고자 하
였다. 김 교사는 교과서가 학생들이 배워야 할 기본적인 지식을 제공하는 표준이 되어야 한
다고 주장한다. 정 교사는 교과서가 학생들의 관심과 흥미를 지원하는 자료가 되어야 하며,

교사가 자율적으로 구성할 수 있는 여지가 있어야 한다고 생각한다. [문항 1]은 교과서에 대한 두 교사의 생각을 각각 이해하고 비교하여 설명하는지를 묻고, [문항 2]는 정 교사의 고민을 해소할 수 있는 교과서 활용 방법을 제안할 수 있는지를 묻는다.

☑ 채점 기준

문항 1: 교과서에 대한 두 교사의 생각을 비교하여 말할 수 있는지 평가한다.
문항 2: 정 교사가 제기한 문제점을 반영하여 수업에서 교과서를 활용할 수 있는 창의적인 방안을 말할 수 있는지 평가한다.

☑ 예시 답안

[문항 1]
– 교과서에 대한 두 교사의 생각 비교

김 교사	정 교사
① 교과의 기본 지식을 제공한다. ② 학습의 보편적 기준이 된다. ③ 교사의 지도 지침을 제시한다. ④ 성취수준 도달을 용이하게 한다.	① 다양한 학습 자료 중의 하나이다. ② 학습의 동기를 부여하기 어렵다. ③ 창의성을 기르는 데에 한계가 있다. ④ 학습자의 특성에 따라 재구성하거나 선택 가능하다.

[문항 2]
– 교과서 활용 방안
① 사전에 학습능력을 진단하고, 학생 수준에 따른 적절한 자료를 교과서와 함께 활용한다.
② 학생들의 호기심을 유발하는 다양한 자료를 미리 제공하여 학습의 동기를 부여한 후, 교과서에 제시된 지식을 가르친다.
③ 교사는 학교의 지역적 특성을 고려하여 교과서 내용을 취사선택하여 활용할 수 있다.
④ 학생이 교과서의 내용을 예습하도록 한 후, 학생의 이해 수준과 흥미를 고려한 별도의 자료를 제공하여 가르친다.

※ (가)는 학교 폭력 예방 대책이고, (나)는 어느 고전의 진술이다.

(가) 학교 폭력을 예방하기 위해서는 학교와 학생들의 노력이 모두 필요하다. 학교는 폭력을 예방하기 위한 제도를 확립하고, 가해자를 선도하며 피해자는 배려하는 프로그램을 개발·운영해야 한다. 학생들은 자치 활동을 통하여 학교 폭력을 예방하기 위한 문화를 스스로 만들어 가야 한다.

(나) 성인(聖人)은 세상의 혼란을 다스리는 사람이다. 그런데 성인이 세상의 혼란을 다스리려면 반드시 혼란이 일어난 원인을 알아야 한다. 혼란이 일어난 원인을 모르면 혼란을 다스릴 수 없기 때문이다. 비유하자면 의사가 사람의 병을 치료하는 것과 같다. 병이 생겨난 원인을 모르면 병을 치료할 수 없다.

질문 1 (가)에서 학교가 해야 할 일을 (나)의 논리에 따라 말해 보세요.

질문 2 (가)에서 학생들이 폭력 예방 문화를 만들기 위해 할 수 있는 구체적인 자치 활동을 한 가지 제안하고, 그것이 학교 폭력 예방에 기여할 수 있는 이유를 설명하세요.

☑ 출제 의도 및 해설

학교 폭력 예방 대책은 일종의 인과적 처방이다. 인과적 처방이란 어떤 사건이 일어났을 경우 그 사건의 원인이 무엇인가를 진단하고, 그 원인을 해소할 수 있는 방법이나 방안을 제시하는 것을 말한다. 인과적 처방은 이미 일어난 일을 해결하기 위해서도 필요하지만, 앞으로 일어날 수 있는 일을 예방하기 위해서도 필요하다. 인과적 진단과 처방의 관계를 이해하는 것은 자신의 주장을 논리적으로 전개하는 데에 필요하다.

이 문제는 학교 폭력 예방 대책을 인과적 진단과 처방의 관계로 이해한 다음, 학교가 해야 할 대책을 인과적 처방의 형태로 제시하고, 학생이 할 수 있는 자치 활동을 타당한 이유를 들어 제안하는지 평가하고자 한다.

(가)는 학교 폭력을 예방하기 위한 일반적 대책을 제시한 것이다. (나)는 『묵자』의 「겸애」 편에서 인과적 진단과 처방의 관계를 주장하고 예시한 것이다. 그리고 (가), (나)는 이미 일어난 사건을 해결하려는 경우와 앞으로 일어날 사건을 예방하려는 경우를 모두 염두에 두고 있다.

그런데 (나)의 경우 원인과 결과의 관계를 밝히고 있음에 비해 (가)의 경우는 그렇지 않다. 그러나 (가)의 경우에도 원인과 결과의 관계와 그에 따른 인과적 진단과 처방의 관계를 밝힐 필요가 있다.

[문항 1]은 (가)에서 학교가 해야 할 일을 (나)에서 밝히고 있는 원인과 결과의 관계나 인과적 진단과 처방의 논리에 따라 설명할 수 있는지를 묻는다.
[문항 2]는 학교 폭력 예방에 기여할 수 있는 학생들의 자치 활동을 제안하고 그 이유나 근거를 제시할 수 있는지를 묻는다.

☑ 채점 기준
문항 1: (가)에서 학교가 해야 할 일을 (나)에서 밝히고 있는 원인과 결과의 관계나 인과적 진단과 처방의 논리에 따라 분석적이고 체계적으로 설명할 수 있는지를 평가한다.
문항 2: 학교 폭력 예방에 기여할 수 있는 학생들의 자치 활동을 창의적으로 제안하는지 여부와 그에 대한 이유나 근거를 논리적이고 설득력 있게 제시하는지의 여부를 종합적으로 평가한다.

☑ 예시 답안
[문항 1] (가)에서 학교가 해야 할 일

① 학생 개별 면담이나 학생 생활 관련 설문 등을 실시하여 학교 폭력의 실태와 원인 등을 조사·분석한다. 학교 폭력 예방 제도를 확립하기 위해서는 폭력의 실태와 원인을 알아야 하기 때문이다.

② 가해자에 대한 상담과 심리 검사 등을 통해 학교 폭력의 심리적·환경적 요인 등을 조사·분석한다. 가해자 선도 프로그램을 개발·운영하기 위해서는 가해자가 폭력을 행사한 이유를 알아야 하기 때문이다.

③ 피해자에 대한 상담과 심리 검사 등을 통해 피해자의 상황과 심리 상태 등을 파악한다. 피해자를 위한 프로그램을 개발·운영하기 위해서는 피해자의 상황과 심리 상태 등을 알아야 하기 때문이다.

[문항 2] (가)에서 학생들이 자치 활동으로 할 수 있는 폭력 예방 방법과 그것이 효과적인 이유

① 학교 폭력 UCC를 만들어 시청하거나 역할극을 수행해 본다. 학생들에게 친근하고 흥미를 끌 수 있는 UCC와 역할극이라는 방식을 통해 폭력을 체험하게 되면, 피해자의 심리에 공감할 수 있고 폭력의 심각성을 체감할 수 있기 때문이다.

② 학교 폭력 사례를 소개하고 학교 폭력 반대 캠페인을 전개한다. 학교 폭력 사례를 알고 학교 폭력 반대 캠페인에 참여함으로써 그동안 인식하지 못하고 지나쳤던 학교 폭력을 자신의 문제로 인식하고 실천 의지를 강화할 수 있기 때문이다.

③ 또래 상담과 같은 피해자의 마음 회복 자치 프로그램을 만들어서 실천한다. 교사나 어른들에게 드러내지 못한 고민도 또래 집단끼리는 쉽게 공유할 수 있고 해결 방안 또한 함께 모색할 수 있기 때문이다.

2018학년도 정시모집 면접고사 문제

※ 4차 산업혁명이 도래하면서 교육 또한 변화가 불가피하다. 다음은 4차 산업혁명에 대한 설명과 교육 개선에 대한 두 교사의 견해이다. 이를 읽고 물음에 답하시오.

> 4차 산업혁명이란 첨단 정보통신기술이 경제·사회 전반에 융합되어 혁신적인 변화가 일어나는 것을 말한다. 예컨대 인공지능(AI), 사물인터넷(IoT), 빅데이터, 모바일 등 지능정보기술이 기존 산업과 서비스에 융합되거나 3D프린팅, 로봇공학, 생명공학, 나노기술 등 여러 분야의 신기술과 결합되어, 실세계 모든 제품·서비스를 네트워크로 연결하고 사물을 지능화한다. 이에 따라 지금 입학하는 초등학생의 65%는 현존하지 않는 직업을 갖게 될 것이라고 한다.
> - 김 교사: 사회가 급변하므로 학교교육 또한 미래 사회에 불필요한 내용은 과감하게 버리고 앞으로의 시대에 유용하게 활용할 수 있는 내용으로 대폭 바꾸어야 한다.
> - 박 교사: 급변하는 사회에 따라 수시로 교육 내용을 바꾸는 것은 불가능하므로, 시대를 초월하여 인류가 지켜야 할 핵심적인 내용을 중심으로 학교교육의 내용을 재구성해야 한다.

질문 1 김 교사와 박 교사가 제시할 수 있는 교육 내용을 각각 근거를 들어 말해 보세요.

질문 2 두 교사의 견해 중에서 자신이 지지하는 것을 선택하여, 그 이유를 구체적으로 말해 보세요.

☑ 출제 의도 및 해설

교육은 인간을 인간답게 기르는 일임과 동시에 사회를 유지하고 발전시키는 데에 기여함을 그 목적으로 한다. 이 문제는 4차 산업혁명 시대로 진입한 오늘날, 급변하는 교육 환경에 따른 보다 바람직한 교육 방향과 교육의 내용에 대하여 자신의 견해를 말할 수 있는지 평가하고자 하였다. 이 문제의 첫 번째 지문은 4차 산업혁명과 그에 따른 변화 양상에 대하여 설명한 것이다. 두 번째 지문은 이러한 변화에 따라 교육 또한 변화가 필요하다고 인지한 두 교사의 교육 개선 방향에 대한 서로 다른 견해를 제시한 것이다. [문항 1]은 두 교사 각각의 견해에 따르면 어떠한 교육 내용을 제시할 수 있는지 근거를 들어 설명하도록 하는 문항이며, [문항 2]는 두 교사의 견해 중에서 자신이 지지하는 견해를 한 가지 선택하여 그 이유를 구체적으로 설명할 수 있는지를 묻는 문항이다.

☑ 채점 기준

문항 1: ① 김 교사와 박 교사의 견해 차이를 바르게 이해하였는가?
       ② 각각의 견해에서 선정될 수 있는 교육 내용을 타당한 근거를 들어 바르게 제시하였는가?
문항 2: ① 두 교사의 견해 중에서 자신이 지지하는 견해를 구체적인 이유를 들어 바르게 설명하였는가?

☑ 예시 답안

[문항 1]
– 김 교사와 박 교사가 제시할 수 있는 교육 내용

	김 교사	박 교사
교육 내용	① 지식·정보 활용 관련 내용 ② 사회의 변화 양상 관련 내용 ③ 미래 사회 예측·대응 관련 내용 ④ 교과 융합적 지식·사고 관련 내용 ⑤ 지능정보기술에 대한 이해 및 컴퓨팅 사고력 관련 내용	① 개인의 성장과 인간성 회복 관련 내용 ② 보편적 지식과 지혜 관련 내용 ③ 합리적·이성적 사고 관련 내용 ④ 도덕적 가치 및 덕목 관련 내용 ⑤ 사회적·역사적 가치 형성 관련 내용

근거	교육은 사회적 요구에 부응해야 한다. 따라서 교육 내용은 미래 사회를 인지하고 그 변화에 대응할 수 있는 지식과 기술이 중심이 되어야 한다. 학생들은 이를 배우고 활용함으로써 4차 산업혁명 시대에 적응함과 더불어 자신의 능력을 발휘하고 새로운 직업을 선택하여 살아갈 수 있다. (교육의 실용성)	교육은 바람직한 인간을 기르는 것을 우선으로 한다. 개인은 교육을 통하여 보다 완전해지고 자기의 능력을 충분히 발휘할 수 있다. 교육이 이를 기본으로 하지 않을 경우 그 사회의 진정한 발전 또한 기약할 수 없다. 따라서 교육 내용은 보편적 지식과 가치를 중심으로 재구성해야 한다.(교육의 항존성)

[문항 2] 김 교사와 박 교사의 견해를 지지하는 이유

- 김 교사의 견해를 지지하는 이유

① 4차 산업혁명 시대에는 빅데이터, 네트워크, 소프트웨어를 활용하는 능력이 중요하다. 학교에서는 이러한 소양을 길러 주는 것이 필요하다.

② 지식과 정보를 수동적으로 습득하는 학교교육에서 벗어나서 지식과 정보를 능동적으로 활용하거나 새로운 지식을 학생 스스로 창출할 수 있는 기회를 제공하는 것이 필요하다.

③ 미래 사회에서는 기존의 학문과 교과의 틀에서는 해결하기 어려운 문제들이 발생할 수 있다. 따라서 교과 중심의 교육 내용에서 벗어나 교과 융합을 통한 새로운 교육 내용을 선정할 필요가 있다.

- 박 교사의 견해를 지지하는 이유

① 교육은 바람직한 인간을 길러 내는 것을 본질로 한다. 교육의 기본 내용이라고 할 수 있는 생명 존중 의식, 인간과 사회에 대한 깊은 이해 등 기초기본교육이 강조되어야 한다.

② 학교에서는 수시로 변하는 지식과 정보를 모두 가르치기 어렵다. 교육은 인류가 축적해 온 보편적인 지식과 지혜를 전승하고, 합리적이고 이성적으로 사고하는 능력을 기르는 것을 근본으로 삼아야 한다.

③ 교육은 인류 공동의 가치에 부합하는 공동선(共同善)을 지향해야 한다. 따라서 교육은 전 지구적 문제에 대한 인식과 문제 해결력, 공감 능력, 용기와 도전의식 등을 주요 내용으로 가르쳐야 한다.

※ (가)와 (나)는 교육에 대한 두 가지 관점이다. 이를 읽고 물음에 답하시오.

> (가) 교육은 물 뿌리고 쓸며 응대하고 대답하며 나아가고 물러서는 예절과 어버이를 사랑하고 어른을 공경하고 스승을 받들고 벗을 사귀는 규범을 가르치는 것이다. 이러한 근본을 어릴 적부터 배우고 익혀야 자신을 닦고 가정을 정돈하고 나라를 다스리고 천하를 화평하게 할 수 있다.
>
> (나) 교육은 물 뿌리고 쓸며 응대하고 대답하는 것이 예절에 맞도록 하고, 집에서 효도하고 밖에서 어른을 공경하도록 하여, 행동이 조금도 예의에 어긋나지 않도록 하는 것이다. 그러나 이것은 말단이다. 근본이 없으면 무슨 가치가 있겠는가? 자신을 닦고 나라를 다스리는 도리를 가르쳐야 한다.

질문 1 (가)와 (나)에서 말하는 '근본'을 비교하여 설명하세요.

질문 2 (가)와 (나)의 관점에서 볼 때, 각각 어떤 교육을 실시할 수 있을지 구체적인 예를 들어 말해 보세요.

☑ 출제 의도 및 해설

교육은 학교급에 따라 교육과정을 다르게 설정한다. 학생의 발달 단계에 따라 교육의 목적, 내용, 방법 등에서 수준을 달리하는 것이다. 이 문제는 전통교육의 두 관점을 근본과 말단의 관계에 비추어 설명하고, 각각의 관점에서 실시할 수 있는 교육을 구체적인 예를 들어 설명할 수 있는지 평가하고자 하였다. [문항 1]은 (가), (나)의 관점에서 말하는 '근본'이 서로 어떻게 다른지를 비교하여 설명할 수 있는지 묻는 문항이며, [문항 2]는 (가), (나)의 관점에서 실시할 수 있는 교육을 구체적인 예를 들어 말할 수 있는지 묻는 문항이다.

☑ 채점 기준

문항 1: ① (가)의 관점과 (나)의 관점의 차이를 정확하게 이해하였는가?
　　　　② 각각의 관점에서 말하는 '근본'을 체계적이고 논리적으로 설명하였는가?
문항 2: ① (가), (나)의 관점에서 실시할 수 있는 교육을 다양하게 제시하였는가?
　　　　② 자신이 제시한 교육에 적합한 구체적인 예를 들었는가?

☑ 예시 답안

[문항 1] (가)와 (나)의 '근본' 비교

– (가)의 '근본'은 예절과 도덕규범에 맞게 행동하는 것이다. 이러한 행동이 바탕이 될 때 비로소 자신을 닦고 나라를 다스리는 도리를 알고 실천하는 데로 나아갈 수 있다.

– (나)의 '근본'은 자신을 닦고 나라를 다스리는 도리를 알고 실천하는 것이다. 이러한 도리를 알고 실천할 수 있을 때 비로소 예절과 도덕규범에 맞는 행동이 가치를 가진다.

[문항 2] 실시 가능한 교육과 구체적인 예

	(가)	(나)
실시 가능한 교육	– 일상적인 예절과 규칙 알려 주기 – 보편적 사회 규범과 제도 설명하기 – 바람직한 모델 제시하기 – 바른 습관 형성을 위해 지속적으로 훈육하기 – 생활규범 실천 유도하기 – 사회 규범과 제도에 적응시키기	– 반성하고 성찰하기 – 도덕적 동기 형성하기와 실천의지 다지기 – 도덕 가치와 원리 스스로 탐구하기 – 인성과 도덕성 체험하기 – 인간과 사회의 관계 깨닫기 – 국가와 세계의 질서 이해하기
구체적인 예	– 위인전 읽게 하기 – 예화 들려주기(스토리텔링) – 예절통장 만들기 – 일일 생활점검표 활용하기(인사, 청소 등) – 학급법(학급 규칙) 만들고 실천하기 – 현장체험 시키기	– 반성일지 쓰기 – 좌우명 만들기 – 독서하기 – 상황학습·역할놀이·감정이입하기 – 명상하기 – 토론하기

05
광주교대

면접 종류

수시모집: 개별면접

정시모집: 개별면접

● 수시모집

구분	내용
평가내용	면접의 평가내용은 ①인·적성 ②태도 및 서류 확인 ③문제 해결 능력 세 영역으로 평가
면접유형 및 방법	개별면접 형태로 평가위원 3명이 한 팀을 구성하여 수험생 1명씩 면접하는 심층면접[다대일(多對一)면접방식]
면접위원	면접 평가위원 3명으로 구성하여 평가
면접시간	수험생 1인당 15분 내외의 질의응답

평가영역	평가 지표
인·적성	• 인성 및 교직 적성의 정도 • 올바른 가치관 및 도덕성 • 사회성 및 적극성, 열정 등 • 학교생활의 성실도 및 생활 태도 • 학교생활기록부 및 자기소개서상의 인성관련 항목
태도 및 서류 확인	• 품행 및 면접참여의 적극성 • 학교생활기록부 활동 확인 및 검증(교과, 비교과) • 지원자의 각종 참여 활동 확인 • 자기소개서 기재 사항
문제 해결 능력	• 예비 교사로서의 기본소양 및 관심 정도 • 발표력 및 논리성의 정도 • 문제 해결 능력 및 상황대처 능력 등

● 정시모집

평가영역	평가 요소	비고
문제 해결 능력	이해력, 분석력, 창의력, 의사소통 능력 등	면접은 사전에 출제한 공통문항(3~4문항)을 통해 초등교사로서 직무를 원만히 수행할 수 있는지를 평가자가 질문하고 지원자가 답변하는 형식으로 진행
인성 및 적성	전공적합성, 사회성, 가치관, 도덕성 등	
기초소양 및 태도	기초소양, 태도 등	

• 진행 방법: 평가위원 2~3명이 한 팀을 구성하여 수험생 1명씩 면접[다대일 (多對一)면접방식]

• 면접시간: 1인당 약 7분 내외로 진행

기출문제

2018학년도 수시모집 면접고사 문제

- 지역아동센터에서 아동학습지도, 놀이지도, 프로그램 보조 등을 통해 수험생의 어떤 특성이 초등교사가 되는 데 적합하다고 생각했나요?
- 요즘 인성에 대한 중요성이 더욱 강조되는 듯한데, 초등학생의 인성교육을 위해 무엇이 중요하다고 생각하는지?
- OOO 자율 동아리 활동을 통해 초등 교육 관련하여 얻은 점은 무엇인가요?
- 『미움받을 용기』를 읽고 느낀 격려와 칭찬의 차이에 대하여 말해 보세요. 교사의 격려 혹은 칭찬은 학생에게 어떻게 영향을 미치나요?
- 교육관련 독서활동 내용 중에서 본인의 좌우명으로 삼을 만한 내용이나 문구가 있으면 말해 보시오.
- 본인이 주도하에 장애 인식개선 캠페인을 주최했고, '장애인 교육'을 실시하였다고 하였는데 장애학생들이 일반학급에 통합되어 수업을 받는 것에 대하여 어떻게 생각하나요? 분리돼서 받는 특수교육과 통합교육에 어느 쪽이 더 도움을 준다고 생각하나요?
- 진로희망이 계속 초등교사였는데 희망하는 동기가 무엇이며, 본인은 어떠한 면에서 교사로서의 자질을 갖추었다고 생각하나요?
- 교외 봉사활동 중에 교사로서의 자질을 함양하는 데 도움이 되었던 경험에 대하여 자세히 말해 보세요.
- 자신이 닮고 싶은 롤모델 교사가 있다면? 이유는? 자신과 비교했을 때 본인에게 부족한 점은 무엇이라고 생각하는지?
- 학급 임원 역할을 통해 발견하게 된 본인의 리더로서 자질은 무엇인가요? 리더십 역량을 발휘한 경험을 한 가지 소개해 보세요.
- 초등교사는 단순히 가르치는 기술보다 더 중요한 것들이 많은데 어떠한 면이 중요하다고 생각하나요?

2018학년도 정시모집 면접고사 문제

질문 1 지원자가 친구나 다른 사람을 배려하거나 도와주었던 경험과 이를 통해 느낀 점을 말해 보시오.

☑ 답안 예시
〈경험 말하기〉
- 봉사 활동이나 어려운 친구를 도왔던 경험을 말한다.
- 타인이 어려워했던 문제와 해결 과정을 설명한다.

〈느낀 점 말하기〉
- 타인 혹은 친구가 기뻐하여 삶의 보람을 느낌
- 자기 효능감이 높아짐
- 작은 배려와 도움만으로도 타인의 문제를 해결할 수 있음
- 좋은 일을 하려는 동기부여가 됨

질문 2 요즘 청소년들은 디지털세대로 불립니다. 학생의 경험을 토대로 스마트 기기 활용의 긍정적 측면과 부정적 측면에 대해 말해 보시오.

☑ 답안 예시
〈긍정적 측면〉
- 많은 정보들에 대한 손쉬운 접근과 습득
- 열린 의사소통 및 관계 형성
- 새로운 정보들에 대한 대처 및 활용
- 교육적 활용의 효율성

〈부정적 측면〉
- 지나친 시간 소모 및 중독
- 과도한 이용으로 인한 신체적, 정신적 건강 문제
- 오락적 요소에 의한 중독성
- 사이버 익명성으로 인한 지나친 폭력 현상
- 생활의 질서 파괴 등

질문 3 현대인들은 공동체를 이루지 못하고 외로움과 질병 속에서 홀로 고통받고 살아 가는 경우가 많습니다. 이를 극복하기 위한 대책에는 무엇이 있겠는지 말해 보시오.

☑ 답안 예시
- 마을, 지역 단위(권역별)로 모임터 조성
- 국민 복지 및 의료 혜택 확대, 노인 복지 수준 향상
- 각계각층이 모여서 어울리고 놀이하는 광장 문화 조성
- 함께 참여하는 놀이의 개발 및 보급
- 이웃 간 상호 연락망 활용
- 취미 활동 공유 등

질문 4 우리는 '정의로운 사회' 정착을 위해 노력하고 있습니다. 지원자가 생각하는 '정의 로운 사회'는 어떤 사회인지 설명해 보시오.

☑ 답안 예시
- 공동체적 연대의식을 지닌 사회
- 도덕적 가치, 타인에 대한 선, 약자에 대한 배려와 관용이 있는 사회
- 적법성, 정당성, 공정성, 평등성, 공평성이 적용되는 사회
- 공정한 대우, 타인 존중, 상호 인정, 협력적 태도가 있는 사회 등

06 전주교대

면접 종류

수시모집: 개별면접

정시모집: 개별면접

● 수시모집

면접시간	지원자 1인당 약 3~4분 내외
평가내용	예비 초등교사로서의 적성과 인성을 판단하기 위한 '일반교양' 및 '교직'에 대한 태도와 가치관 등을 종합적으로 평가
면접방법	- 수험생에게 미리 문항을 선택하도록 하여 답변 준비 시간을 갖도록 한다. - 수험생은 면접위원에게 선택한 면접문항을 읽고 구술답변한다. - 면접문항 선택 시 답변이 어려운 경우 총 1회에 한하여 재선택할 수 있다.

● 정시모집

면접시간	지원자 1인당 약 3~4분 내외
평가내용	예비 초등교사로서의 적성과 인성을 판단하기 위한 '일반교양' 및 '교직'에 대한 태도와 가치관 등을 종합적으로 평가
면접방법	- 수험생에게 미리 문항을 선택하도록 하여 답변 준비 시간을 갖도록 한다. - 수험생은 면접위원에게 선택한 면접문항을 읽고 구술답변한다. - 면접문항 선택 시 답변이 어려운 경우 총 1회에 한하여 재선택할 수 있다.

기출문제

2018학년도 수시모집 면접고사 문제

- 최근 들어 청년들의 고용 불안으로 청년 빈곤층 비율이 점차 높아지고 있다. 청년 빈곤층 문제를 해결하기 위한 방안을 두 가지 이상 제시하시오.
- 정부는 2020까지 최저임금을 1만원으로 인상하려고 하고 있다. 이에 대한 노동자와 사용자 측의 입장 중 한 편을 들고 그 이유를 밝히시오.
- 인공지능(AI)이 급속도로 발달하면서 우리 사회에 많은 변화가 예상된다. 인공지능의 발달이 노동환경에 미칠 영향 중, 긍정적인 면과 부정적인 면을 모두 말하시오.
- 교원 순환근무제란 어느 학교에서 일정 기간 근무하면 다른 학교로 전보시키는 제도이다. 공립학교 교원의 순환근무제에 대한 찬반 입장을 밝히고, 그 이유를 말하시오.
- 지난해 서울시교육청은 초등학교 저학년의 숙제를 폐지하여 '숙제 없는 학교'를 만들겠다고 발표했다. 숙제 부과에 대한 찬반 입장을 밝히고, 그 이유를 말하시오.
- 1980년대 이후 정부는 학생 수의 감소로 인해 농어촌지역 소규모 학교의 통폐합을 유도하고 있다. 소규모학교 통폐합 정책에 대한 찬반 입장을 밝히고, 그 이유를 말하시오.

07
공주교대

면접 종류

수시모집: 심층면접(개별면접+집단면접)

정시모집: 개별면접

● 수시모집

개별면접

구분	내용
소요시간	10분 내외 / 1인
운영	1. 교양관련 면접문제 중 한 문제를 선택하여(택1) 3분간 준비 후 선택한 문제에 대한 답변 2. 면접위원이 제시하는 교직관 관련 문제에 대한 답변 3. 학교생활기록부, 자기소개서를 참고자료로 활용한 질의응답
평가	2인 이상 다수의 면접위원이 종합평가

집단토론

구분	내용
면접조 구성	6명 내외
소요시간	30분 내외 / 1개 조
운영	수험생이 주어진 문제에 대한 토론 형식으로 진행
평가	2인 이상 다수의 면접위원이 토론과정을 종합평가

• 평가영역: 공주교대에서 자체 개발한 문항으로 교직관 및 교양, 표현력, 태도 등을 종합적으로 평가

구분	내용
교직관 및 교양	초등 교직에 대한 이해, 열의, 사명감, 신념, 인간관, 아동관, 가치관, 기본적 교양 등을 평가
표현력	답변의 명료성, 객관성, 논리성, 적절성 등을 평가
태도	대화 태도, 정서적 안정성 등을 평가

● 정시모집

• 평가영역: 공주교대에서 자체 개발한 문항으로 교직관 및 교양, 표현력, 태도 등을 종합적으로 평가

1) 교직관 및 교양: 초등교사 교육과정을 이수하는 데 필요한 교직에 대한 이해, 열의, 사명감, 신념, 인간관, 아동관, 가치관, 기본적 교양 등을 평가

2) 표현력: 답변의 명료성, 객관성, 논리성, 적절성 등을 평가

3) 태도: 대화 태도, 정서적 안정성 등을 평가

• 면접 방법

1) 교양 관련 면접 문항 중 무작위로 수험생이 하나의 문제를 선택하여 약 3분간 준비

2) 수험생이 선택한 문항에 대하여 답변

3) 위의 교양 면접 선택 문항 번호에 대응하는 문항 번호의 교직관 관련 문제에 대해 추가 답변

기출문제

2017학년도 수시모집 면접고사 문제

- 인공지능의 부정적 기능을 말해 보세요.
- 성적 우수 장학금을 주기보다 저소득 계층에게 장학금을 주는 것의 장단점을 말해 보세요.

2018학년도 수시모집 면접고사 문제

- 존엄사에 대한 찬반 의견과 그 이유를 말해 보세요.
- 안락사에 대한 자신의 의견을 말해 보세요.
- 사이버 폭력의 원인과 그 해결방안을 말해 보세요.

08
청주교대

면접 종류

수시모집: 심층면접(개별면접+개별과제발표)

정시모집: 개별면접

● 수시모집

• 평가방법

　가. 복수의 면접위원이 종합평가함

　나. 학교생활기록부, 자기소개서 등 수험생의 제출 서류를 활용함

• 면접방법: 심층면접

　가. 개별면접(10분)

　　- 시행방법: 제출 서류를 참조하면서 면접위원이 지원자를 상대로 질의

　나. 개별과제발표(준비 10분, 발표 5분)

　　- 시행방법: 특정 주제와 관련된 자료를 제공해 주고 그 자료를 분석하
여 자신의 생각을 발표함. 구두 발표를 원칙으로 하며, 칠판 등 현장에
비치된 기구 활용 가능

• 평가영역

　　- 교사로서의 적성과 인성 등을 종합적으로 평가함

평가영역	평가자료
문제 해결 능력	대학 자체 개발 문항에 대한 구술 답변 내용 개별 제출 서류 기반 질문에 대한 구술 답변 내용
의사소통능력	
인재상 적합도	

● 정시모집

• 평가영역: 청주교대에서 자체 개발한 문항으로 교양, 교직관, 표현력 등을 종합적으로 평가

  - 교양: 교양, 흥미, 인성, 자아개념, 인생관, 세계관 등을 평가

  - 교직 적성: 교육 및 교직에 대한 태도와 이해, 인간관, 아동관 등을 측정 하여 예비 교사로서의 자질을 가지고 있는지 평가

  - 표현력 및 태도와 예절: 자기의 의사를 명확하고 논리적으로 표현할 수 있으며, 용모와 행동이 단정하고 품위 있는지를 평가

• 면접시간: 지원자 1인당 준비 5분, 답변 5분(총 10분)

• 면접방법

  - 면접고사장 입실 전에 교양 및 교직 관련 면접문항을 무작위 추첨으로 선택한 후 5분간 구술답변 준비

  - 수험생은 면접위원 3명 앞에서 선택한 면접문항을 읽고 구술답변을 함

  - 면접위원은 수험생 답변에 따라 후속 질문을 할 수도 있음

기출문제

2018학년도 수시모집 면접고사 문제

질문 1 [교양] 인류 역사는 시간의 흐름에 따라 계속 발전하기보다는 오히려 퇴보하고 있다는 견해가 있다. 이러한 주장에 대한 찬성과 반대의 근거나 사례를 각각 제시하고, 자신의 생각을 말해 보시오.

☑ 출제 의도

가. 제시문을 정확히 파악하여 논리적으로 답변할 수 있는지 여부
나. 폭넓은 독서 경험을 가지고 있는지의 여부

☑ 예시 답안

인류 역사 및 사회의 전개 과정에 관해서는, 진화 내지 발전의 과정으로 보거나 퇴보의 과정, 혹은 순환의 과정으로 해석하는 입장 등 다양한 관점들이 존재함. 이 문항은 이러한 다양한 관점 가운데 하나를 택해 인류 역사가 발전해 나가고 있는 것인지, 아니면 생태계 파괴나 원전 사고, 핵전쟁의 공포 등의 현상에서 드러나는 것처럼 퇴보 내지 부정적인 방향으로 전개되어 나가고 있는 것인지를 수험생이 제대로 파악하여 논리적으로 답변할 수 있는가를 확인하는 데 주안점이 있음.

질문 2 [교양] 빅데이터 분석은 일정한 형식을 가진 데이터뿐만 아니라 포털이나 다양한 소셜미디어에서 생산되는 일정한 틀이 없는 데이터까지도 포함한 복합적인 데이터로부터 의미를 분석하는 기술이다. 정치, 사회, 경제, 문화, 과학 기술 등 여러 분야에서 활용되는 빅데이터 분석의 예를 제시하고, 그 장점과 단점을 말해 보시오.

☑ 출제 의도

일반적인 사회문제나 각종 언론 매체에서 소개되는 사실들을 기반으로 문제해석 및 논리적 사고의 접근과 표현 능력 확인

☑ 예시 답안

본 문항은 고교까지의 교육과정 범위에서 학습한 다양한 사회 현상이 빅데이터 분석과 어떻게 관련될 수 있는지, 그리고 빅데이터 분석으로 인해 촉발될 수 있는 문제점은 없는지를 수험생들 스스로 탐구하고 의사 결정할 수 있는지를 묻는 문항임. 고교 교육과정을 이수하고 폭넓은 독서 또는 다양한 매체를 접해 본 수험생이라면 본 문항의 출제 의도를 파악하여 빅데이터 분석의 예를 제시하고, 장점과 단점을 말할 수 있을 것으로 판단함.

질문 3 [교양] 최근 정부 발표에 따르면, 우리나라의 인구 10만 명당 자살률은 25.6명으로 OECD 국가 중 1위라고 한다. 우리나라에서 이처럼 자살률이 높은 이유를 설명하고, 자살률 감소를 위한 대책을 말해 보시오.

☑ 출제 의도

자살을 개인적 문제로 보지 않고, 사회적으로 해결 가능한 문제로 파악하고 있는지 여부

☑ 예시 답안

우리나라의 높은 자살률은 지속적으로 큰 사회 문제가 되고 있음. 자살의 원인은 개인적 요인과 사회적 요인으로 나눌 수 있는데, 두 요소는 서로 밀접하게 관련되어 있음. 자살 원인을 체계적으로 분석해 사회복지 정책을 면밀하게 구성하고 사회안전망을 정밀하게 구축한다면 자살률을 현저하게 줄일 수 있을 것임. 고교 교육과정을 이수하고 다양한 사회 상식을 접한 수험생은 출제 의도를 파악하여 자살의 원인을 명확히 설명하고, 자살률을 감소시키기 위한 방안을 다양하게 제시할 수 있을 것으로 판단함.

질문 4 [교직 면접] '교사는 거짓이 아닌 진실을 가르쳐야 한다'는 주장이 있다. 만약 산타 클로스가 실제로 있는지를 묻는 아이와 UFO가 존재하는지를 묻는 아이가 있을 경우, 교사가 각기 어떻게 답변하는 것이 좋을지 이유를 들어 설명하시오.

☑ 출제 의도

교육 및 교직 분야 현상에 대한 평소 관심과 이해 바탕으로 자신의 의견의 논리성, 표현성 확인

☑ 예시 답안

과학적 지식과 인문적 지식(신화, 민담, 종교 등)의 차이, 답변이 아이의 마음(동심)에 미치는 영향 등을 고려하여 적절한 답변을 제공할 수 있는지를 평가하기 위한 문항임. 지문의 내용을 이해하고 자신의 생각을 논리적으로 말할 수 있는지를 묻는 문항.

질문 5 [교직 면접] 학교폭력대책자치위원회(학폭위) 제도의 시행 이후 학교폭력 피해 학생 수는 감소하였지만 학폭위 심의 건수는 계속 증가하고 있다고 한다. 이러한 현상에서 드러나는 학폭위 제도의 한계와 이에 대한 보완책을 말해 보시오.

☑ 출제 의도

교육 및 교직 분야 현상에 대한 평소 관심과 이해 바탕으로 자신의 의견의 논리성, 표현성 확인

☑ 예시 답안

2004년 학교폭력예방 및 대책에 관한 법률이 제정되면서 학생 간 폭력 사안에 대처하기 위한 방안의 하나로 학교폭력대책자치위원회 제도가 시행되어 왔음. 수험생들은 대부분 이 법이 적용되던 시기에 초, 중, 고등학교를 다녔기 때문에 학폭위제도에 대해 매우 익숙하며, 학폭위가 학내 폭력 사안을 처리하는 방식을 직간접적으로 경험하였음. 학폭위 제도의 적용을 받아 온 학생의 입장에서 학폭위를 통한 문제 해결 방식이 안고 있는 문제점과 그것의 해결책을 다양하게 생각해 낼 수 있으리라 여겨짐.

질문 6 [교직 면접] 다음 주장을 근거를 들어 비판해 보시오.

"사람은 자기가 직접 체험한 일을 가장 잘할 수 있고 가장 잘 알 수 있다. 예를 들면
아이를 가르치는 일도 실제로 아이를 길러 본 사람이 그렇지 않은 사람보다 더 잘
할 수 있다."

☑ 출제 의도
교육 및 교직 분야 현상에 대한 평소 관심과 이해 바탕으로 자신의 의견의 논리성, 표현성
확인

☑ 예시 답안
흔히 저지르기 쉬운 논리적 오류의 하나로서, 수험생의 기초적인 사고력과 아울러 교육 문
제에 대한 기초적 소양을 알아보기 위한 문항임. 인간의 지식과 기능의 대부분은 직접 경험
보다는 간접 경험을 통해 얻어진다는 사실을 감안하면, 제시된 언명을 비판하는 것은 비교
적 용이함.

09
경인교대

면접 종류

수시모집: 심층면접(개별면접+집단면접)

정시모집: 개별면접

● 수시모집

• 평가방법: 교직심층면접으로 수험생의 제출 서류(학생부, 자소서 등)와 대학 자체 개발 면접문항 등을 활용하여 교직 인성 및 교직 적성을 종합적으로 평가

구분	내용
개별면접	• 평가항목: 교직 인성, 교직 적성 • 평가방법: 학교생활기록부 및 자기소개서 등 기재 내용 확인 면접을 통해 교직 인성과 교직 적성을 종합적으로 평가 • 평가시간: 개인별 10분 내외
집단면접	• 평가항목: 협동심, 리더십, 창의적 문제 해결 능력, 의사소통능력 • 평가방법: 대학 자체 개발 면접문항을 활용하여 다수의 수험생이 상호 간의 의사소통을 통해 배려하며 토의하고, 모두가 공감하는 합리적인 방향으로 논의를 이끌어 가는 공감토의방식을 통해 문제를 해결하고 발표하는 과정을 종합적으로 평가 • 평가시간: 조별 35분 내외

● 정시모집

구분	내용
평가항목	교직 적성(문제 해결 능력, 지식 정보 활용능력, 의사표현능력) 교직 인성(교직수행 잠재능력)
평가방법	대학 자체 개발 면접문항을 활용하여 예비 초등교사로서의 교직 인성 및 교직 적성을 평가
평가시간	개인별 10분 내외(준비 시간 10분 별도)

기출문제

2021학년 정시모집 면접 및 구술고사 문제(일반학생, 만학도 저소득층학생전형)

※ 다음 제시문을 읽고 물음에 답하시오.

2020년에 이어 새해에도 전세계는 코로나 19로 인해 어려움을 겪고 있다. 특히 새로운 변이 바이러스가 발견된 영국의 경우, 잉글랜드 동부와 남동부 여러 지역에서는 비필수 업종 가게는 문을 닫고 재택근무가 불가능한 경우와 등교, 보육과 같은 목적 외에는 집에 머물러야 하며 야외 공공장소에서도 다른 가구 구성원 1명만 만날 수 있도록 하는 등 코로나 19 확산을 억제하기 위해 강력한 거리두기 조치를 취하였다. 우리나라도 영국처럼 강력한 조치를 취하여 코로나 19의 확산을 막아야만 한다는 요구가 커지고 있다. 반면에 현재까지의 조치에도 사회·경제적으로 다양한 분야에서 심각한 문제가 발생하고 있기 때문에 거리두기 조치를 오히려 완화해야 한다는 주장도 제기되고 있다.

질문 ❶ 강력한 거리두기 조치를 통해 코로나 19의 확산을 막자는 의견에 대해 동의하는 입장의 근거와 동의하지 않는 입장의 근거를 각각 두 가지 제시하고, 강력한 거리두기 조치를 시행하고자 할 때 고려해야 할 사항을 두 가지 제시하시오.

☑ 출제의도
사회적 쟁점과 관련하여 자신의 생각과 다른 생각을 가진 사람들을 이해하고 문제 상황을 해결하기 위한 논리적인 사고를 수행할 수 있는지를 알아봄으로써 학생의 수학 능력을 파악한다.

☑ 문항 해설
- 강력한 거리두기: 필수 업종 외 운영 금지, 재택근무 필수(재택근무 불가능 업종 제외), 외부 활동 금지, 2인 이상 모임 금지 등
- 코로나19 감염증과 관련한 사회적 쟁점에 대해 이해한다.

- 거리두기 조치와 관련한 반대되는 논제에 대하여 명확한 근거를 제시한다.
- 강력한 거리두기 조치 시행에 고려할 점에 대해 본인이 제시한 근거에 기반하여 의견을 제시한다.

☑ 채점 기준
- 사회적 쟁점에 대하여 자신의 생각과 다른 생각을 가진 사람들을 이해하는지 평가한다.
- 동의하는 입장과 동의하지 않는 입장에 대해 각각 두 가지씩 명확하게 제시하는지 평가한다.
- 문제 상황을 해결하기 위한 논리적인 사고를 수행할 수 있는지 평가한다.
- 평가 시 평가자의 개인적 의견이 반영되지 않도록 주의한다.

☑ 예시 답안
[강력한 거리두기 조치에 동의하는 입장]
- 현재의 느슨한 조치가 확산 방지에 미흡하다.
- 강력한 조치만이 확실하게 확산을 막을 수 있다.
- 코로나 19를 빠르게 종식시키기 위해서는 보다 강력한 조치가 필요하다.
- 강력한 거리두기 조치는 빠르고 확실하게 코로나 19 확산을 막아 오히려 경제 회복에 더 효과적이다.
- 보다 강력한 거리두기 조치가 시행될 경우 정부에 지원을 요청할 수 있다.

[강력한 거리두기 조치에 동의하지 않는 입장]
- 강력한 조치로 인해 소상공인들의 경제적 어려움은 더욱 커질 것이다.
- 강력한 조치를 취하더라도 확산이 계속 진행될 수 있다.
- 국가의 경제활동 전반에 심각한 위기가 발생할 수 있다.
- 강력한 거리두기 조치는 사회적 약자에게 더욱 큰 생존의 위기를 가져올 수 있다.

[강력한 거리두기 조치 시행 시 우선적으로 고려해야 할 사항]
- 사회적 약자의 생계·안전 문제를 고려한다.
- 경제활동 중지에 따른 소상공인의 경제적 어려움 해소 방안을 고려한다.
- 사회 구성원들에 미치는 차별적 영향을 고려한다.
- 부득이한 계약 해지에 따른 분쟁을 해결하기 위한 방안을 마련한다.
- 국가 간의 무역 및 외교 문제 해결을 위한 방안을 마련한다.

2020학년도 수시모집 면접고사 문제(교직적성전형 집단면접 A형)

※ 다음 제시문을 읽고 물음에 답하시오.

> 최근 우리 사회에서는 노인복지법상 65세로 되어 있는 현행 노인 기준 연령을 상향시키자는 논의가 진행되고 있다. 이는 우리나라가 총인구 중 노인 인구의 비율이 20% 이상을 차지하는 초고령 사회로의 진입을 눈앞에 두고 있고, 노인 인구 비율의 증가에 따라 사회가 책임져야 할 부담도 증가한다는 염려를 고려한 것이다. 또한 대다수의 노인들은 노인의 기준 연령으로 70세 이상이 적절하다고 본다는 보건복지부의 조사 결과가 있었으며, 65세 이후에도 충분히 일을 할 수 있다는 인식이 사회 전반으로 확산되고 있다. 그러나 노인 기준 연령을 상향 조정했을 경우 여러 측면에서의 복잡한 사회 문제가 발생할 것이라는 반대 의견도 있다.

질문 1 노인 기준 연령을 상향 조정했을 경우에 나타날 수 있는 기대 효과와 문제점을 각각 세 가지 제시하고, 이러한 문제점을 해결하기 위한 방안 세 가지를 제안하시오.

☑ 출제의도

평균 수명 증가와 저출산 문제 등으로 인하여 우리 사회는 수년 내에 초고령 사회로 진입하게 된다. 노인들은 노동 생산성을 상실한 후의 여생을 위해 사회적 보조를 필요로 하게 되고, 젊은 세대는 노인 세대에 대한 부양 부담으로 경제적 여유를 갖기 어렵게 될 수 있다. 나아가 한국 사회 전체는 노인 부양 및 노인 복지에 상당한 예산을 사용해야 하며 그 규모를 계속 늘려가야 할 것이다. 이를 해결하기 위해 최근 한국 사회에서는 현행 65세로 되어 있는 노인 기준 연령을 상향시켜 이러한 문제를 완화해 보고자 노력하고 있다. 그러한 노인 기준 연령 상향은 노인 복지 축소와 노인층에 대한 경제적 지원을 축소하는 결과를 낳을 수 있어 상향 정책의 도입에 대한 사회 각개의 의견이 상충하고 있다. 이에 이와 같은 우리 사회의 당면 과제를 면접 문항으로 출제하고 응시자들이 이에 대해 어떠한 가치 판단을 할 수 있으며, 어떠한 해결 방안을 제시할 수 있는지 평가하고자 한다.

☑ 문항 해설

- 노인 기준 연령 상향에 대한 논의가 진행되는 사회적 배경을 인식한다.
- 노인 기준 연령 상향 정책을 도입하려고 하는 의도를 파악하고, 이 정책의 도입을 통하여 해결될 수 있는 우리 사회의 당면 과제는 무엇인지를 파악할 수 있다.

- 노인 기준 연령을 상향을 즉각적으로 도입할 수 없는 이유는 무엇이며, 준비 없는 정책 도입으로 발생할 수 있는 또 다른 사회 문제는 무엇인지를 예견한다.
- 초고령화 사회를 맞게 되는 우리 사회에 잠재되어 있는 근본적인 문제는 무엇이지를 염두에 두고, 주어진 문제를 해결할 수 있는 방안을 구상해 볼 수 있다.

☑ 채점 기준
- 기대효과, 문제점과 해결 방안을 제시하는 과정에서 노인층의 빈곤 문제와 일자리 및 사회 전반의 복지 문제 등 다양한 측면을 균형 있게 제안하고 있는지를 평가한다.
- 문제점과 해결 방안을 논리적으로 연결하여 제시하는지를 평가한다.
- 평가 시 채점자의 개인적 의견이 반영되지 않도록 한다.

☑ 예시 답안
[기대효과]
- 노인 대상 복지(기초노령연금 등)에 드는 국가 재정의 비용 부담 감소
- 노인 대상 무상 교통 지원 등에 따른 재정 적자 감소
- 사회에서 일할 수 있는 인력(생산가능인구) 규모의 증가
- 인구 감소로 인해 생길 수 있는 노동력 부족 문제 해소
- 구매력이 있는 노인의 증가로 노인 관련 산업의 활성화
- 청년 세대나 미래 세대가 져야 할 사회적 부양에 대한 부담 축소
- 기대수명이 늘어난 사회의 현실적 대안이 될 수 있음
- 일할 기회 증가로 노인 세대의 행복권과 자존감 증가
- 일할 기회 증가로 노인 세대의 신체적 및 정신적 건강 증진
- 기존에 노인에게 지원하던 재원을 사회적 약자 등을 위한 복지비용으로 전환 가능

☑ 문제점
- 기본적으로 OECD 국가 중 우리나라의 노인의 빈곤율이 높은 편인데, 이것이 더 심화될 것임
- 노인 연령 상향에 따른 65 70세 사이의 노인들 중 노후 대비가 부족한 계층의 초기 노인들의 경제적 어려움 심화
- 노인 대상 무상 교통 지원 등이 줄어 이동의 불편함을 초래할 수 있음
- 일하는 노인의 경우, 여가나 건강관리 등 사회적 활동 시간이 줄어 건강에 악영향을 줄 수 있음
- 노인 대상 의료 지원 등이 줄어 건강관리 문제 발생 가능
- 일자리에서 (손)자녀세대와 경쟁하는 노인들이 증가하여 사회적 갈등 야기

- 노인 연령 상향에 따른 65 70세 사이의 노인 부양에 대한 가족이나 노인 본인의 책임 증가
- 일하기를 원치 않는 경우에도 일해야 하는 노인 증가
- 사회 전반적으로 전 생애 기간에 요구되는 개인들의 노동 시간이 증가함

☑ 해결방안
- 정년(은퇴) 연령 연장
- 노인 일자리 확보를 위한 정부의 다양한 대책 마련
- 고령층 노동 활성화를 위한 임금 피크제 활성화
- 노인 특화 일자리 창출을 위한 사회적기업 지원
- 능력 있고, 경력이 많은 노인들을 위한 일자리 지원 정책
- 복지 취약계층 노인 대상 다양한 복지 서비스 지원 방안 마련
- 65~70세 극빈층 노인 대상 복지지원 대책
- 노인 재취업 등과 관련한 고용 정보 지원 다각화
- 노인 재취업 등을 위한 재교육 활성화
- 기업 등에서 노인 노동자를 위한 안전장치 등 노동 작업 환경 개선
- 노인 노동자 고용 할당제 등 노인 고용을 촉진하는 제도적 지원 방안 모색
- 세대 간 협력의 필요성을 강조하는 사회적 홍보 강화

2020학년도 수시모집 면접고사 문제(교직적성전형 집단면접 B형)

※ 다음 제시문을 읽고 물음에 답하시오.

최근 배송·배달 서비스 시장이 호황을 맞고 있다. 당일 배송, 새벽 배송 등 배송 방식이 다양해지고 배송 가능한 품목도 크게 증가하고 있다. 그리고 음식 배달 대행 서비스의 등장은 이전까지 배달 서비스를 제공하지 못했던 소규모 음식점의 판매 경로를 확대시키고 있다. 일반적으로 이러한 배송·배달 서비스의 성장은 소비자와 판매자 모두의 편익을 증진시킨다는 평가를 받고 있다. 특히, 애플리케이션(앱)을 기반으로 하는 모바일 중개 시장의 성장은 배송·배달 서비스와 연계되어 새롭고 다양한 사회·경제적 가치를 창출해 내고 있다. 그러나 배송·배달 서비스 시장의 성장은 새로운 사회 문제를 만들고 있다는 비판도 받고 있다.

질문 1 배송·배달 서비스의 확산이 가져온 긍정적 효과와 그로 인해 발생하는 문제점을 각각 세 가지 제시하고, 이러한 문제점의 해결 방안을 세 가지 제안하시오.

☑ 출제의도

4차 산업 혁명시대에 접어들면서 사회의 연결, 공유, 개방 시스템 구축으로 우리 삶의 패턴이 급격히 변하고 있다. 그 중 배송·배달 서비스는 관련 애플리케이션을 기반으로 한 모바일 중개 시장의 성장과 함께 성황을 이루고 있다. 이 산업의 발전은 개인의 상품에 대한 선택의 폭을 넓히고 배송 방식도 다양하게 변화시켰으며, 그 결과 사회적, 경제적 측면뿐만 아니라 개인 또는 가정의 소비 패턴이나 삶의 양식까지 변화를 시키고 있다. 이 문항에서는 배달 서비스에 대한 관점을 중심으로 4차 산업 혁명이 우리 사회에 미치는 영향, 한 산업의 성장이 다른 산업에 끼치는 영향, 그리고 사회의 변화가 개인과 가정에 미치는 영향과 그 요인들을 분석할 수 있는지, 그리고 이와 관련하여 타당하고 합리적이며 실천 가능한 문제해결방안을 제시할 수 있는지 평가하고자 하였다.

☑ 문항 해설

- 4차 산업 혁명 시대에 우리 생활의 변화의 양상과 애플리케이션을 기반으로 한 모바일 중개 시장의 성장이 개인의 삶과 사회 전반에 미치는 다양한 영향을 유추하고 분석할 수 있다.
- 배송·배달 서비스의 사용이 개인, 가정, 사회에 끼친 긍정적 효과를 다양한 측면에서 유추하고 분석할 수 있다.

- 배송·배달 서비스의 확산으로 발생하는 문제점을 사회적 측면, 경제적 측면 그리고 환경적 측면 등 다양한 관점에서 분석하여 제시할 수 있다.
- 문제의 핵심을 정확히 파악하고 해결가능성이 높은 문제해결 방안을 문제점과 논리적으로 연관지어 제시할 수 있다.

☑ 채점 기준
- 긍정적 효과를 사회적, 경제적 측면 등에서 다양하고 고르게 제안하는지를 평가한다.
- 문제점과 해결 방안을 제시하는 과정에서 서비스 종사자의 노동 문제, 쓰레기 증가 등의 환경문제, 소비자의 안전 등의 다양한 측면을 제안하고 있는지를 평가한다.
- 문제점과 해결 방안을 논리적으로 연결하여 제시하는지를 평가한다.
- 평가 시 채점자의 개인적 의견이 반영되지 않도록 한다.

☑ 예시 답안
[긍정적 효과]
- 배송·배달 관련 산업에서 새로운 일자리(예: 배송 인력 등) 창출
- 배달 앱 등 제4차 산업혁명과 관련한 산업(예: 모바일 결제 서비스 등) 성장의 기틀 마련
- 관련 스타트업 기업 (청년) 창업 기회 증가
- 물류 산업, 포장 산업 등 관련 전통 산업 성장
- 온라인을 통한 국내 상품의 외국 판매 및 외국 상품의 국내 구매 용이
- 배송·배달 서비스의 증가로 개인의 상품에 대한 온라인 선택권 증가
- 신선식품 같은 배송이나 배달이 어려운 상품의 이용 편의 제공
- 언제 어디서든 필요할 때 즉시에 상품 구매 용이
- 배달 앱에 나타난 상품에 대한 소비자 비평, 상품 평가 등 상품 선택에 대한 풍부한 정보 제공 가능
- 직접 판매처에 가서 상품을 구매하기 어려운 사람들의 구매 용이
- 새로운 상품이나 서비스 판매처 정보를 구하기 용이함
- 1인 가구에게 편리함과 경제적 이익을 줄 수 있음

☑ 문제점
- 배송·배달 대행 서비스를 하는 사람들의 노동 안전 등에서 위험 요소(예: 야간 배달, 빠른 배달 요구 등) 발생
- 음식 배달 대행 서비스를 주로 하는 청소년의 노동권 침해 가능성 증가

- 무자격 무면허 배달 서비스 종사자로 인한 사회적 위험 증가
- 배달 서비스 이용을 위해 입력한 개인 정보의 공개 또는 노출로 인해 다양한 범죄 발생 가능성 증가
- 배달 과정에서 배달료, 수수료를 더 내야 하는 경제적 부담의 문제 발생
- 오프라인 시장에 불황이 생겨서 전체적 경제 활력을 잃게 됨
- 상품 판매자와 배달 서비스 제공자 간의 상품 관련 갈등
- 노인 등 앱 정보 이용이 어려운 사람들의 경우에 이용에 제한이 있음
- 배송·배달 대행 서비스 과정에서 상품 훼손(예: 물품 파손, 음식 빼먹기 등)으로 인한 갈등 발생
- 배달을 위한 포장 등에서 쓰레기 발생량 증가로 인한 환경문제 발생
- 상품의 배송·배달을 위한 차량 이동으로 인한 이산화탄소 발생, 미세먼지 발생

☑ 해결방안

□ 해결방안
- 배송·배달 대행 서비스 종사자 안전을 위한 사전 교육, 관련 법률 정비
- 배달 대행 서비스 종사자의 적정 노동 시간 확보 등 노동권 보장을 위한 관련 제도 정비
- (야간) 배송·배달 대행 서비스 종사자의 건강 및 여가를 위한 지원 방안(예: 일정기간 수입을 정부가 대체해 주어 건강관리나 여가를 누릴 수 있게 하는 것 등)
- 배달 대행 서비스 노동자(비정규직 등)의 불안한 고용 지위 개선을 위한 해결 방안 모색
- 배달 대행 서비스 종사자의 성범죄 이력 등을 고려한 고용 기준 마련
- 배송·배달 서비스 종사자에 대한 평가제도 도입 및 강화
- 서비스 이용자의 정보보호를 위한 법제도와 시스템 구축
- 배송·배달 비용 절감을 위한 최적화 시스템 구축
- 배송·배달 노동에 대한 비용 지불이 당연하다는 사회 인식 마련
- 소규모 오프라인 판매처(소규모 가게, 전통시장 등)를 위한 지원방안
- 소규모 오프라인 판매처(소규모 가게, 전통시장 등)의 온라인 배송·배달 판매를 위한 지원
- 배송·배달 상품의 포장을 최소화하는 방안 및 관련 제재 방안 마련
- 친환경적 측면의 상품 포장재와 박스 재질 등으로 개선책 마련
- 재활용 가능한 배송·배달 박스 등 사용 강화
- 배송·배달을 위한 친환경적 교통수단 활용 강조

2020학년도 수시모집 면접고사 문제(고른기회전형)

※ 다음 제시문을 읽고 물음에 답하시오.

최근 우리 사회에서 '인싸', '아싸'라는 말이 유행하고 있다. 이는 영어 단어인 '인사이더 (insider)', '아웃사이더(outsider)'를 한국식으로 변화시킨 신조어이다. 일반적으로 '인싸'는 '조직이나 무리 안에서 잘 어울리는 사람'을, '아싸'는 '무리에 어울리지 못하거나 또는 혼자 지 내고자 하는 사람'을 뜻한다. '인싸'와 '아싸' 모두 인간관계에서 발생하는 다양한 현상과 감정 등을 담고 있는 말이다. 누구는 '인싸'로 행동하면서 만족감을 느낄 것이고, 누구는 '아싸'이어서 편안함을 느낄 수 있다. 그러나 '인싸'이든, '아싸'이든 인간관계에 대한 여러 가지 고민이 있을 수 있다. 그래서 "'인싸'가 좋은가, '아싸'가 좋은가?"와 같은 질문을 하기도 하는데, 이에는 균 형 잡힌 조언이 필요하다.

질문 1 '인싸'가 가질 수 있는 고민 세 가지와 '아싸'가 가질 수 있는 고민 세 가지를 제시 하고, 이러한 인간관계의 문제로 고민하는 청소년을 상담하면서 줄 수 있는 조언 세 가지를 제안하시오.

☑ 출제의도

최근 등장한 '인싸', '아싸'라는 용어는 인간관계를 중요시하는 직장인이나 유행에 민감 한 대학생들뿐만 아니라, 어린 초등학생들 사이에서도 빈번히 사용되고 있다. 이는 '인 싸', '아싸'라는 용어가 단순히 재미있는 축약어의 의미를 넘어서, 현재 우리 사회의 모 습을 반영하는 문화현상으로 해석될 필요가 있다는 것을 뜻한다. 이러한 점들을 고려 하여 본 문항에서는 수험생들과 비슷한 또래의 청소년들이 실제로 겪는 고민을 소재로 삼아, '인싸', '아싸'라는 용어에 함의된 복합적인 인간관계를 이해하는 능력을 평가하 고, 그러한 이해를 바탕으로 자기 자신의 삶의 태도에 대해 성찰하고 폭넓은 사회문화 적 시각에서 합리적인 자세를 제안하는 역량을 살펴보고자 하였다. 이와 같은 능력과 역량은 장차 초등학교 교원이 되고자 하는 수험생들의 종합적인 사고 능력을 평가하는 데 적합하다고 판단된다.

☑ 문항 해설

- '인싸'와 '아싸' 문화의 특성과 장단점에 대해 이해한다.
- '인싸'와 '아싸' 문화가 자신을 둘러싼 가족, 친구 등 다양한 인간관계 및 상호 작용과 연관되어 있음을 이해한다.
- '인싸'와 '아싸' 모두 나름대로의 고민이 있음을 이해한다.
- '인싸'와 '아싸'의 인간 관계에 대한 고민의 해결방안으로 영향 요인과 연계하여 사회적 관계 속에서의 인간 존중, 공동체의 삶, 행복과 자아실현 등의 측면을 고려한 구체적이고 실천 가능한 방안을 제시할 수 있다.

☑ 채점 기준

- 학생들이 제시하는 용어 중, 신조어에 대해서는 질문을 통해 의미를 확인할 수 있다.
- 청소년의 일반적인 고민이 아닌, '인싸', '아싸'와 관련된 인간관계에 대한 고민과 조언을 제안하는지 평가한다.
- 고민을 다양한 측면에서 분석하고, 종합적이고 적절한 조언을 제안하는지 평가한다.
- 채점자의 개인적 의견이 반영되지 않도록 한다.

☑ 예시 답안

□ '인싸'가 가질 수 있는 고민
- '인싸'로 남기 위해 지속적으로 요구되는 과도한 시간, 비용, 노력 (예: 지나친 유행 따라하기, '인싸템' 구입 등)
- 나만의 시간과 행복을 포기해야 하는 경우가 많음
- 지나친 관계 맺기로 인한 피로감 (예: 여러 사람의 의견을 따르기, '인싸라면~'과 같은 기대에 부응하기, 특별한 사정이 없는 한 친구의 부탁을 들어주어야 함 등)
- SNS 등에서 관심을 많이 받고, 이를 유지하기 위한 노력의 어려움
- 자신 있는 척하면서 자기가 얼마나 힘든지는 말하지 못하는 어려움
- 무리 속에서 갑자기 느끼는 고독감과 일을 마친 후에 밀려드는 공허함

□ '아싸'가 가질 수 있는 고민
- 스스로 느끼는 외롭고 쓸쓸한 감정
- '당당한 척하기'에서 오는 과도한 부담감
- 고민이 있거나 어려움에 처했을 때, 즉각적인 도움을 줄 친구를 찾기 어려움
- 외롭고 쓸쓸하다고 오해하는 주변의 시선에 대한 부담감 (예: '왕따'가 아닌데 주변에서 '왕따'로 바라보는 시선 등)
- '인싸'에게 유리하게 보이는 사회에 대한 불만과 부적응

- '인싸'가 되고 싶으나 '인싸'가 되지 못하는 현실에 대한 절망감
- 협업 활동의 어려움 (예: 단체 활동에서의 배제나 소외, 행사나 모임에 초대 받지 못함 등)

☐ 청소년을 상담하면서 줄 수 있는 조언
[자기 성찰적 조언]
- 남의 평판이나 사회적 기준에 과도하게 신경 쓰지 말고, 행복의 기준을 자기 자신에게 두어라.
- 자신을 꾸미지 않고 그대로 나타내는 삶이 더 아름다울 수 있으므로, 스스로 결정하고 당당하게 행동하라.
- '인싸', '아싸'는 성향 또는 취향의 차이일 뿐이다. 그러므로 자신의 선택이 중요하다.
- 자신의 삶 자체가 소중하므로 '인싸'이든 '아싸'이든 있는 그대로의 너를 사랑하라.
- 인간관계는 계속 변하기 마련이므로 현재의 '인싸', '아싸'의 구분에 집착하기보다 '나는 어떻게 살 것인가'를 끊임없이 고민하라.

[사회·문화적 시각에서의 조언]
- '인싸'와 '아싸'는 동전의 양면이다. 때로는 '인싸'로, 때로는 '아싸'로 행동하는 것도 필요하다.
- 좋은 인간관계는 상황에 따라 달라질 수 있다. 따라서 항상 '인싸'나 '아싸'가 좋거나 나쁘다고 말할 수 없다.
- 사람을 '인싸' 또는 '아싸'로 규정하는 것은 이분법적인 구별 짓기이다. 자신을 포함한 모든 사람을 총체적으로 이해하도록 노력하라.
- '인싸' 문화의 이면에 있는 상업적·정치적·경제적 속성에 대해 비판적으로 사고하라.
- '아싸'를 지나치게 옹호하여 과도한 개인주의로 흘러가는 것을 주의하라.

2018학년도 수시모집 면접고사 문제(교직적성잠재능력우수자전형 집단면접 A형)

최근 우리 사회에서는 인종, 성별, 국적, 종교 등의 특정 집단을 대상으로 증오심을 가지고 무차별적으로 막말을 하거나 폭력을 가하는 행동을 하는 등의 혐오 현상이 사회 문제로 대두되고 있다. 이러한 혐오 현상은 자신이 싫어하는 행동을 하는 집단을 '맘충', '급식충'과 같이 벌레에 빗대어 표현하면서 비하하는 양상으로 일상에서도 쉽게 발견된다. 게다가 단지 여자라는 이유만으로 살인한 사건이나 이주민이라는 이유만으로 폭행한 사건과 같이, 특정 집단을 향해 물리적인 폭력을 행사하는 '혐오 범죄'로도 나타난다.

질문 1 혐오 현상이 왜 사회적으로 문제가 되는지를 세 가지 제시하시오. 그리고 혐오 현상을 해결하기 위한 구체적인 방안을 세 가지 이상 제안해 보시오.

☑ 출제 의도

2016년에 발생한 강남역 여성 살해 사건으로 인해 특정 집단을 상대로 한 혐오 범죄가 기승을 부릴 것으로 우려하는 목소리가 이어지고 있다(연합뉴스TV 2016년 5월 17일 보도 참고). 이에 따라 혐오 현상이 특정 개인의 일탈이라기보다 사회구조적 차원에서 접근할 문제라는 인식이 커지고 있다. 혐오 현상은 특정 집단에 무차별적으로 언어적·물리적 폭력을 가하는 수준에 국한되지 않고 자신이 싫어하는 사람들을 향해 불만을 쏟아 내거나 혐오 범죄로 이어지는 등 다양한 사회적 문제를 야기할 수 있기 때문이다. 이 문항에서는 학생들이 혐오 현상을 사회적 문제로 인식하고 이를 바탕으로 합리적이고 창의적인 문제 해결 방안을 제안할 수 있는지를 평가하고자 하였다.

☑ 채점 기준

– '혐오 현상'을 특정 집단에 대한 근거 없는 증오심이라고 이해하는지 평가한다.
– '혐오 현상'이 사회적으로 문제가 되는 이유에 대한 논거의 타당성을 평가한다.
– '혐오 현상' 해결 방법을 개인의 의식 개선 측면이나 사회 문화와 제도 개선 측면에서 다양하게 제시하는지를 평가한다.
– '혐오 현상' 해결 방법의 구체성과 실현 가능성을 평가한다.

☑ 예시 답안

■ '혐오 현상'이 사회적으로 문제가 되는 이유

– 사회 집단을 이분법적으로 구분하여(편 가르기를 하여) 사회 갈등을 증폭시키기 때문에

– 개인의 막연한 감정 분출에 그치지 않고 집단 이데올로기로 변질될 수 있기 때문에

– 사이버상에서 익명으로 공격하는 경우에 피해자 집단이 직접적으로 법적 대응을 하기 어렵기 때문에

– 사회 소수자나 사회적 약자를 대상으로 하는 경우가 많아서 이들이 겪는 사회적 차별이나 고통을 가중시키기 때문에

– 일회성이 아니라 지속적인 공격이어서 그에 따른 피해자 집단의 후유증이나 고통이 오래가기 때문에

– 인격을 폄하하는 등 보편 가치를 훼손하는 것 자체가 반사회적 행위이기 때문에

– 물리적 폭력으로 비화되는 경우에는 범죄로 이어지기 때문에

– 실재하지 않는 것을 혐오함으로써 그런 현상이 실재하는 것처럼 여길 수 있기 때문에

– 폭력적인 표현이나 비속어 등이 유포되어 언어문화를 피폐하게 만들 수 있기 때문에

– 사회구조적인 문제에 대한 분노를 특정 집단에게 전이시켜 문제의 정확한 진단과 처방을 방해할 수 있기 때문에

■ '혐오 현상' 해결을 위한 방법

[개인의 의식 개선 측면에 초점을 둔 방법]

– 혐오 대상자 되어 보기(역지사지 체험) 교육

– 사회문화적 다양성 가치의 중요성에 대한 의식 개선 교육

– 사회적 약자에 대한 배려 교육

– 혐오 상황에 대한 묵시적 동조자를 대상으로 하는 의식 교육

– 혐오 가해자를 대상으로 하는 교정 또는 치료

[사회 문화와 제도 개선 측면에 초점을 둔 방법]

– 혐오 발언이나 특정 집단 차별을 금지하는 법 제정하기

– 인터넷이나 블로그 등에 혐오 표현을 금지어로 지정하여 제재하기

– 혐오 현상에 대한 시민단체 등의 감시 활동하기

– 혐오 현상이나 범죄에 대한 통계나 사례에 관한 백서 발간을 통한 문제점 공유 및 홍보하기

– 혐오 가해자 신고 포상제도 도입하기

– 혐오 피해자 보호를 위한 제도적 장치 마련하기

– 혐오 현상의 문제점에 대한 다양한 캠페인 전개하기

2018학년도 수시모집 면접고사 문제(교직적성잠재능력우수자전형 집단면접 B형)

최근 우리 사회에서 노인 세대와 청년 세대 중 다수가 삶에서 다양한 어려움을 겪고 있다. 이와 함께 노인 세대와 청년 세대 상호 간 소통 부재로 인해 세대 간 단절 문제가 대두되면서 두 세대가 상생하면서 공감할 수 있는 해결책 모색이 필요해졌다. 이에 일부 지방자치단체에서는 세대 간 나눔과 공감의 가치를 접목하는 관점에서, 1인 가구인 노인과 주거가 필요한 청년이 함께 사는 '주거 공유 사업'을 지원하고 있다. 1인 노인 가구의 빈방에 청년이 입주할 경우 입주비를 50% 지원해 주는 '한 지붕 세대공감 프로젝트'가 대표적인 예이다.

질문 1 '주거 공유 사업'을 통해 노인 세대와 청년 세대가 누리게 되는 혜택을 각각 두 가지씩 제시하시오. 그리고 세대 간 나눔과 공감의 가치를 접목할 수 있는 또 다른 새로운 방안 두 가지를 구체적으로 제안해 보시오(단, '독거노인 도시락 봉사'와 같은 일방적인 봉사 활동은 제외).

최근 청년 세대는 심각한 취업난으로 생활비 부족 및 주거 불안과 같은 어려움을 겪는 한편, 노인 세대는 경제적 어려움과 정서적 어려움을 겪고 있다. 일부 지방자치단체를 중심으로 위의 문제를 한꺼번에 해결하고 두 세대가 함께 소통할 수 있는 주거 공유 사업이 추진되고 있다. 예를 들면 서울시에서 추진하고 있는 '한 지붕 세대공감 프로젝트' 사업은 주거 공간 여유가 있는 노인과 주거공간이 필요한 청년을 연결하여 서로가 혜택을 누리도록 제안된 것이다. 이에 따라 실제로 노인 세대는 사회적 고립감 해소와 노후 자금 확보를, 청년 세대는 주거 문제를 동시에 해결할 것으로 평가받고 있다. 이 문항에서는 이와 같은 사업을 통해 노인 세대와 청년 세대가 각각 누릴 수 있는 혜택을 다양하게 파악하도록 하고 이를 바탕으로 세대 간 나눔과 공간의 가치를 실현할 수 있는 새로운 방안을 제안할 수 있는지를 평가하고자 하였다.

☑ 채점 기준

- 제시된 사업에서 '노인 세대와 청년 세대가 누리게 되는 혜택'으로 제시하는 내용의 타당성을 평가한다.
- '또 다른 새로운 방안'에서 세대 간 나눔과 공감의 가치를 접목시켜 서로에게 도움이 되는 사업인지 평가한다.
- '또 다른 새로운 방안'의 타당성, 구체성, 실현 가능성을 평가한다.

🐰 예시 답안

■ '주거 공유 사업'을 통해 노인 세대와 청년 세대가 누리게 되는 혜택

[노인 세대의 경우]

– 남은 공간을 임대하여 소득 등 경제적 혜택을 누릴 수 있다.

– 혼자 거주하는 것에서 오는 불안을 줄이고 사회적 안전망 속에 들어갈 수 있다(위기나 위험 상황에서 도움을 줄 존재가 있어서 안심이 된다).

– 혼자 살면서 느끼는 고독감이나 외로움을 줄일 수 있다(말벗이 생긴다).

– 청년 세대를 돌봐 주면서 자신의 사회적 존재 가치를 확인할 수 있다.

– 젊은 세대의 문화나 가치에 대한 공감 능력이 높아진다.

[청년 세대의 경우]

– 주거비용이 저렴하여 경제적으로 이익이 된다.

– 안정적인 주거지를 확보할 수 있다.

– 혼자 살면서 느끼는 외로움을 줄일 수 있다.

– 노인 세대와 같이 살면서 삶의 활력과 적당한 긴장감을 가질 수 있다(혼자 살 때의 나태함이나 게으름에서 벗어날 수 있다).

– 노인 세대를 돌봐 드리는 과정에서 이기주의나 지나친 개인주의적 성향에서 벗어날 수 있다.

– 노인 세대로부터 인생에 대한 경험을 간접적으로 배워서 삶에 대한 식견을 넓힐 수 있다.

■ 세대 간 나눔과 공감의 가치를 접목할 수 있는 또 다른 새로운 방안

[세대 공감 걷기 1박 2일 여행 사업]

– 프로그램 소개: 지방자치단체의 관광지를 청년 1인과 노인이 결연을 맺어 1박 2일로 여행할 때 여행비를 지원하는 프로그램임

– 혜택: 여행비용을 아끼고, 서로 간 돌봄이 가능하며, 여행지에서 대화를 통해 세대 간 공감을 할 수 있음

[청년 노인 세대 간 벤처사업 운영 지원 사업]

– 프로그램 소개 청년 세대가 아이디어를 낸 벤처 등의 사업 운영에 은퇴 노인들이 자문을 하거나, 노인 세대가 낸 아이디어 사업에 청년들이 참여하여 사업을 실행하는 프로그램

– 혜택: 노인 세대와 청년 세대의 아이디어와 경험을 결합할 수 있고, 일자리도 창출할 수 있음

[청년 취업 준비생에게 해당 분야 은퇴 노인의 컨설팅 사업]
- 프로그램 소개: 은퇴자가 자신의 전문 지식을 젊은 세대에게 직접 알려 주는 멘토-멘티 연계 프로그램임
- 혜택: 노인 은퇴자의 경우 자신의 전문 지식을 사회적으로 활용할 수 있고, 청년 세대는 취업 준비에 도움을 받을 수 있음

[노인 세대가 가진 기술, 요리, 한옥 짓기 등 승계 및 홍보 활동 사업]
- 프로그램 소개: 노인 세대는 다양한 기술을 청년층에게 가르치고 전수하며 청년 세대는 노인 세대의 기술을 영상으로 제작하여 유튜브 등에 홍보하는 프로그램임
- 혜택: 노인들은 자신의 기술을 전수하고 홍보도 할 수 있으며, 청년은 사라지는 기술을 전수받을 수 있음

2017학년도 수시모집 면접고사 문제(고른기회 입학전형)

2015년을 기준으로 1인 가구는 우리나라에서 가장 높은 비율을 차지하고 있는 가구 유형으로 그 비율은 27.2%에 달하며 이는 앞으로도 더 증가될 것으로 예상된다. 이러한 1인 가구의 증가는 젊은 세대의 결혼관 변화로 인한 만혼 및 비혼의 확산, 가족 해체에 따른 독신층 증가, 고령화로 인한 독거노인 증가 등에 기인하며, 세계 여러 나라에서 나타나고 있는 사회적 현상이다. 일각에서는 1인 가구가 겪고 있는 사회·경제적 어려움에 초점을 두어 이들을 위한 정책적 지원의 필요성을 주장하고 있다. 반면 다른 입장에서는 1인 가구의 확산이 불러올 여러 가지 문제에 대하여 우려를 표시하며 이러한 정책적 지원에 부정적이다.

질문 1 1인 가구를 위한 지원이 필요하다는 주장과 그 반대 주장에 관한 근거를 각각 두 가지씩 제시하고, 1인 가구에 관한 정책을 두 가지 이상 제안해 보시오.

☑ 출제 의도

1인 가구의 증가에 따라 혼밥, 혼술 등 새로운 용어들이 생겨나고 있다. 이러한 1인 가구는 특정 세대에 한정되는 것이 아니라, 20대부터 70대 이상까지 전 세대에 걸쳐 고르게 분포되고 있는 것이 특징이다. 최근 '서울시 사회적 가족 도시 구현을 위한 1인 가구 지원 기본

조례안'이 통과되는 등, 1인 가구를 위한 정책적 지원에 대한 관심이 제고되고 있다. 이와는 반대로, 국가적 과제인 출산율 제고를 위해 1인 가구에 대해 오히려 세금을 더 부과해야 한다는 목소리도 있었다(동아일보, 2014년 11월 12일 기사). 이 문항은 학생들이 1인 가구를 위한 정책적 지원에 관한 찬·반 입장을 생각해 보고, 이를 바탕으로 합리적이고 창의적인 정책을 제안할 수 있는지를 평가하고자 하였다.

☑ 채점 기준

- 1인 가구에 대한 지원이 필요하다는 주장과 그 반대 주장에 대한 논거가 구체적인지를 평가한다.
- 학생들이 제시하는 정책을 평가할 때에는 합리성, 실현 가능성, 창의성에 초점을 둔다.
- 학생들이 제안하는 정책은 1인 가구 지원에 관한 정책도 가능하고, 이에 반대되는 정책도 가능하다. 평가 시 채점관의 개인적 의견이 반영되지 않도록 주의한다.

☑ 예시 답안

■ 1인 가구를 위한 지원이 필요하다는 주장에 대한 근거

- 1인 가구가 겪는 심리적 문제(예: 외로움)가 심각하므로 이들을 위한 지원이 필요하다.
- 1인 가구 중 일부(예: 독거노인)가 겪고 있는 경제적 빈곤 문제, 주거 문제, 건강 문제가 심각하므로 이들을 위한 지원이 필요하다.
- 1인 가구 중 청년들이 겪고 있는 일자리 문제가 심각하므로 이들을 위한 지원이 필요하다.
- 1인 가구의 규모에 비해 정책적 관심이 상대적으로 적었기 때문에 지금부터라도 그들을 위한 지원이 확대될 필요가 있다.
- 1인 가구가 내는 실질적 세금 비율은 타 가구 유형에 비해 상대적으로 높은 편이기 때문에, 이들을 위한 지원이 필요하다.

■ 1인 가구를 위한 지원에 반대하는 입장에 대한 근거

- 1인 가구의 확산이 출산율 감소로 이어지기 때문에 1인 가구를 지원하는 일은 오히려 출산율을 떨어뜨리는 정책이 될 수 있다.
- 1인 가구 중 개인적 선택으로 1인 가구가 된 사람들까지 국가가 정책적으로 지원할 필요는 없다.
- 1인 가구는 다른 유형의 가구에 비해 소비 정도가 적기 때문에 경제적으로 여유로울 가능성이 높다. 따라서 국가가 이들을 위한 복지에 많이 신경 쓸 필요는 없다.
- 전통적 개념의 가족(즉, 부부와 그들의 자녀로 구성)은 그 자체로 소중하고 지켜야 할 가치에 해당한다. 국가가 1인 가구를 적극적으로 지원할 경우 가족의 가치가 흔들릴 수 있다.

– 1인 가구에 대한 정책적 지원은 개인주의와 소외현상의 심화를 불러올 수 있다.

■ 1인 가구에 관한 정책
– 1인 가구 중 경제적 취약계층을 중심으로 주거 복지, 일자리 복지 등을 제공한다.
– 1인 가구의 심리적 문제(예: 외로움) 해결방안으로 1인 가구를 위한 생활 공동체를 마련한다.
– 1인 가구의 실질적 세금 비율이 높기 때문에 이들을 위한 세제 혜택이 필요하다.
– 자발적 1인 가구 확산이 가속화되는 것을 방지하기 위해, 1인 가구에 대한 세금(예: 싱글세) 부과를 검토한다.
– 자발적 1인 가구 확산이 가속화되는 것을 방지하기 위해, 전통적 개념의 가족의 중요성을 일깨우는 홍보를 한다.

2017학년도 수시모집 면접고사 문제(일반학생전형)

한 교육기관의 조사에 따르면, 우리나라 초등학생의 절반 이상이 자격증 취득 시험에 응시한 경험이 있고, 학부모 10명 중 8명은 초등학생 자녀에게 자격증 준비를 시킬 계획을 갖고 있다고 한다. 응시 경험이 있는 초등학생의 절반 정도가 2개 이상의 자격증을 준비하였으며, 가장 각광받는 자격증은 한자, 컴퓨터, 한국사, 외국어 등인 것으로 나타났다. 한편, 요리사가 되겠다는 꿈을 가지고 한식과 양식 기능사 자격증을 취득한 초등학생이나, 전문 미용사 자격증을 취득하여 최연소 미용사가 된 초등학교 5학년 학생도 있다고 한다. 이러한 초등학생의 자격증 취득에 대해 찬성하는 입장과 반대하는 입장이 있다.

질문 1 초등학생의 자격증 취득에 대한 찬반 양측의 논거를 각각 세 가지씩 들고, 초등학생의 자격증 취득과 관련하여 교육적으로 고려해야 할 사항에 대해 말하시오.

☑ 출제 의도
최근에 교육적 문제로 대두된 초등학교 학생의 자격증 취득과 관련하여 이에 대한 찬성과 반대 의견에 대한 논거를 논리적으로 제시할 수 있는지 파악하기 위한 문항이다. 또한 초등학생 자격증 취득과 관련 교육적으로 고려해야 할 사항을 제시하도록 하여 타당하고 실현 가능한 방안을 제시하는지 평가하고자 하였다.

☑ 채점기준

– 지문을 정확하게 이해하고 논점을 명확하게 파악하는가?

– 찬성과 반대 입장을 뒷받침하는 논거를 세 가지씩 명확하게 제시하는가?

– 제시한 논거가 논리적으로 타당하고 합리적인가?

– 교육적 고려 사항이 타당하고 실현 가능한가?

☑ 예시답안

[찬성의 논거]

• 학생이 원하는 분야에 대한 조기교육이 가능하다.

• 자신의 적성을 파악하고 계발할 수 있다.

• 자신의 적성과 흥미를 탐색하여 이른 시기에 진로를 찾을 수 있다.

• 자신의 수준에 맞는 자격증 취득으로 성취감과 자신감을 느낄 수 있다.

• 자격증 취득을 준비하면서 명확한 학습 목표가 생기고, 이를 성취하고자 하는 동기가 부여된다.

• 학교 교과 이외의 분야에 대해 파악하고 공부할 수 있는 기회를 가질 수 있다.

• 자격증 취득을 준비하면서 학교 밖에서의 삶을 체험할 수 있다.

[반대의 논거]

• 너무 이른 시기부터 스펙 쌓기에 매몰될 수 있다.

• 사회경제적 수준에 따라 자격증 취득 기회에 불평등이 발생할 수 있다.

• 자격증 취득을 위하여 사교육 의존도가 높아질 수 있다.

• 자격증 취득 준비로 인해 학생의 학습 부담이 과도하게 증가할 수 있다.

• 현재 선호되는 자격증이 주로 대학 진학에 집중되어 다양한 분야의 적성을 파악하는 데 한계가 있다.

• 자격증 취득에 실패할 경우 학생들이 일찍부터 좌절감을 가질 수 있다.

[교육적 고려 사항]

• 단지 스펙 쌓기에 그치지 않도록 학생들이 자격증 취득의 이유와 목적을 분명하게 인식할 수 있어야 한다.

• 자격증 취득을 통해 실질적이고 다양한 경험이 가능해야 한다.

• 부모의 강요가 아닌 학생 스스로 원하는 자격증을 취득할 수 있도록 학생에게 선택권이 주어져야 한다(예: 부모교육, 부모와의 면담 강화, 자격증 종류에 대한 안내 등).

• 가정의 사회경제적 수준에 상관없이 원하는 학생에게 자격증 취득을 위한 균등한 기회가

주어져야 한다(예: 바우처 제도).

- 자격증 취득을 통해 자신이 파악한 적성을 체계적으로 발전시킬 수 있도록 진로 지도와 연계해야 한다.

2017학년도 수시모집 면접고사 문제(일반학생전형)

최근 영국의 모 잡지에 다음과 같은 기사가 소개되었다. 2050년이면 인간의 의식을 슈퍼컴퓨터로 다운받아 저장할 수 있으며, 2075~2080년까지는 이 기술이 널리 보급돼 누구나 이용할 수 있을 것이라는 내용이다. 이렇게 된다면 인간에게 죽음이란 문제가 되지 않는다. 사람들은 마음에 드는 인공의 육체를 선택한 다음, 의식을 옮겨 가면서 영원히 살 수 있기 때문이다.

질문 1 이와 같은 과학 기술을 통한 영원한 삶의 추구에 대해 찬성하는 입장과 반대하는 입장이 있을 수 있다. 영원한 삶의 추구에 대한 찬반 양측의 논거를 각각 세 가지씩 들고, 이를 바탕으로 학생 본인의 입장을 정한 다음, 반대 입장을 반박하기 위한 질문을 세 가지 만드시오.

☑ 출제 의도

인간은 누구나 영원한 삶에 대한 열망을 가지고 있다. 미래에 다가올 인공지능 시대에 일어날 수 있는 혜택 및 위험성을 정확하게 알고, 이를 토대로 인간의 존엄성을 확인하기 위한 문항이다. 특히, 인간과 로봇의 상호보완적인 역할이 가능한지를 재조명하고, 과학기술을 통한 인위적인 삶의 연장에 대한 창의적인 문제를 해결할 수 있는지를 평가하고자 하였다.

☑ 채점기준

- 지문을 정확하게 이해하고 논점을 명확하게 파악하는가?
- 찬성과 반대 입장을 뒷받침하는 논거를 세 가지씩 명확하게 제시하는가?
- 제시한 논거가 논리적으로 타당하고 합리적인가?
- 질문이 상대 입장을 반박하는 데 효과적인가?

☑️ 예시답안

[찬성의 논거]

- 인간은 누구나 영원한 삶, 장수에 대한 열망을 가지고 있다.
- 육체는 바뀌어도 자신의 의식을 가지고 있으므로 자신의 삶을 계속 영위할 수 있다.
- 죽음에 대한 두려움으로부터 자유로워질 수 있다.
- 현재 사회적으로 큰 문제가 되는 치매와 같은 정신적인 문제를 정상적일 때의 의식을 다운로드함으로써 해결할 수 있다.
- 시간에 구애받지 않고 자신이 원하는 다양한 삶을 영위할 수 있다.

[반대의 논거]

- 자기 자신에 대한 정체성 갈등이 있을 수 있다.
- 의식의 다운로드 등의 과정에서 바이러스 감염이나 버그의 발생으로 인해 부작용이 있을 수 있다.
- 자연의 법칙을 거스를 때 예기치 않은 여러 문제가 발생할 수 있다.
- 인공 육체에 인간 의식을 넣었다고 인간이라고 볼 수 없다.
- 돈이나 권력 유무에 따라 영원한 삶의 기회가 달라질 수 있다.

[찬성자에게 할 수 있는 질문]

- 과거의 기억을 가지고 있다고 반드시 같은 사람이라고 생각할 수 있는가?
- 자연의 법칙을 거스를 때 생길 수 있는 문제점은 없는가?
- 수명 연장으로 인해 인구 과밀 현상이 일어날 수 있는데, 이에 대한 해결책은 무엇인가?
- 영원한 삶을 사는 데 필요한 경제적 부담은 어떻게 해결할 수 있는가?

[반대자에게 할 수 있는 질문]

- 인간은 누구나 오래 살고 싶어 하지 않는가?
- 불치나 난치병 환자의 경우 삶의 질 향상에 도움이 되지 않을까?
- 사람들이 병원에 가는 이유는 더 이상 아프거나 불편을 느끼지 않기 위함인데 육체의 대체로 이를 해결할 수 있지 않은가?
- 치매와 같은 문제의 해결을 정상인 상태일 때의 의식 다운로드를 통해 해결할 수 있지 않은가?

2017학년도 수시모집 면접고사 문제(교직적성잠재능력우수자전형)

최근 4차 산업혁명에 대한 관심이 전 세계적으로 확산되고 있다. 4차 산업혁명이란 디지털 세계와 물리적 영역이 통합된 가상물리 시스템을 구축·활용하는 기술 융합 혁명을 일컫는데, 이를 이끌 대표적인 기술로는 인공지능, 클라우드(가상저장공간), 로봇공학, 사물인터넷(IoT), 자율차량, 빅데이터 등이 거론된다. 올해 초 열린 세계경제포럼(World Economic Forum)에서는 4차 산업혁명으로 인해 "올해 초등학교에 입학하는 어린이들의 약 65%는 지금의 세계에는 존재하지 않는 직업을 갖게 될 것이다"라고 발표하였다.

질문 1 4차 산업혁명의 도래로 인해 현재 직업 중 사라지거나 축소될 가능성이 높은 직업과 새롭게 만들어지거나 확대될 가능성이 높은 직업을 세 가지씩 들고 각각 그 이유를 제시하시오. 이를 고려하여 4차 산업혁명 시대에 적합한 인재를 양성하기 위해 학교교육이 어떻게 변화해야 하는지 설명하시오.

☑ 출제 의도

4차 산업혁명을 이끌어 낼 기술발전을 이해하고, 이러한 기술발전이 사회에 어떤 영향을 미칠 것인지를 직업변화 예측을 통해 적용해 보기 위한 문항이다. 특히, 4차 산업혁명 시대에 요구되는 인재를 양성하기 위해 현재의 교육체제의 혁신방향에 대해 집단적 논의를 통해 창의적인 해결안을 제시하는지를 평가하고자 하였다.

☑ 채점 기준

- 제시문의 의도 및 정보를 정확하게 파악하였는가?
- 4차 산업혁명이 가져올 사회구조적 변화와 이에 따른 직업의 변화를 분명하게 인지하고 있는가?
- 제시한 근거가 중복되고 있지 않은가?
- 제시한 근거와 해결 방안의 관계가 논리적인가?
- 학교교육의 변화의 모습이 구체적이고 그 방향이 타당한가?

☑ 예시 답안

■ 사라지거나 축소될 직업의 예와 이유
○ 직업의 예
- 사무행정직: 경리, 총무, 인사, 은행 창구직

- 제조생산직 및 건설작업 현장직
- 기타: 트럭 운전기사, 보험판촉원, 매장 계산원, 택배 우편업, 주식분석가, 여론조사원 등
○ 이유
- 단순하고 반복적인 업무(정해진 패턴대로 일하는 경우)들은 새로운 기술들이 대체할 수 있기 때문에 사무행정직 등은 사라질 것이다.
- 로봇공학의 발전으로 자동화, 무인화가 확대되면 제조생산직이 축소될 것이다.
- 로봇공학의 발전으로 부가가치가 낮고 위험한 직업인 건설작업 현장직이 사라질 것이다.
- 자율차량기술의 발전은 운전기사들의 직업에 위협을 줄 것이다.
- 인공지능의 발전으로 주식분석가가 줄어들 것이다.
- 빅데이터 기술의 발전으로 여론조사원이 사라질 것이다.

■ 새로 생겨나거나 확대될 직업의 예와 이유
○ 직업의 예
- 경영 및 재무직: 경영전략, 연구개발, 펀드매니저
- 컴퓨터 및 수학: IoT 비즈니스 개발자, IT보안 담당자, 인공지능전문가, 빅데이터 분석가, 가상현실전문가, 사물인터넷전문가
- 기타: 헬스케어 서비스, 공유경제컨설턴트, 로봇윤리학자, 착용로봇개발자, 드론운항관리사, 의료정보 분석사 등
○ 이유
- 새로운 기술을 개발하고 이를 활용하는 영역에서 새로운 직업이 생성될 가능성이 높다: IoT 비즈니스 개발자, 인공지능전문가, 빅데이터분석가, 가상현실전문가, 사물인터넷전문가의 경우
- 빅데이터의 활용가능성 확대에 따라 수집된 데이터를 분석하는 전문가의 역할이 커질 것이다.
- 기술발전으로 다양한 제품이 개발되면서 전문화된 세일즈 부문의 확대 가능성이 크다: 헬스케어 서비스
- 기술 발달에 따른 부작용 문제가 늘어나 IT보안 담당 등 정보기술 관련 직업이 확대될 것이다.

■ 학교교육의 변화
- 학교교육의 목표는 복잡한 문제를 해결하는 능력, 비판적 사고, 창의력, 사람관리, 협업 능력 등의 역량 강화로 삼아야 한다.
- 인문사회와 과학기술의 융합 교육이 제도화돼야 한다. 이런 맥락에서 과학, 기술, 공학,

예술, 수학, 즉 STEAM 교육이 강조되어야 한다.

– 지식전달, 암기 위주의 수업에서 창조적 문제 해결 능력 등의 역량을 기를 수 있는 수업 혁신이 필요하다. 협동적인 그룹 활동이 가능한 프로젝트 학습, 비판적 사고력과 자기주도학습능력을 키울 수 있는 교육기회가 많아져야 한다.

– 경직된 학교제도에서 학생맞춤형 교육제도로의 변화가 필요하다.

– AI, 빅데이터 등 첨단기술인력 양성을 위한 노력이 필요하다. 새로운 기술의 출현으로 새로운 직무 능력이 다양하게 요구되므로 전문 인력 양성을 서둘러야 한다.

– 새로운 기술을 지속해서 습득할 수 있는 사회적 장치로서 평생교육의 장려가 필요하다.

– 기술이 강조되는 사회이므로 인간의 가치를 존중하고 인간다운 삶의 실현을 우선시하는 교육을 더욱 강조해야 한다.

– 자신의 생각과 감정을 조절하며 타인과의 관계를 맺을 수 있는 사회성 함양, 정서 능력 함양 교육이 필요하다.

10
서울교대

면접 종류

수시모집: 개별면접

정시모집: 개별면접

※ 서울교대 면접 문항(2018학년도)

구분	면접 유형	면접 시기	문항 수
수시	사향인재추천전형 외 전형 면접	오전 면접	교직 교양 1문항(2문항 중 택 1) 교직 적성 1문항(하위 문항 2개)
		오후 면접	교직 교양 1문항(2문항 중 택 1) 교직 적성 1문항(하위 문항 2개)
	사향인재추천전형 면접	오전 (개별심층면접)	공통 4문항(수상, 동아리 활동, 독서활동, 봉사 활동별 각 1문항, 평가 위원 자유 질문)
		오후 (과제발표면접)	1문항
정시	심층면접	오전 면접	교직 교양 1문항 교직 적·인성 1문항(하위 문항 2개)
		오후 면접	교직 교양 1문항 교직 적·인성 1문항(하위 문항 2개)

● 수시모집

복수의 면접위원이 교직 인성, 교직 적성, 교직교양 분야의 심층 문답을 통해 종합평가함. 교직 인성, 교직 적성, 교직교양마다 1개씩 총 3개의 방에서 자료를 1분씩 읽고, 4~5분씩 자료에 대한 답변을 함.

구분	내용
평가내용	– 예비 교사로서의 인·적성, 소통과 융합하는 자세, 대학수학에 필요한 능력 등을 종합적으로 평가 – 학교장추천전형을 제외한 모든 전형은 학교생활기록부나 자기소개서의 내용에 대해 질문할 수 있음
사향인재추천전형을 제외한 모든 전형 면접방법	– 인·적성 중심의 구술 면접 – 수험생 1인이 다수(2인)의 면접관과 면접 진행 – 면접시간: 수험생 1인당 10분 내외
진행순서	① 대기실 → ② 면접준비(7분) → ③ 면접실(10분) → ④ 귀가

구분	내용
사향인재추천전형 면접방법	– 오전과 오후에 걸쳐서 진행 – 오전: 인·적성 중심의 구술 면접 – 오후: 제시문을 보고 발표자료를 작성(30분)한 후 발표면접 – 수험생 1인이 다수(3인)의 면접관과 면접 진행 – 면접시간: 수험생 1인당 10분 내외
진행순서	① 대기실 → ② 면접준비(7분) → ③ 면접실(10분) → ④ 귀가

● 정시모집

복수의 면접위원이 교직 인성, 교직 적성, 교직교양 분야의 심층 문답을 통해
종합평가함

구분	내용
평가내용	예비 교사로서의 인·적성, 소통과 융합하는 자세, 대학수학에 필요한 능력 등을 종합적으로 평가
면접방법	– 인·적성 중심의 구술 면접 – 수험생 1인이 다수(2인)의 면접관과 면접 진행 – 면접시간: 수험생 1인당 10분 내외
진행순서	① 대기실 → ② 면접준비(7분) → ③ 면접실(10분) → ④ 귀가

기출문제

2021학년도 수시모집 사향인재추천 전형 외 전형의 교직 교양 면접 (오전 문항)

※ 다음 자료를 보고, 각 질문에 답하시오.

(A) 다음은 두 가지 네트워크의 특징을 종형 분포와 멱함수 분포로 나타낸 것이다.

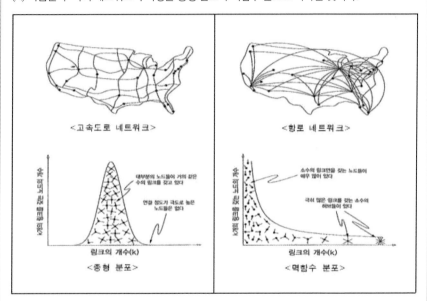

(B) 많은 사람들과 관계를 맺고 있는 사람을 흔히 '인싸(인사이더)'라고 한다. 인싸는 자신이 속한 집단의 모임에 적극 참여하며, 집단에서의 존재감과 호감도가 높다. 그래서 인싸를 중심으로 다양하고 새로운 관계가 형성되고 확대된다. 인싸들은 다른 집단으로 옮겨가도 그들의 특성과 영향력이 그대로 유지되는 경향이 있다.

질문 1 (A)에서 제시된 두 가지 네트워크의 특징을 각각 말하고, 이를 바탕으로 (B)에 제시된 내용을 설명하시오.

질문 2 (우리 주변에서 멱함수 분포를 보이는 사례를 제시하고, 이 사례의 긍정적 측면과 부정적 측면을 설명하시오.

☑ 검토의견

– 이 문항은 두 가지 유형의 네트워크를 분포도 그래프로 제시하고 이를 텍스트와 연계하여 구체적으로 설명할 수 있는지를 묻는 문항이다. 【질문 1】은 (A) 자료에 제시된 고속도로 네트워크와 항로 네트워크의 특징을 종형 분포와 멱함수 분포의 특징과 연계하여 정확히 이해하고 있는지와 (B) 제시문의 '인싸' 현상이 멱함수 분포의 오른쪽 부분에 해당하는 사례(극히 많은 링크를 갖는 소수의 노드, 즉 항로의 허브)와 연결됨을 설명할 수 있는지를 평가한다. 【질문 2】는 많은 링크를 갖는 소수의 노드와 적은 링크를 갖는 다수의 노드가 존재하는 멱함수 분포의 개념을 이해하고 이 현상이 초래할 수 있는 긍정적 측면과 부정적 측면을 추론할 수 있는 사고능력을 평가한다.

– 이 문항은 고등학교 수학 교과의 〈함수〉 영역에서 '함수와 그래프' 개념을 다루는 단원과 연계된다. 이 문항을 통해 함수의 극한과 연속을 이해하고 이를 그래프로 표현하거나 혹은 그래프를 보고 이해하고 설명할 수 있는 능력을 평가할 수 있다.

– (B) 제시문의 '인싸'에 대한 내용은 고등학교 사회·문화 교과에서 〈사회·문화 현상의 탐구〉 영역에서의 '상호작용론' 내용 요소와 〈개인과 사회구조〉 영역에서의 '사회화 이론', '사회적 상호 작용', '사회 집단' 등의 내용 요소와도 연계된다.

– 사회 교과의 〈문화와 사회〉 영역에서 "④ 지역 문화, 세대 문화, 반문화 등의 하위문화와 대중문화에 나타나는 현대 사회의 다양한 문화적 양상을 파악한다"는 내용 요소와도 연계된다. 특히 '인싸'라는 새로운 세대 문화를 사회적 맥락에서 고찰하고 이러한 현상을 비판적으로 분석할 수 있는지를 평가할 수 있다.

– 이 문항은 특정 사회 현상이나 전문적인 개념에 대한 지식 유무를 묻는 것이 아니라 주어진 자료들을 연결하여 이해하는 능력과 사회 안에서 개인의 특성이 미치는 영향력을 다각적으로 이해하고 설명할 수 있는 능력을 평가하므로 선행학습을 유발한다고 할 수 없다. 또한 최근 유행어인 '인싸(인사이더)'를 사용하였으나 제시문에 이 단어의 의미를 자세히 설명함으로써 이 용어를 모르는 학생들이 불이익을 당하지 않고 문제를 풀 수 있다.

※ 다음 자료를 보고, 각 질문에 답하시오.

(A) 다음은 개인이 새로운 사태에 직면했을 때 보이는 태도의 변화를 나타낸 그래프이다.

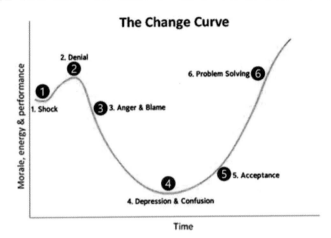

(B) K씨는 COVID-19 확진자의 수가 몇 주째 계속 증가하자 충격을 받았다. 그는 COVID-19 상황은 조작된 음모일 수 있으며, 자신과는 크게 상관없는 일이라며 친구에게 불만을 토로했었다. 그런데 며칠 전 다녀온 식당에서 확진자가 발생했다는 문자를 받고, '하필 내가 왜 그 식당에 갔지? COVID-19에 걸리면 어떡하지!'라며 매우 걱정하고 혼란스러워했다. 다행히 K씨는 음성판정을 받았지만, COVID-19 상황으로 자신의 삶이 바뀌었다고 생각하게 되었다. 그 후 COVID-19와 관련된 새로운 뉴스와 정보에 관심을 갖게 되었으며, 대면 모임 대신 화상통화를 자주 하게 되었다.

질문 1 (B)의 상황을 참고하여 (A)에 제시된 그래프의 내용과 의미를 설명하시오.

질문 2 우리 주변에서 (A)의 그래프로 이해할 수 있는 또 다른 상황을 찾아 설명하시오.

✅ 검토의견

- 이 문항은 개인이 새로운 상황에 직면했을 때의 태도 변화를 보여주는 그래프와 COVID-19 상황에 대한 제시문을 보고 이를 연계하여 해석하고 적용할 수 있는지를 평가하는 문항이다. 【질문 1】을 통해서는 (A) 자료의 그래프와 (B) 자료의 텍스트를 연계하여 본 제시문이 전달하는 내용을 정확히 이해하였는지, 그리고 추상적인 이론과 실제 상황을 연계시킬 수 있는지를 평가한다. 【질문 2】을 통해서는 (A) 자료에 대한 정확한 이해를 기반으로 이와 유사한 상황을 찾아낼 수 있는 유연한 사고력을 평가한다.

- 이 문항은 사회 교과에서 〈사회문제에 대한 이해와 탐구를 위한 교수·학습 방향〉에 대한 제언 중에서, '현대 사회의 다양한 사회·문화 현상에 대한 다각적인 이해를 위해 관련 학문이나 관점을 폭넓게 활용한다'와 '교수·학습의 효율성을 높일 수 있도록 그래프, 통계표, 슬라이드, 영화, 연감, 신문, 방송, 사진, 기록물, 민속자료, 유물, 여행기 등 다양한 자료를 활용한다'와 연계된다.

- 구체적으로 개인이 예상치 못한 상황에 직면했을 때 일어나는 반응의 변화를 'The Change Curve'로 모형화한 그래프를 이해하고 이를 구체적인 상황에 응용할 수 있는 역량을 평가한다. 심리학적 소양이나 이 단계모형에 대한 사전 이해가 없다 하더라도 논리적이고 통합적인 사고력을 갖춘 응시자는 그래프 해석 능력 및 해당 모형의 활용에 대한 이해를 기반으로 문제를 해결할 수 있다.

- 이 문항은 그래프를 명확히 이해하고 이에 기반한 다른 사례를 제시하도록 하여, 단일화된 정답이 아니라 응시자들의 응용력과 유추 능력을 평가할 수 있는 답변을 요구하므로, 선행학습 유발한다고 할 수 없다.

2018학년도 수시모집 면접고사 문제

〈교직 교양 공통 개별면접 오전 문항〉

※ 아래 2가지 문항 중 하나를 골라 답변하시오.

질문 1 트랜스휴머니즘(Transhumanism)은 과학과 기술을 이용하여 인간의 정신과 육체의 능력을 개선하려는 운동으로, 인간 구성에 대한 새로운 패러다임을 모색하는 데 관심을 두고 있다. 트랜스휴머니스트는 생명과학과 신생기술이 장애, 질병, 노화, 죽음, 무지, 나약, 허약과 같은 인간의 근본적 한계들을 해결해 줄 것이라고 주장한다. 트랜스휴머니즘의 구체적인 사례를 제시하고, 트랜스휴머니즘의 긍정적인 측면과 부정적인 측면을 각각 논하시오.

질문 2 링겔만 효과(Ringelmann effect)는 집단 과제에 참여하는 개인의 수가 증가할수록 집단의 성과에 대한 개인의 공헌도가 감소하는 현상을 말한다. 줄다리기에서 참가자 수가 증가할수록 한 사람이 내는 힘의 크기가 감소하는 현상이 그 예이다. 이 외에 우리 사회에서 나타날 수 있는 링겔만 효과의 사례를 제시하고, 링겔만 효과의 원인과 대책에 대하여 논하시오.

☑ 문항 1 검토의견

– 문항 1은 과학·기술의 발달로 인간의 육체적·인지적 능력의 한계를 극복하고 '인간성'이라는 의미가 재개념화되고 있는 현대 사회를 표현하는 '트랜스휴머니즘'이라는 관점에 대한 질문이다. 과학과 기술의 발전을 다루면서 과학이 사회의 변화에 미치는 영향과 나아가 어디까지가 인간인가 하는 철학적 문제를 다룬다는 점에서 고등학교 과학 교과의 '과학사' 중 〈과학과 현대 사회〉의 영역과 연계된다. "과학은 윤리, 종교, 정치, 문화 등과 연관성을 가지고 있다."라는 명제를 '일반화된 지식'으로 명시하는 이 영역에서 과학과 다른 영역(윤리, 종교, 정치, 문화 등)과의 관계를 다루므로 포스트휴머니즘에 대한 논의를 담고 있다. 또한 고등학교 도덕(윤리)교과의 '현대생활과 윤리'에서 '신체와 윤리'를 다루는 〈생명·성 윤리〉라는 내용 영역과도 연관된다.

– '트랜스휴머니즘'이라는 용어가 생소하고 난해할 수 있으므로 제시문을 통해 용어의 의미를 설명하였으므로 응시자들은 그 개념을 이해하는 데에 어려움이 없으며 따라서 이 개념에 대해 선행학습을 한 지원자와 하지 않은 지원자들 사이에 차이는 있을 수가 없다. 본 문항은 최신 용어에 대한 지식을 묻는 것이 아니라 과학의 발전이 인간 사회에 가져오는 변화에 대해 얼마나 깊이 있게 사고하고 분석, 예측할 수 있는지에 대한 응시자의 능력을 가늠하고자 한다. 또한 사례를 제시하도록 함으로써 단일화된 정답이 아니라 응시생들의 응용력과 유추능력을 평가할 수 있는 답변을 요구한다.

☑ 문항 2 검토의견

– 본 문항은 집단에 소속된 개인은 자신의 힘을 최대로 발휘하지 않는 경향이 있으며, 구성원을 추가할수록 이러한 경향이 더 뚜렷해진다는 '링겔만 효과'에 대한 질문이다. 이는 사회 과목(역사, 지리, 일반사회)에서 사회·문화 현상에 대한 다양한 이론적 시각을 학습하고 이해하는 데 중점을 두는 〈사회·문화 현상의 탐구〉 영역과 연관이 있다. 또한 본 문항은 사회적 존재인 인간이 다양한 집단과 조직의 구성원으로서 상호 작용하는 모습을 다루는 〈개인과 사회구조〉 내용 영역과 연계되는데 특히 영역별 내용 항목에서 "④ 일상 생활 속에서 협동, 경쟁, 갈등과 같은 사회적 상호 작용의 유형을 탐색하고 그 특성을 비교, 분석한다."와 직접적으로 연결된다.

– 본 문항에서 '링겔만 효과'라는 용어가 응시자에게 다소 난해하게 느껴질 수도 있음을 고려하여 제시문에 링겔만의 대표적인 실험을 예로 들어 제시함으로써 난이도를 조정하였다. 이 문항은 링겔만 효과라는 이론의 내용을 직접적으로 묻는 것이 아니므로 고차원적인 사회·경제이론에 대한 선행학습 없이도 논리적 사고력과 분석력을 갖춘 응시자라면 집단 구성원의 수가 늘어나도 그들이 내는 산출물이나 성과가 정비례하지 않는 점에 대해 논리적인 가설을 세워 설명할 수 있다. 또한 링겔만 효과에 대한 이해를 기반으로 그 사례를 제시하도록 질문함으로써 응시자들의 응용력과 관찰력 등을 평가하게 되고 이러한 질문을 통해 본 문항은 사교육에 의한 영향과 무관하게 평가도구로서 변별력을 가지게 된다.

〈교직 적·인성 공통 개별면접 오전 문항〉

※ 다음은 인터넷 사용자의 정보검색에 관한 내용이다.

(A) 범수는 '재규어'를 검색하여 서로 다른 결과를 얻었다. (가)는 범수의 관심과 무관하게 제공된 일반적인 검색 결과이고, (나)는 범수의 관심이 반영된 맞춤형 검색 결과이다.

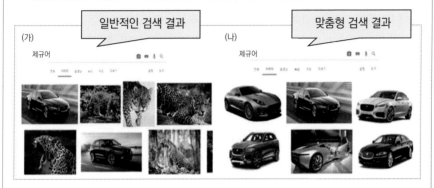

(B) (다)~(마)는 인터넷 사용자가 인터넷에서 정보를 얻는 상황을 모형으로 나타낸 것이다. 각 그림에서 색이 채워진 원은 정보를 의미하고, 색의 종류는 정보의 종류를 의미한다.

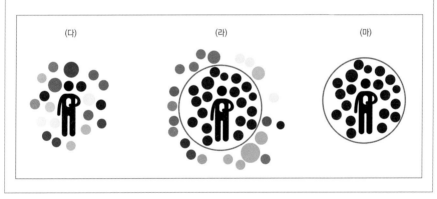

질문 ❶ (A)의 내용을 보고 (B)의 (다)~(마) 그림이 의미하는 내용이 무엇인지 각각 설명하시오.

질문 ❷ (라) 상황의 긍정적인 측면과 부정적인 측면을 각각 설명하시오.

☑️ 문항 1 검토의견

– 본 문항은 정보화 시대에 정보의 검색과 분석 결과의 의미에 대한 질문으로, 직접적으로 연계되는 교과는 고등학교 '정보' 과목이다. 정보 과목의 〈정보 문화〉 영역에서 명시된 성취기준은 정보사회에서 발생하는 다양한 현상에 대한 이해와 정보사회 구성원으로서 갖추어야 할 '정보윤리의식', '정보보호능력'을 함양하는 데 중점을 두어 설정되어 있으므로, 본 문항과 관련이 깊다. 그리고 정보 과목의 〈자료와 정보〉 영역 또한 본 문항과 연계되는데 이는 정보 기술을 활용하여 다양한 자료와 정보를 효율적으로 관리하는 것과 '빅데이터 분석' 등과 같은 방대하고 복잡한 정보 처리를 다루기 때문이다.

– 정보사회에서 동의 없이 정보가 제한되거나 필터링되는 현상에 대한 본 문항은 사회 과목(역사, 지리, 일반사회)에서 〈현대 사회와 사회 변동〉의 영역 중 "⑦ 정보 사회의 형성 과정과 특징을 이해하고, 정보화에 따른 문제점과 해결책을 탐색한다."와도 연계된다고 할 수 있다. 또한 고등학교 도덕(윤리) 교과의 '현대생활과 윤리'에서 '정보통신기술과 윤리', '사이버 공간과 인간의 자아정체성'을 다루는 〈과학·생태·정보 윤리〉라는 내용 영역과도 연관된다.

– 본 문항은 빅데이터 분석이나 컴퓨팅에 관련된 전문적 개념이나 지식을 묻는 질문이 아니라 정보화 시대 정보가 선택적으로 제공되는 상황을 주어진 예시 그림과 도식들을 바탕으로 추론하여 이해하는지를 묻는다. 즉, 검색 엔진들이 특정 개인에게 최적화된 정보를 제공하는 '맞춤형 검색결과' 서비스를 지원하면서 오히려 제한된 정보에 갇힐 수 있음을 유추할 수 있는지에 대한 설명을 요구하는 본 문제에서 답변을 위해 중요한 팁이 되는 두 가지 형태의 검색 결과, 즉 '일반검색'과 '맞춤형검색'이라는 문구를 제시문에 직접 포함시킴으로써 난이도를 낮추고 불필요한 혼동을 줄이고자 하였다. 제시된 설명과 이미지를 조합하여 비교·분석함으로써 얻을 수 있는 답변을 요구하는 본 문항은 단순 암기로 인한 지식 혹은 선행학습이 요구되는 고차원적 지식이 아니라 예비 교사로서 주요한 역량인 분석력, 유추능력, 사고력 등을 평가하도록 설계되었으므로 선행학습의 영향력이 미칠 수 없는 문항이라 하겠다. 또한 본 문항은 응시자들의 사고능력에 따라 (A)와 (B)를 연결하여 설명할 수 있는 수준의 차이가 명확히 드러날 수 있어 변별력이 있으며 단일한 정답이 존재하지 않으므로 지식 위주의 사교육을 통한 학습 경험이 답변에 영향을 줄 수 없다.

〈교직 교양 공통 개별면접 오후 문항〉

※ 아래 2가지 문항 중 하나를 골라 답변하시오.

질문 1 노키즈존(No Kids Zone)은 영유아 또는 어린이를 동반한 고객의 출입을 제한하는 식당, 카페, 극장 등의 영업점을 의미한다. 최근 논란이 되고 있는 노키즈존의 운영에 대한 찬성과 반대 근거를 각각 제시하고, 이 상황에 대한 합리적인 해결 방안을 논하시오.

질문 2 '체험형 야생동물 카페'는 음식물이나 음료를 판매하면서 고객에게 라쿤이나 미어캣 등의 야생동물을 보여 주고 만질 수 있도록 하는 영업점을 의미한다. 최근 논란이 되고 있는 '체험형 야생동물 카페'의 운영에 대한 찬성과 반대의 근거를 각각 제시하고, 이 상황에 대한 합리적인 해결방안을 논하시오.

☑ 문항 1 검토의견

– 본 문항은 최근 언론을 통해 논란이 되고 있는 '노키즈존'에 대한 자신의 견해를 제시하고, 합리적인 해결 방안을 논하는 질문이다. '노키즈존'에 대한 용어 정의를 문항에 포함시켜 개념을 이해하는 데 어려움이 없으며, 선행학습 여부에 따른 답변의 차이는 없을 것이다.

– 본 문항은 찬성이나 반대냐의 정답이 있는 것이 아니라 주어진 상황에 대해 찬성하는가 혹은 반대하는가에 대한 논리적 근거를 제시할 수 있는 능력과 양측의 입장을 충분히 고려한 해결방안을 얼마나 합리적이고 논리적으로 제시할 수 있는 가를 평가하는 문항으로 응시자의 논리적 사고력, 비판적 사고력, 문제 해결력 등을 종합적으로 평가하는 질문으로, 지식 습득 위주의 사교육이나 선행학습에 의한 영향과는 무관할 것으로 판단된다.

☑ 채점기준

[우수] 찬성과 반대의 논리적 근거를 매우 타당하고 설득력 있게 각각 제시하고, 양쪽의 입장을 충분히 고려한 매우 구체적이고 합리적인 해결방안을 제시한 경우.

[보통] 찬성과 반대의 논리적 근거를 타당하고 설득력 있게 각각 제시하고, 양쪽의 입장을 충분히 고려한 구체적이고 합리적인 해결방안을 제시한 경우.

[미흡] 찬성과 반대의 논리적 근거를 타당하고 설득력 있게 각각 제시하지 못하고, 양쪽의 입장을 충분히 고려한 구체적이고 합리적인 해결방안을 제시하지 못한 경우.

☑ 문항 2 검토의견

– 본 문항은 최근 언론을 통해 논란이 되고 있는 '체험형 야생동물 카페'에 대한 자신의 견해를 제시하고, 합리적인 해결방안을 논하는 질문이다. '체험형 야생동물 카페'에 대한 용어 정의를 문항에 포함시켜 개념을 이해하는 데 어려움이 없으며, 선행학습 여부에 따른 답변의 차이는 없을 것이다.

– 본 문항은 찬성이냐 반대냐의 정답이 있는 것이 아니라 주어진 상황에 대해 찬성하는가 혹은 반대하는가에 대한 논리적 근거를 제시할 수 있는 능력과 양측의 입장을 충분히 고려한 해결방안을 얼마나 합리적이고 논리적으로 제시할 수 있는가를 평가하는 문항이다. 응시자의 논리적 사고력, 비판적 사고력, 문제 해결력 등을 종합적으로 평가하는 질문으로, 지식 습득 위주의 사교육이나 선행학습에 의한 영향과는 무관할 것으로 판단된다.

☑ 채점기준

[우수] 찬성과 반대의 논리적 근거를 매우 타당하고 설득력 있게 각각 제시하고, 양쪽의 입장을 충분히 고려한 매우 구체적이고 합리적인 해결방안을 제시한 경우.

[보통] 찬성과 반대의 논리적 근거를 타당하고 설득력 있게 각각 제시하고, 양쪽의 입장을 충분히 고려한 구체적이고 합리적인 해결방안을 제시한 경우.

[미흡] 찬성과 반대의 논리적 근거를 타당하고 설득력 있게 각각 제시하지 못하고, 양쪽의 입장을 충분히 고려한 구체적이고 합리적인 해결방안을 제시하지 못한 경우.

〈교직 적·인성 공통 개별면접 오후 문항〉

※ 다음은 죄수의 딜레마와 내쉬 균형 이론에 관한 내용이다.

(A) 공범으로 체포된 '갑'과 '을'이 독방에 격리되었다. 경찰은 이들을 따로 심문하면서 다음과 같은 제안을 하였다.

"당신만 자백하고 공범이 침묵하면 석방, 당신만 침묵하고 공범이 자백하면 10년 형, 둘 다 자백하면 6년 형, 둘 다 침묵하면 1년 형을 주겠다."

이 제안을 듣고 '갑'과 '을'은 한참을 고민하다가 결국 둘 다 자백하여 6년 형을 받게 되었다.

	'을'이 자백		'을'이 침묵	
'갑'이 자백	⊙‿⊙	⊙‿⊙	⊙‿⊙	😷✕
	둘 다 6년		석방	10년
'갑'이 침묵	😷✕	⊙‿⊙	😷✕	😷✕
	10년	석방	둘 다 1년	

(B) 내쉬 균형(Nash equilibrium)은 협조할 수 없는 게임에서 두 명의 경쟁자들이 서로의 대응 전략을 예측하여 최선의 전략을 선택함으로써 균형을 이룬 상태를 의미한다. 즉 경쟁자의 대응 전략을 예측할 수 있을 경우, 각 경기자들이 자신의 전략을 고수하고 아무도 전략을 바꾸지 않는다면 이 게임은 내쉬 균형에 도달한 것이다.

질문 1 (A)에서 두 공범이 모두 자백을 하게 된 이유와 그런 결정의 한계점을 (B)의 내쉬 균형 관점에서 설명하시오.

질문 2 우리 사회에서 (B)의 내쉬 균형으로 설명할 수 있는 구체적인 사례를 찾아 제시하고 설명하시오.

☑ 검토의견

– 본 문항은 '죄수의 딜레마'를 '내쉬 균형 이론'의 관점에서 설명하고, 내쉬 균형 이론으로 설명할 수 있는 구체적인 사례를 제시하라는 질문이다. 고등학교 선택 교과 중 하나인 '이산수학'에서 내쉬 균형 이론을 직접적으로 다루고 있으나, 해당 선택 교과를 선택하지 않은 지원자도 '내쉬 균형 이론'을 이해할 수 있도록 문항에서 개념을 정의하고 있기 때문에 해당 교과 선택 여부에 따른 영향을 최소화하였다.

– 본 문항은 내쉬 균형에 대한 이론적 지식 여부를 묻는 것이 아니라 주어진 이론적 개념을 활용하여 문제 상황(죄수의 딜레마)을 해석하는 질문으로 공통 교육과정인 수학 과목 중 '확률과 통계–경우의 수'에서 다루는 '해석하기', '분석하기', '추론하기', '판단하기', '문제 해결하기' 등의 기능과 연계된다.

– 본 문항은 내쉬 균형 이론에 관련된 전문적 개념이나 지식을 묻는 질문이 아니라 주어진 이론에 대한 이해를 바탕으로 추론 과정을 통해 문제 상황을 해석할 수 있는지와 이론이 적용될 수 있는 구체적 사례를 제시할 수 있는 응용적 사고력을 평가하는 질문이다. 이는 이론에 대한 지식적 이해 정도에 따른 정답을 요구하는 것이 아니라, 이론을 적용하고 응용하여 추론하는 논리적 사고력을 사고 과정을 통해 평가하는 문항으로 선행학습이 요구되는 지식이 아닌 본교의 인재상에 부합하는 예비 교사로서 요구되는 창의융합적 사고력, 문제 해결력을 평가하는 질문이다. 따라서 선행학습의 효과가 미치지 않는 문항으로 판단된다.

– 또한 본 문항은 개념 정의가 주어진 이론에 대한 이해를 바탕으로 응용하여 추론함(A)과 동시에 구체적 사례를 제시해야 함(B)으로 이를 통해 사고력의 차이가 명확하게 드러날 수 있어 변별력이 있으며 획일적인 답을 요구하는 것이 아니기 때문에 지식 위주의 사교육을 통한 학습경험이 답변에 영향을 줄 수 없다.

☑ 채점기준

[우수] 두 공범이 모두 자백하게 된 이유와 그런 결정의 한계점을 내쉬 균형 관점에서 매우 논리적으로 추론하고, 이를 바탕으로 내쉬 균형 이론으로 설명할 수 있는 구체적인 사례를 매우 타당성 있게 제시한 경우.

[보통] 두 공범이 모두 자백하게 된 이유와 그런 결정의 한계점을 내쉬 균형 관점에서 논리적으로 추론하고, 이를 바탕으로 내쉬 균형 이론으로 설명할 수 있는 구체적인 사례를 타당성 있게 제시한 경우.

[미흡] 두 공범이 모두 자백하게 된 이유와 그런 결정의 한계점을 내쉬 균형 관점에서 논리적으로 추론하지 못하고, 이를 바탕으로 내쉬 균형 이론으로 설명할 수 있는 구체적인 사례를 타당성 있게 제시하지 못한 경우.

〈사향인재추천 전형 공통 개별면접 오전 문항〉

[수상]

질문 고등학교 교내 수상 실적 중에서 가장 아쉬웠던 상은 무엇이며, 그 이유는 무엇입니까?

[동아리]

질문 고등학교 동아리 활동 중에서 가장 인상에 남는 경험은 무엇이며, 그것이 자기 계발에 어떤 도움을 주었습니까?

[독서]

질문 자신의 읽었던 책 중에서 가장 추천하고 싶은 책은 무엇이며, 그 이유는 무엇입니까?

[봉사]

질문 고등학교 봉사 경험을 몇 가지 유형으로 분류한 후 자신에게 의미 있는 순서대로 나열하고, 그 기준을 설명하시오.

☑ 검토의견

- '수상', '동아리 활동', '독서활동', '봉사활동'에 대한 각 질문 및 이와 관련된 면접위원들의 추가 질문은 모두 지원자들이 학생부 비교과와 자기소개서에 제시한 내용을 토대로 답변할 수 있는 내용이다.

- 평가 기준 또한 '수상', '동아리 활동', '독서활동', '봉사활동'에 기재된 내용의 진위 여부파악, 각 항목의 의미에 대한 이해, 각각의 내용이 자기 계발에 미친 영향, 문제 해결력, 자기주도성 등으로 선행학습 내용과는 무관하다.

〈사향인재추천 전형 공통 개별 과제발표면접 오후 문항〉

질문 [과제] 노벨상을 패러디한 '이그 노벨상(Ig Nobel Prize)'은 처음엔 사람들을 웃게 하지만 그다음에는 곰곰이 생각하게 만드는 기발하고 이색적인 연구 업적을 낸 사람에게 주는 상이다. 아래의 〈지침 사항〉에 따라 '서울교대 이그 노벨상'에 도전하기 위한 연구 제안서를 제작하여 발표하시오.

[이그 노벨상 주제 예시]

▶ 바나나 껍질의 마찰계수는?

▶ 소가 누웠다가 일어나는 시간을 측정한 연구

▶ 커피 잔을 들고 다닐 때 커피를 쏟지 않는 방법은 무엇인가?

▶ 사람들이 오줌을 참을 때 특정 문제에 대하여 좋은 결정을 내리는 이유

▶ 공중의 비행기에서 비행기 납치범을 육지에 있는 경찰에게 무사히 인도하는 연구

[지침 사항]

1. 연구 주제는 자신이 직접 수행할 수 있는 연구로 한정한다.

2. 발표 자료는 주어진 준비물(필기구 등)을 사용하여 A1 용지 1장에 자유롭게 작성하되, 다음 내용을 반드시 포함한다.

항목	설명
연구 제목	연구의 내용을 잘 보여 줄 수 있는 제목으로 한다.
연구 내용	연구의 필요성 및 목적, 내용을 잘 보여 줄 수 있는 3개 내외의 문장이나 문구로 한다.
연구 방법	연구 대상, 자료 수집 방법, 자료 분석 방법 등을 기술한다.
예상되는 연구 결과	연구가 성공적으로 수행되었을 때 얻을 수 있는 결과(표, 그림, 그래프, 산출문 등)를 예상하여 기술한다.
기대효과	연구 결과를 통해 기대할 수 있는 효과나 응용 방안 등을 기술한다.

3. 현재까지 발표된 '이그 노벨상' 연구 주제를 그대로 활용해서는 안 된다.

4. 발표 방법은 제한이 없으며, 3분 발표 후 7분 동안 질의응답 시간을 갖는다.

5. 평가 기준은 독창성, 이색성, 구성력, 실행 가능성, 발표능력과 태도 등이다.

☑ 검토의견

- '이그 노벨상'은 노벨상의 패러디 상으로, 이를 위한 연구 계획서 작성 활동은 학생들이 일상생활 현상과 관련하여 자신이 직접 수행할 수 있는 기발하고 이색적인 연구 주제를 스스로 정하고 이를 직접 수행하기 위한 계획을 세우는 활동이다. 따라서 이 활동은 선행 학습 내용과 관련이 적을 뿐만 아니라 현행 고교 교육과정에서 제시하고 있는 '교수·학습 방법' 요소(예: 개방형 탐구)에 해당하므로, 학생들이 현행 고교 교육과정을 통하여 충분히 경험했다고 볼 수 있다.

- 평가 기준 또한 창의 역량, 실행 역량, 소통 역량 등 고교 교육과정에서 강조하고 있는 목표로, 선행학습을 통하여 특별한 이득을 얻을 수 있는 기준이 아니므로, 대학교 수준의 내용을 선행 학습할 필요성을 유발한다고 볼 수 없다.

2018학년도 정시모집 면접고사 문제

〈교직 적·인성 공통 개별면접 오전 문항〉

※ 다음 자료를 읽고 질문에 답하시오.

　　다문화 학생들이 많은 서울S초등학교는 체험학습을 안내하는 가정통신문을 발송할 예정이다. 담당 교사는 베트남, 중국, 일본 배경의 다문화 학생들을 위하여 한국어를 포함한 4개 언어로 가정통신문을 작성하였다.

김 교사: 다문화 학생 부모님을 위해서는 그분들의 모어(母語)로 가정통신문을 보내주는 것이 좋을 것 같아요.

박 교사: 아휴… 왜 그렇게 번거로운 일을 하는지 모르겠어요. '로마에 가면 로마의 법을 따르라'는 말도 있잖아요. 한국 사회에서 살기로 했으면 당연히 한국말을 해야죠.

김 교사: 그것도 맞는 말씀이지만…

박 교사: 우리말을 배워야 한국 문화에 동화될 수 있어요. 그래야 직업도 얻고 안정된 생활을 할 수 있게 되잖아요.

김 교사: 네… 선생님 말씀도 일리가 있는데, 문화의 다양성도 고려해야 하지 않을까요?

박 교사: 문화의 다양성을 지나치게 인정하다 보면 한국 문화의 고유성을 잃어버리게 될 거예요.

질문 1 위 대화에 나타난 박 교사의 관점이 지닐 수 있는 문제점을 설명하시오.

질문 2 다문화 사회의 시민으로서 갖추어야 할 태도를 제시하고, 그 이유를 설명하시오.

☑️ 검토의견

– 본 문항은 다문화 학생과 학부모를 위하여 학교에서 4개 국어로 가정통신문을 발송하는 문제를 놓고 김 교사와 박 교사가 대화를 나누고 있는 자료를 제시하였다. 이 대화 장면에서 박 교사는 동화주의의 관점을 취하고 있다. 동화주의는 다문화 가정은 귀속사회의 문화를 전적으로 받아들여야 하며, 귀속사회에 신속하게 안착하는 것을 우선으로 바라본다. 반면 김 교사는 구체적인 반박을 하고 있지 않으나, '문화의 다양성 고려'에 대한 의견만을 제시하고 있다.

– 고등학교 사회탐구 영역 중에서 가장 많은 학생들이 선택하는 과목이 '사회문화'이다. 사회문화 교과에서 다루는 주요 영역에는 '문화와 인간 생활'이 있는데, 이와 관련된 단원에서 문화의 의미와 속성, 문화를 이해하는 관점 및 태도, 하위문화와 대중문화에 대해 학습한다. 또한, 문화의 변동과 다양성을 이해하기 위하여 문화 변동의 양상과 문제점을 학습하고, 다문화 사회의 특성과 다문화를 바라보는 관점을 학습하고 있다. 따라서 본 문항은 선행학습 내용과는 무관하다.

〈교직 교양 공통 개별면접 오전 문항〉

※ 다음은 한국노동연구원의 '2015년까지의 최상위 소득 비중' 보고서의 일부이다. 자료를 보고 질문에 답하시오.

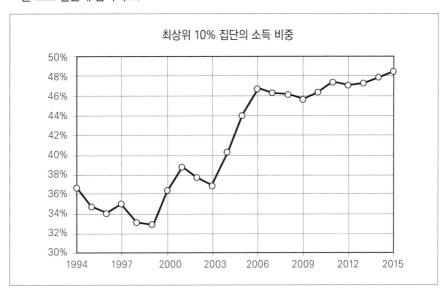

최상위 10% 집단의 소득 비중

질문 위 〈그림〉은 우리 사회의 단면을 보여준다. 이 현상으로 인하여 야기되는 사회 문제의 사례를 들고 그 해결 방안을 말하시오.

☑ 검토의견

– 본 문항은 그래프가 나타내는 정보에 대한 해석 능력과 이에 기반하여 한국 사회의 변화 특성 중 하나인 '양극화의 문제'를 해결하는 능력을 측정하는 것이다. 제시된 그림에서는 한국의 상위 10%가 가진 소득의 비중이 우리나라 전체 소득의 48%에 달한다는 것을 보여준다. 또한, 2003년 이후 상위 10%의 소득 비중은 급격하게 상승하고 있는 것을 알 수 있다.

– 본 문항에서는 이 그래프가 의미하는 것을 직접 묻기보다는 이를 통해 야기되는 사회 문제와 그 해결 방안을 제시하게 하므로, 문항의 난도가 높은 편이라고 할 수 있다 .

– 고등학교에서 진행되는 사회탐구 영역 중에서 가장 많은 학생들이 선택하는 과목이 '사회문화'이다. 사회 문화 교과의 기본 내용으로서 사회 집단과 사회조직, 사회 계층 현상에

대한 이해 학습 내용이 있다. 이 분야에서는 사회 불평등 문제와 해결 방안을 배우며, 사회 문화 현상을 탐구하기 위한 방법과 절차를 학습한다. 이 과정에서 사회 현상과 관련된 자료를 분석하거나 이해하고 적절한 방식으로 표현하는 방법을 익힌다. 또한 사회문화 교과의 한 분야로서, 사회 불평등을 해결하기 위한 사회 복지나 복지 제도를 학습하고, 사회의 변동과 대응 방안 등을 배우고 있다.

– 사회탐구 영역의 선택 교과인 '경제' 교과에서도 경제 제도와 관련된 부의 불평등 및 분배와 관련된 내용을 학습하고 있다.

〈교직 적·인성 공통 개별면접 오후 문항〉

※ 다음 자료를 읽고 질문에 답하시오.

○○초등학교 6학년 2반은 학예회를 하기로 하였다. 방과 후에 진행된 연습 모임에 길동을 제외한 모든 학생이 참여하였다. 아래는 그다음 날 학급회장과 길동 사이의 대화이다.

회장: 길동아, 어제 학예회 연습에 안 왔지? 무슨 일이 있었니?
길동: 그 시간에 피아노 연습을 하고 있었어. 곧 경연대회가 있거든.
회장: 지난주 학급회의에서 우리 반 전체가 학예회 연습을 하기로 정했잖아.
길동: 난 학급회의 하는 날 아파서 결석했어. 그런데 아무도 나한테 물어보지도 않고, 일방적으로 정한 거잖아.
회장: 학급회의는 이미 예고했었어. 그날 우리 반 친구들이 충분히 논의해서 결정한 거야. 그리고 회의 결과도 모두에게 공지했어.
길동: 내가 빠진다고 학예회를 못 하는 것도 아니잖아. 내 꿈을 이루기 위해서는 이 경연대회에서 꼭 우승하고 싶어.
회장: 그렇긴 해도, 너처럼 행동하면, 우리가 함께 할 수 있는 일이 뭐가 있겠니?
길동: 내 입장도 존중해 줬으면 좋겠어.

질문 회장과 길동의 입장을 비교하고 두 입장이 지닐 수 있는 문제점을 말하시오.

질문 위의 대화에 나타난 두 사람의 견해 차이를 해결할 수 있는 방안을 제시하시오.

☑ 검토의견

– 예시 자료로 주어진 문제 상황은 학교에서 흔히 일어날 수 있는 사건이다. 학급에서 학생
  들이 스스로 무엇인가 기획하여 수행하고자 할 때 다양한 학생들의 의견을 수렴하고 함께
  조정해 나가는 일이 중요하다.

– 고등학교에서 진행되는 비교과 영역에는 창의적 체험학습, 봉사활동, 재량활동, 자치활
  동, 동아리 활동이 있다. 이 중에서 자치활동이나 동아리 활동은 학생들이 스스로 의견을
  개진하여 공동의 문제를 해결하거나 공동의 사안을 기획하는 활동이 주를 이룬다. 따라서
  위와 유사한 경험이 있거나, 직접 경험하지 않더라도 비슷한 사례를 들었을 가능성이 높
  다.

– 고등학교 사회탐구 영역 중에서 가장 많은 학생들이 선택하는 과목이 '사회문화'이다. 사
  회문화 시간에는 개인과 집단, 사회의 제도, 행정, 규칙 등에 대한 내용을 다룬다. 따라서
  의사결정 과정이나 절차, 주의할 점 등을 학습하고 있다.

〈교직 교양 공통 개별면접 오후 문항〉

※ 다음은 세계경제포럼(WEF)이 2016년에 발표한 '일자리의 미래(The Future of
  Jobs)' 보고서의 일부이다. 보고서에서는 "2020년까지 15개 국가에서 일자리 716만개
  가 사라지고 새로 생기는 일자리는 202만개 정도일 것"이라고 예측했다. 자료를 보고 질
  문에 답하시오.

사라지는 일자리		새로 생기는 일자리	
-4,759	시설·정비	+492	비즈니스·금융
-1,609	제조·생산	+416	경영
-497	건설·채굴	+405	컴퓨터·수학
-151	디자인·스포츠 미디어	+339	건축·엔지니어링
-109	법률	+303	영업·관리직
-40	시설·정비	-40	교육·훈련

질문 위 〈그림〉에서 추론할 수 있는 사회 변화의 특징을 제시하고, 그러한 변화에 대응할 수 있는 방안을 말하시오.

☑ 검토의견

– 위 자료는 세계경제 포럼에서 발표된 '일자리의 미래'라는 자료의 일부이다. 새롭게 생겨 나는 일자리와 사라지는 일자리를 숫자와 원그래프로 나타내었다. 원그래프와 그의 이해 는 고등학교 '사회문화' 시간에 다루는 주된 자료이다.

– 자료에 대한 기반 지식을 제시문에서 설명하고 있고, 일자리를 나타내는 직업군의 내용 도 고등학교에서 다루고 있는 내용이다.

– 고등학교 비교과 활동 중에서 학교마다 중요하게 다루고 있는 영역이 '진로 교육'이다 . 진로 교육 내용으로 직업군의 변화와 직업에 대한 인식의 변화가 있으며, 앞으로 자신의 진로를 결정하는 데 주요한 근거 자료로도 활용되고 있다.

11
제주대

면접 종류

수시모집: 개별면접

정시모집: 면접 미실시 ⇨ 수능 100%

● 수시모집

- 평가방법: 학교생활기록부와 자기소개서를 바탕으로 1단계 평가 자료 확인
  질문에 대한 답변 등을 평가영역별 평가 기준에 따라 종합평가
- 면접진행: 전공적합성·학업역량·인성 등과 관련된 질문을 통해 역량을 심층
  파악하며 평가대상자의 응답 및 반응, 면접위원의 재량에 따라 질
  문 내용 변경 가능
- 평가항목: 전공적합성, 자기주도성, 인성·공동체기여도
- 면접시간: 다수의 면접위원이 지원자 1인당 15분 내외로 개별면접 실시

기출문제

〈자기소개서 관련 질문〉

학교 행사에서 반별 프로그램으로 우리 반은 합창을 하자는 의견이 나왔지만, 일부 학생들은 학원 수업 등을 이유로 반대가 심했습니다. 양쪽 모두 한 치의 양보도 없었지만, 결국엔 제가 반 회장으로서 합창을 하는 것에 대한 학생들의 합의를 이끌어 내는 데 성공했습니다.

※ 추가 질문

질문 1 반 동의를 얻기 위해 본인이 했던 구체적인 노력은 무엇인가요?

질문 2 합창대회 참가에 대한 합의를 이끌어 낸 후, 합창대회 준비 과정 중 본인이 수행했던 역할은 무엇인가요?

〈전공적합성 관련 질문〉

영어교육과에 지원하게 된 계기가 무엇인가요?

※ 추가 질문

질문 1 영어 과목에 대한 특별한 학습경험이 있다면?

질문 2 영어교사로서 수업에 적용하고 싶은 나만의 영어 학습법이 있나요?

질문 3 영어를 포기하는 학생이 많은데 그 이유는 무엇일까요?

질문 4 영어교육과에 진학한 후 학업계획에 대해 말해 보세요.

질문 5 수능 영어 절대평가 시행의 배경에 대해 말해 보세요.

〈인성 관련 질문〉

봉사활동을 한 경험이 있나요?

※ 추가 질문

질문 1 봉사활동 경험에 대해 구체적으로 말해 보세요.

질문 2 어떤 계기로 봉사활동을 하게 되었나요?

질문 3 가장 어려웠던 점은 무엇이었나요? 특별히 기억나는 점(사람)에 대해 구체적으로 말해 주세요.

질문 4 봉사활동을 통해 무엇을 배웠나요? 무엇을 느꼈나요?

질문 5 이후에 또 봉사활동을 할 계획이 있나요? 있다면, 어떤 봉사활동을 하고자 하나요?

12 한국교원대

면접 종류

수시모집: 개별면접

정시모집: 개별면접

● 수시모집

• 면접유형: 개별면접

• 평가항목: 발표능력, 지적잠재력, 전공적합성, 교직 적·인성, 의지 및 열정

• 평가자료: 교직 적·인성 문항 및 개방형 질문에 의한 구술내용

• 평가방법: 개별면접으로 다수 평가자에 의한 정성적·종합적 평가

• 면집시간 및 절차: 실제 면접시간 10분 내외(큰스승인재 특별전형은 15분 내외)

> ① 면접대기실 입실 ⇒ ② 교직 적·인성 문항에 대한 발표자료 작성(약 10분)
> ⇒ ③ 면접실 입실 ⇒ ④ **작성내용 발표(약 3분)** ⇒ ⑤ 발표내용 관련 질의/응답(약 3분)
> ⇒ ⑥ 개방형 질문 관련 질의/응답(약 4분)

• 블라인드 면접 관련 지원자 유의사항

  - 지원자 성명, 출신 고교, 부모(친인척 포함)의 실명, 직업 및 사회적·경제적 지위를 암시하는 발언 금지 및 교복 착용 불가

● 정시모집

- 면접유형: 개별면접

- 평가항목: 발표능력, 지적잠재력, 전공적합성, 교직 적·인성, 의지 및 열정

- 평가자료: 교직 적·인성 문항 및 개방형 질문에 의한 구술내용

- 평가방법: 개별면접으로 다수 평가자에 의한 정성적·종합적 평가

- 면집시간 및 절차: 실제 면접시간 10분 내외

---

① 면접대기실 입실 ⇒ ② 교직 적·인성 문항에 대한 발표자료 작성(약 10분)
⇒ ③ 면접실 입실 ⇒ ④ **작성내용 발표(약 3분)** ⇒ ⑤ 발표내용 관련 질의/응답(약 3분)
⇒ ⑥ 개방형 질문 관련 질의/응답(약 4분)

- 블라인드 면접 관련 지원자 유의사항

 - 지원자 성명, 출신 고교, 부모(친인척 포함)의 실명, 직업 및 사회적·경제적
   지위를 암시하는 발언 금지 및 교복 착용 불가

기출문제

2018학년도 수시모집 면접고사 문제(개방형 질문)

- 학교생활 중 지원 전공 또는 특정 분야에 몰두하여 최선을 다한 경험이나 사례가 있다면 말해 주시기 바랍니다.
- 고등학교 재학 중 자신이 참여했던 동아리 활동은 무엇이며, 활동 중 기억에 남는 경험이 있다면 말해 주시기 바랍니다.
- 고등학교 재학 중, 학급의 대표나 학생회 임원으로 활동한 적이 있다면 그중 기억에 남는 경험에 대해 말해 주시기 바랍니다.
- 학급 친구와 의견 대립이 생겼을 때, 해결한 경험에 대해 말해 주시기 바랍니다.
- 교사가 되기로 한 것은 누가 결정했습니까?

2018학년도 수시모집 면접고사 문제(오전 교직 적·인성 문제)

※ 다음 글을 읽고 물음에 답하시오.

> 최근 ○○○ 교육청에서 교사의 벌점제를 금지하면서 이 문제가 사회적으로 관심을 받게 되었다. 일선 교사들 중에서 상당수는 체벌 등이 금지된 상황에서 문제를 일으키는 일부 학생들을 지도하기 위해서는 벌점제를 금지하는 것은 올바른 해법이 아니라고 주장하고 있다. 이러한 통제 수단이 없는 상황에서 현실적으로 학생들을 지도하는 것이 매우 어렵다는 것이다. 반면에 교육계 일부에서는 벌점제 자체에 비교육적 요소가 포함되어 있음으로 교육 현장에서 벌점제 시행 금지는 당연한 것이라고 주장하기도 한다. 학생에게 잘못을 지적하는 것은 교사의 역할이지만 이러한 벌점제는 학생 지도의 목적을 달성하기보다는 점수에 종속된 학생만을 길러 낼 뿐이라는 것이다. 또한 이러한 현장과 밀접한 교육 정책을 교육청에서 일방적으로 금지하는 결정을 내리는 것 자체가 문제라는 시각도 존재한다.

질문 1 위에서 논의된 벌점제 문제를 어떻게 해결할 것인지에 대해서 자신의 생각을 밝히고, 그렇게 생각한 이유를 설명하시오. 단, 본인과 입장이 다른 사람들을 설득해야 하는 상황을 전제로 하여 자신이 주장하는 바를 설명하시오.

교육과 관련해서는 다양한 입장을 가진 시각이 존재하고 그 각각의 의견 중에는 정오로만 판단되지 않는 것들도 상당히 많다. 특히 최근에 벌점제 문제가 이슈가 된 일이 있는데 이러한 문제 역시 다양한 해법과 관점이 존재하는 문제라고 할 수 있다. 다양한 시각이 존재한다는 것은 그 출발점에 다양한 배경과 철학이 존재함을 전제로 한 것이다. 예비 교사로서 학교 현장의 문제에서 어떠한 교육관에 입각하여 문제를 해결하고자 하는지를 파악하는 것이 이 평가 문항의 목적이라고 할 수 있다.

☑ 평가 주안점

1. 벌점제 적용 문제에 대한 자신의 입장을 분명하게 설명하도록 학생들을 유도하고, 그 입장이 무엇인가보다는 왜 그러한 입장을 선택했는가에 중점을 두어 그 선택의 논리성과 합리성을 중심으로 평가한다.
2. 자신과 반대되는 입장에 대해 충분히 이해하고 있으며 수용적인 태도를 보이는지 확인하면서 평가한다.

2018학년도 수시모집 면접고사 문제(오후 교직 적·인성 문제)

※ 다음 글을 읽고 물음에 답하시오.

> 김 교사는 1년 전까지만 해도 존경받는 교사였지만 지금은 평생 헌신했던 교단을 떠날 것인지의 여부를 심각하게 고민하고 있다. 김 교사의 인생을 송두리째 바꾼 사건은 자신이 담임을 맡은 반 학생들 간의 사소한 다툼에서 시작됐다. 학생들의 다툼은 학부모 사이의 감정싸움으로 번졌고, 한 학부모의 요청으로 학교 폭력대책위원회까지 열렸다. 그런데 이를 두고 상대방 학부모가 모든 문제의 책임은 김 교사에게 있다며 '교육청에 민원을 넣겠다, 끝까지 가겠다, 언론사에 알리겠다.' 등의 협박과 공격을 지속적으로 가하기 시작하였다. 학부모는 밤낮없이 협박 문자를 보냈고, 집까지 찾아와 사과를 요구하기도 했다. 극도의 스트레스를 받은 김 교사는 병원 신세까지 져야 했고 견디다 못한 교사는 학교장에게 도움을 요청하였다. 그러나 교장은 자신도 주변 명문 학교의 교장으로 가야 한다는 이유를 들어 문제가 커지지 않게 하려고 오히려 김 교사에게 "선생님이 사과하세요, 선생님이 사건을 최소화할 수 있도록 노력해 보세요." 등의 요구를 하였다.
> (2017. ○. ○○. ○○방송 자료 내용 중 발췌)

질문 1 김 교사가 겪고 있는 핵심적인 문제는 무엇이며, 이러한 문제가 발생하게 된 주요 원인이 무엇이라고 보는지 설명하시오.

질문 2 이 상황에서 본인이 '김 교사'라면 어떻게 대처할 것이며 그 이유는 무엇인지 설명하시오.

☑ 출제 의도

최근 들어, 교사들이 교직 생활을 하면서 겪는 심한 스트레스와 소진으로 인해 고통을 호소하는 사례가 점차 증가하고 있다. 그러나 이러한 교육 활동 침해 사례에 대하여 정확하게 이해하고 대처하지 못할 경우 교사들은 심한 스트레스를 겪게 되며, 이러한 상황이 지속될 경우 교사는 소진되어 교육 역량이 저하되고, 종국에는 학생의 성취도 하락이라는 심각한 결과를 초래한다. 이의 심각성을 파악하고 당국에서도 「교원의 지위 향상 및 교육 활동 보호를 위한 특별법」(2016년 8월 4일 시행)을 제정하여 교원의 교육 활동 보호를 명문화하였다. 이에 대해 예비 교사들이 어떠한 생각을 가지고 있으며, 이 현상을 어떻게 바라보고 있는지, 그리고 스스로 어떠한 능력을 길러야 하는지를 확인해 보고자 한다.

☑ 평가 주안점

1. 교육 활동 침해 사안이 교사 자신은 물론 학생에게 미치는 영향이 지대함을 이해하고, 그 원인에 대하여 교사 자신, 학생, 학부모, 교장, 제도 등의 차원에서 다각도로 분석할 수 있는지에 대해 평가한다.
2. 예비 교사의 입장에서 교육 활동 침해를 예방하고 대처하는 방법과 관련하여, 논리적이며 합리적으로 자신의 생각을 제시하는지를 평가한다.

2018학년도 수시모집 면접고사 문제(개방형 질문)

- 학교생활 중 지원 전공 또는 특정 분야에 몰두하여 최선을 다한 경험이나 사례가 있다면 말해 주시기 바랍니다.
- 고등학교 재학 중 자신이 참여했던 동아리 활동은 무엇이며, 활동 중 기억에 남는 경험이 있다면 말해 주시기 바랍니다.
- 고등학교 재학 중, 학급의 대표나 학생회 임원으로 활동한 적이 있다면 그중 기억에 남는 경험에 대해 말해 주시기 바랍니다.
- 학급 친구와 의견 대립이 생겼을 때, 해결한 경험에 대해 말해 주시기 바랍니다.
- 교사가 되기로 한 것은 누가 결정했습니까?

2018학년도 정시모집 면접고사 문제(오전 교직 적·인성 문제)

※ 다음 글을 읽고 물음에 답하시오.

경제협력개발기구(OECD)에서 3년마다 시행하는 국제학업성취도평가(PISA)의 결과에 따르면, 우리나라는 2000년부터 2015년까지 수학, 읽기, 과학 과목에서 OECD 회원국 중 최상위권의 학업 성취 수준을 보였다. 반면, OECD가 회원국을 포함한 70여 개국의 학생을 대상으로 한 조사에서 우리나라 학생들의 삶의 만족도는 최하위권이었는데, 이는 3년 전 보건복지부가 18세 미만 학생을 대상으로 국제적으로 조사한 결과와 크게 달라진 바가 없는 것이었다. 또한, 국내의 연구 단체들이 매해 조사한 결과에 따르면, 우리나라 학생들의 '주관적 행복지수'는 OECD 회원국 중 매번 최하위권에 머물렀다. 이처럼 최근까지 조사된 우리나라 학생들의 삶의 만족도와 행복지수는 지속적으로 낮게 나타났다. * '주관적 행복지수': 개인이 느끼는 행복, 학교생활의 만족도, 주관적 건강 정도를 점수화한 값. (2017. ○. ○○. ○○신문 내용 참고)

질문 1 우리나라 학생들의 삶의 만족도와 행복지수가 낮은 이유가 무엇인지 설명하시오.

질문 2 자신이 담임교사라면, 학생들의 삶의 만족도와 행복 증진을 위해서 어떤 노력을 할 것인지 설명하시오.

☑ 출제 의도

인간에게 있어서 인생의 궁극적인 목표는 행복이다. 그러나 요즘 우리나라 학생들이 행복하지 못하다는 우려의 목소리가 점차 높아지고 있다. 위의 지문과 같이 전체적으로 다른 나라에 비해 학업 성취 수준은 높으나 행복하지 않다고 느끼는 학생들이 많은 이유에 대해 고민해 볼 필요가 있다. 이에 대해 '학교가 변화해야 한다.', '정책이 변해야 한다.'라고 지적하는 데 그치지 않고, 근본적으로는 학생들이 행복감을 느끼면서 교육을 받을 수 있도록 해야 할 것이다. 이에 예비 교사로서 지문의 문제에 대해 어떤 시각을 가지고 있는지를 확인하고, 교직 적·인성을 갖추고 있는지를 파악하는 데 평가의 목적이 있다.

☑ 평가 주안점

1. 면접 대상 학생의 입장에서 현재 우리나라 학생들의 행복감이 낮게 나타나는 이유를 적절하게 설명하는지와 본인의 생각을 논리적이며 설득력 있게 제시하는지를 평가한다.
2. 향후 담임교사가 되었을 때 학생들의 행복감 증진을 위해 자신이 할 수 있는 일을 구체적으로 설명하는지를 평가한다.

2018학년도 정시모집 면접고사 문제(오후 교직 적·인성 문제)

※ 다음 글을 읽고 물음에 답하시오.

'개천에서 용 난다.'라는 속담은 사회 경제적으로 어려운 여건에서 훌륭한 인물이 나는 경우를 이르는 말이 다. 그런데 최근 '금수저 흙수저' 현상이 유행하면서 이 속담은 민망한 말이 되고 말았다. 또한 안타까운 점은 저소득층 가정의 청소년들은 자신의 자녀도 미래에 저소득층이 될 가능성이 높다고 여기고 있다는 것이다. 한편 2017년의 한 연구에 따르면, 우리나라의 소득 분배 수준이 2009년 이후 지속적으로 개선되어 선진국 평균에 근접한 것으로 나타났다. 또한 교육이 소득 하위 계층에서 부모 세대보다 자식 세대의 소득 수준을 향상시킨다는 최근의 한 연구 결과는 교육이 여전히 계층 이동 사다리로 작용하고 있음을 말해 주고 있다. 이는 교육이 '금수저 흙수저' 현상의 문제를 해결할 수 있는 하나의 방안이 될 수 있음을 시사한다.

질문 1 '금수저 흙수저' 현상으로 인하여 발생할 수 있는 교육적 문제를 제시하고 그렇게 생각한 이유를 설명하시오.

질문 2 우리 사회에 '금수저 흙수저' 현상이 고착화되었다고 믿고 있는 학생에게 교사로서 할 수 있는 일은 무엇인지 설명하시오.

☑ 출제 의도

최근 우리 사회에서 회자되는 '금수저 흙수저'는 본인의 노력과 관계없이 출생 배경에 따라 삶의 질이 결정된다는 점을 자조적(自嘲的)으로 표현한 것이다. 과거 우리 사회는 다양한 방식으로 계층 이동이 가능했지만 현재 우리 사회는 개인의 노력에 의한 계층 이동이 매우 어려워졌다는 인식이 늘고 있다. 특히 부의 재분배와 관련한 사회의 역할이 약화되고 사회 계층 이동이 고정되면서 양극화가 점점 심화되어 이러한 현상이 사회적 갈등의 요인으로 주목받고 있는 실정이다. 이런 상황에서 교육이 사회 계층의 고착화 문제를 극복할 수 있는 가장 중요한 요소인 동시에 국가 발전의 동력임을 이해하는 것은 미래 교사에게 매우 중요하다. 따라서 '금수저 흙수저' 현상으로 인하여 발생할 수 있는 교육적 문제에 대해 어떤 시각을 갖고 있는지를 확인하고, 이러한 문제의 해결에 있어서 교사의 역할에 대 하여 올바르게 인식하고 있는지를 파악하는 데 평가의 목적이 있다.

☑ 평가 주안점

1. '금수저 흙수저' 현상으로 인하여 발생할 수 있는 교육적 문제를 다양하게 제시하고 그렇게 생각한 이유를 적절하고 타당하게 설명하는지를 평가한다.
2. 우리 사회에 '금수저 흙수저' 현상이 고착화되었다고 믿고 있는 학생에게 교사가 실천할 수 있는 일을 구체적으로 설명하는지를 평가한다.

13
이화여대

면접 종류

수시모집: 개별면접

정시모집: 면접 미실시 ⇨ 수능 100%

● 수시모집

• 제출 서류에 기반하여 인성, 자기주도성, 전공 잠재력 및 발전가능성 등을
종합적으로 평가

• 공통 제시문이 없는 서류 기반 면접이고 학생맞춤형 일반면접으로 평가

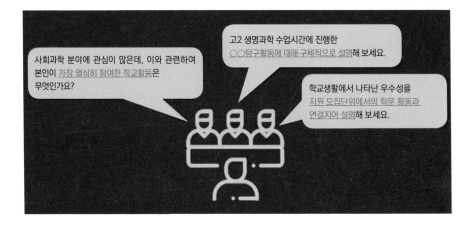

〈이화여대 면접 TIP〉

• 면접장에서 지나치게 긴장하지 말자!
• 제한된 시간 내에 자신의 우수성을 효과적으로 표현하자!

1. 안정되고 바른 자세로 인사하자. 지나친 긴장이나 가벼운 몸짓은 삼가는 것이 좋다.

2. 적절한 음량으로 명확하게 답하자.

3. 이해가 되지 않은 질문은 다시 질문해도 좋다.

4. 긴 답변보다는 두괄식의 간결한 답변이 좋다.

5. 인터넷 유행어를 남발하지 말자.

6. 제한된 시간이나 조건을 잘 지키자.

7. 자신이 제출한 서류를 면접 전에 검토하고 예상 질문을 준비해 보는 등 담력을 기르자.(수상실적, 동아리 활동, 자치활동, 독서활동, 봉사활동, 교과활동사항 등)

기출문제

〈평가 항목별 면접 질문 예시〉

평가 항목	질문 예시
지원동기	• 이화여대, ○○학과 지원동기는 무엇인가? • 학과 선택에 가장 영향을 미친 사람 또는 이슈가 있는가?
학업 기초 역량의 우수성	• 학교생활 중에 이루어 낸 최고의 성과는? • 여러 교과목 중 가장 노력을 많이 기울인 과목은 무엇인가? • 학교생활 중 가장 중요한 역할을 했다고 생각되는 본인의 경험을 소개해 보시오.
전공에서의 준비도 및 잠재력	• [동아리 활동] 지원 학과에서 새롭게 도전하고 싶은 활동이 있다면 무엇인가? • [자율활동/리더십활동] 동료학생들과 협력을 해야 할 때, 본인은 주로 어떤 역할을 선호하는가? • 지원 전공 분야에서 이루고 싶은 일은?
자기주도성 및 발전가능성	• [장단점] 본인의 단점을 보완하기 위해 기울인 노력은 무엇인가? • 목표 달성이 어려울 것 같은 상황에 부딪히면 어떻게 하는가?
의사소통능력 및 인성	• 협동 활동을 할 때, 본인의 소통 방식은 어떤 특성이 있는가? • 리더가 가져야 할 가장 중요한 가치/신념은 무엇이라고 생각하는가?

2017학년도~2018학년도 수시모집 면접고사 문제

- 본인의 장점 1가지와 그 장점이 초등교육에 어떻게 적용될지 말해 보세요.
- 진로가 바뀐 이유를 말해 보세요.
- 성적이 계속 우수하다가 3학년 때 2등급이 하나가 있네요. 그 이유는 무엇인가요?
- 신재생에너지 연구원이 꿈이었을 때 본인이 하고 싶은 활동과 대입준비 사이에서 갈등한
  적이 있나요?
- 인생에 있어서 선택하는 순간이 많은데 본인 앞에 A, B 둘 중 하나를 선택하라고 했을 때
  어떤 기준으로 선택할 것인지 본인의 기준 두 가지를 말해 보세요.
- 힘들었던 시기와 그 극복 방법을 말해 보세요.
- 본교에서 본인을 추천한 이유가 무엇이라고 생각하나요?
- 교사로서 본인이 부족한 점은 무엇인가요?
- 리더십을 발휘한 경험을 말해 보세요.
- 3년 동안 초등교사를 진로 희망한 특별한 이유가 있나요?
- 미래에 교사의 역할은 무엇이라고 생각하나요?

20
의대 면접(다중미니면접. MMI)

다중미니면접(MMI): 의과대학 등에서 복수의 면접실을 구성하여 수험생이 면접실을 옮겨 다니면서 여러 가지 제시된 상황에 맞는 답변을 하는 면접형태

　면접은 대학별로 구술면접, 일반면접, 인성면접, 개별면접, 집단면접, 심층면접, 상황면접 등 다양한 명칭으로 사용되고 있다. 또한, 대학들이 같은 명칭의 면접을 한다고 하더라도 그 질문의 범위나 면접의 방법 등은 서로 다르므로 면접 유의사항을 꼼꼼히 읽고 준비해야 한다. 특히, 심층면접이라고 해서 모두 전공 심화형 문제를 출제하는 것은 아니므로 주의가 필요하다.

최근 의대의 다중미니면접(MMI, Multiple Mini Interview)이 주목을 받고 있다. 의대에서 다중미니면접을 실시하는 이유는 의사소통능력, 전공에 대한 기초소양, 학업역량, 가치관, 인성을 심층적으로 파악할 수 있을 뿐만 아니라 문제 상황 발생 시에 적절한 문제 해결 능력이 있는지를 확인할 수 있기 때문이다.

다중미니면접은 주로 인성이나 의사소통 능력을 평가하기 위해 실시되는 면접이다. 학생부, 자소서 등의 서류를 확인하기도 하지만 주로 상황을 제시하고 그 문제 해결 과정과 논리적 사고력을 평가하므로 '상황 기반 면접'으로도 불린다.

다중미니면접은 여러 개의 면접실을 두고 각 면접실마다 2~3인의 면접관이 각기 다른 평가 항목으로 질문하는 면접이다. 다중미니면접은 의대 지원자들의 인성, 협업, 의사소통, 논리적 사고 등의 역량을 복합적으로 평가하기 위해 개발된 면접 유형이다. 지원자는 일정 시간 동안 여러 개의 방을 돌며 면접을 치르게 되는데, 현재 실시되는 모든 면접형태 가운데 인성 영역을 가장 심층적으로 평가한다. 여러 가지 제시문과 상황을 제시하고 평가해야 하는 데 따른 부담을 대학들이 느끼기 때문에 건양대, 계명대, 고신대, 대구가톨릭대, 동아대, 서울대, 성균관대, 아주대, 울산대, 인제대, 조선대, 한림대 정도만이 다중미니면접을 활용하고 있다. 하지만 생명을 다루는 의대의 특성상 인성이 매우 중요하고, 그동안의 점수 위주 선발방식에 따른 비판을 고려했을 때 앞으로 다중미니면접의 확대가 이뤄질 것으로 예상한다.

의대를 지원하는 학생이라면, 의료 윤리 문제도 반드시 돌아봐야 한다. 요즘 의료 분쟁이 점점 증가추세고, 이에 따라 의사의 윤리 의식에 대한 사회적 요구가 높기 때문이다. 특히, 다중미니면접에 출제되는 상황이 의사의 선택과 판단이 필요한 윤리적 딜레마 상황이 많다. 따라서 신문이나 방송에 나오는 의학 분야 기사와 뉴스를 스크랩해 꼼꼼히 읽어 볼 것을 권하고 싶다.

1 의대 다중미니면접 실시 대학(2022학년도)

> 건양대, 계명대, 고신대, 대구가톨릭대, 동아대, 서울대, 성균관대, 아주대, 울산대, 인제대, 조선대, 한림대

2 의대 다중미니면접 실시 대학(2019학년도)

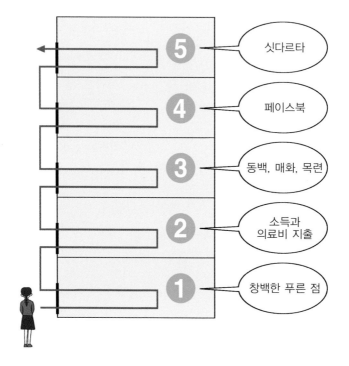

- 5 싯다르타
- 4 페이스북
- 3 동백, 매화, 목련
- 2 소득과 의료비 지출
- 1 창백한 푸른 점

3번 방: 동백, 매화, 목련

☑ 제시문

동백은 한 송이의 개별자로서 제각기 피어나고, 제각기 떨어진다. 동백은 떨어져 죽을 때 주접스러운 꼴을 보이지 않는다. 절정에 도달한 그 꽃은, 마치 백제가 무너지듯이 절정에서 문득 추락해 버린다. '눈물처럼 후두둑' 떨어져 버린다.

매화는 피어서 군집을 이룬다. 꽃 핀 매화 숲은 구름처럼 보인다. 매화는 질 때 꽃송이가 떨어지지 않고 꽃잎 한 개 한 개가 낱낱이 바람에 날려 산화한다. 매화는 바람에 불려 가서 소멸하는 시간의 모습으로 꽃보라가 되어 사라진다.

꽃잎을 아직 오므리고 있을 때가 목련의 절정이다. 목련은 자의식에 가득 차 있다. 그 꽃은 존재의 중량감을 과시하면서 한사코 하늘을 향해 봉우리를 치켜 올린다. 꽃이 질 때 목련은 세상의 꽃 중에서 가장 남루하고 가장 참혹하다. 누렇게 말라비틀어진 꽃잎은 누더기가 되어 나뭇가지에서 너덜거리다가 바람에 날려 땅바닥에 떨어진다.

질문 1 제시문에 나온 꽃들을 인간의 삶에 비유해 보세요.

질문 2 제시문에 나온 꽃 중 하나를 골라 관련 있는 역사적 인물을 소개해 보세요.
    – 추가 질문: 역사적 인물을 한 명 더 말해 보세요.

질문 3 지원자가 바라는 삶의 가치와 부합하는 꽃은 무엇인가요? 제시문에 나오지 않는 꽃이어도 무방합니다.

질문 4 지원자가 추구하는 삶의 가치를 위해 고치고 싶은 점이 있나요?

5번 방: 싯다르타

📋 제시문

상인	"가진 게 아무것도 없다면 어떻게 줄 수 있다는 말이오."
싯다르타	"모든 사람이 가진 것들을 내놓는다. 병사는 힘을, 상인은 물건을, 교사는 가르침을, 농부는 쌀을, 어부는 물고기를."
상인	"그건 알겠소. 그럼 당신은 뭘 줄 수 있다는 거요. 가진 게 아무것도 없잖소."
싯다르타	"나는 사색하고 단식할 줄 안다. 그게 내가 가진 것들이다."

질문 1 제시문을 읽고 든 생각은 무엇인가요?

질문 2 제시문의 상황 이후 상인이 싯다르타에게 할 수 있는 질문은 무엇인가요?
　　　　 – 추가 질문: 그렇게 생각한 이유는 무엇인가요?

질문 3 지원자는 다른 사람들에게 무엇을 줄 수 있다고 생각하나요?

01. 서울대 의예과

〈2018학년도 서울대 수시모집 일반전형(의학계열)〉

대학	계열 또는 학과	전형유형	일반전형
서울대학교	의예과	전형방법	1단계: 서류100(2배수) 2단계: 서류50+면접50

평가방법
- 면접내용: 다중미니면접
- 자료방식: 다양한 상황 제시(4개, 각 10분) / 제출 서류 확인(1개, 20분)
- 면접형식: 한 조가 7명으로 구성, 오전과 오후로 나뉘어 면접 진행
  (1단계 합격자 138명 중 오전 82명, 오후 56명 배정)

평가 요소 및 평가항목
- 2018 수시 일반전형 다중미니면접은 2017과 마찬가지로 5개 방 체제
- 상황제시 없이 제시문 분석 방만 4개였으며 1개 방에선 제출 서류 확인과 제시문 분석이 함께 이루어짐
- 상황 제시 방 4개와 서류 확인 및 분석 방 1개를 이동하며 평가
- 의학 전공에 필요한 자질, 인성, 적성 평가

2018 면접 문항
■ 제출 서류 확인+제시문 분석(싯다르타 방)
 - 제시문의 경우 그간의 다중미니면접 기출과 달리 대화문 형식 출제
 - 출전: 헤르만 헤세의 『싯다르타』
 - 제시문 관련 면접 진행 후 바로 제출 서류 확인 면접이 이어짐

[제시문]
상인   "가진 게 아무것도 없다면 어떻게 줄 수 있다는 말이오."
싯다르타 "모든 사람이 가진 것들을 내놓는다. 병사는 힘을, 상인은 물건을, 교사는 가르침을, 농부는 쌀을, 어부는 물고기를."
상인   "그건 알겠소. 그럼 당신은 뭘 줄 수 있다는 거요. 가진 게 아무것도 없잖소."
싯다르타 "나는 사색하고 단식할 줄 안다. 그게 내가 가진 것들이다."

질문 제시문을 읽고 든 생각은 무엇인가?
질문 제시문의 상황 이후 상인이 싯다르타에게 할 수 있는 질문은 무엇인가?
      - 꼬리질문: 그렇게 생각하는 이유는 무엇인가?
질문 지원자는 다른 사람들에게 무엇을 줄 수 있다고 생각하는가?

■ 제시문 분석(페이스북 방)
- 페이스북 관련 제시문을 일부 요약하는 형태로 진행
- 대기실에서 8분간 제시문을 읽고 200자 이내로 내용 요약하면 요약본이 면접관에게 전달됨
- 출전: 이준웅 서울대 언론정보학과 교수의 '인터넷 알고리듬이 만드는 편향적 세상' 신문 칼럼(2017.9.24.)
- 대기실에서 8분간 제시문을 읽고 200자 이내로 내용 요약하면 요약본이 면접관에게 전달됨

[제시문]
페이스북은'내게만' 좋은 세상을 보여 주지 않는다. '신박하게도' 모두에게 각자 좋은 세상을 보여 준다. 알고리듬(algorithm, 알고리즘으로 표기하기도 한다.)을 사용하기 때문이다. 이 알고리듬은 우리가 각자 맺은 친구관계, 거절한 친구 요청, '좋아요' 한 것과 '화나요' 한 것, 그리고 우리가 올린 모든 사진과 글을 분석해서 각자에게 좋은 세상을 뉴스라며 보여준다. 이렇게 유능한 페이스북 알고리듬이 사고를 쳤다. 아니, 수많은 문제들 가운데 하나가 또 드러났다고 해야겠다.

페이스북은 알고리듬을 이용해서 이용자에게 각자 좋은 뉴스를 제공하면서, 동시에 광고주에게 이용자 정보를 팔아 돈을 벌어 왔다. 탐사보도 전문 언론인 프로퍼블리카가 지난 14일 폭로한 바에 따르면, 페이스북은 인터넷 광고 판매에서 '세상을 망친 유태인의 역사'나 '유태인을 불태우는 방법'과 같은 범주가 이용되는 것을 용인했다고 한다. 인종, 종교, 성별에 대한 증오범죄를 묘사하는 내용을 용인하기도 했다.

미국 언론의 탐사보도가 계속되자 페이스북은 즉각 해명하고 사과에 나섰다. 의도적으로 그랬던 것은 아니지만, 그런 일이 발생했던 것은 사실이고 또한 페이스북이 인식하지 못했기에 잘못이라 인정했다. 물론 페이스북은 이 모든 일을 미리 의도하지 않았다. 그러나 그들은 이 사태를 초래한 알고리듬의 설계자요 관리자다. 그들은 효율적이고 효과적인 알고리듬이 얼마든지 편향적이거나 불공정할 수 있다는 사실을 알고 있다.

알고리듬은 중립적이지 않다. 예컨대, 구글 검색 결과가 그렇다. 같은 시간 같은 장소에서 같은 단어를 검색창에 넣은 두 사람은 완전히 다른 결과를 얻게 된다. 포털 뉴스도 마찬가지다. 포털 뉴스가 편향적이라고 비판하는 자는 애초에 그 자신이 포털에서 주로 어떤 뉴스를 봤는지 먼저 반성해야 한다.

인터넷 활동가 일라이 파리서는 이런 현상을 '여과기 거품'이라 불렀다. 우리가 인터넷 플랫폼을 이용하는 사이에 플랫폼에 고유한 알고리듬이 여과기처럼 작동하고 있는데, 우리는 여과기 밖으로 걸러지는 정보가 무엇인지 알 수 없다는 뜻이다.

여과기 거품은 일단 인지적 편향을 낳는다. 인터넷에서 진보적인 친구를 구하고 개혁적 주장을 펼치는 자는 실은 보수주의자의 염려를 접하지 못하는 것은 물론, 중도파의 유보적 견해나 독립파의 변심을 알아채지 못할 가능성이 높다. 전투적 여성주의자는 남성들의 괴롭고 슬픈 목소리를 듣지 못하는 것은 물론, 생각이 다른 여성주의자의 견해마저 놓칠 가능성이 높다.

보기 싫은 사람을 피하고, 듣고 싶지 않은 발언을 거르겠다는 게 왜 문제인가? 이는 실로 인식의 문제를 넘어선다. 여과기 거품 속에서 개인은 거품이 없었으면 하지 않았을 행동을 할 수 있다. 그리고 그런 행동은 거품을 넘어서 여론을 형성하기도 한다. 타인의 행동에 영향을 미칠 수도 있다.

미국은 지금 페이스북이 2016년 미국 대통령 선거에 미친 영향을 놓고 조사가 한창이다. 조사 중에 밝혀진 새로운 사실이 있다. 2015년 여름부터 러시아의 한 광고회사가 페이스북에 10만 달러 상당의 광고를 집행했는데, 그 내용 중에 인종갈등과 성 소수자 사안과 같은 미국 유권자를 이념적으로 분열하기 위한 내용이 있었다고 한다.

질문 제요약한 내용을 다시 한번 정리해 말해 보라.
질문 제시문에서 키워드 3개를 찾아보라.
질문 키워드를 활용해 제시문의 주제를 말해 보라.
    - 꼬리질문: 주제를 요약해 하나의 문장으로 말해 보라.

질문 제시문과 비슷한 사례가 존재할까?
- 꼬리질문: 제시한 사례와 제시문의 사례의 공통점과 차이점은 무엇인가?

질문 제시문에 나온 문제를 해결할 수 있는 방안은 무엇인가?

■ 제시문 분석(페이스북 방)
- 3가지 꽃 동백, 매화, 목련에 관한 제시문
- 2분간 제시문 읽고 8분간 면접
- 출전: 김훈의 『자전거 여행』
- 제시문의 내용을 바탕으로 역사적 인물을 소개하란 질문이 나오는 등 독해력에 더해 역사적 배경지식 관련 학업역량 측정도 이루어짐

[제시문]
　동백은 한 송이의 개별자로서 제각기 피어나고, 제각기 떨어진다. 동백은 떨어져 죽을 때 주접스러운 꼴을 보이지 않는다. 절정에 도달한 그 꽃은, 마치 백제가 무너지듯이 절정에서 문득 추락해 버린다. '눈물처럼 후두둑' 떨어져 버린다.
　매화는 피어서 군집을 이룬다. 꽃 핀 매화 숲은 구름처럼 보인다. 매화는 질 때 꽃송이가 떨어지지 않고 꽃잎 한 개 한 개가 낱낱이 바람에 날려 산화한다. 매화는 바람에 불려 가서 소멸하는 시간의 모습으로 꽃보라가 되어 사라진다.
　꽃잎을 아직 오므리고 있을 때가 목련의 절정이다. 목련은 자의식에 가득 차 있다. 그 꽃은 존재의 중량감을 과시하면서 한사코 하늘을 향해 봉우리를 치켜 올린다. 꽃이 질 때 목련은 세상의 꽃 중에서 가장 남루하고 가장 참혹하다. 누렇게 말라비틀어진 꽃잎은 누더기가 되어 나뭇가지에서 너덜거리다가 바람에 날려 땅바닥에 떨어진다.

질문 제시문에 나온 꽃들을 인간의 삶에 비유해 보라.

질문 제시문에 나온 꽃 중 하나를 골라 관련 있는 역사적 인물을 소개해 보라.
- 꼬리질문: 역사적 인물을 한 명 더 말해 보라.

질문 지원자가 바라는 삶의 가치와 부합하는 꽃은 무엇인가? 제시문에 나오지 않는 꽃이어도 무방하다.

질문 지원자가 추구하는 삶의 가치를 위해 고치고 싶은 점이 있는가?

■ 제시문 분석(소득과 의료비 지출 방)
- 의료비 방에서는 저소득층 가구와 고소득층 가구의 연평균 소득과 의료비 지출 액수, 전체 소득에서 의료비 지출이 차지하는 비율 등이 표 형태로 제시됨
- 저소득층 가구와 고소득층 가구의 연평균 소득은 10배 이상 차이가 났지만 고소득층 가구의 의료비는 저소득층 가구의 1.5배 수준임
- 각각 전체 소득에서 의료비가 차지하는 비율은 저소득층의 경우 17%, 고소득층의 경우 3% 수준임
- 면접실에 입장해 답변을 이어 나가는 과정에서 추가 도표를 주고 의견을 묻는 경우도 많았음
- 추가 도표로는 간병비 등을 포함한 전체 의료비를 기준으로 하는 고소득층의 의료비와 저소득층의 의료비 차이가 간병비 등을 제외하고 필수 의료비만 계산했을 때의 고소득층-저소득층 차이의 2~3배인 도표가 제시됨

[제시문]
아래 표는 2014년 소득 하위 20% 가구(저소득층)와 소득 상위 20% 가구(고소득층)의 연간 평균 소득과 가계가 직접 지출하는 의료비 현황이다.

항목	소득 하위 20% 가구(저소득층)	소득 상위 20% 가구(고소득층)
연간 소득(A)	880만원	8,480만원
연간 의료비(B)	150만원	220만원
소득 대비 의료비의 비율(B/A×100)	17%	3%

질문 자료를 분석해 얻을 수 있는 정보에 대해 말해 보라.

질문 저소득층 의료비 지출 액수가 적은 이유를 설명하라.

    – 꼬리질문: 설명한 내용에 대한 근거가 부족하다. 추가로 들 수 있는 근거는?

질문 저소득층 의료비 지출을 줄이는 것이 옳다고 생각하는가?

질문 고소득층에서 저소득층 대비 절대적인 의료비 지출이 많은 이유는 무엇인가?

질문 만성질환은 저소득층에서 주로 나타난다. 왜 고소득층의 의료 지출이 많다고 생각하는가?

질문 저소득층의 엥겔지수가 높은 것에 대해선 사회 전반적으로 큰 문제의식을 느끼지 않는다. 왜 의료비 지출비율 차이는 유독 문제가 된다고 생각하는가?

추가도표 관련 질문 해당 자료를 분석해 보라.

■ 제시문 분석(창백한 푸른 점 방)

– 태양계 탐사를 하는 보이저 1호가 2009년 찍은 지구 사진에 관한 일화가 제시문으로 나옴

– 보이저 계획에 참여한 미국의 천문학자 칼 세이건이 이 사진에 나온 지구를 두고 '창백한 푸른 점(Pale Blue Dot)'이라고 표현했기에 합격생들이 이를 두고 '푸른 점' 방으로 부름

[제시문]

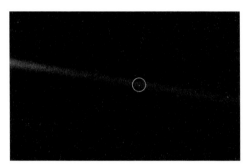

    이 사진은 명왕성 부근을 지나고 있던 보이저 1호의 망원 카메라를 지구 쪽으로 돌려서, 우주에서 바라본 지구의 모습을 찍어 보자는 『코스모스』의 저자 칼 세이건의 제안으로 1990년 2월 14일 촬영한 것이다.

    이 제안에 대해 당시 반대 의견이 만만치 않았다. 과학적인 관점에서 별로 의미가 없는 일이기 때문이었다. 게다가 망원경을 지구 쪽으로 돌린다면 자칫 태양빛이 망원경의 카메라 주경으로 바로 들어갈 위험이 있다. 이는 망원경으로 태양을 바로 보면 실명될 수 있는 것과 다름없는 위험한 일이라고 미항공우주국(NASA) 과학자들은 주장했다. 그러나 새로 부임한 우주비행사 출신 리처드 트롤리 신임 국장은 지구의 모습을 촬영하자는 제안을 긍정적으로 평가하여, 태양계 바깥으로 향하던 보이저 1호의 카메라를 돌려 지구의 모습을 촬영하기로 결단을 내렸다. 그리고 그날, 지구-태양 간 거리의 40배나 되는 약 60억km 떨어진 태양계 외곽에서 바로본 지구의 모습은 그야말로 '먼지 한 톨'이었다.

    칼 세이건은 이 광경을 보고 "여기 있다! 여기가 우리의 고향이다."라고 말하였고, '창백한 푸른 점(Pale Blue Dot)'이라고 명명한 그의 소회는 전 세계적으로 큰 반향을 일으켰다.

질문 사진이 철학적인 의미를 담고 있다는 주장이 있다. 동의하는가? 동의한다면 왜 그렇다고 생각하는가?

질문 망원경 방향을 지구 쪽으로 돌린 것에 대해서 어떻게 생각하는가?

질문 망원경 방향을 돌린 것이 합리적인 판단이었는가? 본인이 책임자였더라면 망원경 방향을 돌렸겠는가?

    – 꼬리질문: 망원경 방향을 돌렸을 때 지구가 촬영될 가능성이 높다고 생각하는가? 촬영되지 않았을 가능성이 높다고 생각하는가?

질문 지원자가 칼 세이건의 결정과는 반대 입장이라면 어떻게 설득할 것인가?

〈2017학년도 서울대 정시모집 일반전형(의예과)〉

면접 준비시간	2분 내외	면접시간	20분 내외
면접관	2명		

제목: The gross clinic(1875)

제시문 면접

– 면접실에 입장하고 벽에 있는 그림에 대해 설명하도록 함.

(1) 그림 속 등장인물에 대해(역할/관계)서 설명해 보세요.

(2) 그들이 현장에서 취해야 할 행동에 대해 설명해 보세요.

(3) 교수, 집도의, 환자, 환자가족, 기록관 (등장인물을 지목) 각각 그 입장이 됐을 때 어떤 마음과 어떤 생각을 하고 있을지 묘사해 보시오.

교수

집도의

환자

환자 가족

기록관

(4) 그림 속에는 화가 본인도 등장하는데, 화가는 무슨 생각을 했을까 설명해 보세요.

화가

(5) 그림 속 현장과 현대 수술실을 비교해 보시고 차이점을 구체적으로 설명해 보세요.

서류 확인 면접

(1) 지원동기는 무엇인가 말해 보세요.

(2) 의사가 되고 싶은 이유를 설명해보세요.

(3) 의대에 와서 어떤 공부를 할지 말해 보세요.

(4) 인생에서 가장 가치 있는 것이 무엇인지 말해 보세요.

(5) 학교생활기록부 관련 질문

02. 성균관대 의예과

● (공감소통) 아래 지시문을 읽고, 면접위원 질문에 답하시오.
  – 준희와 성민이는 초등학교 때부터 가장 친한 친구로 전교 1, 2등을 번갈아 해 왔다.
  – 준희가 가고 싶어 하는 대학교의 전형에서는 ○○경시대회 1등 수상 경력이 합격에 매우 중요하다.
  – 반면 성민이가 가고 싶은 대학교의 전형은 ○○경시대회 수상 경력이 중요하지 않다.
  – ○○경시대회 결과 성민이가 1등을 차지했다. 그 이후 준희는 성민이의 인사를 잘 받지 않고 연락도 하지 않는다.
    ○ 질문: 지원자가 성민이라면 어떻게 할 것인가?

● (도덕성과 윤리의식) 아래 지시문을 읽고, 면접위원 질문에 답하시오.
  – 철희는 지하철을 타고 집에 오던 중 옆에 앉은 한 외국인 남자와 대화를 하게 되었다.
  – 이런저런 얘기 끝에 그 사람은 한국에 와서 일을 한 지 5년쯤 되었는데 그사이 임금을 여러 번 떼인 적이 있어 정말 화가 난다고 했다.
  – 자기 나라 관습은 그렇게 잘못한 사람은 돌로 쳐서 죽이기도 하는데 한국에서는 죄를 너무 관대하게 다스린다고 흥분하며 얘기했다.
    ○ 질문: 지원자가 철희라면 이 외국인에게 어떤 말을 해 주고 싶나요?

● (비판적·논리적 사고) 아래 지시문을 읽고, 면접위원 질문에 답하시오.
  – 영화배우 안젤리나 졸리는 유전자검사 결과, 암유전자변이가 발견되어 예방적으로 난소와 가슴 절제술을 받았다.
  – 최근 의과학 지식, 공학 기술과 임상데이터를 통합한 인공지능을 이용하여 질병을 진단하고 치료하려는 시도가 있다.
  – 인간의 기대수명이 100세를 넘어 점점 길어지고 있다.
    ○ 질문: 제시된 세 가지 과학적 사건들을 조합하여 개연성 있게 설명해 보세요.

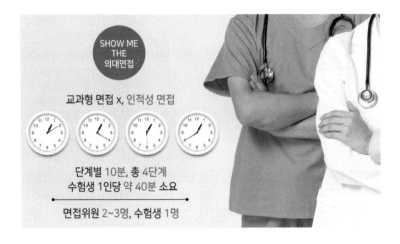

03. 인제대 의예과

〈상황 제시문 및 질문 예시 1〉

문항유형 1)
며칠 전 아파트 게시판에 무인경비시스템 도입에 대해 입주민의 찬반을 묻는다는 공고문이 붙었다. (나는) 시스템을 도입하면 경비원 수를 줄여 관리비가 줄어들기 때문에 많은 입주민이 찬성하고 있다는 이야기를 어머니로부터 들었다. (나는) 어제 경비실 앞에서 우리 동 경비아저씨가 한 입주민에게 이 안이 시행되면 3개월 후에 그만두게 된다며 서운하다고 말씀을 하시는 것을 들었다.
 1. 이 상황을 어떻게 생각합니까?
 2. 입주민의 반응에 대해 어떻게 생각합니까?
 3. 응시자가 '나'라면 어떻게 하겠습니까?

문항유형 2)
여러 명이 힘을 합쳐 수행하였던 일 중 가장 노력을 많이 기울였던 사례를 말해 주세요.

평가기준
• 면접방식: MMI 면접, 총 6개 면접실
• 면접시간: 총 60분(면접실당 10분)
• 면접실 구성: 수험생 1명과 면접위원 2명
• 진행방식
 가) 면접실 밖에서 2분간 제시문과 질문을 읽고 답변 준비
 나) 면접실 안에서 8분간 면접
• 평가내용: 좋은 의사로 성장할 수 있는 잠재력이 있는 학생의 인성

〈상황 제시문 및 질문 예시 2〉

문항유형 1)
나는 의예과 1학년 학생이다. 1년간 실습을 같이 하게 될 실습 조를 구성하고 있다. 실습 조원은 학생이 자율로 정하는데 4명 중 1명만 더 뽑으면 되는 상황이다. 지난해 몸이 아파 휴학하였던 복학생 A가 우리 조에 들어오고 싶다고 하였다. A를 조원으로 받아들일지를 논의 중이다. 친구 B는 반대하고, 친구 C는 찬성한다고 하였다.

1.'친구 B'는 왜 그랬을까요?
2.'친구 C'는 왜 그랬을까요?
3. 응시자가 '나'라면 어떻게 하시겠습니까?

문항유형 2)
자신이 맡은 역할을 수행했던 경험 중 가장 힘들었던 사례를 말해 주세요.

04. 한림대 의예과

● 2021학년도 기출문제

〈문항 및 제시문 1〉

[주문제]
HIV 양성으로 진단이 확진된 남자가 의사에게 부인에게는 자신의 상태를 알게 되는 것을 원하지 않으며 비밀을 지켜줄 것을 요구하였다. 주치의로서 당신은 어떻게 할 것인가?

[단계문제]
1. 환자의 부인에게 남편의 상태에 대해서 말할 의무가 당신에게 있는가?
2. 환자의 비밀을 지켜줄 경우와 지키지 않을 경우, 각각 어떤 문제가 예상되는가?
3. 국가가 환자의 비밀(성병, 법정 전염병 등)을 보고할 것을 강제하는 것이 정당화되는 윤리적 근거는 무엇일까?

출제의도

- 공동의 목표를 달성하기 위하여 내가 해야 할 일을 인식하고 노력
- 나 혼자의 이익보다 다수의 이익을 고려하여 행동

문항해설

의사로서 환자 진료 시 있을 수 있는 상황으로 타인의 건강을 해칠 수 있는 전염병의 경우 환자의 비밀보장보다 우선할 수 있는지를 묻고 있음. 학생의 가치판단 기준을 확인할 수 있는 문제로 학교 교육과정을 충실히 이행한 학생이라면 답변할 수 있음

점수척도

높은 점수: 성병이나 법정 전염병 등의 경우에는 환자의 비밀을 지켜줄 의무보다 앞설 수 있으며, 특히 처해 있는 상황과 같이 생명(위험)과 관련된 경우라면 강제(의무사항)라도 앞선 가치임을 제시한다.
보통 점수: 사회의 이익과 환자의 사생활 비밀 유지의 관계를 이해하지만 구체성이 부족하고 핵심가치를 제시하지 못한다.
낮은 점수: 사회의 이익과 환자의 사생활 비밀 유지의 관계를 이해하지 못하고 자신의 의견을 제시하지 못하는 경우

〈문항 및 제시문 2〉

[주문제]
본인이 한림의대에 입학하여 본과 3학년이라고 가정해보자. 병원 실습을 하던 중에 같은 실습 조원들 몇 명이 의료 기기를 남몰래 가방에 넣는 것을 보았다. 그들에게 물어봤더니 집에서 임상술기를 연습하기 위해 가져가는 거라고 하면서 아무에게도 얘기하지 말라고 한다.

[단계문제]
1. 본인이 이 상황의 위험성을 먼저 설명해 보시오.
2. 본인은 의료 기기를 몰래 가져가는 실습 조원들에게 어떻게 할 것인지 설명해보시오.
3. 본인은 이 상황에서 어떻게 하는 것이 최선의 방법이라고 생각하는지 설명해보시오.

출제의도

– 공동의 목표를 달성하기 위하여 내가 해야 할 일을 인식하고 노력
– 나 혼자의 이익보다 다수의 이익을 고려하여 행동
– 상황에서 '정직'이라는 가치를 현명하게 실천하고자 하는 의지와 생각을 확인하고자 함

문항해설

전체와 개인, 미래의 의사로서 '정직'이라는 가치를 상황제시 면접 질문을 통해 파악하고자 하는 문항으로 의학도로서 갖추어야 할 자질과 '같이의 가치'를 실천할 수 있는지에 대한 본인의 생각을 논리적으로 답변할 수 있는지를 묻는 문항이므로 고교 교육과정을 이수한 학생이라면 충분히 본인의 생각을 얘기할 수 있는 정도의 문항임

점수척도

높은 점수: '정직'이라는 가치와 더불어 문제가 될 수 있는 '우정' 및 '배려' 등에 대한 종합적인 고민을 토대로 본인의 생각을 명확하게 전달하는 경우
보통 점수: 본인의 생각을 명확하게 전달하나 근거 및 이유가 분명하지 못한 경우
낮은 점수: 상황을 회피하거나 명확하게 본인의 생각을 제시하지 못한 경우

〈문항 및 제시문 3〉

[주문제]
다음은 정서적 애착이 성장에 미치는 영향을 관찰하기 위하여 수행한 동물실험 내용이다. 연구자는 아기 원숭이를 어미로부터 분리시킨 후 아기 원숭이에게 젖병이 달린 철 인형과 헝겊으로 감싼 부드러운 인형(젖병 없음)과 같이 생활하도록 하였다. 그 결과 아기 원숭이는 배가 고플 때만 젖병이 달려있는 철 인형에게 잠시 갔다 왔을 뿐, 거의 항상 부드러운 인형을 선택했다. 심지어 연구자가 부드러운 인형을 선택한 아기 원숭이에게 물을 뿌리는 등 고통을 주었지만 아기 원숭이들은 부드러운 인형 곁을 떠나려 하지 않았다. 하지만 시간이 지날수록 부드러운 인형에게서 키워진 새끼 원숭이는 점차 자폐 성향을 보였다. 또한 이 원숭이들은 정상적인 짝짓기를 하지 않았고, 강제로 짝짓기를 시킨 결과 실험군인 암컷은 수컷과 새끼 원숭이를 공격하였다.

[단계문제]
1. 위의 실험 결과가 의미하는 바를 설명하시오.
2. 추가적인 연구를 계획해 보시오.
3. 위의 연구가 가진 윤리적인 문제를 제기해 보시오.
4. 사람에게 유사한 연구를 하려면 어떻게 실험을 계획하겠는가?

출제의도
연구 진행에서 발생할 수 있는 윤리적 문제점을 파악할 수 있는가? – 공감능력

문항해설
제시된 연구를 통해 결과를 해석하는 능력과 동물실험을 통해 파생되는 연구윤리의 문제점을 파악할 수 있는지를 질문하고 있음. 학교 토론 활동에서 흔히 접할 수 있는 주제로 의대 진학을 희망하는 학생이라면 충분히 사고하여 답할 수 있는 문항으로 판단됨.

점수척도
높은 점수: 연구 결과에 대한 깊이 있는 해석 및 파생되는 연구윤리의 문제점을 파악함
보통 점수: 연구 결과에 해석과 연구윤리 파악이 단편적임
낮은 점수: 근거 없이 자신의 주장만을 반복함

● 2018학년도 기출문제

〈상황 제시문 및 질문 예시 1〉

[주문제]
대학생 A는 수영동아리에서 의무적으로 심폐소생술 교육을 받으라고 권고하였으나 자발적이지 않은 강제(의무)교육은 의미가 없으며, 또한 자신이 사람을 구할 일은 생기지 않을 것이라 생각하여 교육을 받지 않았다.

[단계문제]
1. A의 태도에 대한 학생의 생각은?
2. 자발적이지 않은 의무(강제)사항에 대한 학생의 생각은?
3. 비슷한 상황을 경험한 적이 있는지? 있다면 이야기해 보세요.
4. 비슷한 경험이 없었다면 앞으로 유사한 상황을 만났을 때 어떻게 행동할 것인지? 자신의 행동에 대한 이유(배경)를 설명하세요
5. 자신의 가치관 중 어떤 면을 반영한다고 생각하는지요?
6. 자신의 가치관으로 가장 중요한 것은 또는 우선순위는?
7. 중요한 또는 우선순위 가치관 확립을 위하여 나는 지금까지 어떤 노력을 하였지요?

출제의도
주어진 상황에서의 유연한 사고와 자신이 사회의 구성원으로서 공공의 이익을 위하여 어떤 태도를 가지고 있는지 살펴봄

점수척도
높은 점수: 공동체의 의무사항은 개인의 의견보다 앞설 수 있으며, 특히 처해 있는 상황과 같이 생명(위험)과 관련된 경우라면 강제(의무사항)라도 앞선 가치임을 제시한다.
보통 점수: 공동체와 개인의 관계를 이해하지만 구체성이 부족하고 핵심가치를 제시하지 못한다.
낮은 점수: 공동체와 개인의 관계를 이해하지 못하고 자신의 의견을 제시하지 못하는 경우

〈상황 제시문 및 질문 예시 2〉

[주문제]
A라는 교과목은 중간고사와 기말고사 점수 이외에 몇 회의 쪽지시험을 실시하여 전체 점수의 10% 정도를 반영하고 있습니다. 비중은 크지 않지만 쪽지시험에서 만점을 받는 것은 상당한 학습시간을 요구합니다. 쪽지시험을 보던 어느 날, 옆자리에 앉은 친한 친구가 학생에게 답을 보여 달라고 한다면 어떻게 대처를 하겠습니까?

[단계문제]
1. 친한 친구의 부탁이기도 하고 점수의 비중도 크지 않은데 괜히 거절을 하거나 선생님께 보고하는 것이 오히려 문제를 키우진 않을까요?
2. 본인의 생각하는 '정직'을 정의해 보세요.

출제의도
누구나 '정직'이라는 가치가 중요하다고는 생각하지만 실제 생활에서는 사소하다는 이유로, 친한 사람의 부탁이라는 이유로, 때로는 내가 받을 수 있는 이윤 때문에 지켜지지 않는 경우가 발생할 수 있습니다. 본 문항과 같은 상황에서 '정직'이라는 가치를 현명하게 실천하고자 하는 의지와 생각을 확인하고자 함.

점수척도
높은 점수: '정직'이라는 가치와 더불어 문제가 될 수 있는 '우정' 및 '배려' 등에 대한 종합적인 고민을
토대로 본인의 생각을 명확하게 전달하는 경우
보통 점수: 본인의 생각을 명확하게 전달하나 근거 및 이유가 분명하지 못한 경우
낮은 점수: 상황을 회피하거나 명확하게 본인의 생각을 제시하지 못한 경우

〈상황 제시문 및 질문 예시 3〉

[주문제]
다음 상황을 숙지하고 면접관의 질문에 답변해 주시기 바랍니다. 그리고 답변은 그 이유를 함께 이야기해
주시기 바랍니다.
"시골에서 살고 있는 75세 할아버지가 도시에 살고 있는 아들의 권유로 정기검진을 받은 후 위암을 진단
받았다. 환자는 암은 손대는 것이 아니라며 치료를 거부하고 있고, 아들은 적극적인 치료를 원하고 있다."

[단계문제]
1. 학생이 주치의라면 조기 위암이 진단되어 완치 가능성이 높을 경우 환자에게 어떻게 설명하겠습니까?
2. 학생이 주치의라면 말기 위암이 진단되어 완치 가능성이 낮을 경우 환자 및 보호자에게 어떻게 설명하겠
습니까?

출제의도
주어진 상황에 따른 논리적 사고 측정

점수척도
높은 점수: 다양한 관점을 파악하고 공감하고 있다.
보통 점수: 각 관점에서 상황을 파악하고는 있으나 분명한 근거가 부족하다.
낮은 점수: 각 관점의 상황을 파악하는 면과 결정의 근거가 부족하다.

〈상황 제시문 및 질문 예시 4〉

[주문제]
A와 B는 같은 반 학생으로 수학 성적이 매우 높다. 선생님께서 방과 후 자율학습 시간에 A에게 수학 모
의고사 문제풀이를 하라고 하셨다. A가 문제를 다 풀자 B가 그중 한 문제의 풀이에 이의를 제기하며 정답
이 아니라고 주장했다. A와 B는 각자 자신의 풀이가 맞다는 주장을 되풀이하였고 그러던 중 B가 자신
의 주장이 틀렸음을 발견하였으나 학급 학생들 모두가 지켜보는 상황에서 자신의 잘못을 인정하기 어려워
계속 자신의 주장을 굽히지 않았다. 다른 학생들은 혼란스러워졌고 선생님은 이 상황을 끝까지 말없이 지
켜보고 있었다.

[단계문제]
1. 이 상황에서 발생된 문제점은?
2. 학생이 A라면 어떤 기분일까요?
3. 학생이 B라면 어떤 기분일까요?
4. 학생이 A인 경우 B와 관계를 회복하기 위하여 어떻게 행동했을까요?
5. 학생이 B인 경우 뒤늦게 자신의 잘못을 깨달았을 때 어떻게 행동했을까요?
6. 비슷한 경험이 있는지요? 비슷한 경험이 있었다면 어떻게 해결하였으며 이후 행동방식에 어떤 영향을
주었는지요?

출제의도
다양한 상황에서 겪을 수 있는 갈등 관계를 통하여 상대편을 이해하고 자신을 성찰하여 문제를 해결하고자 하는 의지를 보고자 함

점수척도
높은 점수: 상대편을 이해하고 자신을 성찰하여 갈등을 해결하고자 하는 긍정적인 노력이 있는 경우 또는 경험을 통하여 자신의 행동 방식에 변화를 주려고 노력한 경우 보통 점수: 갈등을 해결하기 위하여 노력하였으나 자신에 대한 성찰이 부족하고 행동 양식을 변화시키기 위한 의지가 부족한 경우 낮은 점수: 스스로 갈등을 해소할 의지가 부족하거나 주변 인물을 통하여 해결하는 경우

〈상황 제시문 및 질문 예시 5〉

[주문제] 알파고와 이세돌 9단의 바둑 대결 이후 인공지능에 대한 관심과 "인공지능이 향후 의사의 생존을 위협할 수도 있다"는 우려의 목소리가 동시에 높아졌다. **[단계문제]** 1. 인공지능은 무엇인지요? 2. 인공지능이 인간보다 나은 점은? 3. 인간이 인공지능보다 나은 점은? 4. 현재 일상에서 사용되고 있는 인공지능의 예는? 5. "인공지능이 향후 의사의 생존을 위협할 수도 있다"라는 견해에 대한 학생의 생각은? 6. 인공지능 시대에 의사의 역할은 무엇이라고 생각하는지요? 7. 인공지능 시대를 대비하여 지금까지 학생이 해 온 노력과 앞으로의 계획은? 8. 외부 환경변화에 대한 나의 반응(대처방식)은 어떠하였는지 예를 들어 설명해 보세요.

출제의도
다양하고 빠르게 변화하는 시대적 흐름(미래)에 대하여 단순한 지식의 습득 외에 자신의 주관적 인식과 대응 능력을 알아보기 위함

점수척도
높은 점수: 자신이 생활 가운데 경험해 온 IT 기술의 발전과정을 예로 들어 미래의 변화를 조리 있게 설명하거나 다가올 변화에 대한 자신의 계획을 제시하는 경우 보통 점수: 인공지능에 대한 자신의 생각을 제시하나 앞으로의 변화에 대하여 자신의 계획을 제시하지 못하고 책이나 다른 매체의 내용을 인용하여 답변하는 경우 낮은 점수: 인공지능에 대해 단순한 지식만 답변하는 경우

〈상황 제시문 및 질문 예시 6〉

[주문제]
학생부종합전형의 확대로 고교에서 교내대회에 관심이 높아지고 있습니다. A고교에서는 '소수학생의 대회 수상 독식을 방지하기 위하여 대회 출전 횟수를 제한하자는 의견과 모두에게 동등한 기회를 제공하여야 한다.'는 의견이 대립하고 있습니다. 어느 의견에 동의하는지 자신의 생각을 말해 주세요.

[단계문제]
1. 수험생의 학교에서 소수학생이 다수의 대회에 입상하는 사례가 있었는지요?
2. 이와 관련하여 친구들 사이에서 의견 대립이 있을 때, 해결을 위한 학생만의 비법이 있나요?
3. 더불어 함께 생활하다 보면, 갈등과 대립이 계속됩니다. 이를 줄이기 위하여 우리가 할 수 있는 행동은 무엇이 있을까요? 그 이유도 말해 주세요.

출제의도

- 학교, 사회 등에서 발생하는 사실에 대한 문제의식 수준 파악
- 문제에 대한 논리적 사고 능력 및 보편타당 또는 독창적인 이해력 정도
- 타인을 배려하고 갈등을 완화하는 노력을 갖춘 건전한 청소년 상
- 이러한 사항을 평가하여 문제의식을 갖고 논리적 사고를 통하여 타인을 배려하는 인재를 평가하고자 함

점수척도

높은 점수: • 생활 속에 발생하는 사실에 대한 문제의식 수준이 충분한 경우
　　　　　• 문제의식에 따른 자신의 생각을 논리적으로 잘 표현하는 경우
　　　　　• 문제를 긍정적 방향으로 해결하려는 의지가 보이고 타인을 배려하는 경우
보통 점수: • 문제의식 수준, 생각의 논리적인 면, 문제 해결 의지, 타인 배려의 모습 중 부족한 부분이 일부 있는 경우
낮은 점수: • 문제의식 수준, 생각의 논리적인 면, 문제 해결 의지, 타인 배려의 모습 중 부족한 부분이 많이 있는 경우

〈상황 제시문 및 질문 예시 7〉

[주문제]
A 의사는 집에서 10분 정도 거리가 있는 B 종합병원에서 근무하는 유일한 외과의사다. 며칠 전 진료를 보았던 환자가 MERS 양성이었던 것이 밝혀져 A 의사는 불가피하게 자택 격리에 들어가게 되었다. 그러던 중 갑자기 병원에서 응급수술이 필요한 환자가 발생하였다는 연락이 왔다. A는 병원에 가서 수술을 해야 할지 고민하고 있다.

[단계문제]
1. A가 고민하고 있는 이유를 설명해 보시오.
2. 학생이 A라면 어떤 결정을 할 것인가?
3. 그러한 결정을 한 이유는 무엇인가?
4. 그러한 결정 후 결과로 발생할 수 있는 상황을 예상해 보시오.

출제의도

주어진 상황에 따른 논리적 사고 측정

점수척도

높은 점수: 다양한 관점을 파악하고 공감하고 있다.

보통 점수: 각 관점에서 상황을 파악하고는 있으나, 분명한 근거가 부족하다.

낮은 점수: 각 관점의 상황을 파악하는 면과 결정의 근거가 부족하다.

〈상황 제시문 및 질문 예시 8〉

[주문제]

당신이 주치의를 맡고 있는 암병동에 말기 암환자인 A씨가 입원하였다. A씨는 대학교수로 최근 2년 동안 암 치료를 받으면서 "강단에서 학생을 가르치다가 죽으면 좋겠다"고 아내에게 입버릇처럼 말했으며, 내일 도 강의 때문에 학교에 다녀오겠노라고 2시간 동안만 외출을 허락해 달라고 통사정을 했다. 그러나 A씨의 병세는 산소흡입이 필요하고 만일의 사태에 대비하여 근처에 의료진이 있어야 할 정도로 심각한 상황이다. A씨의 기대여명은 4개월 정도로 아내는 알고 있으나, 환자는 어렴풋이 눈치를 채고 있는 정도이며 병세를 정확하게 알지 못하는 상황이다.

A: 암환자, B: 주치의, C: 아내

[단계문제]

1. 처한 상황에서 제기된 문제점은?

2. A, B, C 각각의 심정은?

3. 학생이 주치의 B라면 어떻게 하였을까요?

4. 학생이 아내 C라면 어떻게 하였을까요?

5. 학생이 생각하는 이상적인 해결방법은?

6. 건강한 삶을 사는 것만큼 존엄한 죽음을 맞이하는 것도 중요합니다. 존엄한 죽음에 대한 학생의 견해는?

출제의도

주어진 상황에서 다른 사람의 처지에 대하여 공감하고 소통을 통하여 상대방을 이해시키고 설득하려는 능력을 측정

점수척도

높은 점수: 다른 사람의 상황에 대하여 잘 파악하고 공감하며, 소통을 통하여 이해시키려고 노력한다.

보통 점수: 상황을 파악하고 공감하나 소통보다 자신의 주장을 피력한다.

낮은 점수: 공감하고 소통하는 능력이 부족하다.

05. 계명대 의예과

〈의예과 면접 평가요소 및 항목〉

구분	평가영역	평가내용	면접 평가방법
1	인성	관용, 배려, 포용, 개방성	• 면접방법: 3개 고사실에 인성, 상황, 모의 상황 면접 진행(고사실별 면접위원 2인) • 면접시간: 고사실별 10분 이내(총 30분)
2	상황	가치관과 태도, 문제 해결 능력	
3	모의상황	의사소통능력, 대인관계능력	

* 면접위원 6인 중 2명 이상 전 항목 미흡 판정을 할 경우 불합격 처리됨

2021학년도 기출문제

문 제 : 다음은 A, B 의과대학의 의학과 1학년의 강의시간표
      이다.

<A 의과대학 의학과 1학년 강의 시간표>

구분	월	화	수	목	금
8:30					
9:30	내과학	내과학	외과학	외과학	외과학
10:30					
11:30					
12:30					
13:30	해부학	생리학	해부학	생리학	주간평가
14:30					
15:30	해부학 실습	생리학 실습	의료인문학	조별 학습	
16:30					

<B 의과대학 의학과 1학년 강의 시간표>

구분	월	화	수	목	금
8:30					
9:30	내과학	내과학	외과학	외과학	외과학
10:30					
11:30					
12:30					
13:30	해부학	생리학	해부학	생리학	주간평가
14:30					
15:30	해부학 실습	의료인문학 I	의료인문학 II	의료인문학 III (인성교육 실습)	
16:30					

1. 두 대학의 시간표에 대해 설명하세요.
2. 지원자는 어느 대학의 수업을 듣고 싶은가요? 그 이유는
   무엇인가요?
3. 두 시간표의 차이점은 무엇이라고 생각하나요?
4. 최근 의료분야에서도 인문학 수업이 늘어나는 추세입니다.
   인문학은 어떤 학문이며, 이런 현상에 대해서 설명하세요.

고병원성 조류독감(Avian Influenza, AI) 발생 현황이다.

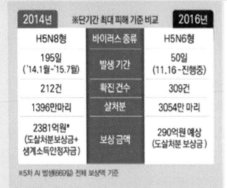

2014년	※단기간 최대 피해 기준 비교	2016년
H5N8형	바이러스 종류	H5N6형
195일 ('14.1월~'15.7월)	발생 기간	50일 (11.16~진행중)
212건	확진 건수	309건
1396만마리	살처분	3054만 마리
2381억원* (도살처분보상금+생계소득안정자금)	보상 금액	290억원 예상 (도살처분 보상금)

※5차 AI 발생669일 전체 보상액 기준

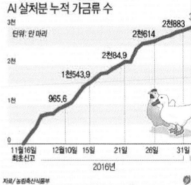

AI 살처분 누적 가금류 수
단위: 만 마리
자료/ 농림축산식품부

1. 주어진 자료를 보고 분석하시오.

2. 우리나라에서는 조류독감(AI) 발생 반경 3km 내의 모든
   가금류에 대한 예방적 살처분을 시행합니다. 반면 미국은
   단계별 대처 후, 마지막 단계에서 예방적 살처분을 시행합니다.
   이러한 대처방법의 장단점에 대해 논하시오.

3. 대량 살처분으로 인해 농장 주인의 상실감과 이를 시행하는
   공무원들의 스트레스도 심각한 문제라 한다. 대량 살처분으로
   인해 심각한 환경오염이 유발된다고 한다. 이에 대해 어떻게
   생각하는가?

문항 3

1. 당신은 의사로서 코로나 중환자를 치료하고 있다. 중환자 병상이 1개 남아있는 상태에서

   1) 당뇨병 및 만성심부전을 앓고 있는 70세 중환자

   2) 평소 건강했던 25세 중환자가 발생했다. 누구를 중환자 병상에 옮겨서 치료를 할 것인가? 그 이유는?

2. 자료를 설명하고, 처음 내린 판단의 변화가 있는지? 있다면 그 이유는?

   자료 : 연령별 COVID-19 입원 기간 및 사망율
   사망자 기저질환별 현황

구분		명	비율(%)	비고
총 사망자수 (9.7. 0시 기준)		336	100.0%	치명률(확진자21,296명중336명) 1.58%
기저질환 (중복 가능)	기저질환 있음 326명(97.0%), 없음 7명(2.1%) 조사중 3명(0.9%)			
	순환기계 질환	256	76.2%	심근경색 심부전, 뇌졸중, 고혈압 등
	내분비계·대사성 질환	162	48.2%	당뇨병, 통풍, 쿠싱증후군 등
	정신 질환	140	41.7%	치매, 조현병 등
	호흡기계 질환	67	19.9%	만성폐쇄성폐질환, 천식 등
	비뇨·생식기계 질환	51	15.2%	만성신장질환, 전립선질환 등
	악성신생물(암)	44	13.1%	폐암, 간암, 위암 등
	신경계 질환	27	8.0%	파킨슨병 등
	소화기계 질환	12	3.6%	간경변증 등
	근골격계 질환	12	3.6%	골다공증, 관절염 등
	혈액 및 조혈계 질환	5	1.5%	원발성 혈소판증가증, 빈혈

3. 중환자실에 들어가지 못하는 (70대 환자 혹은 20대 환자) 보호자 분에게 어떻게 설명하실 겁니까? 실제 상황이라고 가정하고 면접위원에게 설명해 주세요.

4. 추후 백신이 개발되었지만 공급이 충분하지 못합니다. 누구에게 먼저 백신을 투여하실 겁니까? 그렇게 생각하는 근거는?

면접 종류

수시모집: 개별면접 ⇨ 일반전형

〈POSTECH 입학사정관이 전하는 입학전형 꿀 TIP〉

☑ 100% 학생부종합전형 선발

POSTECH은 2010학년도부터 신입생 전원을 수시 학생부종합전형으로 선발하고 있다. 학생부종합전형 선발의 전통을 고수하는 이유는 급변하는 미래과학계를 이끌어 갈 창의적 인재를 양성하기 위함이다. 단순 수능이나 내신 성적이 우수한 학생이 아니라 학업 및 생활 태도, 열정, 인성 등의 다양한 면면의 확인을 통해 대학에서 발전가능성이 높은 학생을 선발하고자 한다.

☑ 전원 단일계열(무학과) 모집, 학생이 전공 선택

POSTECH은 지속적인 융합학문에 대한 수요 증대 및 학제 간 연구의 강화 등을 위해 2018학년도부터 모든 신입생을 학과 구분 없이 전원 단일계열로 모집하고 있다. 신입생들은 입학 후 일정 기간 동안 기초교과에 대한 학습 및 전공 교과목에 대한 이해도를 높이는 과정을 거쳐 자신의 전공학과를 결정하게 될 것이며 학생의 전공 선택권을 존중해 원하는 학과를 100% 선택할 수 있다. 이와 함께, POSTECH은 전공학과 변경 승인 절차 폐지, 학과 정원 폐지, 기초과목 학점제 폐지 등 전공 칸막이를 허물기 위한 학사제도를 도입했다. 학생들이 전공에 국한하지 않고 주도적으로 지식을 쌓는 습관을 기르며 다양한 분야의 경험을 할 수 있도록 하기 위함이다. 특히 POSTECH의 가장 큰 특징인 '소수정예주의' 교육에서만 가능한 교과목 및 프로그램을 확대할 예정이며 타 대학이 모방하기 힘든 교육적 가치를 학생에게 제공하고자 한다. 학생들은 이러한 학사과정 개편을 통해 지식 위주의 학습이 아니라 탐구 및 동기부여를 중심으로 과정을 이수하게 되며 자신의 진로 선택을 위한 정보 습득 및 다양한 경험의 기회를 얻게 될 전망이다.

〈POSTECH 입학사정관이 전하는 면접 꿀 TIP〉

☑ POSTECH 면접, 통합면접 실시

POSTECH은 일반전형 등에서 전원 무학과(단일계열) 선발을 시행하면서 잠재력과 사고력을 평가하는 통합면접을 실시하고 있다. 면접관 2명과 학생 1명 간의 개인 면접이 진행되며 면접시간은 20분 정도로, 인성면접이라 할 수 있는 잠재력 평가와 기본적인 이공계 학문탐구에 필요한 사고역량을 측정하는 사고력 평가가 함께 진행된다.

☑ 잠재력 평가, 제출한 서류를 바탕으로

잠재력 평가에서 면접관들이 목표하는 바는 제출한 서류의 내용이 사실인지, 의사소통이 원활한지, 태도나 인성적인 면은 어떠한지 등을 파악하여 앞으로 POSTECH에서 발전적으로 학교생활을 할 수 있을지를 판단하는 것이다. 기본적으로 학생부, 자소서, 추천서와 서류 평가 결과지를 살펴보고 질문이 시작된다. 동아리 활동을 적극적으로 했다면 구체적으로 그 안에서 어떤 역할을 했는지, 성적이 많이 올랐다면 어떻게 공부했는지, 특정 분야에 관심이 있다면 어느 정도로 열정이 있는지 등 질문의 유형은 매우 다양할 수 있으며 학생 개별 상황에 따라 달라진다. 따라서 지원자는 면접에 임하기 전에 본인이 제출한 서류를 살피며 지난 학교생활을 곰곰이 되돌아볼 필요가 있다. 이 활동을 하며 가장 인상적이었던 일은 무엇이었는지, 나는 어떤 구성원이었는지, 학교생활을 통해 배운 바는 무엇인지 등 본인의 발자취를 따라가다 보면 많은 생각들이 떠오를 것이다. 예상 질문과 답변을 미리 준비하는 것은 좋으나 너무 그것에만 매달려 다른 질문에 제대로 답변을 못하는 일이 없게 하려면, 기억을 되살려 자기고찰의 시간을 갖자. 외운 답변을 화려한 말솜씨로 일방적으로 전달하기보다 담담하더라도 진솔하게 이야기하며 면접관과 커뮤니케이션하는 것이 중요하다.

☑ 사고력 평가, 교과와 무관하며 사교육은 시간낭비

수험생들이 종종 사고력 평가의 시험범위를 묻곤 하는데 이것은 사고력 평가를 교과문제를 푸는 것이라고 오해하기 때문이다. POSTECH 사고력 평가는 시험이 아니며, 심지어 범위도, 정답도 없다. 특정 교과, 특정 분야의 문제를 푸느냐 못 푸느냐는 POSTECH 면접에서 중요하지 않다. 중요한 것은 "이 학생이 스스로 논리적인 사고를 할 수 있느냐"이며 때문에 POSTECH의 사고력 평가는 정답이 따로 있지 않고, 학생이 솔루션을 찾아가는 과정을 관찰한다. 수험생은 면접 전에 질문지를 받고 15분 내외로 생각할 시간을 갖는다. 질문지에는 소재 및 내용, 필요한 지식이 모두 제공된다. 면접자가 학생에게 묻는 것은 그러한 정보를 조합해 어떤 결론을 이끌어 낼 수 있는지, 학생이 연구자라면 추가적으로 무엇을 알아보고 싶은지, 어떻게 실험을 구상할지 등, 교과와 무관한 것들이 될 것이다.

따라서 POSTECH 면접 준비는 특정 교과목을 공부하거나 심화학습을 하는 게 아니라, 과학의 기본적 탐구과정을 염두에 두고 지적 호기심을 발현시키는 자세를 평소에 가지는 것 말고는 방법이 없다.

☑ 기출문제는 참고용으로만

교과형이 아니고, 범위도 없기 때문에 사고력 평가 기출은 올해 문제를 해결하는 데 크게 도움은 되지 않는다. 다만 지식보다는 사고력을 중심으로 한 문제의 출제를 염두에 둔다는 점을 감안했을 때, 기출문제를 액면 그대로 받아들이기보다는 '이러한 사고방식을 요구한다'는 것을 염두에 두고 참고할 수는 있을 것이다. 2017학년도 일반전형 사고력 평가에는 두 문제가 출제되었다. 첫 번째 문제는 "자연계에서 위험에 대처하는 붉은 눈 개구리 알의 대처방법을 구체적인 자료로 주고 ▲그 대처방법이 어떤 자극과 기관의 작용에 의한 것인지를 유추해 보고 ▲그 유추를 확인하기 위한 실험방법을 디자인해 보는 것, 나아가 ▲이 원리를 이용하여 우리 일상에 활용 가능한 장치를 고안해 보는 것"이었다. 두 번째 문제는 "철수라는 아이가 공원 벤치에 튀어나온 못을 발견한 특정한 상황과 주변 기물의 가격과 조건을 미리 구체적으로 제시하고 그 튀어나온 못을 가장 적은 비용을 들여 박아 넣는 문제"가 제시되었다. 두 문제 모두 주어진 정보를 적절히 해석하는 능력, 조건을 부합시키는 논리적 사고력, 나아가 그것을 활용하는 창의력을 측정하기 위한 문제로 주어진 조건을 활용하여 자신의 의견을 논리적으로 개진하면 좋은 점수를 받을 수 있다.

☑ 블라인드 면접시행, 교복착용 금지

2019학년도 대입부터 POSTECH은 블라인드 면접을 시행, 학생의 신상 정보를 공개하지 않고 면접을 진행한다. 따라서 교복 착용과 면접 과정에서 본인의 신상에 대한 정보를 누출하는 것도 금지사항이다. 무슨 옷을 입을지 고민되겠지만 학생인 만큼 단정한 복장 정도로 충분하다. 다만 충분히 만족스러운 면접을 보길 원한다면 컨디션 조절에 유의하자. 급히 나오느라 헝클어진 머리로 면접에 임하거나, 잠을 충분히 자지 못해 피곤해 보이는 일이 없도록, 면접이 오전이고 집이 먼 학생이라면 전날 포항으로 와서 1박을 하는 것을 권한다.

기출문제

2021학년도 포항공과대학교 입학전형 선행학습 영향평가 결과(면접)

질문 1 수학자가 되고 싶다고 생각하게 된 결정적 계기와 고교에서 했던 수학 관련 활동들 중 가장 유의미한 것은 무엇인가요?

질문 2 2학년 1월에 모범상을 받았는데, 수상 사유가 무엇인가요?

질문 3 3학년 1학기 때 읽은 책 중에서 컴퓨터 관련 공부를 하고 싶은 후배들에게 필독을 권하고 싶은 책과 이유는 무엇인가요?

질문 4 자기소개서 3번에 1학년 때 친했던 친구와 갈등이 생겨 관계가 소원하다가 2학년 때 자신의 노력으로 지금은 다시 친하게 되었다고 기술했는데, 어떤 일로 갈등이 생겼고 관계 개선을 위해 어떤 노력을 했었나요?

2018학년도 포항공과대학교 입학전형 선행학습 영향평가 결과(면접)

질문 1 수학성적이 1학년에 비해 2~3학년에 점진적으로 좋아지고 있는데, 성적 향상을 위해 사용한 방법을 말해 주십시오.

질문 2 중학생 대상 교육봉사 활동을 했는데, 가장 기억에 남는 학생은 누구이고 이유는 무엇인지 말해 주십시오.

질문 3 자기소개서에 대학 입학 후 영어 공부를 열심히 하겠다고 했는데 이유가 무엇인지 말해 주십시오.

질문 4 (ICT에 관심이 많은 학생에게) 집안의 여러 사물에 ICT를 적용해서 구성원들 간 소통과 유대를 확대해 가족의 행복감을 높일 수 있는 방안을 말해 보십시오.

2017학년도 포항공과대학교 입학전형 선행학습 영향평가 결과(면접)

질문 1 학교생활기록부에 기록된 수상실적 중 가장 유의미한 상은 무엇이고 이유가 무엇인지 말해 주십시오.

질문 2 수학성적이 1학년에 비해 2~3학년에 점진적으로 좋아지고 있는데, 성적 향상을 위해 사용한 방법을 말해 주십시오.

질문 3 자기소개서에 대학 입학 후 영어 공부를 열심히 하겠다고 했는데 이유가 무엇인지 말해 주십시오.

질문 4 (IT공학에 관심이 많은 학생에게) 학생이 IT공학자로서 로봇공학자와 협업하여 고령화 시대에 맞춰 노인들을 집에서 돌보는 로봇을 만들었다고 가정해 봅시다. 이 로봇은 다양한 IT공학기술을 적용하여 많은 기능과 역할을 수행할 수 있도록 설계한 매우 혁신적인 로봇입니다. 이 로봇이 어떤 기능과 역할을 하도록 구상했는지 설명해 주십시오.

22
켄텍[한국에너지공과대학교]

1 창의성 면접: 발산적 사고력, 문제해결능력, 인문적 통찰 역량 등을 평가하는 면접 형태

    2022학년도 신입생을 처음 선발하는 한국에너지공과대(KENTECH)는 '창의성 면접'을 들고 나왔다. 이 대학 인재상에 부합하는 잠재력 있는 학생을 선발하기 위해 학생의 과학적 창의성, 문제해결능력, 수학적인 사고력, 인문적 통찰력, 협업적 소통력을 종합적으로 평가하는 면접이라고 한다. 창의성 면접은 틀에 맞춘 정답이 아니라 자신의 생각을 충분히 표현할 수 있도록 학생 한 명당 55분의 시간을 제공한다. 면접에 앞서 30분간 사전 문제 분석 시간이 주어지고, 25분 동안 면접위원과 만나서 문답을 진행하게 된다.

창의성 면접은 단지 수학, 과학 잘하는 학생을 뽑거나 성적이 좋은 학생을 뽑고 싶다 이런 것이 아니라 KENTECH이 기대하고 키우고 싶은 인재상에 어울리는 학생을 발견하고자 하는 새로운 형식의 면접입니다. 창의성 면접은 지능을 검사하고 측정하는 아이큐 테스트와 같은 검사가 아닙니다.

인문학적 통찰력은 학생이 무슨 고전을 읽었는지, 철학공부를 했는지, 이런 걸 확인하는 면접이 아니라 내가 지금 에너지 기술을 공부하고 있는 근본적인 이유에 대해서 충분히 생각하고 모두에게 이로운 기술을 만들고자 하는 비전을 공유하는가 그러한 인식이 있는지를 보고 싶은 겁니다.

수학적 사고력은 논리적이면서 합리적인 판단을 하는지를 보는 것이다.

우리가 궁극적으로 지향해야 할 가치란 사람들이 에너지를 좀 더 편하고 안전하게 풍족하게 사용하면서도 기후변화 위기에 대처할 수 있는 그런 기술이 필요하지 않을까요?

협업적 소통능력이란 다른 사람과 얼마나 소통을 잘하고 대화할 수 있느냐 이런 겁니다. 요즘은 연구나 창업이나 혼자 일당백하는 시대는 아닌 것 같습니다. 워낙 모든 것이 고도화되어 있다 보니 각 분야의 전문가들과 협업을 통해서 일을 진행하는 것이 기본이구요. 그래서 소통에 능하고 협업을 잘 활용하는 것이 굉장히 중요한 덕목입니다. 협업과 소통의 중요한 자세는 비판적 자세를 수용하는 것, 그리고 본인의 의견을 타인에게 잘 전달하는 것 이것이 기본입니다. 명확한 의사표시나 스피치능력도 소통에 도움이 되는 부분입니다.

창의성 면접은 틀에 맞춘 정답이 아니라 자신의 생각을 충분히 표현할 수 있도록 학생 한 명당 55분의 시간을 제공합니다. 면접에 앞서 30분간 면접위원과 나눌 이야기를 준비하시고, 25분 동안 면접위원과 만나서 문답을 진행하게 됩니다. 30분 동안 충분히 본인만의 생각을 정리하고, 또 남들과 다른 독창적인 아이디어도 만들어보시고, 그것이 이치에 맞는지 충분히 검토도 해보고 할 시간을 충분히 드립니다.

KENTECH 창의성 면접 진행

- 1차 서류평가 4배수
- 2차 면접 평가
  - 1단계: 학생부 기반 면접 (면접 평가 20분)
  - 2단계: 창의성 면접 (사전 문제 분석 30분 + 면접 평가 25분)

20분 면접 평가	30분 사전 문제 분석	25분 면접 평가
학생부 기반 면접	창의성 면접	

[문제]

Mission 2022
ENERGY SUPPLY

KENTECH 연구소에서 기후변화에 대응하고 미래 에너지를 확보하기 위해 연구센터를 짓기로 했다. 연구센터를 운영하려면 충분한 전기를 안정적으로 공급해야 한다. 본인이 원하는 [지역]에서 필요한 [장비]를 활용하여 이를 해결해보자.

1 사전 조사 결과 후보 지역 여섯 곳에 대한 정보가 [지역] 카드와 같이 파악되었다. 에너지원 확보의 관점에서 여섯 [지역]에 대해 자원과 기후, 날씨 등의 특징을 말해보자.

2 [지역]을 하나만 고르고 그곳에서 사용할 다섯 가지 [장비]를 선택하여, 해당 [지역]에서 전기를 생산할 계획을 세워보자.
*합리적인 가정과 정보를 전제로 하는 모든 시나리오는 타당하다.

3 새로운 [지역]에 연구센터를 추가로 건축하려고 한다. 추가 [지역]을 하나 더 선정하고 기존 [지역]과 협력 관계를 구축해보자. 새로운 곳에는 남아있는 [장비] 중에서 세 가지만 사용 할 수 있다.
*두 지역이 서로에게 어떤 점을 제공하며 시너지를 낼 수 있는지 생각해보자.

문제에 대한 본인의 생각을 정리하고, 답변을 위해 골랐던 [지역] 카드 두 장, [장비] 카드 10 장을 지참하고 면접장으로 이동합니다. 답변은 창의적으로 자유롭게 개발할 수 있으며 정답은 없습니다. 기본적으로 아래의 원칙만 준수하고 이유를 설명할 수 있다면 무엇이든 답변이 가능합니다.

- 일반적인 상식에 근거한 유추는 타당하다.
예를 들어, '박쥐가 많이 출몰한다'는 사실에서 '주변에 동굴이 있다'고 추론하는 것은 타당하다.
- 과학적 타당성에 근거한 [장비]의 활용은 유효하다.
예를 들어, '돋보기'를 가졌을 때, 이를 사용해서 '불'을 피운다는 활용은 타당하다.

[지역 제시문]

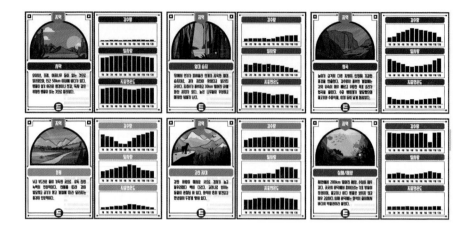

[장비 제시문 1/3]

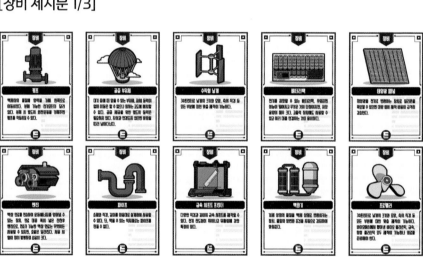

[장비 제시문 2/3]

라이터

압축기

저장 탱크

수랭

전기모터

종합 공구 세트

대형 드론

백색 수송선

일반 전선

백색 수송선

[장비 제시문 3/3]

특수 나이프

3D 프린터

고장력 밧줄

흡인도 렌선

장거리 수송 트럭

지장 탐지 로봇

집동장치

소형 연료전지

우현의 양초

수소가스버너

23
사관학교 면접

1 **사관학교 AI 면접: 사관생도로서 가져야 할 기본적인 인성과 역량을 평가하기 위해 해당 응시사이트에 접속해 면접 응시 과정을 촬영하는 면접 형태**

2021학년도에 시범적으로 처음 실시됐던 사관학교 2차 시험의 'AI 역량 검사'는 면접 참고자료로만 활용된다. 육군사관학교는 2022학년도부터 점수화해 반영한다.

사관학교에서 안내한 응시 안내를 살펴보면, 소요시간은 약 60분이며, 지정한 응시사이트에 로그인 후 치러진다. AI역량검사는 질의응답과 게임 수행으로 구성돼 있다. 응시 시작 후에는 중단 없이 한 번에 응시 완료해야 한다. 질의응답은 안내되는 질문에 충분히 생각하신 다음 답변을 하면 된다. 질의응답의 다시하기 버튼은 20초 동안만 활성화 된다. 20초 후 버튼이 비활성되어 제출을 할 수 없으므로 신중히 응시해야 한다. 게임 수행은 안내되는 가이드 내용을 꼼꼼히 숙지한 후, 마우스 또는 키보드를 이용하여 게임을 진행하면 된다.

2 응시 프로세스

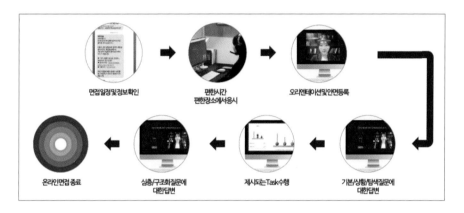

01
기출문제

1 학교생활기록부 & 지원동기서 기반 면접

2021 vs 2022 사관학교 지원동기서 비교

육사 2021	육사 2022
1. 지원동기 분야(500자 이상 1,000자 이내) 육군사관학교에 지원하게 된 동기와 이를 위해 기울인 노력을 기술하고 합격하게 된다면 앞으로 어떤 사관생도 혹은 장교가 되고 싶은지 향후계획과 함께 기술하십시오.	※ 각 문항별 답변은 띄어쓰기를 포함하여 300~400자 이내에서 작성하여 주십시오. 1. (지원동기) 육군사관학교에 지원하게 된 동기나 계기, 준비과정 등을 기술하시오. * 지원 및 입학을 위해 기울인 노력, 본인의 의지, 군에 대한 관심도 등을 기술
2. 성장배경과 가치관 분야(500자 이상 1,000자 이내) 지원자가 자라온 환경에 대해 간단히 기술하고, 성장과정에서 가장 힘들었던 일(상황 또는 시기)은 무엇이며, 그것을 어떻게 극복하였는지, 이를 통해 느낀 점이나 변화된 점은 무엇인지 기술하여 주십시오.	2. (비전/포부, 가치관) 본인의 가치관 (성격, 국가관, 안보관 등)과 육군사관학교 입학 후 생도 및 장교로서의 계획 및 포부 등에 대해서 기술하시오. 3. (성장과정) 가정환경 및 성장과정에 대하여 기술하고, 살아오면서 어려운 여건 및 자신의 한계나 단점을 극복한 사례가 있다면 구체적으로 제시하시오.
	4. (학교생활) 재학 중 학생회, 동아리, 봉사 등의 활동을 통해 리더십을 발휘한 경험이 있다면 구체적으로 기술하시오. 5. (비교역량) 교과·비교과 분야를 통틀어 본인의 가치를 잘 드러낼 수 있는 분야는 무엇이며, 그 성취 근거를 나타낼 수 있는 객관적 사실(입상경험 및 비교지표 등)을 기술하시오.

해사 2021	해사 2022
1. 지원동기 분야(500자 이상 1,000자 이내) 해군사관학교에 지원하게 된 동기와 이를 위해 기울인 노력을 기술하고 합격하게 된다면 앞으로 어떤 사관생도 혹은 장교가 되고 싶은지 향후계획과 함께 기술하십시오.	1. 지원동기 분야(500자 이상 1,000자 이내) 해군사관학교에 지원하게 된 동기와 이를 위해 기울인 노력을 기술하고 합격하게 된다면 앞으로 어떤 사관생도 혹은 장교가 되고 싶은지 향후계획과 함께 기술하십시오.
2. 성장배경과 가치관 분야(500자 이상 1,000자 이내) 지원자가 자라온 환경과 본인의 성격에 대해 간단히 기술하고, 성장과정에서 가장 힘들었던 일(상황 또는 시기)은 무엇이며, 그것을 어떻게 극복하였는지, 이를 통해 느낀 점이나 변화된 점은 무엇인지 본인의 좌우명과 함께 기술하여 주십시오.	2. 성장배경과 가치관 분야(500자 이상 1,000자 이내) 지원자가 자라온 환경에 대해 간단히 기술하고, 성장과정에서 가장 힘들었던 일(상황 또는 시기)은 무엇이며, 그것을 어떻게 극복하였는지, 이를 통해 느낀 점이나 변화된 점은 무엇인지 본인의 좌우명과 함께 기술하여 주십시오.

해사 2021	해사 2022
3. 학교생활 분야(500자 이상 1,000자 이내) 지원자가 학업을 위해 기울인 노력과 이를 통해 배우고 느낀 점을 구체적 사례와 함께 기술하고 이와 더불어 학업 이외의 활동(봉사활동, 동아리활동, 비교과 탐구활동 등)을 통해 배우고 느낀 점, 이를 통해 얻은 것에 대해 기술하여 주십시오. * 단 학업 이외의 활동의 경우 학생부에 기록된 내용에 대해 기술하여 주시고, 필요 시 (학생부 미기재 또는 검정고시) 증빙서류 (봉사활동 확인서 , 수상기록 등) 제출하여야 합니다.	3. 학교생활 분야(500자 이상 1,000자 이내) 지원자가 학업을 위해 기울인 노력과 이를 통해 배우고 느낀 점을 구체적 사례와 함께 기술하고 이와 더불어 학업 이외의 활동(봉사활동, 동아리활동, 비교과 탐구활동 등)을 통해 배우고 느낀 점, 이를 통해 얻은 것에 대해 기술하여 주십시오. * 단 학업 이외의 활동의 경우 학생부에 기록된 내용에 대해 기술하여 주시고, 필요 시 (학생부 미기재 또는 검정고시) 증빙서류 (봉사활동 확인서 , 수상기록 등) 제출하여야 합니다.

공사 2021	공사 2022
1. 지원동기 분야(500자 이상 1,000자 이내) 공군사관학교에 지원하게 된 동기와 이를 위해 기울인 노력을 기술하고 합격하게 된다면 앞으로 어떤 사관생도 혹은 장교가 되고 싶은지 향후계획과 함께 기술하십시오.	1. 지원동기 분야(500자 이상 1,000자 이내) 공군사관학교에 지원하게 된 동기와 이를 위해 기울인 노력을 기술하고 합격하게 된다면 앞으로 어떤 사관생도 혹은 장교가 되고 싶은지 진로계획과 함께 기술하십시오.
2. 성장배경과 가치관 분야(500자 이상 1,000자 이내) 지원자가 자라온 환경에 대해 간단히 기술하고, 성장과정에서 가장 힘들었던 일 (상황 또는 시기)은 무엇이며, 그것을 어떻게 극복하였는지, 이를 통해 느낀 점이나 변화된 점은 무엇인지 기술하여 주십시오.	2. 성장배경과 가치관 분야(500자 이상 1,000자 이내) 지원자가 자라온 환경에 대해 간단히 기술하고, 성장과정에서 가장 힘들었던 일 (상황 또는 시기)은 무엇이며, 그것을 어떻게 극복하였는지, 이를 통해 느낀 점이나 변화된 점은 무엇인지 기술하여 주십시오.

국간사 2021	국간사 2022
1. 지원동기 분야(500자 이상 1,000자 이내) 국군간호사관학교에 지원하게 된 동기와 이를 위해 기울인 노력을 기술하고 합격하게 된다면 앞으로 어떤 사관생도 혹은 장교가 되고 싶은지 진로계획과 함께 기술하십시오.	1. 지원동기 분야(500자 이상 1,000자 이내) 지원자가 국군간호사관학교에 지원하게 된 동기와 이를 위해 기울인 노력을 기술하고 합격하게 된다면 앞으로 어떤 사관생도 혹은 간호장교가 되고 싶은지 진로계획과 함께 기술해 주시기 바랍니다.
2. 성장배경과 가치관 분야(500자 이상 1,000자 이내) 지원자가 자라온 환경에 대해 간단히 기술하고, 성장과정에서 가장 힘들었던 일 (상황 또는 시기)은 무엇이며, 그것을 어떻게 극복하였는지, 이를 통해 느낀 점 이나 변화된 점은 무엇인지 기술하여 주십시오.	2. 성장배경과 가치관 분야(500자 이상 1,000자 이내) 지원자가 자라온 환경에 대해 간단히 기술하고, 성장과정에서 가장 힘들었던 일(상황 또는 시기)은 무엇이며, 그것을 어떻게 극복하였는지, 이를 통해 느낀 점이나 변화된 점은 무엇인지 본인의 좌우명과 함께 기술해 주시기 바랍니다.
없음	3. 학교생활 분야(500자 이상 1,000자 이내) 고등학교 재학 기간 중 타인과 공동체를 위해 노력한 경험과 이를 통해 배운 점을 기술해 주시기 바랍니다.

1. 선발이유 & 지원동기 & 군인(사관생도, 초급장교) 역량

- 지원자를 ○○사관학교에서 선발해야 하는 이유를 말해보세요.

- ○○사관학교에서 다른 사람이 아닌 본인을 꼭 뽑아야 하는 이유를 말해보세요.

- ○○사관학교에 관해 얼마나 많이 알고 있는지 말해보세요.

- 본인에게 ○○사관학교란 무엇인가요? 세 글자로 말해보세요.

- ○○사관학교의 장단점을 말해보세요.

- 사관학교는 기숙사 생활을 해야 합니다. 단체생활에 잘 적응할 수 있습니까?

- 여학생인데 주변에서 사관학교 진학에 관해 걱정하지 않았나요?

- 여학생인데 사관학교를 지원한 이유를 말해보세요.

- 체력 점수가 낮은 이유가 무엇이고, 사관학교에 적응할 수 있을까요?

- 다른 대학교에 합격해도 사관학교에 진학하나요?

- 생도에 대한 막연한 기대감으로 입학했다가 실망한다면 어떻게 하실 겁니까?

- 사관생도로서 성범죄에 대한 생각을 말해보세요.

- 수시모집은 어느 대학에 지원했으며, 최종 진학은 어떻게 할 생각인가요?

- 학생부에 사관학교 관련 활동이 보이지 않습니다. 사관학교에 진학의지가 있는 게 맞나요?

- 올해 입시에서 사관학교 입시에 실패한다면, 어떻게 할 계획인가요?

- 본인이 사관생도에 적합한지 어떻게 알 수 있나요?

- 사관학교 지원에 결정적으로 영향을 준 사람은 누구인가요?

- 사관학교 지원에 관한 주변의 반응은 어떠한가요? 우려의 목소리는 없었나요?

- ○○사관학교에 지원하게 된 동기를 말해보세요.

- 왜 ○○사관학교에 오고 싶은지 말해보세요.

- 왜 다른 사관학교가 아니라 ○○사관학교를 선택했는지 말해보세요.

- 왜 ○○사관학교에 입학하려고 하는지 말해보세요.

- 사관생도의 장점과 단점을 말해보세요.

- ○○사관생도의 신조를 말해보세요.

- 어떤 군인이(초급 장교가) 되고 싶나요?

- ○○사관학교에 입학하고자 특별히 기울인 노력이 있다면, 구체적으로 말해보세요.

- 군인(사관생도, 초급장교)에게 필요한(가장 중요한) 역량(덕목/소양/자질)을 말해보세요.

- 지난해에도 ○○사관학교에 지원했었나요? 다시 지원한 이유는 무엇인가요?

- 목소리가 작은 데 리더십을 제대로 발휘할 수 있을까요?

2. 가치관 & 국가관 & 안보관 & 세계관

- 우리의 주적은 누구라고 생각하는지 말해보세요.

- 지원자가 생각하는 우리나라 역사에서 가장 자랑스러운 일과 가장 부끄러운 사건을 말해보세요.

- 남북통일에 관한 본인의 생각을 말해보세요. 통일이 돼야 한다면, 아니면 통일이 돼서는 안 된다면 그 이유는 무엇인가요?

- 자신의 좌우명이 무엇인가요?

- 북한 핵에(핵미사일에) 관해 자신의 생각을 말해보세요?

- 본인의 국가관을 말해보세요.

- 본인의 안보관을 말해보세요.

- 징병제와 모병제에 관해 본인의 생각을 말해보세요.

3. 존경하는 인물 & 군인

- 가장 존경하는 인물은 누구이고, 그 이유는 무엇인지 말해보세요.
- 가장 존경하는 군인은 누구이고, 그 이유는 무엇인지 말해보세요.
- 가장 좋아하는 사람은 누구이고, 그 이유는 무엇인지 말해보세요.
- 가장 싫어하는 사람은 누구이고, 그 이유는 무엇인지 말해보세요.

4. 가족 관계 & 성장배경

- 본인의 가족을 소개해보세요.
- 군인 가정으로서 힘들었던 부분은 없었나요? 아니면 좋은 점은 무엇이 있었나요?
- 군인으로서 아버지(어머니)를 어떻게 생각하시나요?
- 자신의 성장 배경에 관해서 말해보세요.
- 자신의 성장 배경이 사관학교 진학에 영향을 미친 점을 말해보세요.
- 아버지의 직업에 관해서 말해보세요.

5. 장점 & 단점

- 본인의 장점과 단점을 말해보세요.
- 본인의 단점은 무엇이고 그 단점을 극복한 사례를 말해보세요.
- 다른 지원자와 차별화되는 본인만의 강점(장점)은 무엇인지 말해보세요.

6. 리더십

- 본인이 생각하는 좋은 리더십과 좋은 리더에 관해 말해보세요.
- 본인이 생각하는 리더십의 핵심 역량(덕목/소양/자질) 3가지를 말해보세요.
- 학교생활 중 리더십을 발휘했던 사례를 구체적으로 말해보세요.
- 본인은 다른 사람을 주도적으로 이끌어가는 리더인가요? 아니면 뒤쳐지는 사람도 함께 밀고 가는 리더인가요?
- 임원활동 경험이 적은 편입니다. 그 이유는 무엇입니까? 리더십 경험이 적다면 초급장교로서 많은 사람을 이끌 수 있겠습니까?
- 학생회(학급) 임원으로 무슨 일이 가장 기억에 남나요?
- 조직의 단결을 위해 가장 중요한 덕목이 무엇이라 생각하나요?
- 임원활동 중 가장 기억에 남는 것을 말해보세요.

7. 학교생활

- 학교생활 중 가장 어려웠던 일과 그 극복방법을 말해보세요.
- 학교생활 중 가장 기억에 남는 일이나 활동을 말해보세요.
- 학교생활 중 성취했던 것 중 가장 기억에 남는 일이나 활동을 말해보세요.
- 학교생활에서 겪었던 가장 큰 실패 사례와 그 극복방법을 말해보세요.

8. 학업계획 & 진로계획

- ○○사관학교에 입학해서 가장 하고 싶은 일을 말해보세요.
- ○○사관학교 진학 후 앞으로의 각오는 무엇인지 말해보세요.

- 어떤 병과에 가고 싶은가요? 그 이유는 무엇인지 말해보세요.

- ○○사관학교 졸업 후 진로 계획은 무엇인지 말해보세요.

- ○○사관학교에서 어떤 공부를 하고 싶은지 말해보세요.

- 어떤 군인이 되고 싶은가요? 앞으로의 계획과 각오를 말해보세요.

9. 출결 & 학폭

- 질병결석이나 질병조퇴가 너무 많습니다. 몸이 약해서 사관학교 단체 생활을 할 수 있을까요?

- 미인정지각(결석, 조퇴)이 세 개나 있는데 그 이유는 무엇인가요?

- 출결상황이 좋지 못한데 이유가 무엇인가요?

- 학폭위에 참석했거나 폭력을 휘둘러 경찰서에 출석해본 적이 있나요?

10. 수상경력

- 수상 기록이 거의 없는데 그 이유는 무엇인지 말해보세요.

- 공동수상을 했는데 지원자의 역할은 무엇인지 말해보세요.

- 가장 의미 있고 기억나는 수상경력은 무엇인지 말해보세요.

11. 동아리

- 본인의 동아리 활동 중 가장 기억에 남는 활동을 말해보세요.

- 동아리 활동에서 본인의 역할은 무엇인가요?

- 사관학교와 관련 있는 동아리 활동을 했나요?

- 사관학교 입학 후 어떤 동아리에 가입하고 싶나요? 그 이유는 무엇인 가요?

12. 봉사활동

- 봉사활동 실적이 부족한 이유는 무엇인가요?

- 봉사활동을 3년간 총 몇 시간 정도 했나요?

- 가장 의미 있었던(가장 기억에 남는) 봉사활동에 관해 말해보세요.

- 봉사활동이 거의 없는데 그 이유는 무엇인가요?

- 본인이 한 봉사활동이 충분하다고 생각하나요? 적다고 생각하나요?

13. 교과성적 & 세특

- 교과 내신 성적이 점점 떨어졌는데 그 이유는 무엇인가요?

- ○○과목 성적이 점점 떨어졌는데 그 이유는 무엇인가요?

- 가장 좋아하는(싫어하는) 과목과 그 이유를 말해보세요.

14. 독서

- 사관학교 지원에 영향을 준 책을 말해보세요.

- 가장 감명 깊게 읽은 책을(기억에 남는 책을) 말해보세요.

- 왜 독서를 더 많이 하지 않았나요? 그 이유는 무엇인가요?

- 독서 기록이 너무 적은데 이유는 무엇인가요?

- ○○책을 읽었다고 학생부에 기록돼 있습니다. 가장 인상적인 내용을 말해보세요.

15. 성격 & 취미

- 취미는 무엇인가요?

- 분노가 끌어 오르면(화가 나면), 어떻게 통제하나요? 어떻게 해소하나요?

- 좋아하는(잘하는) 운동이 있나요?

- 잘 다루는 악기가 있나요?

- 긴장하면, 예민해지는 편인가요?

- 감정 기복이 있는 편인가요?

- 자신의 성격에 대해 말해보세요.

- 자신이 어떤 사람이라 생각하는지 말해보세요.

- 힘들 때 어떻게 극복하나요?

- 무서워하는 것이 있나요?

- 모든 일을 완벽하게 하려고 하나요?

- 힘들 때 의지할 수 있는 사람이 있나요?

16. 개인 신상 & 사관학교 생활

- 재수생활 경험에 관해 말해보세요. 어떤 식으로 공부했나요?

- 친구들 사이에서의 별명은 무엇인가요?

- 친구들과 의견 대립이 있을 때는 어떻게 해결하나요?

- 친구들과 여행을 해본 경험이 있나요?

- ○○사관학교를 견학 와본 적 있나?

- 군인 캠프에 참가한 적이 있나요?

- ○○사관학교에 입학하면, 주중에는 바쁘고 주말에는 한가할 것입니다. 그 시간을 어떻게 보낼 건가요?

- 재수생인데요. 지원자보다 나이 어린 동기나 선배도 있을 것입니다. 괜찮나요? 어떻게 처신할 건가요?

17. 자기소개

- 자기소개를 해보세요.

- 외국어로 자기소개를 해보세요.

- 특기를 노래(랩, 춤)라 했는데 한 번 보여줄 수 있나요?

- 자신이 좋아하는 노래(랩, 춤)를 해보세요.

- 자신을 어떻게 표현 할 수 있나요? 자신을 동물, 식물, 숫자 등으로 비유해보세요.

18. 마지막으로 하고 싶은 말

- 마지막으로 하고 싶은 말을 해보세요.

- 여기까지 오게 된 소감을 말해보세요.

- ○○사관학교에 하고 싶은 말이 있다면 해보세요.

19. 제시문 기반 면접 & 시사이슈

- 코로나 팬데믹 상황에서 국방비를 줄이고 그 대신 코로나 관련 예산을 늘려야 하는지 본인의 생각을 말해보세요.

- 사형제도에 관해 본인의 생각을 말해보세요.

- 안락사에 관해 본인의 생각을 말해보세요.

- 인터넷 사용 실명제에 관해 본인의 생각을 말해보세요.

- 도쿄 올림픽 참가에 관한 본인의 생각을 말해보세요.

- AI가 구식 군대와 군인을 대체할 수 있을지 본인의 생각을 말해보세요.

- 안보위협 세력의 변화, 기후변화, 인구 감소 등과 관련해 우리 군은 어떻게 대응해야 할까요?

- 양심적 병역거부에 관해 본인의 생각을 말해보세요.
- 초급장교로 임관하면, 어떤 장교가 되고 싶은가요?
- 국가의 안보를 위해 개인의 권리를 제한하는 것에 관해 본인의 생각을 말해보세요.
- 현재 예술과 스포츠 분야에서 세계적으로 업적을 세운 사람들에게 병역면제를 제공하는 것과 관련해 양심적 병역 거부자들이 불공평하다는 주장을 하고 있습니다. 이에 대해 어떻게 생각하나요?
- 김정은과 대화 시간이 10분 주어진다면 무슨 이야기를 하겠습니까?
- 사관학교에서는 기본권이 침해될 수도 있는데 어떻게 생각하나요?
- 우리나라 역사에서 가장 자랑스러웠던 그리고 가장 수치스러웠던 사건을 말해보세요.
- 화랑정신에 관해 아는 대로 말해보세요.
- 우리나라의 통일이 우선인가요?, 현 체제의 안정적 유지가 우선인가요?
- 통일에 대한 자신의 생각과 그 근거를 말해보세요.
- 본인이 생각하는 국가란 무엇인가요?
- 본인의 국가관, 안보관을 말해보세요.
- 본인이 생각하는 자주 국방이란 무엇인지 말해보세요.
- 북한의 평화체결 요구에 관해 어떻게 생각하나요?
- 본인이 생각하는 군인으로서 명예가 무엇인지 말해보세요.
- 징병제와 모병제에 관해 지원자의 생각을 말해보세요.
- 인구절벽이 올 경우 모병제로 가야 하나요? 징병제를 유지해야 하나요?
- 여성의 군대복무에 관해 지원자의 생각을 말해보세요.
- 여성 징병제에 관해서 어떻게 생각하나요?

- 여군의 수를 늘리는 것에 관해 어떻게 생각하나요?

- 여자도 사병으로 군대에 가는 것에 관해 어떻게 생각하나요?

- 대체복무에 관해 어떻게 생각하나요?

- 우리의 주적은 어디입니까?

- 북한은 우리의 주적입니까? 그들이 주적인 이유는 무엇입니까?

- 북한이 주적이라면 일본은 왜 주적이 아닌가요?

- 주적삭제에 관해 본인의 생각을 말해보세요.

- 북핵 논란을 어떻게 해결해야 하나요?

- 우리나라에 전술핵을 배치하는 것에 관한 본인의 생각을 말해보세요.

- 북한의 잇따른 미사일 도발에 대해 어떻게 대처해야 한다고 생각하나요?

- 북한의 핵도발에 대응하여 전술핵을 배치한다면 중국의 반발이 있지 않을까요?

- 북한의 핵도발에 어떻게 대응해야 하나요?

- 전술핵을 배치하면 중국이 북한을 더 도와줄 수 있습니다. 우리나라는 어떻게 외교정책을 펴야할까요?

- 현 정부가 북한과의 평화를 추구하는데도 국방비를 줄여서는 안 되는 이유가 무엇인가요?

- 현재 남북의 평화로운 분위기 속에서 국방비를 줄이기 원하는 국민을 어떻게 설득해야 할까요?

- KAMD(한국형 미사일 방어 체계)와 THAAD(사드)에 관해 설명해보세요.

- 사드 배치에 관해 어떻게 생각하세요?

- 사드 배치와 관련해 우리 기업이 중국에서 불이익을 받는 것을 어떻게 생각하나요?

- 북한의 지속적인 미사일 도발에 대해 어떻게 생각하나요?

- 북한이 도발을 하면 어떻게 대처해야 하나요?

- 북한의 핵에 관해서 어떻게 생각하나요?

- 북한이 비핵화 결의를 지키지 않을 경우 어떤 방안이 있을까요?

- 북한의 핵보유국 인정에 대한 자신의 입장을 말해보세요.

- 우리나라는 핵보유국이 돼야 하나요?

- 전시작전통제권 환수에 관해 어떻게 생각하나요?

- 전시작전권 환수가 반드시 필요한가요? 그렇다면 적절한 시기는 언제인가요?

- 주한 미군 방위비 분담 압박에 관해서 어떻게 생각하나요?

- 주한미군 방위비 인상과 관련하여 국민들 사이에서는 5배의 방위비를 대체하는 것 대신 이 비용을 무기개발에 투자하여 방어체제를 구성하면 되지 않느냐는 의견이 있습니다. 이에 관해 어떻게 생각하나요?

- 주한미군은 통일의 장애물인가요?

- 주한미군 방위비 분담금 인상과 관련하여 자신의 생각을 말해보세요.

- 한미군사동맹에 관해 본인의 생각을 말해보세요.

- 한미 동맹은 중요하지만, 다른 나라와의 동맹은 어떻게 생각하나요?

- 우리나라에서는 미국만큼 군인에 대한 인식과 존중이 부족합니다. 이를 해결하기 위해 어떻게 해야 할까요?

- 미국, 북한, 중국, 간의 외교를 어떻게 해야 할까요?

- 우리나라는 미국 편에 서야 하나요? 중국 편에 서야 하나요?

- 사드배치 문제로중국과의 상황이 안 좋아졌는데요. 어떻게 협력관계를 유지해야 하나요?

- 중국과의 교류를(동맹을) 끊는 것이 국익에 유리한가요?

- 중국의 일대일로 정책에 관해 지원자의 생각을 말해보세요.

- G2 중국과 미국 중 중국과의 동맹이 더 유리한 것 같은데 지원자는 어

떻게 생각하나요?

- 대중국 정책에서 강력한 자주외교가 가능한가요?

- 일본과의 외교 문제는 어떻게 풀어나가야 할까요?

- 일본과의 지소미아 관계는 파기해야 하나요?

- 지소미아 협정 파기에 관해 지원자의 생각을 말해보세요.

- 일본과는 위안부 관련 문제나 독도 관련 문제 등 충돌이 잦습니다. 어떻게 풀어나가는 것이 바람직할까요?

- 독도는 왜 우리 땅인가요?

- 일본 초계기 사건에 관해 지원자의 생각을 말해보세요.

- 현재 우리나라는 일본과 물리적 충돌은 없지만 보이지 않는 전쟁을 이어가고 있습니다. 우리나라가 과연 이 싸움에서 과연 이길 수 있을까요?

- 6.25 전쟁 관련 유골 송환을 반드시 해야 하나요?

- 6.25 전쟁에 대해 지원자의 생각을 말해보세요.

- 6.25 전쟁 때 미국이 개입하지 않았다면 어떻게 됐을까요?

- 천안함 피격 사건에 관해 아는 대로 말해보세요. 어떻게 생각하나요?

- 2015년 DMZ 지뢰폭발사건에 관해 본인의 생각을 말해보세요.

- 8·15는 광복절인가요? 건국절인가요?

- 광복절의 의미는 무엇이라고 생각하나요?

- 연평해전에 관해 본인의 생각을 말해보세요.

- ○○사관학교 상징 동물이 무엇인가요? 상징 식물은 무엇인가요?

- 최근 탈북자들이 급증하는 것에 관한 자신의 생각을 말해보세요.

- 안보를 금전적 가치로 평가할 수 있나요?

- 본인은 꼰대라는 말을 사용해 본 적이 있나요? 꼰대 리더십의 문제점을 말해보세요.

- 요즘 청소년 폭행 사건, 학교폭력이 많이 발생하고 있는데요. 그 이유가 무엇이라고 생각하나요?

- 기성세대와 현세대의 통합을 이루려면 어떻게 해야 하나요?

- 군사분계선에서 우리 군을 철수하는 것이 가능한 일인가요?

- 대한민국의 국력을 신장시킬 수 있는 방법은 무엇이 있을까요?

- 우리나라의 문화와 전통을 외국인에게 자랑한다면 무엇이 있을까요? 그리고 어떻게 소개하시겠습니까?

- 본인이 생각하는 군인으로서 가장 중요한 자질은 무엇인가요?

- 북한은 평화적 분위기에서 한미 군사훈련을 예정대로 진행하는 것에 관해 불만을 표출하고 있는데 이에 대해 어떻게 생각하나요?

- 북한의 남북연락사무소 폭파에 대해서 우리 정부는 어떻게 대처해야 하나요?

- 부대 상사가 방산비리와 같은 부당한 명령을 하달했을 때 어떻게 대처할 것인가요?

- 육군 과학화훈련에 관해 본인의 생각을 말해보세요.

- 4.27 판문점 선언에 관한 역사적 의의를 말해보세요.

- 워리어 플랫폼에 관해 아는 대로 말해보세요.

- 한국형 3축 체계에 관해 아는 대로 말해보세요.

- 핵·WMD 대응체계에 관해 아는 대로 말해보세요.

- 국방개혁 2.0에 관해 아는 대로 말해보세요.

의예과 인·적성 면접

1 **의예과 인·적성 면접: 의사로서 가져야 할 기본적인 인·적성 관련 자질을 평가하는 면접 형태**

의예과에서는 '인적성 면접(P/F)'을 실시하는 대학도 있다. 가톨릭대는 수시모집 지역균형전형과 정시모집 의예과에서 '인적성 면접(P/F)'을 치른다. 점수화하지는 않고, 합불의 자료로만 활용한다. 의사의 윤리의식에 대한 사회적 요구가 높아지고 있는 점을 반영해 의대 인·적성 평가를 강화하는 추세다. 의대의 신입생 선발에서 이런 면접 방식을 활용하는 이유는 공부만 잘 하는 학생이 아닌 의사소통능력과 라포[환자와의 공감대] 형성 능력이 있는 학생을 선발하고 싶기 때문이다. 정시모집 의예과에서 인적성 면접은 '서울대, 성균관대, 가톨릭대, 울산대, 고려대, 인제대'는 P/F 결정 방식이며, '가톨릭관동대, 아주대, 연세대'는 면접 점수를 반영하는 방식이다.

2 의대 정시모집 인·적성 면접 실시 현황

구분	2019학년도	2020학년도	2021학년도	2022학년도
합/불 결정 방식	서울대, 가톨릭대, 울산대, 고려대	서울대, 연세대, 성균관대, 가톨릭대, 울산대, 고려대, 동아대	서울대, 연세대, 성균관대, 가톨릭대, 울산대, 고려대, 동아대, 인제대, 가톨릭관동대	서울대, 성균관대, 가톨릭대, 울산대, 고려대, 인제대
면접 점수 반영 방식	충북대, 가톨릭관동대, 아주대, 인제대	충북대, 가톨릭관동대, 아주대, 조선대	아주대	가톨릭관동대 (3배수,2단계10%), 아주대(5%), 연세대 (2배수,2단계9.9%)

2021학년도 가톨릭대학교 의예과 수시모집 학생부종합전형(학교장추천전형)인 적성면접

※ 2분 동안 제시문을 읽고 7분 이내로 면접관에게 답하시오.

> 망막색소변성증은 성인에서 발병하여 점점 시력이 저하되어 실명에 이를 수 있는 질병으로 유전자 결함이 주된 원인으로 알려져 있다. 최근에는 유전자 검사를 시행하여 증상이 나타나기 전에 망막색소변성증의 발병을 예측할 수 있다. OO항공사는 조종사 양성과정 지원자를 대상으로 채용 전 건강 검진에서 색맹이나 시력 등을 측정한다. 이는 조종사 양성에 많은 시간과 비용이 들기 때문이다. 항공사에서는 기존의 건강 검진에 추가로 망막색소변성증을 일으키는 유전자 선별 검사를 시행하여 잠재적인 미래의 위험에 대비하려고 한다.
>
>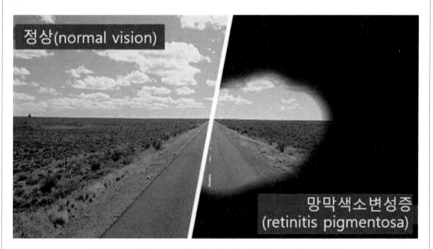
>
> [그림 1] 망막색소변성증 환자에서 주변 시야가 좁아진 상태

문제 1 (○○항공사는 조종사 교육과정 지원자에게 망막색소변성증의 유전자 선별 검사를 시행하려고 한다. ○○항공사의 이러한 방침을 어떻게 생각하는가?

문제 2 (최근 병원 이외에도 다양한 기관에서 유전자 검사가 가능하다. 이러한 유전자 검사의 광범위한 활용에 대한 지원자의 의견을 예를 들어 제시하시오.

문제 3 (의사로서 유전상담 중에 일어날 수 있는 어려운 점, 또는 고려해야 할 점이 무엇인가?

2020학년도 가톨릭대학교 의예과 수시모집 학생부종합전형(학교장추천전형)인 적성면접

※ 다음 제시문을 읽고 질문에 답하시오.

우리나라에서 장기이식 대기자는 매년 증가하고 있는 반면, 뇌사 장기 기증자는 감소하고 있다. 장기이식을 기다리다 사망하는 환자가 한 해 2천 명을 넘는다. 우리나라의 폐이식 대상자 선정 기준은 대기자 등록 순서 뿐 아니라 응급도를 참조한다. 인공호흡기 또는 *에크모에 의존하고 있는 중증 환자에게 우선적으로 이식 수술을 시행한다. 반면, 일본에서는 대기자 등록 순서를 기준으로 하는 것은 동일하나 *에크모에 의존하는 중증 환자와 60세 이상의 고령 환자에게는 폐이식 수술을 시행하지 않는다.

* 에크모: 체외막 산소공급장치로 환자의 심폐기능이 정상적이지 않은 경우 부착하여 환자의 순환기능을 보조하기 위해 사용하는 장치.
　　　　주기능은 이산화탄소를 걸러내고 산소를 주입한다.

문제 1 페이식 대상자 선택 결정에서 한국과 일본의 기준 중 어느 것이 더 타당하다고 생각하는가? 그렇게 생각하는 이유는 무엇인가?

문제 2 52세 소방관으로 가장인 환자와 25세의 폭력전과자인 환자 중에서 누가 페이식의 우선 대상자가 되어야 한다고 생각하는가? 그렇게 판단하는 이유는 무엇인가?

문제 3 스페인을 비롯한 몇몇 나라에서는 장기 기증 활성화를 위한 방안으로 옵트아웃 (opt-out) 제도를 시행하고 있다. 옵트 아웃은 개인이 행정적 절차를 통해 장기 기증에 대한 명시적 거부 의사를 밝히지 않으면 장기 기증에 대한 잠재적 동의자로 추정해 뇌사 시 장기 적출을 가능하게 하는 제도다. 우리나라에서도 옵트 아웃 제도를 시행하자는 주장이 있으나 아직 시행되지 못하는 이유는 무엇이라고 생각하는가?

2021학년도 서울대학교 수시모집 일반전형 면접 및 구술고사[의과대학]

※ 다음 제시문을 읽고 질문에 답하시오.

학급 학생 15명(A~O)에게 친한 순서대로 5명 이내 친구를 적도록 한 후 이를 바탕으로 그린 그림이다. 선이 굵을수록 친한 사이를 의미한다.

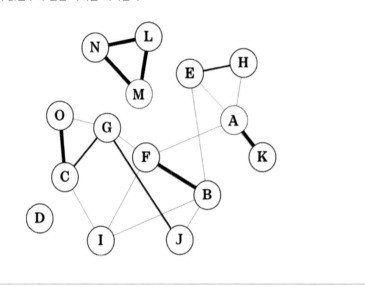

문제 1 학생들의 교우관계를 유형별로 분류해 보아라.

문제 2 당신은 어떤 알파벳의 교우관계와 닮았는가?

문제 3 E와 같은 모둠이 되어 조 활동을 해야 하고, 당신은 조장이다. 어떻게 할 것인가?

2021학년도 서울대학교 수시모집 일반전형 면접 및 구술고사[치의학대학원 치의학과 학사·전문석사 통합과정]

※ 다음 제시문을 읽고 질문에 답하시오.

〈지문 1〉

몸살로 인해 상태가 좋지 않은 A가 지하철을 탔다. 빈 좌석이 없자 A는 임산부 배려석에 앉았다. 잠시 후 중년 여성이 그 자리는 임산부 배려석이므로 비워두어야 한다고 말하였다. 그러자 A는 이 좌석은 임산부 지정석이 아니고 배려석이므로 임산부가 오면 그때 양보하겠다고 하였다. 중년여성은 임산부 배려석은 지정석과 마찬가지라고 하면서 자리를 비우라고 다시 말하였다.

〈지문 2〉

장시간의 아르바이트를 마친 B는 집으로 가기 위해 시내버스를 탔다. 버스 안에는 교통약자 배려석만 비어 있었다. 아르바이트로 피곤했던 B는 교통약자 배려석에 앉았다. 다음 정류장에서 연세가 많아 보이는 승객이 버스에 올랐다. 그 승객은 B가 앉아 있는 자리 앞에 서서 자리 양보를 요구하였다. B는 배려석을 양보하는 것은 의무가 아니라며, 너무 피곤해서 일어나고 싶지 않다고 하였다.

※ 다음 제시문을 읽고 질문에 답하시오.

통제 불능의 전차가 다섯 명의 인부를 향해 질주하고 있다. 만약 전차가 이대로 계속 달려온다면 그들은 죽을 수밖에 없다. 그런데 당신은 달려오는 전차와 다섯 명의 중간쯤에서 선로를 가로지르는 육교 위에 서 있다. 그리고 당신 옆에는 커다란 짐을 진 인부 한 명이 서 있고, 인부를 선로로 밀어 떨어뜨리면 전차를 멈출 수 있다. 당신이 스스로 뛰어내릴 수는 없다. 짐도 없이 전차를 세우기에는 당신의 몸집이 작기 때문이다. 당신이 짐을 옮겨 짊어질 시간도 없다. 당신은 어떻게 할 것인가? 단, 법적책임에서는 자유롭다.

이상은 전차 딜레마 실험에 대한 설명이다. 이런 상황에서 이 낯선 사람을 죽음으로 몰아서 다섯 명을 구하는 것은 도덕적으로 용인될 수 있는가? 대다수 실험 참가자는 육교 아래로 사람을 떠밀어 다른 다섯 명을 구하는 것이 잘못된 행동이라고 말한다. 그러나 이것은 공리적 답변이 아니다. 한 명을 떠밀어 다섯 명을 구하는 것은 더 큰 행복에 이바지한다. 그렇지만 이것은 여전히 잘못된 일처럼 보인다.

조슈아 그린 『옳고 그름』에서 일부 발췌

2021학년도 서울대학교 수시모집 일반전형 면접 및 구술고사[수의과대학]

※ 다음 제시문을 읽고 질문에 답하시오.

> 지원자가 수의과대학을 졸업하는 시점에서 수의사의 사회적 역할은 무엇이라고 생각합니까?

※ 다음 제시문을 읽고 질문에 답하시오.

> 수의과대학 1학년생 동급생인 A와 B는 전공과목의 기말고사를 앞두고 열심히 공부하고 있다.
> 그런데 B는 중간고사 점수가 매우 낮아서 기말고사에서 우수한 성적을 거두지 못하면 낙제를 당
> 할 상황에 놓여있다. 불안하고 초조한 B는 예상문제에 대한 답을 적어 필통에 보이지 않게 넣어
> 두었다. 시험 전날 A는 B가 이렇게 시험 부정행위를 준비하는 것을 우연히 알게 되었다.
>
> 1) 지원자가 A라면 어떻게 하겠는가?
> 2) 학생 B의 가장 큰 문제는 무엇이라고 생각하는가?
> 3) A는 B가 부정행위를 하지 않도록 설득해야 하는 의무가 있다고 생각하는가?

※ 다음 제시문을 읽고 질문에 답하시오.

> 약물이 체내로 투여되면, 약물은 투여 부위에서 혈관 내로 흡수되고 체내에 분포하며 작용한다.
> 이후 대사되어 체외로 배출된다. 다음 그래프는 새롭게 개발된 약물 X를 젖소에게 동일한 양을
> 근육주사 및 혈관주사로 투여한 후, 6시간 간격으로 약물 X의 혈액 내 농도를 측정한 그래프이
> 다 (단, 0 시간은 약물 투여직전을 의미함).

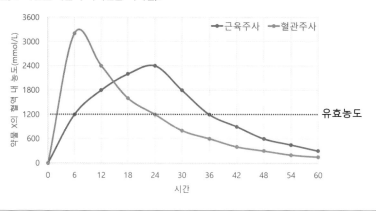

1) 위 그림을 보고 두 그래프의 차이에 대해 설명하시오.

2) 혈액 내 농도가 1,200 mmol/L 이상일 때 약효가 있다고 한다면, 각 주사 경로별로 120시간 약효를 유지하기 위하여 어떻게 하면 되는지 설명하시오.

※ 다음 제시문을 읽고 질문에 답하시오.

지원자의 식구들은 모두 고기를 좋아하는 편이다. 그래서 부모님께서 저녁 식사로 가족의 식성과 건강을 고려하여 고기 위주의 음식을 준비하신다. 그런데 일주일 전 고등학교에 다니는 동생이 갑자기 '채식주의자'가 되겠다고 선언하였다. 어제저녁 동생은 본인의 신념을 지키기 위하여 채식을 고집하였으며, 결국 식사 중에 고기를 먹으라는 어머니와 동생 간의 언쟁이 발생하였다. 같이 식사를 하시던 아버지는 '조금만 먹으면 되지 않겠냐'고 말씀하셨다.

지원자는

1) 이때 어떻게 하겠습니까? 그 이유는 무엇인가요?

2) 동생에게는 어떤 이야기를 해줄 수 있을까요?

3) 어머니에게는 어떤 이야기를 해줄 수 있을까요?

교과 면접: 모집단위 관련한 전공소양과 시사이슈를 묻는 면접 형태

1️⃣ 명지대학교

모집단위	면접 문항
국어국문학과	- 국어국문학과 진학 동기는? - 문학교육의 현대적 의의는? - 올바른 국어생활이란? - 한국어와 한국문학의 세계화에 대한 생각은?
중어중문학과	- (지원학과와 관련된) 동아리 활동 경험을 얘기해 보세요. - BTS, 한복 문화 관련 중국 네티즌 반응에 대한 본인의 생각은? - 외국어 학습 관련 주목할 만한 경험이 있으면 말해보세요. - 미중 무역 분쟁에 관해서 알고 있는 것을 말해보세요. - 중국과 한국의 문화 현상에 대해 비교설명 해보세요.
일어일문학과	- 일본어 및 일본문화에 관심을 가지게 된 계기는? - 타언어와 비교했을 때 일본어의 특징은? - 한일 관계의 해법은 무엇이라고 생각하는가? - 역사 인식의 차이를 좁힐 수 있는 방법은?
영어영문학과	- 본인만의 영어단어 암기 방법은? - 영어와 관련 된 교내활동은? (글쓰기(작품)활동, 교지, 신문기고 등) - 국어학과 영어학의 차이? - 영미 시인 중 알고 있는 (시인)작가나 작품은?

모집단위	면접 문항
아랍지역학과	- 고등학교 때 가장 좋아했던 과목은? - 아랍어와 관련한 동아리 활동은? - 동아리 활동 중 본인의 역할은? - 아랍지역학과 진학을 위한 노력 중 대표적 사례는? - 최근 관심 있게 본 시사 뉴스는?
사학과	- 왜 조선은 일본의 식민지가 되었는가? - 고구려가 삼국통일을 못한 까닭은? - 사학도로서 가장 중요한 덕목은 무엇이라 생각하는가? - 바람직한 역사수업이란 무엇이라 생각하는가? - 한일관계를 풀어갈 기본 열쇠는 무엇이라 생각하는가?
문헌정보학과	- 독서의 필요성은? - 사서에게 가장 필요한 자질은? - 타인에게 도움이 되었던 경험은? - 학교생활에서 가장 보람 있던 경험은? - 읽을 책을 선택하는 기준은?
미술사학과	- 전공과 관련하여 가장 관심 있는 분야는? - 전공 관련하여 읽은 서적이나 관련 활동은? - 활동을 통해 얻은 경험과 이를 통해 본인의 성장부분은? - 전시, 유적지 관람 및 방문했던 경험은? - 큐레이터 관련 전공 자질과 덕목은 무엇이라고 생각하는가?
철학과	- 고등학교 때 윤리과목에서 배운 철학자를 소개해 보세요. - 고등학교 때 윤리과목에서 배운 철학 사조나 이론을 소개해보세요. - 전공에 대한 관심에서 스스로 찾아 읽었던 철학 책이 있으면 소개해보세요.
행정학과	- 행정학과 지원 동기는 무엇입니까? - 재난지원금은 선별/보편 중 어떤 정책이 합리적이라고 생각합니까? - AI 혹은 빅 데이터가 정부에 미치는 영향은 무엇입니까? - 행정학과에서의 학습을 바탕으로 향후 어떤 분야에서 일하고자 합니까?
경제학과	- 경제관련 독서 중 기억하는 내용은? - 경제학과 지원 동기는? - 경제관련 교내활동은? - 경제와 경제학의 차이는? - 최근 본 경제뉴스는?
정치외교학과	- 정치 및 사회관련 이슈 정보는 어떻게 얻는 편인가? - SNS 혹은 기타 1인 매체 경험에 대해서 말해보세요. - 한국외교관련 이슈 가운데 하나만 설명해보세요. - 최근 관심 있는 정치 사회관련 이슈가 무엇인가요? (홍콩시위 등) - 대통령제, 의원내각제 등등의 장단점에 대해 말해보세요.
디지털콘텐츠 디자인학과	- 본 학과의 커리큘럼 특징은?? - 전공과 관련된 동아리활동 내용은? - 디지털콘텐츠디자인학과는 구체적으로 어떤 전문가를 양성한다고 생각하는가? - 졸업 후 진로희망은 무엇인가?
융합소프트웨어학부	- 봉사를 하는 사람이 행복감을 느끼는 이유는 무엇인가? - 새로운 SW를 홍보하기 위한 방법을 한 가지 제시하고 장/단점을 논하라. - 한국의 코로나 방역 시스템이 다른 나라의 방법과 점이 다르며, 어떤 장/단점이 있는지 말해보시오. - 단점을 보완하기 위해 IT기술을 활용할 방안을 이야기 해보시오.

모집단위	면접 문항
수학과	- 동아리(비교과) 활동 중 갈등상황 해결 사례는? - 교과학습 중 가장 흥미 있었던 부분은? - 수학 교과학습 중 가장 어려웠던 점은?
물리학과	- 비교과 활동 중 인상 깊은 부분은? - 본인이 했던 실험 중 물리 개념을 설명할 수 있는 실험은? - 실생활에 관련된 물리현상은 무엇이 있는가? - 본인이 관심을 갖고 심화 학습한 주제는?
화학과	- 공동으로 실험을 진행할 때 실험의 성공을 위해 어떤 점이 가장 중요한가요? - 가장 인상이 남는 실험은? - 진행한 실험의 원리는? - 지속적으로 진행한 봉사 활동이 있나요? - 본인의 희망학과(직업)를 위해 어떤 준비를 해왔나요?
식품영양학과	- 생물 및 화학 관련 했던 실험 중 기억에 남는 것은? - 미생물과 바이러스의 차이는 무엇인가? - 발효란 무엇인가? - 코로나 사례를 통해 앞으로의 미래 위생은? - 푸드테크에 대해 들어보았는가?
생명과학정보학과	- 생물 교과목 중 흥미롭게 느꼈던 내용은 무엇인가? - 지성인이란 어떤 사람이고, 지성인이 되기 위해 필요한 소양은? - 학과 진학 후 학업 태도와 방향에 대한 포부는 무엇인가? - 끈기를 가지기 위해 필요한 것은 무엇인가?
전기공학과	- 전기공학과에 지원한 동기는? - 전기공학을 통하여 인류에 공헌할 수 있는 방법은 무엇이라 생각하는가? - 수학교과 내용 중 공학과 연계하여 설명할 수 있는 주제는? - 장점과 단점이 존재하는 선택지를 합리적으로 선택하는 방법은 무엇인가? - 전기공학과에 입학한다면 졸업 후 진로 계획은 무엇인가?
전자공학과	- 전자공학분야 중 본인이 관심을 가지고 있는 분야와 그 이유는? - 본인이 해 본 봉사활동 중 가장 기억에 남는 것이 무엇인가? - 동아리 활동 중 일어나는 의견충돌을 어떻게 조율하였는가? 예를 들어 말해보세요. - 물리과목 수업내용 중 가장 흥미 있는 부분은 무엇인가? - 전자공학에 관련된 실험이나 연구 활동을 해본 것이 있는가?
화학공학과	- 본인의 리더십을 발휘 한 사례는? - 화학 및 물리 과목에서 배운 중요 개념 중 기억에 남는 내용은? - 꿈을 이루기 위한 대학에서의 학업계획은? - 고교 과정에서 수행한 실험 중 가장 의미 있었던 내용은?
신소재공학과	- 학급이나 동아리 내에서 갈등을 해결했던 경험은? - 전공 관련 동아리 등에서 인상 깊었던 실험에 대해 설명해 보세요. - 화학 과목에서 가장 자신 있는 분야는? - 신소재공학과에 지원한 동기는?
환경에너지공학과	- 환경에너지 공학도로서 반드시 갖춰야 할 윤리적 덕목은 어떤 것이 있을까요? - 과학 과목 중 에너지라는 것을 새롭게 인식하게 된 단원이나 교과서에 있는 문제는 어떤 것이 있으면 그 이유는 무엇입니까? - 동아리의 소개와 동아리 부원과의 갈등조정을 어떻게 해보았습니까? - 환경과 에너지의 관계를 지속성이라는 관점에서 말해보세요. - 화학이나 생물이나 혹은 지구과학에서 가장 흥미가 있었던 단원과 주제가 무엇이고 이유가 있습니까?

모집단위	면접 문항
컴퓨터공학과	- 본인의 봉사활동 경험에 대해 설명해보세요. - 본인의 리더십을 보여줄 수 있는 경험에 대해 설명해보세요. - 소프트웨어 코드개발 경험에 대해 소개해보세요. - 방안에 있는 사람들 중 키가 가장 큰 사람을 찾는 과정에 대해 설명해 보세요. - 컴퓨터 엔지니어가 되서 만들고 싶은 소프트웨어에 대해 설명해보세요.
토목환경공학과	- 봉사 활동 중 가장 인상에 남았던 경험. - 동아리 활동 중 인상 깊었던 내용은? (전공 관련) - 4차 산업혁명 기술의 토목공학 활용방안은? - 환경과 건설의 이해 상충 문제에 대한 본인의 의견은? - 토목 구조물 설계 및 제작 경험은?
교통공학과	- 교통공학에서 통계(확률)를 활용할 수 있는 예를 들어보시오. - 교통사고가 갖는 경제적 가치 산정 방법은? - 교통학의 학문적 정의 및 세부 연구 분야는 무엇인가? - 코로나19 시대 대중교통 활성화 방안은? - 미래교통수단은 어떤 것들이 있고 개발 전망은? (안전성과 효율성 측면에서 설명)
기계공학과	- 규칙을 지키기 어려운 상황에서 대처방안은? - 실패했던 일과 극복했던 과정은? - 프로그램(C언어, 아두이노 등) 사용 여부 및 관심도는? - 물리 교과 중 가장 관심 있던 분야가 현실에 적용된 예는? - 기계공학과 관련된 내용 중 고등학교 때 가장 흥미가 있었던 분야는? 이유는?
산업경영공학과	- 공동체의식을 함양하기 위하여 고등학교 때 활동한 내용에 대해서 말씀해주세요. - 산업경영학과에 지원하기 위해서 고등학교 때 활동한 것들 중 가장 관심이 있거나 중요한 활동들에 대해서 말씀해주세요. - 학생이 생각하는 산업경영공학과는 어떤 것이라고 생각하십니까? - 4차 산업혁명에서 산업경영공학의 역할은 무엇입니까? - 산업경영공학의 여러 진로 중 가장 관심이 있는 분야는 무엇인가요?
융합공학부	- 융합공학이란 어떤 기술들이 융합된 것인가? - 인공지능과 자율 주행차 사이의 연관성은 무엇인가? - 융합공학부에 지원한 동기? 자신이 이 전공에 어떻게 부합되는가? - AI에 대해 초등학생에게 알기 쉽게 설명해 본다면? - 자신이 훌륭한 엔지니어가 될 수 있는 자질을 가지고 있다면 그 경험은?
정보통신공학과	- 동아리 활동에서 구성원들과 발생하는 갈등해소 또는 조화를 위해 이끌어낸 방식은? - 수학/과학 과목에서 가장 기억에 남는 분야는 어느 것인가? - 전공 관련 동아리 활동 경험은? - 정보통신공학과를 지원한 이유는? - 사물 인터넷이 실생활에 적용되는 사례는?
전공자유학부	(자연) - 전공자유학부를 선택한 특별한 이유는? - 에너지 정책에서의 원전 문제는 무엇이라 생각하는가? - 4차 산업혁명에서의 융합이란 무엇인가? - 인문학적 요소에 대한 관심은? - 과학과목 실험 중 기억에 남는 것은?
바둑학과	- 바둑의 좋은 점은 무엇입니까? - 자신만의 기력향상법은 무엇입니까? - 바둑 외의 관심분야는 무엇입니까? - 학과에서 공부하고 싶은 분야는 무엇입니까? - 학과 공부를 위해 필요한 능력은 무엇이고 그렇게 생각하는 이유는?

모집단위	면접 문항
건축학부	(건축학전공) - 공동체를 위해 기여해 본 경험을 말 해주세요. - 자신이 직접 가 본 건축물을 예를 들어 어떤 것이 마음에 들었는지? 기억에 남았는지? - 건축전공을 선택하게 된 계기는? - 어떤 일을 통해 건축가가 사람들에게 행복감을 줄 수 있는지? - 건축학 전공을 지원하지 않았다면 본인에게 맞는 다른 어떤 전공들을 선택하여 건축학 전공을 대신 할 수 있었을까? 그 이유는?
건축학부 (전통건축전공)	- 전공 지원을 위해 노력한 점은? (비교과 활동, 독서) - 전공 관련 전문가가 갖추어야 할 능력과 덕목은? - 전공을 선택한 계기는? - 인상 깊게 본 전통건축물은? - 한국의 사계절이 우리 건축형성에 미친 영향은?
국제학부	- 동아리 임원으로서 어려웠던 상황과 극복한 사례에 대해서 말씀해주세요. - 국제학부를 준비하면서 고등학교 때 준비한 활동들에 대해서 설명해주세요. - 국제학부 전공이 학생의 진로에 어떻게 도움이 될 수 있을 것이라 생각되십니까?

2 협성대학교

- 세계보건기구(WHO) 게임 중독을 질병으로 등록했는데, '게임 중독'은 질병일까요?

- 현재 미디어는 1인 미디어 시대라고 할 수 있습니다. 1인 미디어의 장단점에 대해 말해 보세요.

- 우리나라 인구 가운데 4명 중 1명 이상은 1인 가구로서 삶을 영위하고 있습니다. 1인 가구 증가의 순기능과 역기능에 대해 말해 보세요.

- 취업시장에서 새로운 트렌드로 자리 잡고 있는 N잡러라는 말이 있습니다. N잡러란 무엇이며, N잡러의 전망에 대해 말해 보세요.

- 올해는 대한민국 임시정부 수립 100주년 되는 해입니다. 대한민국 임시정부 100년 사가 우리에게 주는 교훈은 무엇인지 말해 보세요.

미디어영상광고홍보학부

- SNS를 비롯해 다양한 미디어를 통해 접했던 광고와 영상 중 본인에게 가장 인상적이었던 작품은 무엇이며, 그 이유를 구체적으로 말해보세요.
- 광고, 홍보, 영상 중 어느 분야에 관심이 있으며, 자신이 선택한 분야에서 성공하기 위해서 무엇을 준비해야 할 것인지 말해보세요.

4 성결대학교

- 귀화한 외국인 선수가 올림픽 같은 국제대회에 태극마크를 달고 출전하는 것에 대해 찬성과 반대 의견으로 토론해 주시기 바랍니다.
- 일반의약품을 슈퍼에서 판매하는 것에 대해 찬성과 반대의견으로 토론하여 주시기 바랍니다.
- 버려진 고양이나 강아지들에게 먹을 것을 제공하는 것에 대해 찬성과 반대의견으로 토론해 주시기 바랍니다.
- 지하철을 운영하는 공사들이 노인 무임승차 문제를 제기하고 있습니다. 이에 대해 찬성과 반대 의견을 토론해주시기 바랍니다.
- 선거연령 하향에 대한 요구가 많아지고 있습니다. 만 18세로 선거연령을 하향하는 것에 대해 찬성과 반대 의견을 토론해 주시기 바랍니다.
- 동물을 이용한 실험은 제약, 생명 과학, 해부학에 이르기까지 다양한 분야에서 활용되고 있습니다. 이러한 동물실험이 계속되어야 하는지에 대해 찬성과 반대 의견을 토론해주시기 바랍니다.
- 최근 교육부는 국가수준 학업성취도평가를 전수 평가하는 일제고사 방식을 폐지한다고 발표했습니다. 일제고사 방식 폐지에 대해 찬성과 반대

의견을 토론해주시기 바랍니다.

- 유전자변형식품(GMO)은 인류의 식량난을 해결하고 종의 다양성을 더욱 증폭시켜서 더 많은 가능성을 제시하기도 하나, 건강상의 문제가 있을 수 있다는 주장이 있습니다. 유전자변형식품을 계속 생산해야 하는지 아니면 중단해야 하는지에 대해 토론하세요.

- 20세인 B양은 원치 않은 임신을 하였고, 상대 남성은 아이 낳는 것을 반대하였습니다. B양은 이번에 또 낙태하게 되면 다시는 아이를 임신할 수 없는 상황이었습니다. 이러한 상황에서 B양은 낙태를 해야 하는지, 아이를 출산해야 하는지에 대한 여러분의 생각을 토론해 주시기 바랍니다.

- 올해도 쌀농사가 풍년이라 초과 공급이 예상됩니다. 남는 쌀을 북한에 지원하자는 의견과 최근 북한의 핵실험과 미사일 발사 등을 이유로 지원하지 말아야 한다는 의견에 대해 자신의 생각을 말하고 토론하세요.

모의 면접 양식

모의 면접 양식 **1**

성명		지원대학	
지원전형		모집단위	

<table>
<tr>
<td rowspan="4"></td>
<td colspan="2">
3. 수상경력 □
5. 창의적 체험활동상황 – 자율활동 □ 동아리활동 □ 봉사활동 □ 진로활동 □
6. 교과학습발달상황 & 교과세특 □
7. 독서활동 상황 □
8. 행동특성 및 종합의견 □
</td>
</tr>
</table>

학생부	관련항목	주요활동

예상 질문	

답변	

보완할 점 어려운 점	

모의 면접 양식 2

성명		지원대학	
지원전형		모집단위	

구분	영역	내용
기본 소양	도입	Ice Breaking(X) ☞ 면접 유의사항 전달
	인성	자기소개/가치관(롤모델, 좌우명, 장단점, 책, 역경극복)
		지원동기(열정과 의지)
		준비와 노력, 경험(자기주도, 목표 달성 경험)
		리더십(자질, 발휘사례), 봉사(의미, 경험, 이유)
		학업계획(학교생활)
		졸업 후 진로계획(10년 뒤 모습)
		마지막으로 하고 싶은 말(포부), 준비한 질문, 선발 이유
	적성 (전공)	대학 인재상, 타대학과 비교, 대학의 특성화, 경쟁력
		학과 및 전공탐색(흥미와 관심도), 전공 관련 시사 이슈, 관심 과목
서류 확인	학생부	
	자소서	

모의 면접 양식 **3**

성명		지원대학	
지원전형		모집단위	

자기소개	
특기:	
취미:	
좌우명:	
피드백:	

지원동기, 입학 후 학업계획 및 진로계획	
지원동기:	
학업계획 및 진로계획 :	

학과정보:	주요전공 희망 :
피드백 :	

모의 면접 양식 4

성명		지원대학	
지원전형		모집단위	

1. 지원동기	:
피드백:	

2. 입학 후 학업계획 및 진로계획	:
피드백 :	

3. 가장 인상 깊은 활동과 그 이유	:
피드백:	

4. 자기소개	:
피드백:	

5. 마지막으로 하고 싶은 말	:
피드백:	

모의 면접 양식 **5**

성명		지원대학	
지원전형		모집단위	

---

1. 모집단위(학과/학부) 전공에 대한 지원동기와 자신의 어떠한 점이 이 전공의 특성에 부합하는 지에 대하여 말해 보세요.

---

2. 학업계획 및 진로계획 – 대학 입학 후의 학업계획을 구체적으로 말하면?
　　　　　　　　　　　　　　– 이를 토대로 한 졸업 후의 사회 진출의 방향과 목표는?

---

3. 대학생활 충실도 및 목표의식 – 대학 입학 후 가장 하고 싶은 일은 무엇인가?
　　　　　　　　　　　　　　　– 대학생활을 통해 꼭 이루고자 하는 목표는?

---

4. 전공적합성

 - 가장 관심을 갖고 활동한 전공분야관련 자율/동아리/봉사/진로활동에 대해 말해 보세요.
 - 본인의 장·단점을 지원학과와 관련하여 말해 보세요.

5. 창의력 사고력

 - 최근 신문이나 뉴스에서 가장 흥미 있었던 기사 또는 사회적 이슈를 말해 보세요.
 - 최근 감명 깊게 보았던 책 또는 영화를 소개하고 그 이유를 말해 보세요.

6. 인성

 - 좌우명이 있는가? 그 좌우명을 대학 또는 사회에서 어떻게 실천할 것인지 말해 보세요.
 - 마음을 터놓을 친구나 존경하는 롤모델은 누구인지 말해 보세요.
 - 봉사와 협력, 희생과 갈등 관리의 구체적 사례가 있으면 말해 보세요.

7. 지원동기를 말해 보세요.

8. 자신의 장·단점을 말해 보세요.

9. 자기소개를 해 보세요.

10. 마지막으로 하고 싶은 말을 해 보세요.

모의 면접 양식 **6**

성명		지원대학	
지원전형		모집단위	

연번	항목	준비 내용	평점 5 4 3 2 1
1	전공에 대한 관심과 이해도		
2	지원동기와 노력과정		
3	인재상 부합도		
4	학업계획 및 진로계획		
5	인상 깊었던 고교활동 (동아리, 봉사 등)		
6	존경하는 인물		
7	감명 깊게 읽은 도서		
8	좋아했던 과목과 이유		
9	장점과 단점 (단점은 극복과정 설명)		
10	마지막으로 하고 싶은 말		
종합 평가	평가항목	• 발전가능성 • 논리적 사고력 • 문제해결능력 • 인성	총 점 ( )

모의 면접 양식 **7**

학생부 항목		면접 질문 사항
3. 수상경력		
5. 창의적 체험활동 상황	자율활동	
	동아리활동	
	봉사활동	
	진로활동	
6. 교과학습발달상황 (성적 & 세특)		
7. 독서활동상황		
8. 행동특성 및 종합의견		
자소서	1번	
	2번	
	3번 (자율문항)	

모의 면접 신청서 양식

	( )반 ( )번 성명:
지원대학	
지원모집단위	
지원전형	
모집인원	
경쟁률	
면접일	
모의 면접 후 보완할 점 / 어려운 점	

토론·토의 활동지

구분	찬성 입장	반대 입장
요약		

구분	찬성 입장	반대 입장
근거(논거, 전제)		

구분	찬성 입장에 관한 면접관의 추가질문 (예상되는 반론 질문)	반대 입장에 관한 면접관의 추가 질문 (예상되는 반론 질문)
근거(논거, 전제)		

구분	면접관의 추가질문에 관한 재반박	면접관의 추가질문에 관한 재반박
근거(논거, 전제)		

시사 이슈

경영•경제

공공부조, 일본 경제 보복, 일본 제품 불매운동, 빅데이터, 사회적 기업, 기업의 사회적 책임과 기업윤리, 윤리경영, 윤리적 기업, 코즈 마케팅, AI 마케팅, SNS 마케팅, 스튜어드십 코드(Stewardship Code), 국민연금 고갈 논란, 담뱃값 인상/인하, 법인세 인상/인하, 종교인 과세, 프랜차이즈 갑질 논란, 비정규직 정규직 전환, 펀드 전성시대, 사모펀드, 복지 확대 축복인가 재앙인가, 빈곤은 누구의 탓인가, 우버 택시 도입 논란, 카카오 업체와 택시업계의 '카풀' 논쟁, 경유/휘발유 값 인상, 내국인 카지노 허용해야 하나, 법인세 내려야 하나, 과도한 자영업자 비중 이대로 괜찮을까, 주류 온라인 판매 및 택배 금지 타당한가, 배기량 기준에 따른 자동차세 바꿔야하나, 도서정가제 필요한가, 정보의 비대칭성, 한일 양국 화이트 리스트 제외, 공정무역 찬반 논쟁, 시장 vs 정부, GDP(국내 총생산) 3만 달러 시대 진입, 기회비용, 매몰 비용, 로렌츠 곡선, 지니 계수, 대체재(버스 vs 지하철)/보완재(컴퓨터 vs 소프트웨어), 합리적 의사결정, 브렉시트(Brexit, 영국의 유럽연합 탈퇴), 제주도 영리병원 도입 논란, 지하철 노년층 무임승차제 논란, 기본소득제 도입 논란(소득재분배/경제불평등 완화/경제 활성화/조세저항 완화 vs 막대한 재원/세금인상/노동의욕 저하/사회 생산성 저하), 지역화폐 지원 범위 논란, 재난지원금 지원 범위 논란(보편주의/보편적 복지 vs 선별주의/선별적 복지, 내수 시장 활성화/경제 부양책 vs 기본 소득 포퓰리즘), 미·중 G2 무역전쟁, 비트코인, 가상화폐(암호화폐) 규제 정당한가, 블록체인 기술, 공유지의 비극, 공유경제, 최저시급 인상(2019년 8350원 / 2020년 8,590원 / 2021년 8720원 / 2022년 9,160원), 최저임금 보장, 파레토 법칙(20vs80) vs 롱테일 법칙(80vs20 / 역파레토 법칙), 원조의 딜레마, 인센티브 관광, 코즈 마케팅, ESG 경영

온라인·오프라인 의사소통방식의 장단점, SNS(소셜 네트워크 서비스)의 장단점, 소셜 미디어의 영향, 1인 미디어 시대의 장단점, 레거시 미디어(Legacy Media), 사이버 불링, 드루킹, 여론조사의 함정, 출구조사의 오류, 양심적 병역거부, 대체복무제, 유승준 국민청원, 이공계 등 병역특례 폐지해야 하나, 아시안게임 병역면제, 낙태 금지는 위헌(여성의 자기결정권 vs 생명존중/태아 생명권), 낙태죄에 대한 헌법재판소의 헌법불합치 결정, #me too, 페미니즘, 워마드, 일베, 미러링, 젠더프리 교육, 사립유치원 비리, 유치원 아동 학대, 저출산·고령화, 이민정책 타당한가, 유럽 난민 수용, 제주도 예멘 난민 수용, 간호사 '태움' 문화, 세월호 사건, 혼밥·혼술 혼자의 시대, 1인 가구 증가의 원인과 해결방안, 반려동물 안락사, 반려동물 공공화장장 필요한가, 안락사/존엄사 찬반 논쟁, 사형제 찬반 논쟁, 로스쿨 귀족학교인가, 국민의 알 권리 어디까지인가(국민의 알 권리 vs 인권 침해), 퀴어 축제(성적 소수자 축제), 두발 자율화, 숙명여고 시험지 유출, 고교상피제, 국정교과서 폐지, 학교폭력 증가, 신조어와 줄임말, 이모티콘, 야민정음, 급식체, 3.1운동 100주년, 먹방에 관심을 갖고 열광하는 이유는, SKY 캐슬 열풍과 학생부종합전형 공정성 논란, 유튜버 열풍, 웹툰 열풍, 한류의 원인과 지속가능한 발전방안, 데이트 폭력, 교과서 자유발행제 도입, 생존 수영 확대, 서술형 평가 증가, 특목고 일반 학교로 전환 논란, 혁신학교 증가, 국제 바칼로레아(IB) 공교육 시범 도입, 문이과 통합교육, 2025년 고교학점제 도입, 코딩교육, 조국 이슈, 고교 내신 절대평가, 미술품 대작(代作) 허용해야 하나, 교내 휴대폰 사용 허용해야 하나, 야간자율학습 폐지해야 하나, 교육감 직선제 폐지해야 하나, 학제단축 필요한가, 대학 가을학기제 도입 옳은가, 특수학교 설립, 화장터 유치와 님비(NIMBY) 현상, 핌피(PIMFY) 현상, 방탄소년단(BTS) 병역 특례(국위 선양 vs 병역 의무/형평성·공정성), 악플금지법 도입 논란, 고교 무상교육 2021년 전면시행, 보편적 교육복지(무상급식, 무상교육), 학령인구 감소, 국가인권위 민법에서 '자녀 징계권' 삭제하고 '체벌 금지' 신설 제안, 언택트 시대의 도래, 의사고시 거부 의대생 구제 논란(잘못된 정책 추진/정부에 의해 강요된 선택 vs 집단이기주의/특혜·특례), 젠더/페미니즘 갈등, 능력주의와 공정, 주52시간제, 최저임금 인상, ILO 핵심협약 비준, 고용보험 확대, 기초연금 인상, 건강보험 보장성 강화, 치매국가책임제, 가스라이팅, MZ세대, 포스트 코로나, 가짜 뉴스, 기레기와 기자윤리, 의사표현의 자유 어디까지, 댓글의 익명성/익면성, 영화 기생충 칸 영화제와 아카데미를 석권, 기생충과 사회불평등, 미디어 리터러시(media literacy)

4차 산업혁명, 희토류, 드론, 로봇세 부과 주장 타당하나, 노벨과학상 수상자, 미세먼지, 황사, 4대강 녹조(녹조 라떼), 미세플라스틱, 생분해성 플라스틱, 라돈침대와 방사선, 중력파, 가상현실(VR), 증강현실(AR), 사물인터넷(IoT), 원전 폐기 공론화 위원회, 탈원전과 비핵화, 정부의 탈원자력 정책은 옳은 방향인가, 대체에너지, 폭염, 기상이변, 지구온난화(교토의정서), 포항 지진 공포 국내는 안전한가, 화산 폭발 국내는 안전한가, 지열 발전, 인공지능(AI), 인공지능 스피커/리모컨, 알파고와 이세돌, 5G(5세대 이동통신) 상용화, 자율주행자동차, 수소전기차, 햄버거병(용혈성 요독 증후군), 카페 일회용컵 규제(머그컵 사용), 옥시 가습기 살균제 사건, 살충제 달걀, 지속가능한 개발 가능한가, 축전지 개발(칼륨 이온 전지, 마그네슘 이온 전지 등), 랜섬웨어, GMO(유전자 변형 생물), 암 게놈 의학(분자 표적 치료제), 게놈 혁명, 유전자 가위, 유전자 조작 연구 규제, 인간 배아 연구, 과학자의 가치중립성, 유전자 교정과 윤리, 유전자 편집 아기(맞춤 아기), 홍역의 역습, 질량 단위 재정의, HTTPS 차단 논란, 디지털 포렌식, 태양탐사선 파커, 중국의 우주굴기, 남극 빙하 연구, 보호무역주의(미국과 중국 사이에 놓은 IT기술), 소외지역에 고속 데이터 통신망 설치와 컴퓨터 교육, 클라우드, 중국 폐기물 수입 규제 확대, AI반도체 도입, 남북 ICT교류, 친환경 ICT, 스마트 디바이스 혁신, VOD 서비스, 구글에 지도 반출 허용해야 하나, 쓰레기봉투 실명제 필요한가, 무인점포 증가, 무인자동주문기 '키오스크' 확산, ASMR(자율 감각 쾌락 반응), 백색소음(White noise), 코로나19로 인한 중국인 입국 금지 논란, 디지털 포렌식, 코로나19 확진자 동선 추적 조사(국민 알 권리/감염병 확산 방지 효과/선제대응을 vs 인권 침해/사생활 침해), 팬데믹(Pandemic), 독감 백신 상온 노출, 2019년 WHO '게임 중독'을 새로운 질병으로 등록, 2019년 '미세먼지 특별법' 시행, 아프리카돼지열병(ASF) 발병, 틱톡(TikTOK), 성범죄자알림e, 디지털교도소(국민 알 권리/성범죄 경종 vs 사적제재/인권침해/무고한 피해자), CTO(최고기술책임자), 메모리 반도체, 시스템 반도체, 이미지 센서, 전고체 배터리, 화학전지, 2차 전지 배터리, 팬데믹, 코로나 백신 접종 거부(개인의 선택 vs 국민 안전/국민 건강권), 포스트 코로나, 위드 코로나, 델타 변이, 집단 면역/면역 우산, PCR 검사, K-방역, 백신여권, 탄소세, 탄소 중립(넷 제로), 탄소발자국, 메타버스(Metaverse)/게더(Gather), 반도체 분야에서 '꿈의 신소재'로 불리는 '그래핀' 세계 최초 제작, OTT, 시스템 다이내믹스, GIS(Geographic Information System)

사드 배치와 북한·중국과 외교 마찰, 북한 핵·미사일 도발, 한국도 핵무장해야 하나, 남·북 정상회담, 남·북·미 정상회담, 전시작전권 환수 논쟁, 핵·WMD 대응체계(←한국형 3축 체계), NLL 논란, 한·일 군사정보보호협정(GSOMIA·지소미아) 파기 결정, 한일 군사 갈등 심화, 일본 제품 불매 운동, 일본의 화이트 리스트에서 한국 제외, 일본의 독도·위안부 문제 등 역사왜곡, 베를린 소녀상 전시 중단 논란, 동북공정(고구려, 발해), 서북공정(위구르), 서남공정(티베트), 위안부 배상 문제, 일본의 독도 영유권 주장, 중국의 일대일로(One belt, One road), 중국의 신장 위구르 인권 탄압, 주한 미군 방위비 인상 논쟁, PC(Political Correctness), 검찰 개혁, 패스트트랙(Fast track, 신속처리안건), 조국 법무장관 임명, 국회의원 정원 감축, 청탁금지법(김영란법), 박근혜 전 대통령 탄핵, 착한 사마리아인의 법, 포퓰리즘(대중주의, 인기영합주의), 음주 운전 단속 및 처벌 강화, 윤창호법, 교수·학자들의 정치 참여 바람직하나(폴리페서), 흉악범 얼굴 공개해야 하나, 흉악범 공소시효 연장 찬반 논쟁, 나이 계산 '만 나이'로 바꿔야 하나, 복면금지법 찬반 논란, 노키즈존 필요한가, 24세 이하 술광고 금지 바람직한가, 전직 대법관 변호사 개업 막아야 하나(전관예우), 간통제 폐지 옳은가, 어린이집 CCTV 설치 의무화해야 하나, 블랙리스트 vs 화이트리스트, 피의자 공개 소환 전면 폐지(국민의 알 권리 vs 인권 침해), 홍콩 민주화 시위, 2019년 직장 내 괴롭힘 방지법 시행, 미얀마 쿠데타, 브렉시트, 촉법소년 나이 인상 논쟁, 만 19세 미만 소년 범죄 처벌 강화해야 하나, 만 18세 선거권의 연령 낮춰야 하나, 아프가니스탄 미군 철수와 탈레반 여성 인권 탄압(부르카 착용)

최승후 쌤의
면접, 진로진학특강

초 판 1쇄 인쇄 2021년 10월 11일
초 판 1쇄 발행 2021년 10월 15일

지 은 이 최승후

펴 낸 이 김호석
펴 낸 곳 도서출판 대가
편 집 부 박은주
마 케 팅 오중환 · 곽유찬
관   리 김경혜

주   소 경기도 고양시 일산동구 장항동 776-1 로데오메탈릭타워 405호
전   화 02) 305-0210 / 306-0210 / 336-0204
팩   스 031) 905-0221
전자우편 dga1023@hanmail.net
홈페이지 www.bookdaega.com

ISBN 978-89-6285-290-5 43370

• 책값은 뒤표지에 있습니다.
• 파본 및 잘못 만들어진 책은 교환해 드립니다.

• 저자와 출판사의 허락없이 내용의 일부를 인용하거나 발췌하는 것을 금지
  합니다.
• 이책의 무단 전재 또는 복제행위는 저작권법 87조 5항에 의거 5,000만원
  이하의 벌금 또는 5년 이하의 징역에 처하게 됩니다.